# KOMPROMISSLOS.

## KEITH GREEN



Melody Green und David Hazard

# KOMPROMISSLOS.

## KEITH GREEN

Melody Green und David Hazard
Vorwort von Winkey Pratney

PILA-MUSIC GmbH
D-7405 Dettenhausen (Bundesrepublik Deutschland)

Dynamis-Verlag
CH-8280 Dynamis (Schweiz)

**KOMPROMISSLOS - Keith Green**

**Autoren:**
Melody Green und David Hazard

**Verlag:**
Pila Music GmbH, Postf. 143, D-7405 Dettenhausen

**Originaltitel**:
No compromise - The life story of Keith Green



**Übersetzung:**
Christian Rendel, Witzenhausen

Ungekürzte Ausgabe mit Genehmigung des Verlages WORD (UK) Ltd.
Printed in Germany 1991
Druck und Verarbeitung: Ebner Ulm

ISBN-Nr. 3-928601-00-8
Best.Nr. 30400/2980

*Für*

Rachel Hope   Rebekah Joy   Dawn Michele

*In liebendem Gedenken an*

Keith Green,
einen, der dem Einen diente

- und -
Bethany Grace und Josiah David

# Vorwort

Eines Tages wurde in einer Generation, die in endloser Leere und geistlicher Finsternis umhertappte, ein Junge geboren, dem eine große Gabe anvertraut war. Hochtalentiert, als Musiker ausgebildet, besaß er eine einzigartige (manche sagten später: eine geniale) Fähigkeit, geistliche Wahrheiten zu nehmen und in die Sprache und das Vokabular der ganz normalen Menschen seiner Zeit zu übersetzen. Seine biographischen Schriften (in die wir heute Einblick haben) geben Zeugnis von der Intensität seiner inneren Auseinandersetzungen und seiner früheren Odyssee über verschlungene Pfade, die vieles versprachen, doch leider nirgendwohin führten. Diese Aufzeichnungen beschreiben die Suche eines jungen Mannes, der offenbar mit seiner Zeit nicht Schritt hielt - der sich nicht scheute, für das, was er als wahr und richtig erkannt hatte, alles andere aufs Spiel zu setzen. Er war in allen Dingen intensiv - und in dieser Intensität spürte er allem und jedem nach, was ihm einen Schlüssel zum Leben und zur Wirklichkeit zu bieten schien. Und als er diese Antwort einmal gefunden hatte (daß er sie fand, wissen wir), konnte ihn nichts mehr davon ablenken.

Aufgrund dieser Hingabe begann er einen lebenslangen Kreuzzug, um seine Welt ebenso zu verändern. Niemand, der ihn kannte, würde bestreiten, daß er viele verletzte. Besonders schockierte er häufig etablierte religiöse Menschen in seinem jugendlichen Eifer, Barmherzigkeit, Ehrlichkeit und Echtheit in die Gemeinde Jesu zurückzubringen. Der vielleicht zutreffendste Prüfstein für einen Propheten ist die Frage: "Verursacht er mir Unbehagen?" Tut er das, so ist er wahrscheinlich ein Prophet. Tut er es nicht, so ist er wahrscheinlich keiner. Schließlich lesen wir nirgends in der Bibel von einem populären Propheten, außer von den falschen, die dauernd herumliefen und den Leuten das sagten, was sie hören wollten.

Er war unverblümt, er war witzig, er war taktlos und manchmal sogar grob. Er weigerte sich standhaft, den geistlichen Status quo zu akzeptieren. Er verspottete die Heuchelei mit leisem Lachen, während er seine eigenen inneren Kämpfe und Ängste unter Tränen offenlegte. Viele seiner Lieder sind einfach vertonte Predigten - mit Harmonien unterlegte prophetische Aussagen, die für eine ganze Generation Maßstäbe setzten. Er war umstritten. Er mußte viel Kritik einstecken. Es war unmöglich, ihn zu ignorieren. Sein Leben und sein Werk beeinflußten buchstäblich Millionen in aller Welt. Obwohl er nun von uns gegangen ist, schlug er in seiner Generation ein wie eine Wasserstoffbombe, und der Widerhall seines Lebens, seines Mutes und seiner Hingabe wird auch in kommenden Generationen noch zu spüren sein.

Die meisten heutigen Menschen, die nie Gelegenheit hatten, seine Schriften und Tagebücher zu lesen, kennen ihn nur von seiner Musik her. (Schließlich ist nicht jeder in der Lage, ein Lied zu schreiben, das noch fünfhundert Jahre nach seinem Tod gesungen wird!) Wir erinnern uns heute an ihn als den Mann, der die Reformation in Gang setzte; den Musiker, den es danach hungerte, Gott zu erkennen und ihn durch den Glauben bekannt zu machen; den Mann, der Martin Luther hieß.

Und dies ist natürlich nicht seine Geschichte. Aber sie hätte es sein können, in einem anderen Jahrhundert, einer anderen Kultur und mit weniger Zeit, um eine Aufgabe in kleinerem Maßstab zu erfüllen. Keith liebte Jesus. Er tat, was er in den wenigen, intensiven Jahren tun konnte, in denen ich das Vorrecht hatte, ihn zu kennen. Wenn Sie niemals Gelegenheit hatten, Anteil am Leben eines Menschen zu nehmen, der buchstäblich für Jesus **LEBTE**, dann werden Sie einen Schimmer dieser Liebe in dieser Geschichte erkennen, seiner Geschichte. Er war mein Freund. Ich vermisse ihn. Danke, Mel, für diesen Blick hinter die Kulissen.
Winkie Pratney

## *Inhalt*

## 1. Kapitel

# Himmelhoch jauchzend, zu Tode betrübt ("One Day You're Up ...")

*Im "Bla Bla Cafe"*

Auf den Straßen von Hollywood kann alles mögliche passieren. Ich hatte schon einige ziemlich grelle Sachen erlebt - aber noch nie etwas so Bizarres wie in jener Nacht auf dem Ventura Boulevard. Als Keith und ich aus dem "Bla Bla Cafe" kamen, strömte uns ein Schwall heißer Nachtluft entgegen. Es war schon nach zwei Uhr morgens, doch die Straße war immer noch belebt und voller Aktivität. Vier Transvestiten rauschten an uns vorbei, gefolgt von einem Pärchen in Disco-Klamotten, die alle drinnen ein nächtliches Frühstück einnehmen wollten. Auf dem Nachbargrundstück liefen die Wachhunde von "Bruno's Corvette Repairs" hinter ihrem Maschendrahtzaun entlang und bellten alles an, was sich bewegte - uns eingeschlossen. Keith hatte in dieser Nacht drei Sets gespielt, und wir machten uns erschöpft auf den Heimweg. Ich war froh, "Victor", unseren alten VW-Bus mit seinen im Hippiestil indianisch bedruckten Vorhängen, am Straßenrand stehen zu sehen.

Keith trat nun schon seit einem Jahr im "Bla" auf, wie es von seinen Stammgästen liebevoll genannt wurde. Es war ein kleiner Talentschuppen im San Fernando Valley, direkt an der Straße von Hollywood. Das "Bla" brachte hoffnungsvolle Nachwuchsmusiker auf die Bühne und wurde von den Talentsuchern der großen Plattenfirmen frequentiert. Keith war einer dieser hoffnungsvollen Nachwuchsmusiker. Doch heute abend hatte er wieder einmal alles gegeben - und nun gingen wir nach Hause, immer noch *un*entdeckt.

Während Keith vorne um den Bus herumging, öffnete ich die Beifahrertür. In diesem Moment entdeckte ich eine Gestalt, die aus dem Dunkel auf uns zukam. Es war Harmony.

Harmony sah aus wie ein wilder Mann aus den Bergen mit seinem zottigen braunen Haar und Bart. Wir schrieben 1974, aber dieser Bursche kam uns vor wie einer, der in den Sechzigern in einer Zeitfalte steckengeblieben war. Er war ruhig und gelassen. Er redete von nichts anderem als von Liebe, Frieden und Leben von dem, was das Land hergab. Wir waren nicht sehr eng befreundet, aber Keith und er hatten einmal zusammen einen Trip geworfen.

"Hey, wie läuft's?" rief Keith. Er schloß seine Tür wieder und kam zurück auf den Bürgersteig.

Müde lehnte ich meinen Kopf zurück, da ich wußte, ich würde eine Weile warten müssen. Die meisten unserer Gespräche liefen in jener Zeit unvermeidlich auf das Thema "spirituelle Erfahrungen" hinaus. Keith und ich hatten allerhand ausprobiert - wirklich *allerhand*. Seit neuestem beschäftigten wir uns mit Jesus Christus. Wir waren keine Christen. Die Kirche war für uns eine tote Institution. Dennoch schien uns Jesus eine Art spiritueller Meister zu sein, und wir empfanden einen gewissen Respekt vor seinem Leben und seiner Lehre.

Unvermeidlicherweise begannen Keith und Harmony sofort, sich über das Übernatürliche zu unterhalten. Es war ein ganz typisches Gespräch - für Leute, die mit Drogen und mystischen Erfahrungen zu tun hatten. Was auf die meisten Leute zutraf, die wir kannten.

"Ich habe in letzter Zeit einiges über Jesus gelesen", sagte Keith gerade. "Er war ganz schön radikal."

Harmonys Augen schienen heller zu werden, dann kam langsam ein merkwürdiger Ausdruck über sein Gesicht. Sehr ruhig sagte er: "Ich *bin* Jesus Christus."

Keith reagierte, als sei er von einem Skorpion gestochen worden. Ohne einen Atemzug zu verlieren, schoß er zurück: "Seht euch vor vor den falschen Propheten, die in Schafskleidern zu euch kommen, inwendig aber sind sie reißende Wölfe!" Ich erkannte das Zitat als etwas, das Jesus gesagt hatte. Was daraufhin geschah, war wirklich schwer zu glauben.

Harmonys Augen weiteten sich. Dann verengten sie sich zu Schlitzen, Falten legten sich über seine Stirn, und seine buschigen Augenbrauen zogen sich zusammen. Ein verächtlicher Ausdruck kam über sein sonst so mildes Gesicht, und seine Oberlippe schob sich hinauf und gab seine gelben, vom Tabak verfärbten Zähne frei. Mit gebleckten Zähnen lehnte er sich auf Keith zu und stieß ein Knurren aus, das in seinem Hals begann wie bei einem Wolf und mit dem fürchterlichen Zischlaut einer Schlange endete.

Das Ganze dauerte nur Sekunden. Harmonys Gesicht entspannte sich wieder. Doch seine Augen sahen verwirrt aus. Verlegen. Das Zischen schien immer noch in der stillen Nachtluft zu hängen.

Meine Haut prickelte noch von dem Schock. Auch Keith war offenbar wie vom Schlag gerührt. Mit schreckgeweiteten Augen wandte er den Blick von Harmony zu mir. Na gut, wir waren in Hollywood - aber solche Dinge passierten sonst nur in Filmen. Ich fragte mich, was Keith wohl dachte.

Es war, als ob jemand oder etwas von einem Moment auf den anderen die Herrschaft über Harmony übernommen und ihn für seine eigenen Zwecke benutzt hatte. Dann hatte es ihn genauso schnell wieder fallen und ihn in verwirrter Verlegenheit die Scherben aufkehren lassen. Geistesabwesend murmelte Harmony etwas. Doch Keith verabschiedete sich eilends, sprang in Victor und schob den Schlüssel ins Zündschloß.

Während wir durch die dunklen Straßen nach Hause fuhren, warfen wir uns immer wieder ungläubige Blicke zu. Keith war erregter als sonst. Immer wieder sagte er: "Hat er das *wirklich* getan? Ich kann es nicht glauben!"

Wir sprachen von nichts anderem mehr, bis wir irgendwann nach halb vier ins Bett krochen und einschliefen.

Das unheimliche Erlebnis mit Harmony hinterließ Spuren bei uns. Es machte uns eines sehr deutlich bewußt; nämlich daß es tatsächlich einen sehr realen spirituellen Bereich gab - einen Bereich voller Macht und möglicherweise auch voller Gefahren. Wir waren gerade dabei zu erkennen, daß es jenseits unseres Wissens spirituelle Kräfte geben mußte. Hatten wir eine Stimme von dieser anderen Seite gehört, die durch Harmony gesprochen hatte? Oder war es nur die "Stimme" unserer Zeit gewesen? Schließlich gab es eine Menge Musiker, Künstler und Schriftsteller - all die "schöngeistigen" Leute - die Dinge sagten wie: "Du bist dein eigener Gott. Gut und Böse gibt es nicht."

Wir jedoch fragten uns, ob die spirituelle Energie am Ende doch eine dunkle und eine helle Seite hatte.

Keith und ich waren seit einiger Zeit dabei, unsere "spirituelle Identität" zu suchen. Wir suchten nach Wahrheit - was immer das sein mochte - und unsere Suche nach dem Licht hatte uns beide auf viele seltsame Wege geführt, angefangen vom Buddhismus bis hin zu Astralreisen und natürlich Drogen. Beide waren wir überzeugt, daß "die Wahrheit" irgendwo da draußen verborgen war wie eine Perle im Ozean und daß sie, wenn wir sie endlich fanden, einen leeren Raum in unseren Herzen ausfüllen würde. Daß sie unser Leben wirklich lebenswert machen würde. Bis dahin barg jeder Tag die Möglichkeit, der Tag der großen Offenbarung zu werden.

Zur Zeit unserer unheimlichen Begegnung mit Harmony hatten wir unsere Suche ein wenig schleifen lassen, die Hoffnung verloren und sogar wieder mit Drogen herumgepfuscht - denen wir schon abgeschworen hatten, wobei wir jedoch immer wieder rückfällig wurden. Unsere spirituellen Ambitionen hielten uns nie sehr lange aus dem Sumpf heraus. Ja, das ständige Locken dieser anderen "Stimmen" hatte uns nahezu davon überzeugt, daß es tatsächlich eine dunkle und eine helle Seite gab. Nach dem Erlebnis mit Harmony war Keith in seiner üblichen Alles-oder-nichts-Haltung entschlossen, zu lernen, wie man beide Seiten unterscheiden konnte. Obwohl wir den Vorfall vor dem "Bla" nie vergaßen, gab es jedoch noch dringendere Angelegenheiten, wie zum Beispiel Keiths alles verzehrenden Traum.

Im Besonderen drehte sich unser ganzes Leben um Keiths Drang, es im Musikgeschäft zu etwas zu bringen. Nun, da er im "Bla" auftrat, warteten wir mit Begierde auf den Abend, an dem die "richtige" Person hereinkam und *Keith Green* "entdeckte".

Das Bla befand sich nicht weit von der Queen Mary aus den Ventura Boulevard hinunter, und Keiths Publikum war stets aus Homosexuellen und Heterosexuellen gleichmäßig zusammengesetzt. Keines der beiden Lager schien sich am anderen zu stören. Um ehrlich zu sein, es war oft schwer, zu unterscheiden, wer zu welcher Gruppe gehörte. Die Auffälligsten waren die Transvestiten, die mit Satinkleidern, baumelndem Schmuck und perfekt gestylten Perücken behangen hereinrauschten und nur durch ihre übertrieben weibliche Gestik und ihre frühmorgendlichen Bartschatten, die durch die dicken Make-up-Schichten schimmerten, ihr wahres Geschlecht verrieten.

Keiths Familie und meine Mutter lebten hier in Südkalifornien. Doch das "Bla" war wie ein zweites Zuhause für uns. Die Leute dort waren unsere Familie. Obwohl Keiths letzter Set um ein Uhr endete, blieben wir oft dort, bis Albie, der Besitzer, drei Stunden später die Türen abschloß. Dann trugen Keith und Albie einen Tisch auf die leere Bühne, und wir setzten uns zu viert zusammen und mischten die Karten, um unter großem Gelächter eine heiße Partie Whist zu spielen.

Manchmal traf sich auch sonntagnachmittags ein Haufen Leute aus dem "Bla", um Softball zu spielen.

Albie, ein Mann in den Vierzigern, war stolz darauf, einen erfolgreichen Club zu leiten und mit der "Beinahe-Elite" von Hollywoods Kehrseite ein Herz und eine Seele zu sein. Er kluckte wie eine Henne über seinen Musikern und erwartete vom Publikum, daß es jedem Auftritt volle Aufmerksamkeit zollte. Auch für Keith war Albie ein Freund und Mentor geworden. Darum warf sein plötzliches Ultimatum Keith so aus der Bahn.

Es kam an einem Mittwochabend nach Keiths drittem Set. Was den Besuch anging, war das Ergebnis enttäuschend. Mittwoch war natürlich nicht der stärkste Abend, aber es war ein Anfang. Albie schaute freundlich und gab sich väterlich wie sonst auch, als er an unseren Tisch kam. Dann ließ er die Katze aus dem Sack.

"Tut mir leid, Keith, aber du hast noch zwei Wochen, um den Saal voll zu kriegen - oder ich muß dich durch einen anderen Künstler ersetzen."

"Du machst Witze", sagte Keith überrascht. Auch ich fühlte einen messerscharfen Stich der Ablehnung.

"Mache ich nicht. Wenn du deinen eigenen Abend willst", sagte Albie, "mußt du mehr Leute ziehen. Ich habe einen Club zu führen. Löhne zu zahlen. Es tut mir leid, Keith, aber ich kann es mir nicht leisten, weiterhin Geld an dir zu verlieren."

Wir trauten unseren Ohren nicht. Tief deprimiert fuhr Keith an diesem Abend nach Hause. Selbst das Quaalude, das er einnahm, um seine angeschlagenen Gefühle zu besänftigen, konnte die wahre Wunde nicht berühren - das flüsternde Bewußtsein des Versagens. Mir schien, das Schlimmste am Auftreten war, daß man sich selbst verkaufen mußte. Daß man so verwundbar war. Wenn du nicht ankommst, kann dir nichts das üble Gefühl erleichtern, daß es vielleicht nicht nur dein "Act" sein könnte, der nicht gut genug ist. Vielleicht bist du selbst nicht gut genug.

Nach Albies Ultimatum brach Keith sofort in fieberhafte Aktivität aus. Es hatte ihm noch nie gelegen, sich vor einer Herausforderung zu drücken. Von Donnerstag an verbrachte er die ganze Woche damit, jeden anzurufen, den er kannte. Er bettelte sie beinahe an zu kommen und erzählte ihnen von all seinen neuen Liedern, wie gern er sie sehen würde - und daß er seinen Job verlieren würde, wenn der Saal nicht gerammelt voll war. Mir war das peinlich - und es wurde noch schlimmer, als er darauf bestand, daß auch ich meine Freunde anrief! Aber wir steckten in einer fürchterlichen Klemme.

Keith hatte sich bereits an die Fersen jeder größeren Plattenfirma in der Stadt geheftet. Manchmal fanden wir dadurch ein paar Krümel. Eine Firma hatte uns nach New York fliegen lassen. Nichts kam dabei heraus. Keith hatte sogar versucht, auf einer Platte mit nachgespielten Grand-Funk-Stücken zu singen, aber es hatte nicht ähnlich genug geklungen. Es gab noch andere Krümel - aber keine Bissen. Das Geld war knapp und wurde immer knapper.

Wir hatten bereits meinen roten Triumph-Sportwagen und meine geliebte Martin-D-35-Gitarre verkauft. Mein Sparbuch hatte sein Leben ausgehaucht. Um unser kleines Einkommen aus dem "Bla" - manchmal weniger als fünfzehn Dollar - zu ergänzen, biß Keith deshalb die Zähne zusammen und spielte auf Strandkonzerten, Partys und Banketten. Für jeden ernsthaften Künstler war das die schlimmste Erniedrigung, aber 1974 hieß für uns die Losung *Überleben*. Und nun drohte die äußerste Demütigung mit der Möglichkeit, im "Bla" - einem kleinen Fisch unter den Hollywooder Nachtclubs - gefeuert zu werden.

Am folgenden Mittwochabend betraten wir mit einem leisen Gefühl der Spannung gegen halb neun das "Bla". Ich schaute mich um und war überrascht, wie leer dieser Saal aussehen konnte.

Das "Bla" war innen dunkel und eng; vom Eingang aus rechts war die kleine Bühne. Die Theke, die zu klein war, als daß jemand tatsächlich daran hätte sitzen können, stand an der Hinterseite, direkt vor der winzigen Ein-Mann-Küche. Das Zusammenhängendste an der Dekoration war ihre Zusammenhanglosigkeit. Absolut nichts paßte zusammen. Zwischen der Bühne und der Theke stand eine Sammlung von zerfurchten Holztischen. An den Wänden hingen riesige Schmetterlinge in Blau und Orange neben übergroßen Fotos mit Autogrammen von mehr oder weniger bekannten Musikern. Wenn es gerammelt voll war, konnte das "Bla" ungefähr 65 Leute aufnehmen, die auf Stühlen aus Chrom und Vinyl saßen - von der Art, wie man sie an den Plastik-Küchentischen der fünfziger Jahre fand. Im Augenblick waren diese Stühle größtenteils unbesetzt.

Nur einige wenige Gäste unterhielten sich leise, während Keith nervös die Bühne beäugte. Albie nahm an einem der Tische eine Bestellung auf. Der Koch und die beiden Kellner Eddie und "Mr. Sally" standen als einzige, die sonst noch im Saal waren, hinten an der Theke. Albies und Keiths Augen trafen sich. Keiner von beiden sagte etwas. Aber es war ein wissender Blick - heute abend ging es ums Ganze.

Keith und ich saßen schweigend im Hintergrund des schäbigen kleinen Clubs und beobachteten uns gegenseitig dabei, wie wir den Eingang beobachteten. Daß wir West-Coast-Musiker waren, konnte man uns schon von weitem ansehen. Wir waren erst seit acht Monaten verheiratet und ein ziemlich auffälliges Pärchen: Ich mit meinem indianisch bedruckten Rock, meiner bestickten Gazebluse und meinen langen, glatten Haaren. Und Keith in Blue Jeans und einem neuen geblümten Cowboy-Hemd. Sein langer, gelockter Pferdeschwanz war vor kurzem auf dem Boden des Friseurladens zurückgeblieben. Der Rest war in einem neuen kalifornischen Stil frisiert worden, der "The Shag" genannt wurde - ein Abkürzung für "shaggy" (zottig). Auch frisch geschnitten war sein Haar immer noch reichlich mehr als schulterlang. Im Stillen bewunderte ich sein neues professionelles Image. Nicht mehr so hippiemäßig ... aber immer noch voll im Trend.

Allmählich begannen Leute in Zweier- und Dreiergrüppchen hereinzukommen. Eine Zigarette nach der anderen wurde angesteckt, und Spiralen blauen Dunstes kräuselten sich graziös zur Decke hinauf. Während die Stühle nach und nach besetzt wurden, begann der Lärmpegel zu steigen. Stühle kratzten auf dem Zementfußboden. Lautes Gelächter durchdrang die Gespräche. Eddie, der Chefkellner, steckte seine Bestellungen an das Drehrad, und der Geruch und das Zischen im Fett bratender Hamburger quoll aus der Küche hervor.

Es waren immer noch nicht genug Leute da, und wir wußten es. "Mr. Sally" kam an unseren Tisch, um meine Bestellung aufzunehmen. Er trug seine übliche Arbeitskleidung - ein maßgeschneidertes T-Shirt mit seinem aufgeplustert frisierten Konterfei und "Mr. Sally" in verschnörkelter weißer Schrift nebst einigen wohlplacierten Straßsteinchen auf der Vorderseite. Ich hatte nicht viel Hunger, deshalb bestellte ich "Guac-And-Papas" - Bratkartoffeln mit einer Schale "Guacamole" (Avocados und Tomaten mit Zwiebeln). Würde irgendjemand von unseren Freunden sich die Mühe machen, hier aufzutauchen? Keiths erster einstündiger Set begann um neun Uhr. Bis dahin waren es nur noch zehn Minuten.

Keith wippte nervös mit dem rechten Bein. Er steckte voller ungezügelter Energie und war bereit anzufangen. Noch mehr gespannte Minuten rannen dahin.

"Sehe ich gut aus?" fragte er und zupfte an seinen Haaren.

"Du siehst großartig aus, Liebling", versicherte ich ihm.

Ich liebte Keiths Aussehen. Seine hellblauen Augen und seine helle Haut verliehen ihm eine reine, beinahe kindliche Ausstrahlung. Und nun, da er seinen Bart abrasiert hatte, war nicht zu übersehen, daß er erst zwanzig Jahre alt war.

"Es ist acht Uhr achtundfünfzig", unterbrach Keith meine Gedanken. "Wo *stecken* die alle?" Er war bis zum Zerreißen gespannt.

Ich versuchte, ihn ein wenig zu beruhigen.

"Sie werden in ein paar Minuten da sein", antwortet ich und versuchte, meine eigenen Ängste zu verbergen. "Wir haben noch ein bißchen Zeit ..."

"Wir haben keine Zeit mehr. Das war's." Keith schob seinen Stuhl zurück. Die Enttäuschung stand ihm deutlich im Gesicht geschrieben. Doch ich spürte seine Entschlossenheit. Er war ein Kämpfer, und ich wußte, er würde alles geben, was er hatte, auch wenn die Chancen schlecht für ihn standen.

Albie hatte begonnen, hinten auf und ab zu gehen, während Keith sich den Weg zur Bühne bahnte und sich an das abgestoßene Klavier setzte. Er blinzelte in den einzigen Scheinwerfer, lehnte sich zum Mikrofon vor und imitierte einen militärischen Tonfall.

"Meine Damen und Herren ... und alle *anderen*. Ich möchte Ihre ziellosen Gespräche mit etwas Musik unterbrechen."

Keith fing an, auf dem Klavier herumzuklimpern, aber nur wenige Leute im spärlichen Publikum hörten zu. Keith rutschte auf seinem Hocker hin und her, während sein Finger einige Augenblicke lang über die Tasten wanderten. Ich wußte, daß er sich klar zu werden versuchte, was er spielen sollte. Schließlich begann er mit "Life Goes On" - einem Lied, das er gerade mit seinem neuen Freund Randy Stonehill geschrieben hatte:

*Marvin war ein Kenner in Sachen billiger Wein.*
*Man sah ihn Groschen schnorren unten auf dem Sunset und dem Vine.*
*Eines Tages schied sein reicher Onkel dahin in Bel Air.*
*Und nun schlürft er einen Spitzenjahrgang.*
*Marvin schlürft einen Spitzenjahrgang!*

Dann kam der Refrain:

*Das Leben geht weiter und die Welt dreht sich.*
*Einen Tag bist du oben, am nächsten Tag bist du unten.*
*Verlaß dich nicht auf dein Glück, es gibt nichts zu sagen außer*
*"Danke, Herr, für einen neuen Tag!"*

Der witzige Text und der spritzige Rhythmus ließen alle aufhorchen. Keith haute auf eine Weise in die Tasten, die jeden Klavierlehrer, den er je hatte, schaudern ließ. Ich hielt oft die Luft an und hoffte, daß er nicht danebenschlug; doch selbst wenn das einmal passierte, machte es nichts aus. Nicht Perfektion war das Anziehende an Keiths Musik, ebensowenig wie an ihm selbst. Es war das Herz.

Einige weitere Tische wurden besetzt. Und zu meiner Erleichterung klatschte jemand mit, als Keith in die zweite Strophe einstieg:

*Es gab mal einen berühmten Senator, den jeder kannte.*
*Eines Tages fand ein gerissener Reporter ein Mädchen in seinem Zimmer.*
*Laut Meinungsumfrage sollte er das Rennen machen -*
*Doch jetzt wäscht er Geschirr ab in "Joe's Bar and Grill".*
*Er hält seine berühmten Reden jetzt in "Joe's Bar and Grill"!*

Der Refrain wurde mehrmals wiederholt, und die Leute begannen begeistert mitzusingen und Keiths komische Gesten nachzumachen. Keith sang "One day you're up" und zeigte dabei zur Decke. Dann drehte er seinen Daumen nach unten, schüttelte den Kopf und sang: "Next day you're down ..." Allmählich wurde es lebendig im Saal.

Eddie tanzte mit seinen Bestellungen durch den engen Gang und balancierte Tabletts voller Shish-Kebabs, Hamburgern und Bier über seinem Kopf. Mr. Sally schlug den Rhythmus mit einer Gabel auf den Zapfhähnen und ich mit einem Löffel an meinem Wasserglas. Der Saal füllte sich immer mehr, während Keith sein zweites und drittes Lied spielte. Von unseren Freunden hatte ich noch keinen gesehen - doch dann zog eine Bewegung am Eingang meinen Blick an. Es war unsere jüdische Freundin Michelle Brandes, die ich selbst in diesem schummrigen Licht erkannte. Durch einen Geburtsfehler humpelte sie stark. Langsam bahnte sie sich ihren Weg durch die Rauchschwaden und setzte sich neben mich.

Ich achtete immer noch weitaus mehr auf den Eingang als auf Keith. Er begann gerade mit Joni Mitchells Song "Free man in Paris", und ich spürte, daß er dabei war, sich ein wenig zu entspannen. Da ich mich wunderte, wo all unsere Freunde blieben, fühlte ich mich auf die Botschaft dieses Liedes besonders eingestimmt.

"Free man in Paris" erzählt die Geschichte eines Repräsentanten einer Plattenfirma, der in Paris Urlaub macht und es leid ist, Hit-Musiker zutage zu fördern - "die Starmacher-Maschinerie hinter dem populären Song zu schüren". An einer anderen Stelle heißt es: "Ich war ein freier Mann in Paris, ich fühlte mich entfesselt und lebendig. Keiner, der mich um einen Gefallen bat, keiner, über dessen Zukunft ich entscheiden mußte."

Keith war nur zu vertraut mit der "Starmacher-Maschinerie" - mit den Plattenfirmen, Produzenten, Verlegern und Agenten - und mit all den Kämpfen darüber, "wer was bekommt" von den verschiedenen Urheberrechten. Wenn ein Künstler Erfolg hat, dann ist er eine "heiße Ware", und alle "lieben ihn", während sie sich um ihr Stück von dem Kuchen streiten. Bis dahin jedoch sucht man nur nach Beziehungen und wartet auf den "großen Durchbruch". Und das Getriebe dieser Maschinerie ist geölt mit den Tränen zahlloser hoffnungsvoller Künstler, die ihren Durchbruch niemals schaffen. Ich liebte Joni Mitchells Musik, und dieses Lied war mir eines der liebsten. Aber es ließ mich schaudern.

Keiths Angst, keinen Erfolg zu haben, wurde nur noch übertroffen von seiner Angst, sich zu verkaufen - sich aus Verzweiflung mit den falschen Leuten einzulassen.

Während ich mich in dem verräucherten Raum umschaute, dachte ich: "Vielleicht sitzt in diesem Augenblick jemand hier, der Keith eine riesige Unterstützung geben könnte." Doch andererseits gab es manche Leute, deren Hilfe wir ganz bestimmt nicht wollten.

Zum Beispiel dieser Kerl vom letzten September. Er hatte Keith im "Bla" gehört und war schlichtweg ausgeflippt. Keith besuchte ihn später in seinem noblen Büro in Hollywood, und der Typ sprudelte nur so über vor "Ich-kann-einen-Star-aus-dir-machen"-Sprüchen. Hier war eine Stimme, die den Erfolg und den Starruhm versprach, den Keith wollte. Doch die Sache hatte, wie Keith seinem Tagebuch anvertraute, das er jahrelang führte, wie üblich einen Haken:

Er ist sehr reich und hat einen einflußreichen Namen in der Branche. Er ist aber auch unglaublich schwul, und ich spürte, wie er mich anmachte. Obwohl er eine Menge für mich tun könnte - was Brot und Beziehungen angeht - habe ich "nein" zu der Zusammenarbeit mit ihm gesagt.

Und das war nicht das erste Mal gewesen, daß ein Repräsentant einer Plattenfirma einen "Hit" aus Keith machen wollte. Dann war da der Film-Soundtrack gewesen. Ein populärer Regisseur, aber ein Film, der selbst nach unseren Maßstäben reichlich versaut war. Je weiter sich Keith darauf einließ, desto mehr wollte er wieder heraus. Auch auf der finanziellen Seite stimmte die Sache nicht. Keith hatte die Musik für zwei Spulen fertig, als er das Projekt verließ. In sein Tagebuch schrieb er, es sei gescheitert "an Billigkeit und Mauscheleien auf ihrer Seite und an Mangel an echter Begeisterung auf meiner." Das war ein weiteres Problem - Keiths hohe Maßstäbe.

Während Michelle und ich Keith nun zuschauten, kam mir der Gedanke, daß er vielleicht schon "entdeckt" worden wäre, wenn er nur ein bißchen flexibler sein könnte. Doch für Keith waren manche Dinge in Beton gegossen. Sein Vater war jahrelang sein Manager gewesen und hatte ihm sehr hohe Maßstäbe mitgegeben. Wenn irgend etwas Keith nicht richtig schien, dann tat er es nicht, und damit hatte es sich. Seine hohen Grundsätze waren bewundernswert, aber insgeheim hatte ich Angst, er könnte eine Kleinigkeit zu wählerisch für sein eigenes Wohlergehen sein.

Während Keith die nächsten Lieder sang, blinzelte er durch das grelle Bühnenlicht, um zu sehen, wie viele Leute da waren. Ab und zu kamen noch ein paar. Einige treue Freunde hatten die zweistündige Fahrt aus der Wüste bei Lancaster nicht gescheut. Keiths Eltern kamen, um ihn aufzumuntern. Eine weitere Freundin, Karen Bender, hatte sogar ihre Tochter Dawn mitgebracht, die die längsten Zöpfe trug, die ich je bei einem Kind gesehen hatte. Ich war enttäuscht, daß Keiths bester Freund Todd nicht kommen konnte, aber unsere Poker-Kumpane aus Marina Del Rey erschienen ebenso wie einige Freunde aus der Branche.

Keith spielte noch zwanzig Minuten bis zu seiner ersten Pause. Zum Schluß gab es begeisterten Applaus, und er sprang voller Freude von der Bühne.

Seine Augen glitzerten im Sieg des Augenblicks.

Ein volles Haus!

Als er mit schweißglänzendem Gesicht zum Tisch herüberkam, war sein ohnehin federnder Gang durch die Erregung noch federnder. Wir waren jedoch nicht nur high von der Begeisterung des Augenblicks, sondern auch von den "Geschenken", die unsere Freundin Harriet mitgebracht hatte.

Harriet schob Keith einen Schuhkarton zu.

"Schuhe?"

"Mach ihn auf."

Keith hob den Deckel ab. Seine Augen fingen an zu leuchten. "Schokoladenplätzchen!"

"Mein eigenes Spezialrezept", zwinkerte Harriet. "Aus eigener Ernte, wenn du verstehst, was ich meine."

"Du hat Gras hineingetan?"

"Vom Feinsten."

"Eddie! Hey, Eddie! Bring mir ein großes Glas Milch."

Keith nahm sich eine Handvoll der mit Marihuana versetzten Plätzchen und gab die Schachtel einigen ausgewählten Freunden in einem rituellen "Teilen des Reichtums" weiter - nach dem Muster von Indianern, die eine Friedenspfeife weitergeben. Wir machten die Runde und sagten allen, wie froh wir über ihr Kommen waren.

Als die Schokoladenplätzchen alle waren, sah die Welt noch rosiger aus. Die Spannung wich aus Keiths Augen, und er genoß offensichtlich jeden Augenblick.

Albie kam mit einem breiten Lächeln an den Tisch. Er klopfte Keith auf den Rücken und sagte: "Du hast es geschafft, Junge. Ein großartiger Abend! Ich freue mich für dich."

Keith grinste übers ganze Gesicht. "Ja? Also wann kann ich samstags auftreten?"

Albie kicherte und schüttelte den Kopf. Die Frage erforderte keine Antwort - nicht sofort. Doch Keith hatte den Blick bereits in die Zukunft gerichtet, auf etwas weit jenseits eines eigenen großen Abends im "Bla Bla Cafe".

Als Keith mit seinem zweiten Set begann, verschwammen der Dunst, das Klirren der Gläser und das melodische Klavierspiel in meinem Innern, während meine Gedanken abschweiften. Ich starte die komischen Schmetterlinge an der Wand an und genoß das Gefühl des Erfolges.

Irgendwie wurden meine Gedanken jedoch auf unsere Zukunft und die Frage gelenkt, was vor uns liegen mochte. Ich wußte einfach, daß es das Richtige für Keith war, vor vielen Menschen auf der Bühne zu stehen - Menschen, die von seiner Musik und von dem, was er zu sagen hatte, bewegt waren. Das Problem war nur, daß es Keith selbst nicht klar war, *was* genau er zu sagen hatte.. Er hatte nur den Eindruck, daß er der Welt eine Botschaft zu bringen hatte - etwas aus seiner spirituellen Suche. Eine wichtige Botschaft. Aber was?

Als Keith seinen dritten Set an diesem Abend beendete, hatten wir einen eindeutigen Sieg errungen. Es war einer der besten Abende gewesen, die Keith bisher erlebt hatte. Auf der Heimfahrt war ich immer noch berauscht von der Begeisterung des Abends - und von Harriets Schokoladenplätzchen. Mein Geist verlor sich in einer Million Fragen.

War dies der Beginn eines großen Durchbruchs für Keith? War er endlich auf der Spur des Erfolgs?

Und warum hatte jemand wie Keith, der bis zum Rand voller Talent steckte, es nötig, seine Freunde anzubetteln, damit sie kamen, um ihm zuzuhören? Das schien ein so großer Widerspruch zu sein; aber andererseits gab es in unserem Leben jede Menge Widersprüche.

Was Ehrlichkeit und Integrität anbelangte, schien Keith höhere Maßstäbe als irgendjemand sonst, dem ich je begegnet war. Wir hinterzogen keine Steuern - aber wir nahmen manchmal illegale Drogen. Gab es da einen Unterschied?

Und selbst wenn Keith als Musiker Erfolg hatte, würden wir auch als Paar Erfolg haben? So gern wir auch davon redeten, daß wir in Harmonie mit dem Universum und miteinander leben wollten, hatten wir doch auch allerhand Auseinandersetzungen. Schwere Auseinandersetzungen.

Es war schwer, mit so vielen unbeantworteten Fragen zu leben, und nicht nur, was Keiths beruflichen Erfolg anbelangte. Manche unserer anderen Schlachten schlugen wir an einer ganz anderen Front - einer Front, die noch vager und ungreifbarer war. Es war, als zerrte etwas an uns und zöge uns in unbekannte Gewässer. Etwas, das uns für immer verändern würde.

Tatsächlich hatten wir keine Ahnung, daß wir uns an der Schwelle zu einem Durchbruch befanden, der viel gewaltiger war, als wir uns je vorgestellt hätten.

Alles, was ich im Moment wußte, war, daß dieser Mann, den ich geheiratet hatte, in seiner Persönlichkeit wahrhaftig eine Menge komplexer Facetten barg. In den Tagen nach unserem Sieg im "Bla" dachte ich über die vielen Züge nach, die in seinem Innern zusammengewebt waren. Ich dachte an den empfindsamen inneren Menschen, der entschlossen war, spirituelle Antworten zu finden. Doch es gab noch eine andere Seite in ihm - den kleinen Jungen, der schon immer ins Showgeschäft wollte. Diese Seite war in hohem Maße dafür verantwortlich, wer Keith jetzt war. Aber gab uns das irgendwelche Hinweise, wohin wir unterwegs waren?

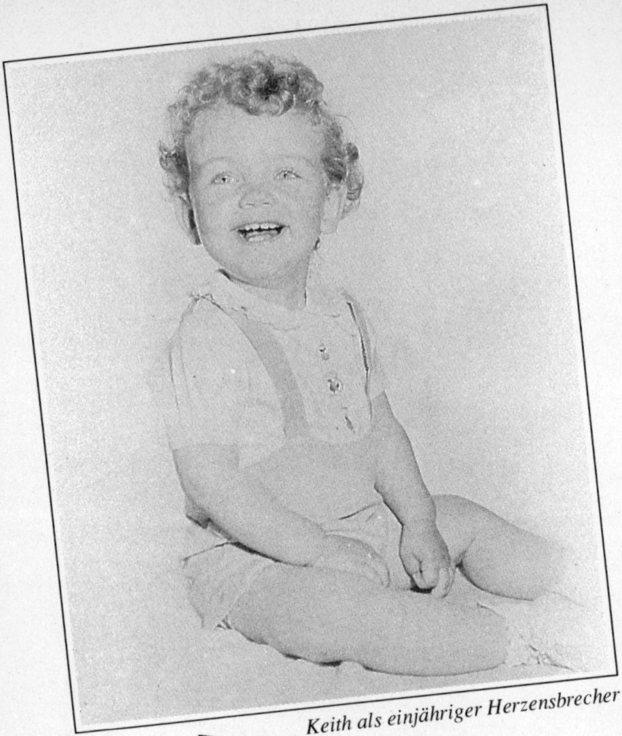

*Keith als einjähriger Herzensbrecher*

*Als Teen in den späten Sechzigern*

## Zweites Kapitel

## Bis hinten gegen ("Run To The End Of The Highway")

*Elf Jahre alt*

Keith spielte weiterhin im "Bla" und wartete auf seine "Entdekkung". In der Zwischenzeit machten wir jedoch eine eigene Entdeckung. Wir konnten gemeinsam Lieder schreiben. Keith machte Platz für mich in seiner "kreativen Blase", wie er es nannte, und ich war begeistert. Doch manchmal hatte es auch Nachteile.

Einmal arbeitete ich einige Stunden lang an einem Songtext, ging dann zu Keith ins Wohnzimmer und gab ihm stolz den Text, den ich säuberlich auf ein neues Blatt abgeschrieben hatte. Keith las ihn schweigend. Ich wußte, daß er mir genau das sagen würde, was er dachte, also hielt ich den Atem an.

"Mel", sagte Keith schließlich, "diese Reime sind wirklich abgedroschen."

"Abgedroschen? Wie meinst du das?"

"Sie sind voraussagbar. Wie Herz, Schmerz, himmelwärts ..."

"Diese Wörter habe ich überhaupt nicht benutzt."

"Ich weiß, aber du mußt kreativer sein."

"Na gut, vergiß die Worte, die ich gebrauchte. Was ist mit der Aussage?"

"Du sagst nichts Neues. Jeder könnte so ein Lied schreiben."

"Ist dir eigentlich klar, wie lange ich daran gearbeitet habe? Willst du behaupten, daran sei nichts, was es wert wäre, aufgehoben zu werden?" Allmählich wurde ich wütend - und auch verletzt. Ich blinzelte, um die Tränen zurückzuhalten, nahm das Blatt, zerknüllte es und warf es in den Abfall.

"Willst du nicht, daß ich dir die Wahrheit sage?" fragte Keith.

"Natürlich will ich das", sagte ich ein wenig schmollend.

"Sieh mal, ich weiß, daß du es besser kannst. Du mußt nur weiter schreiben. Versuch es weiter und gib nicht auf."

Ich beruhigte mich etwas. Es war schwer zuzugeben, aber ich wußte, daß er recht hatte. Es war wirklich kein besonders guter Song. Ich hatte zwar so etwas wie einen musikalischen Hintergrund, aber nicht annähernd Keiths musikalisches Genie. Ich war froh, daß er mich anreizen wollte, mein Bestes zu geben, aber warum konnte er dasselbe nicht auf andere Weise sagen? Ich ging zurück zum Abfalleimer und holte den zerknitterten Text wieder hervor. Ich wünschte mir, diese Spannung, die sich jederzeit wegen Kleinigkeiten zwischen uns erheben konnte, würde verschwinden - aber ich wußte, daß ihre Ursachen tiefer lagen als in kleinen Meinungsverschiedenheiten.

Keith war seit einigen Monaten sehr nervös. Manchmal erlebten wir großartige Tage. Andere konnten wir glatt vergessen. Keith verspürte sehr stark eine Berufung in seinem Leben, eine spirituelle Bestimmung, und er wußte, daß sie nicht erfüllt wurde. Das war frustrierend für ihn. Zusammen mit dem Umstand, daß wir immer noch dabei waren, uns in unser erstes Ehejahr einzufinden, ergab das eine gewisse Spannung zwischen uns.

Wir hatten Weihnachten 1973 geheiratet, und nun waren es nur noch drei Monate bis zu unserem ersten Hochzeitstag. Manchmal konnte ich gar nicht glauben, daß ich tatsächlich verheiratet war und in einem gemieteten Haus in einem Vorort wohnte - mit einem Garten voller Obstbäume. Wir hatten jede Menge Zeit und Muße, um Musik zu schreiben. Doch Keith hatte immer den Eindruck, er hätte keine Zeit. Er war immer in Bewegung, immer auf der Suche nach irgendetwas. Woher kamen dieser Drang und diese Energie?

Das Leben wurde nicht einfacher dadurch, daß über allem ständig die Verheißung eines "Deals" schwebte. Wir klapperten ständig die ganze Stadt ab, um uns mit Leuten aus der Branche zu treffen. Außer daß wir mit einem weitem Spektrum von Freunden feierten und Poker spielten, schrieben Keith und ich weiterhin gemeinsam Songs. Normalerweise arbeiteten wir wirklich gut zusammen und verbrachten Stunden damit, Gedanken und Ideen in Sprachbilder und Reime zu übertragen. Meistens arbeiteten wir hart, doch wenn es zu intensiv wurde, schlug einer von uns einen albernen Reim vor oder machte einen Witz, um die Spannung zu lösen. Einmal schrieben wir ein kleines Liedchen als Eselsbrükke für unsere Freunde, damit sie unsere Telefonnummer behalten konnten - 349-2510. Wir sangen es mit einem Blues-Feeling: "Three four nine, a quarter and a dime, let's get together and buy some wine! Oh baby, uh uh huh, oh baby!"

Was wir wirklich wollten, war, einen Hit zu schreiben und ihn von einem bekannten Plattenkünstler aufnehmen zu lassen. Eine Menge berühmter Sänger und Songschreiber war auf diese Weise zu ihrem großen Durchbruch gelangt. Keith verabredete ständig Termine, um seine Songs bei großen Plattenfirmen vorzuspielen, und hoffte, daß sie einen davon für einen bekannten Künstler übernehmen würden. Von diesen Leuten erfuhren wir auch, wer gerade Material für eine neue Platte suchte, und wir gingen dann nach Hause und versuchten, Lieder im Stil des jeweiligen Sängers zu schreiben. Wir schrieben Songs für Leute wie Cher, Olivia Newton-John und Helen Reddy. Wir schrieben sie, aber sie wurden nie aufgenommen.

Einer der Verlage, die Keith immer wieder aufsuchte, war CBS in der Innenstadt von Hollywood. Keith brachte immer unsere Hündin Libre im Aufzug nach oben und nahm sie mit in die Büros der Repräsentanten. An guten Nerven fehlte es ihm nie, und bevor die CBS-Leute wußten, wie ihnen geschah, lag Libre schon still unter ihrem Schreibtisch oder Kaffeetisch, während Keith ihnen versicherte, sie sei stubenrein. Trotz der Haarbüschel, die Libre auf ihren flauschigen Teppichen zurückließ, mochten die CBS-Leute Keiths Musik. Sie mochten sie sogar so sehr, daß sie Keith im Herbst 1974 baten, für 250 Dollar in der Woche als fest angestellter Songschreiber für sie zu arbeiten.

Wie üblich, wollte Keith den angebotenen Vertrag sofort mit seinem Vater durchsprechen. Keith und seine Familie standen sich sehr nahe, und er rief seine Eltern ständig an oder fuhr zu ihrem Haus hinüber. Also sprangen wir in Victor und machten uns auf den zwanzigminütigen Weg durch das San Fernando Valley nach Canoga Park. Wie immer freuten sich Keiths Leute, uns zu sehen. Keith setzte sich mit seinem Vater am Eßzimmertisch zusammen, wo sie den voluminösen Vertrag zur eingehenden Untersuchung ausbreiteten. Dies war nicht das erste Mal, daß sie zusammen über einem Vertrag brüteten, und Keiths Vater hatte schon einige der Nachteile in dieser Vereinbarung ausfindig gemacht.

"Das Normale wäre, da du unbekannt bist, daß sie hundert Prozent deiner Veröffentlichungsrechte beanspruchen - aber das kannst du ihnen nicht zugestehen, Keith. Wenn du das tust, wird es dir eines Tages leid tun", begann sein Vater.

"Ich weiß. Aber meinst du, sie werden sich darauf einlassen?"

"Fragen kostet nichts."

Keiths Mutter war in der Küche und bereitete einen Topf von ihrer hervorragenden Hühnersuppe zu. Als sie das Gespräch aus dem Eßzimmer hörte, steckte sie den Kopf aus der Küche: "Liebling, vielleicht solltest du mit Keith hinunter zu CBS fahren und aufpassen, daß er einen fairen Vertrag bekommt."

"Das werde ich tun, wenn es nötig ist. Nun, schauen wir uns mal all das Kleingedruckte an ..."

Ich verließ die Küche mit der Tasse Tee, die ich mir dort gemacht hatte, und ließ mich auf der Couch im Arbeitszimmer nieder. Ich besuchte Keiths Eltern gerne. Sie standen immer hinter ihm. Schon vor langer Zeit hatten sie seine Begabung erkannt und alles getan, um ihm zu helfen. Auch wenn Keith und seine Eltern nicht alles mit den gleichen Augen sahen, war ihre Liebe zueinander nicht zu übersehen. Und sie hatten mich mit offenen Armen in ihrer Familie willkommen geheißen.

Inzwischen waren Keith und sein Vater in die Diskussion über verschiedene Punkte des CBS-Vertrages vertieft und würden es wohl auch noch eine Weile bleiben. Ich schaute mich in dem Zimmer um und entdeckte eines von Keiths Kinderbildern. Er war nicht nur ein hübscher kleiner Junge gewesen, sondern auch sein Genie hatte sich schon früh gezeigt.

Keith erzählte mir einmal, er könne sich an keine Zeit erinnern, in der es in seinem Leben keine Musik gegeben oder nichts auf die Möglichkeit eines großen Erfolges gedeutet hätte. Wenn man mit ihm zusammen war, hatte man das Gefühl, in seinen Venen pulsierten Triolen, Achtelnoten und Trommelwirbel. Er war mit Sicherheit nicht aus dem Holz für einen Acht-Stunden-Job geschnitzt. Er erwartete mehr vom Leben.

Keith gehörte in seiner Familie schon zur dritten Generation im Showgeschäft. Sein Großvater mütterlicherseits war ein erfolgreicher Komponist, Drehbuchautor und Pionier der Musikindustrie gewesen. Er hatte für Warner Brothers gearbeitet und für den Sänger Eddie Cantor geschrieben. Er war es auch gewesen, der den Scharfblick besessen hatte, die drei Ritz Brothers zusammen auftreten zu lassen. Darüber hinaus hatte ihm die Firma Jaguar Records gehört, eine der ersten Rhythm-and-Blues-Plattenfirmen, die einst den legendären Hank Williams unter Vertrag gehabt hatte.

Die gleiche Liebe zur Musik hatte auch Keiths Mutter geerbt. Von meinem

Sitzplatz im Arbeitszimmer konnte ich beobachten, wie sie den Boden aufwischte und ihre vielen Pflanzen goß. Sie war eine hübsche Frau mit kurzen blonden Haaren und einem ansteckenden Lachen. Kaum von der High School abgegangen, hatte sie begonnen, in Big Bands populäre Musik zu singen. Einmal war ihr sogar ein Vertrag angeboten worden, bei Benny Goodman zu singen, doch sie hatte ihn abgelehnt, um Keiths Vater zu heiraten, als er noch ein gutaussehender aufstrebender Baseball-Spieler im Farm-Team der New York Giants gewesen war.

Als Keith geboren war, dauerte es nicht lange, bis die unverwechselbaren Kennzeichen dieses ungewöhnlichen Kindes zum Vorschein kamen. Seine Mutter erzählte mir, daß Keith von dem Augenblick an, da er sich zum ersten Mal von allen vieren erhob, ging, als ob er Sprungfedern in den Füßen hätte. Nicht dieses durchschnittliche Abrollen von der Ferse zu den Zehen, nein: Keith platschte mit der ganzen Fußsohle auf einmal auf den Boden und katapultierte seinen Körper dann vom Ballen aus vorwärts. Obwohl er inzwischen über einen Meter achtzig groß war, war Keith diesem federnden Gang nie entwachsen. Bis zu diesem Tag ging er immer schnell und zielstrebig. Ich mußte immer rennen, um mit ihm Schritt zu halten, denn Keith war immer in Eile - als ob er sich beeilte, jeden Augenblick so vollzupacken, wie es nur ging.

Keiths Mutter, die fünf Jahre Gesang in Carnegie Hall studiert hatte, sagte, als Keith neun Monate alt gewesen sei, habe er schon "Rock A Bye Baby" vollkommen richtig trällern können. Sein Großvater schenkte ihm einen kleinen Plattenspieler, den er selbst bedienen konnte, und so spielte er seine goldenen Plastik-Kinderplatten mit 78 Umdrehungen endlos ab und sang und tanzte zu den Melodien fröhlich mit. Als er laufen lernte, fiel er öfter mit seinem Windelpo gerade auf den Plattenspieler, so daß seine Mutter eine Menge zerbrochener Nadeln ersetzen mußte, doch ihre Geduld trug bleibende Frucht. Mit seinem "Alete-Baby"-Aussehen gewann Keith im Alter von zweieinhalb Jahren einen Kinder-Talentwettbewerb, indem er das Lied "Love and Marriage" sang - womit seine junge Karriere ihren Lauf nahm. Als er drei war, konnte Keith zweistimmig mit dem Alt seiner Mutter singen - und zur allgemeinen Verblüffung auch noch eine Ukulele dazu zupfen.

1957 eröffneten sich mit dem Umzug der Greens nach Canoga Park, einem Vorort im San Fernando Valley, neue Möglichkeiten. Keiths Begabung blühte weiterhin unter den wachsamen Augen seiner Eltern - ebenso wie sein frühreifes Wesen. Anders als seine ältere Schwester machte Keith bei allem mit und wurde an seinem ersten Tag im Kindergarten wegen schlechten Betragens auf die Strafbank geschickt. Es schien in der Tat, daß Keith, wo immer er hinkam, etwas fand, womit er seiner Mutter Sorgen machen konnte.

Bei seinem ersten Besuch in einem Kaufhaus fand er sofort den Schalter für die Rolltreppe und drückte darauf, was die Rolltreppe mit einem gewaltigen Kreischen zum Stillstand brachte. Dies führte zu beträchtlicher Verwirrung. Als nächstes entdeckte er den Cola-Automaten und schob seine Hand hinauf durch das Loch, aus dem die Flaschen kamen. Natürlich blieb seine Hand stecken, und man mußte ihn unter tränenreichem Schreien befreien. Doch als er aufwuchs, brachte ihn seine Begabung, Aufmerksamkeit zu erregen - und Einkünfte zu erzielen - weit über die normalen Grenzen eines Kindes in seinem Alter hinaus.

Mit fünf Jahren konnte Keith alles, was er hörte, auf seiner Ukulele nachspielen. Und als er sieben war, kauften seine Eltern ihm sein erstes Klavier. Sie fanden einen Lehrer für ihn, der sowohl Klassik als auch Pop mochte, und auf ihren Vorschlag hin begann Keith außerdem, Schauspielunterricht zu nehmen. Keith war sieben, als er zum ersten Mal in einer Fernsehwerbung auftrat.

Keiths achtes Jahr, 1962, war besonders aufregend - es war das Jahr, in dem er begann, eine "Bühnenpersönlichkeit" zu entwickeln. Er gab sein Theaterdebüt in der Rolle eines kleinen italienischen Straßenjungen in Arthur Laurents romantischer Komödie "The Time of The Cuckoo". In der Kritik der *Los Angeles Times* über Keiths Auftritt auf der Freilichtbühne des "Chatsworth Summer Theater" hieß es: "Der schelmisch aussehende achtjährige Keith Green lieferte eine gewinnende Darstellung ... abwechselnd amüsant und bewegend." Ein anderer Kritiker schrieb, Keith habe "die Show gestohlen".

Außerdem schrieb Keith in diesem Jahr sein erstes Lied. Sein Großvater hatte ihm drei Rock'n'Roll-Akkorde beigebracht, und mehr brauchte er nicht. Binnen kurzem wurde Keith zu einem sehr ergiebigen Songschreiber. Als er eines Tages nicht in die Schule ging, weil er krank war, schrieb er inzwischen Musik und Texte zu drei Liedern.

In jenem Jahr eroberte Keith den berühmten Troubadour-Nachtclub in Hollywood, der später in "Rocky's" umbenannt wurde. Einmal in der Woche war im Troubadour die sogenannte "Sirenennacht". Dabei durften nur Folksänger auftreten - Rock'n'Roller wurden nicht zugelassen. Also lernte Keith zwei Folksongs auf der Gitarre. Als er in der "Sirenennacht" sein erstes Lied beendet hatte, applaudierte das Publikum stehend. Er spielte eine Zugabe, und das Publikum schrie und tobte und wollte ihn nicht mehr von der Bühne lassen. Daraufhin erklärte Keith, die einzigen anderen Lieder, die er singen könne, seien Rock'n'Roll-Songs. Die Leute riefen ihm zu, er solle trotzdem noch eines spielen, und er begann mit der Buddy-Holly-Nummer "Peggy Sue". Das brachte ihm den dritten stehenden Applaus ein!

Zwei Jahre später, mit zehn, stand Keith zum ersten Mal in einem richtigen, überdachten Theater auf der Bühne. Neben Janet Blair als Maria spielte er

1964 den Kurt von Trapp in einer Inszenierung von "The Sound of Music" im San Fernando Valley. Die Lokalzeitung äußerte sich lobend über Keiths talentierte Darstellung.

Leider erregte Keith bei seinen Kameraden in der sechsten Klasse eine andere Art von Aufmerksamkeit. Da Keiths Locken inzwischen zu einer braunen Farbe herangereift waren, benötigte er ein wenig Unterstützung von "Lady Clairol", um für die Rolle des Kurt von Trapp sein einstmals goldblondes Haar wiederzuerwecken. Und nachdem die Spielzeit vorüber war, mußte Keith sein Haar für eine Weile blond halten, um sich einen "jugendlicheren" Anstrich zu erhalten. Als Keith eines Tages durch das Schulfoyer schritt, bemerkte er einige seiner Freunde, die an der Seite standen und kicherten. Kaum war er an ihnen vorbei, rief einer von ihnen ihm nach: "He, Wasserstoff-Blondine! Du Riesenweibchen!"

Schließlich konnte Keith sein Haar herauswachsen lassen, doch als die dunklen Haarwurzeln sich ihren Weg nach oben bahnten, gaben sie nicht nur Anlaß zu neuer Verlegenheit, sie weckten auch schmerzliche Erinnerungen. Sie machten jedem und besonders Keith selbst deutlich, daß er irgendwie *anders* war. So sehr er es auch genoß, anders zu sein, verspürte er doch die Sehnsüchte eines jeden Jungen, der an der Schwelle zur Pubertät steht. Er wollte sich anpassen und von seinen Klassenkameraden als Teil der Gruppe akzeptiert werden. Aber dazu würde es nicht kommen.

Nachdem im Januar 1965 Keiths erste Single, produziert von seinem Großvater und Jay Colonna, veröffentlicht worden war, nannte ihn das *Teen Scene Magazine* "das jüngste neue Gesicht in der Hollywooder Szene". Diese erste Solo-Veröffentlichung hieß "Cheese and Crackers" mit "I Want To Hurt You" auf der B-Seite. In *Teen Scene* erschien ein Foto des breit lächelnden Keith mit seiner Adresse und der Zeile: "Wir wissen, daß er sich darüber freuen würde, von seinen gegenwärtigen und zukünftigen Fans zu hören."

Ungefähr um diese Zeit begann Keiths Vater, ihn als Künstler zu vertreten. Nach jahrelanger Erfahrung mit dem Showgeschäft hatte er sich eine beträchtliche Geschicklichkeit angeeignet, wenn es darum ging, mit Plattenfirmen und juristischen Verträgen umzugehen. Außerdem war er äußerst ehrlich in geschäftlichen Dingen - wie auch in allem anderen. Als sein Vater sich stärker um Keiths Karriere zu kümmern begann, gerieten die Dinge in Bewegung. Ein Repräsentant der Firma Capitol Records wollte mit Keith einen Plattenvertrag abschließen, konnte sich damit aber bei seinen Vorgesetzten nicht durchsetzen, da sie der Meinung waren, Keith sei zu jung. Bisher nahm noch niemand Platten auf, der so jung war wie Keith - einschließlich der Osmonds und der Jackson Five.

Daraufhin wandte sich sein Vater an Decca Records, wo Keith einen fünfjährigen Plattenvertrag unterschrieb. Die *Los Angeles Times* verfolgte das mit Interesse, und ihr Musikrezensent schrieb: "Keiths erste Platte wird im März veröffentlicht, und einer der vielen Songs, die er geschrieben hat, ist bereits veröffentlicht. Das Lied heißt 'The Way I Used To Be', was bei Keith Greens Alter nicht viel Spielraum läßt. Er ist erst elf. Nicht das geringste Geräusch ist zu hören, wenn der kräftige blonde Junge mit erstaunlicher Spielfreude sein Piano bearbeitet und seine Altstimme erschallen läßt, aus der einmal ein kräftiger Bariton zu werden verspricht." Er zitierte Keith mit den Worten: "Ich habe ungefähr vierzig Lieder geschrieben, und es kommen immer mehr. Mir werden nie die Lieder ausgehen!"

Bei der Veröffentlichung seines ersten Liedes wurde Keith im Alter von elf Jahren das jüngste Mitglied der ASCAP - der "American Society of Composers, Authors, and Publishers". Man ließ Keith nach New York fliegen, wo er gemeinsam mit dem Songschreiber, der das älteste Mitglied war, geehrt wurde. Keiths jugendlicher Erfolg machte ihn zu einer einzigartigen Erscheinung in der Musikwelt. Ein anderes Mal flog er nach New York, um in zwei landesweit ausgestrahlten Fernsehshows zu singen; und von hier aus ergaben sich Auftritte in einer Sendung mit Sammy Davis jr., in der "Jack Benny Show", in der "Joey Bishop Show" und in "Walt Disney's Wonderful World of Color". Er machte auch eine Sendung mit Steve Allen, der ihn später nach dem Geheimnis seines Erfolges fragte. Keith antwortete in völligem Ernst: "Ich habe angefangen, als ich noch sehr jung war!"

Um diese Zeit spielte Keith auch einmal Gitarre und sang in einer morgendlichen lokalen Fernsehsendung. Als er mit seinem Vater nach Hause kam, wartete eine wichtige Nachricht auf sie. Sie sollten einen bestimmten Anschluß bei den Metro-Goldwyn-Mayer-Studios anrufen. Das taten sie sofort, und der mysteriöse Anrufer stellte sich als kein Geringerer als Colonel Parker heraus, Elvis Presleys langjähriger Manager. Erstaunt hörte Keiths Vater zu, als Colonel Parker sagte: "Ihr Junge hat eine große Begabung. Wenn ich nicht vollzeitlich mit Elvis gebunden wäre, würde ich mit Keith arbeiten. Aber rufen Sie mich an, falls Sie einmal irgendwelche Hilfe brauchen."

Im März 1966 nannte das *Time*-Magazin Keith in einem Musikartikel, in dem es um die "Erschließung des lukrativen Potentials der bislang fast unberührten Börsen der unter Dreizehnjährigen" ging, sogar einen aufblühenden jungen Star. Der Artikel handelte von neuen Werbestrategien, die auf Vier- bis Zwölfjährige abzielten. Eines der erfolgversprechenden jungen Talente, die nach Meinung der Autoren die Sparschweine um etliche Dollars erleichtern würden, war Keith. Er muß es mit wachsender Begeisterung gelesen haben, als *Time* berichtete: "Decca Records hat einen vorpubertären Herzensbrecher namens Keith Green unter

Vertrag. ... Er hat bereits fünfzig Rock'n'Roll-Songs geschrieben, die er mit vor Überzeugung bebender Stimme kräht: 'Youuu are the girlll / I am the boyyy / Yes, it seems we're in looove.'"

Angesichts der starken Unterstützung und Ermutigung von seiten seiner Familie - seine Angehörigen konzentrierten ihre gesammelten Talente auf Keith - ist es kein Wunder, daß Keith schon in so jungen Jahren so viel erreichte. Keith selbst war nicht nur bis zum Rand mit musikalischem Genie gefüllt, sondern er hatte auch die Energie und die sture Entschlossenheit, die er zum Erfolg brauchen würde. So, wie sich die Dinge anließen, waren sich Keith und seine Familie sicher, daß seine Karriere dabei war, ihren Lauf zu nehmen. Wie bei einer Rakete auf der Startrampe schienen alle Systeme zum Abheben bereit. Doch merkwürdigerweise lief dann doch nicht alles wie erwartet.

Keiths bei Decca erschienene Platte schaffte es in Hawaii bis in die Top Ten. Doch der erhoffte große, landesweite Durchbruch fand nicht statt. Kurze Zeit später betrat Donny Osmond die Szene und belegte die kindlichen und jugendlichen Zuhörer mit Beschlag, die Decca Records für Keith im Auge gehabt hatte. Keiths Träume fielen plötzlich in sich zusammen. Der Erfolg war zum Greifen nahe gewesen - aber irgendwie war er an ihm vorübergegangen ...

Ich hörte Keith und seinen Vater im anderen Zimmer lachen, als sie lautstark ihre Stühle vom Tisch fortschoben. Sie machten oft Witze über die unerhörten Dinge, die die Firmen in ihre Verträge zu schreiben versuchten. Ich fragte mich, ob es bei CBS anders sein konnte. Ein Blick auf meine Uhr verriet mir, daß sie über eine Stunde geredet hatten. Als sie ins Wohnzimmer kamen, lächelten sie und klopften sich gegenseitig auf die Schultern. Was auch immer sie für Fragen zu dem CBS-Vertrag gehabt hatten, sie mußten sie durchgearbeitet haben.

Auf der Heimfahrt erzählte mir Keith weiter Einzelheiten über das Angebot von CBS. Es war ein großartiger Deal. Abgesehen von den 250 Dollar in der Woche gab es auch keine festen Arbeitszeiten. Er mußte ihnen nur innerhalb von jeweils zwölf Monaten achtzehn annehmbare Songs liefern. Was noch besser war, sie heuerten ihn hauptsächlich dazu an, kommerzielle Melodien zu schreiben, keine Texte. Sie fanden seine Texte nicht kommerziell genug, weil sie für ihren Geschmack zuviel "spirituellen" Gehalt hatten - Keith war das recht.

"Das ist einfach perfekt", sagte Keith strahlend. "Ich muß meine Ideen nicht an die Kommerzialität verkaufen. Musik ist Musik."

"Das ist wirklich großartig", antwortete ich.

"Dieser neue Job ist wirklich eine Verantwortung und ein Vorrecht", fuhr er fort. "Ich muß aufpassen, daß ich ehrlich bleibe."

"Natürlich. Sie zahlen dir eine Menge Geld."

"Ja - und darum werde ich CBS bitten, dich ebenfalls unter Vertrag zu nehmen."

"Was?" schoß ich zurück. "Warum sollen sie denn mich unter Vertrag nehmen?"

"Weil ich nicht in Versuchung kommen möchte, zu betrügen."

"Wie meinst du das?"

Da wir angefangen hatten, eine Menge Lieder gemeinsam zu schreiben, erklärte mir Keith, würden der CBS meine Anteile an den gemeinsam geschriebenen Liedern nicht gehören, wenn sie nur *ihn* unter Vertrag hatten. Das konnte uns offensichtlich finanziell von Nutzen sein. Es wäre hundertprozentig legal und ethisch vertretbar, einen Song, den wir zusammen geschrieben hatten, auch anderweitig zu veröffentlichen, doch Keith wollte nicht durch Geld in Versuchung geraten.

"Ich will nicht, daß du aus den falschen Motiven mit mir zusammen schreibst", sagte er. "Ich verdiene lieber weniger Geld und habe dafür ein reines Gewissen. Ich möchte mir nicht jedesmal mühsam über meine Motive klar werden, wenn wir zusammen schreiben."

"Aber ich bin nicht so gut wie du", wandte ich ein. "Warum sollten sie mir etwas bezahlen wollen?"

"Ich werde sie nicht darum bitten, dir etwas zu bezahlen. Wir bekommen immer noch nur 250 Dollar pro Woche. Ich will nur, daß dein Name mit auf dem Vertrag steht."

Als er einige Tage später den CBS-Leuten seinen Vorschlag machte, waren sie erstaunt. Es war ein ungewöhnliches Ansinnen, aber es bedeutete, daß sie zwei Autoren für den Preis von einem bekamen. Es bedeutete auch, daß Ihnen die Rechte für jeden annehmbaren Song gehörten, den ich vielleicht allein als Teil unseres jährlichen Pensums von achtzehn Lieder schreiben würde - wenn das auch zu dieser Zeit höchst unwahrscheinlich erschien. Sie nahmen Keiths Angebot an, und wir beide wurden fest angestellte Songschreiber für CBS.

So sehr Keith auch in der Welt der Musik aufging, gab es doch noch eine andere Seite an ihm - eine Seite, die viel tiefer ging. Keith schien sich auf einer lebenslangen spirituellen Suche zu befinden. Der Vorfall mit Harmony, der sich vor kurzem vor dem "Bla Bla Cafe" zugetragen hatte, war ein echter Wendepunkt für ihn gewesen. Keith war über sich selbst erschrocken, als er die Worte Jesu in Harmonys wolfsähnlich verzerrtes Gesicht zitiert hatte. Einerseits wirkte es irgendwie merkwürdig, einen Bibelvers zu zitieren, wo doch unser spirituelles Leben so verflacht schien. Doch Harmonys Reaktion rief in Keith den starken Eindruck hervor, daß irgendeine Macht in dem Augenblick, als er diese Worte ausgesprochen hatte, Harmony aus seinem unheimlichen Zustand herausgezwungen hatte.

Eines Abends kam Todd, Keiths bester Freund und beinahe eine ständige Einrichtung in unserem Haus, zum Essen zu uns. Er und Keith kannten sich seit Jahren und hatten zeitweise sogar ein gemeinsames Tagebuch geführt. Sie waren so gute Freunde, daß ich manchmal ein wenig eifersüchtig wegen ihrer tiefen Beziehung war. Und es machte die Sache auch nicht besser, wenn Keith, der gewohnt war, mit seinem Kumpel über alles zu reden, gelegentlich vergaß, wer ich war, und mich Todd nannte. Aber Todd *war* ein prima Kerl, und normalerweise genoß ich es, wenn er da war. Im Moment waren Keith und er in eine Debatte über einen Bibelvers vertieft, und ich stahl mich aus dem Wohnzimmer, um den Salat zu machen. Als ich ihnen von der Küche aus zuhörte, war ich beeindruckt von Keiths unstillbarem Durst nach spirituellen Dingen. Das war einer der Züge, die ich an ihm liebte ...

Keiths Familie hatte tiefe spirituelle Wurzeln. Keiths Großvater war sechzig Jahre lang ein Anhänger der Christlichen Wissenschaft gewesen. Seine Mutter war im Glauben der Christlichen Wissenschaft erzogen worden, und als Keiths Eltern heirateten, schloß sich auch sein Vater an. Während er heranwuchs, konnte Keith viele körperliche Heilungen beobachten. Und er sah seine Eltern oft in der Bibel oder in Mary Baker Eddys *Wissenschaft und Gesundheit* lesen. Keith und sein Vater gründeten einen Musikverlag, der nach einem der Namen Gottes benannt war: "Ich bin, der ich bin ..." "I Am Music" wurde die Wiege für alle frühen Songs von Keith.

Keith wuchs in einer guten, moralischen Atmosphäre auf, und er war im Grunde ein guter Junge. Was genau die plötzlichen Veränderungen in seinem Jugendalter hervorrief, wußte niemand. Aber als Keith in die Pubertät kam, erwischte sie ihn voll. Vielleicht lag es an der Enttäuschung darüber, daß sich sein Traum mit Decca Records plötzlich in Wohlgefallen aufgelöst hatte, oder vielleicht wurde er auch nur von dem revolutionären Geist der Sechziger in Südkalifornien aufgesogen. Keith wurde unzufrieden mit sich selbst und dem Leben, das er führte. Daß er in einer Atmosphäre der moralischen Reinheit, frei von Alkohol und Drogen, aufgewachsen war, hatte in Keiths jungen Jahren eine wunderbar bewahrende Wirkung auf ihn. Dadurch, daß er zuhause solchen Dingen nicht ausgesetzt war, wurde er davon abgehalten, selbstzerstörerische Gewohnheiten zu entwickeln - zumindest eine Zeitlang.

Als Keith die Junior High School abschloß und auf die High School kam, kam er aus einer vollkommen anderen Welt dorthin als die anderen Jugendlichen. Während die meisten seiner Freunde sich klar zu werden versuchten, was sie einmal werden wollten, wenn sie erwachsen waren, begann Keith die zehnte Klasse beinahe als einer, der seine Zukunft schon hinter sich hatte. Er hatte es *beinahe* geschafft, aber nicht ganz. Unter der Oberfläche schwelte der dumpfe Schmerz des Scheiterns. Da er nie zum Aufgeben neigte, hielt ihn sein federnder Gang im Schwung nach vorne; er gewann Talentwettbewerbe, schrieb Songs und wartete - wie es schien, für immer - darauf, daß sich jene magische Tür öffnen und die Welt ihm zu Füßen liegen würde. Doch vor ihm lagen einige gefährliche Kurven.

Mit fünfzehn wurde Keith immer rastloser, und in der Beziehung zu seinen Eltern zogen Sturmwolken auf. Er wurde streitsüchtiger, schwerer zu verstehen und weniger tolerant. Keith hatte den Eindruck, daß seine Eltern ihn überhaupt nicht verstanden. Aus seiner Sicht wirkten sie plötzlich altmodisch und "total uncool". Die kalifornische "Szene" schien mehr fürs Leben zu versprechen, als Keith bisher erlebt hatte, und er verlor keine Zeit, sich in sie hineinzustürzen. Er hatte bereits mehr Geld in den Taschen seiner Blue Jeans als sonst zehn Jugendliche in seinem Alter, und er beschloß, es zu verwenden, um die größte Angst aller Eltern zu finanzieren.

Im Juli 1969, vier Tage nach dem Feuerwerk zum Unabhängigkeitstag, löste Keith sein Sparbuch auf, stopfte seine Münzsammlung in den Rucksack und riß gemeinsam mit zwei älteren Freunden aus.

Unterwegs begann Keith, seine Gedanken und Aktivitäten täglich in einem Notizbuch aufzuzeichnen. Dieses Tagebuch sollte ihm zu einem lebenslangen Freund werden, und er vertraute seinen Blättern seine innersten Gefühle an. Darin steckte sogar soviel von Keiths Herz und seiner Persönlichkeit, daß er mich, als wir uns ernsthaft miteinander befreundeten, auf einen Stuhl setzte und mir seine *gesamten* Tagebuchaufzeichnungen laut vorlas.

Als er das tat, war ich verblüfft, wie detailliert er alles aufgezeichnet hatte. Er unterbrach sich auch oft, um noch mehr Einzelheiten einzufügen. Ich fühlte mich geehrt, daß er mich so tief in sein Inneres blicken ließ. Seine Eintragungen waren alle interessant, zum Teil sogar peinlich; denn er hielt nichts zurück, nicht einmal seine Beziehungen zu andern Mädchen oder seine innersten Träume, Ängste und Niederlagen. Aber das entsprach ganz Keiths Alles-oder-nichts-Einstellung. Er wollte, daß ich absolut alles über ihn wußte - das Gute und das weniger Gute. Er brauchte die Gewißheit, daß ich ihn so akzeptierte, wie er war, ohne mir irgendwelche Illusionen zu machen.

So hörte ich alles - von *Anfang* bis *Ende* - angefangen von der ersten Eintragung, die er im Auto niederschrieb, während er zum ersten Mal von zuhause ausriß:

Der Anfang
8. Juli 1969
***Entschuldigt die krakelige Schrift. Wir fahren. Hi, ihr da. Mein Name ist Keith Green. Ich verlasse Canoga Park. Unser Endziel ist Kanada! Seit zwei Monaten haben wir geplant, wegzugehen. Wir haben Gepäck, Orgel und Verstärker, 175,39 Dollar und meine Münzsammlung, die ungefähr hundert Dollar wert ist. Ich hoffe, entlang der kalifornischen Küste durch Singen und Spielen etwas Geld verdienen zu können. Wir fahren so weit weg von L.A., wie wir können. Tut mir wirklich leid für meine Eltern. Ich liebe sie. Sie werden sich furchtbar fühlen. - Später mehr.***

Ihr "Trip nach Kanada" brachte sie nicht weiter nach Norden als bis San Francisco. Dort trafen sie ein junges Eskimo-Mädchen und mieteten alle zusammen ein billiges Hotelzimmer, um darin zu wohnen. Die Jungen fanden Jobs für Schwerstarbeiter; sie entluden Paletten voller Autoreifen aus Güterzug-Containern. Es war eine Zeit der erstmaligen Experimente. Keith schrieb auch:

***Dieses Mädchen, das ich in Frisco traf, hieß Carolyn ... Sie mochte mich tatsächlich irgendwie. Sie wußte nicht, wie alt ich war. Als sie es herausfand, war sie wirklich überrascht. Wir hatten uns alles zurechtgelegt. Wir wollten uns alle zusammen eine Wohnung mieten, und Carolyn sollte kochen und saubermachen. Dann wurden wir auf einmal alle stinkig. Ich sagte zu Carolyn, sie solle verschwinden. Ich wollte sie loswerden, ich Ratte. Einer meiner Freunde fing an, von seinen Bewährungsschwierigkeiten zu sprechen, und ich habe angefangen, an zuhause zu denken. ... Wir haben beschlossen zurückzufahren.***

Die große Flatter dauerte insgesamt vier Tage. Keith rief zuhause an, und sein Vater flog nach San Francisco und mietete am Flughafen eine echte Limousine, um ihn damit abzuholen. Dann flogen sie gemeinsam zurück nach Los Angeles. Auf dieser Reise kam Keith zum ersten Mal in Berührung mit körperlicher Arbeit, die er haßte, und mit dem Leben "on the road", das er liebte.

In den nächsten paar Jahren riß Keith noch zweimal von zuhause aus. Einmal ließen es seine Eltern sogar zu, daß er als Ausreißer ins Gefängnis gesteckt wurde, in der Hoffnung, ihm eine Lektion beizubringen. Er verbrachte seine Zeit dort mit Liederschreiben. Da er kein Papier hatte, kratzte er die Worte mit dem Absatz seines Schuhs an die Zellenwand.

Als Keith im September 1970 sein erstes Jahr an der "El Camino Real High School" in Canoga Park begann, war sein Leben zu einem Durcheinander von Freunden, Parties, Musik und dem Versuch geworden, dem Schuldirektor eine Nasenlänge voraus zu sein. Keith spielte von einem der hinteren Tische aus den Klassenkasper, und seine wilden Albernheiten und seine mangelnde Aufmerksamkeit verschafften ihm zwar Probleme mit seinen Lehrern, aber nie mit seinen Noten. Keith hatte ein nahezu fotografisches Gedächtnis - sein Gehirn speicherte Tatsachen und Zahlen wie ein Aktenschrank. Er brauchte nur hineinzugreifen und die gewünschte Information herauszuziehen, wann er wollte. In El Camino gab es zwei Pausenhöfe - den oberen Rasen und den unteren Rasen. Zwischen den Unterrichtsstunden traf sich alles, was mit Drogen zu tun hatte und laute Musik zum Leben brauchte, auf dem oberen Rasen. Dort trafen sich auch Keith und Todd zum ersten Mal.

Eines Nachmittags beobachtete Todd, wie Keith ein Mädchen, das er kannte, offensichtlich "anmachte". Sie schien nicht sehr interessiert zu sein, spielte aber das Spielchen mit der brüderlichen Liebe und den Hippie-Umarmungen mit. Keith war hinter Mädchen her wie ein Jäger hinter den Hirschen. An jenem Tag unterbrach er seine Jagd gerade lange genug, um Todd einen Marihuana-Joint für einen Dollar zu verkaufen. Von diesem Tag an wurden sie, wie sie es nannten, zu "Dope-Brüdern".

Abgesehen vom Dope entdeckten Todd und Keith zwei wichtigere Dinge, die sie miteinander verbanden. Das eine war ihre Liebe zur Musik, das andere ihr Hunger nach spirituellen Dingen. Todd und Keith spielten beide Gitarre und "jammten" oft zusammen auf dem oberen Rasen. Todd war still und nachdenklich, was Keiths stürmische Emotionalität ergänzte. Todds schlankes, gutes Aussehen, seine warmen grünen Augen und seine langen, glatten braunen Haare kamen bei den Damen sehr gut an. Doch seine Schüchternheit war ein Handikap. Aber das machte nichts; darum kümmerte sich Keith. Wenn sie abends ausgingen, hielt er immer gleich Ausschau nach zwei Mädchen, anstatt nur für sich eines zu suchen - wobei er normalerweise Todd die zweite Wahl überließ. Doch das Band ihrer Freundschaft beruhte letztlich auf etwas weniger Greifbarem als Mädchen, Drogen oder Musik.

Keith war wie ein Magnet. Womit auch immer er sich gerade beschäftigte, es schien, daß er immer andere in seine Umlaufbahn zog, wie ein großer Planet mit einer gewaltigen Schwerkraft. So war es auch mit seiner spirituellen Suche. Er und Todd saßen oft stundenlang ununterbrochen da und redeten, beobachteten den Sonnenaufgang und dachten gemeinsam über das Leben, über das Universum und über Gott nach. Es mußte mehr am Leben sein als das, was sie mit ihren fünf Sinnen wahrnahmen. Wohin auch immer sie schauten, sahen sie Menschen, die in Mittelmäßigkeit, Tradition und Alltagstrott untergingen. Keith hatte nicht vor, so zu enden. Es gab neue Dinge zu schmecken und zu erfahren. Warum engstirnig sein, wenn doch die Welt voller schöner Dinge und schöner Menschen steckte? Alle sagten: "Wenn es sich gut anfühlt, dann tu es" - und sie taten es.

Überall fingen Pärchen an, offen zusammenzuleben. Das war jetzt "in". Es war "prähistorisch", zu glauben, daß ein Trauschein eine Beziehung zusammenhalten könnte. Wer brauchte ein Stück Papier, wenn man wirklich jemanden liebte? Und wenn man *wirklich* jemanden liebte, dann wollte man ihn nicht binden. Stephen Stills' bekannter Song brachte es auf den Punkt: "Wenn du nicht mit dem zusammen sein kannst, den du liebst, dann liebe den, mit dem du zusammen bist!"

Wohin Keith auch schaute, sagten die Leute im Grunde: "Vergiß das System!" Die Frauen verbrannten ihre BHs und die Männer ihre Einberufungen. Irgendjemand verbrannte sogar die amerikanische Flagge. Nichts war heilig. Alles stand zur Disposition. Und niemandem über dreißig konnte man trauen. Die wahre Macht, den Frieden zu verwirklichen, würde nicht, ja konnte nicht durch nackten Zwang entstehen, sondern dadurch, daß man die Welt und einander in brüderlicher Liebe umarmte. Eine friedliche Revolution war nötig. Das perfekte Beispiel gab ein Demonstrant bei einem Anti-Kriegs-Marsch, der auf einen Soldaten der Nationalgarde zuging und ihm eine Blume in den Gewehrlauf steckte. Die Flower-Power war geboren.

Es schien, daß die Suchenden überall eine gemeinsame Theologie hatten, die sich in nackte Füße, indianische Perlen, Stirnbänder, Holzöfen, Räucherwerk, östliche Musik und organische Gärten kleidete, in denen grüne Bohnen neben selbst angebautem Marihuana sprossen. Keith beteiligte sich an dieser Suche.

Die Suche führte ihn nach Box Canyon, einer verlassenen Gegend in den Bergen am Rande des Bezirks Los Angeles. Box Canyon wurde populär als Drehort für Westernfilme - und gleichermaßen *un*populär, als bekannt wurde, daß sich dort der Unterschlupf des berüchtigten Charles Manson und seiner Hippie-"Familie" befunden hatte.

Keith begann, samstagabends in Box Canyon in einem Haus aufzutreten, das sich "The Fountain of the World" nannte, einem residenzartigen Gebäude, das einem kleinen mittelalterlichen Kloster ähnelte. Ein riesiges weißes Schild am Eingang trug die rätselhaften Buchstaben F L K W - sie standen für Faith (Glaube), Love (Liebe), Knowledge (Wissen) und Wisdom (Weisheit). Über dem Haupteingang stand auf einem Schild: "Wer hier eintritt, wandelt auf heiligem Boden". Eine große Steintreppe führte hinab in das Haus, das aus dunklem Stein und Buntglas gebaut war. Im Innern waren zahlreiche Tische und Stühle und eine kleine Bühne. Diese organisch aussehende Kirche war der perfekte Ort für die Sandalen-, Perlen- und Bartbekehrten, um inmitten des Dunstes aus Räucherwerk und Haschisch herumzuhängen. Keith und Todd fühlten sich wie zuhause. Was Keith an "The Fountain" am meisten beeindruckte, war der Gründer, "Bruder Jeremiah". Bruder Jeremiah trug Sandalen und eine safranfarbene Robe und führte häufig Sketche mit spiritueller Aussage auf. Er inspirierte Keith auch dazu, in den Songs, die er schrieb, irgendein Wort der Wahrheit hochzuhalten und sorgfältiger auf den Inhalt der Songs zu achten, die er aus seinem "Top-40-Repertoire" für seine Konzerte aussuchte. Keiths Konzerte zogen mittlerweile ein stattliches Publikum an.

Keith war im Glauben der Christlichen Wissenschaft erzogen worden, aber die "organisierte Religion" begann ihm "tot" vorzukommen. Was er in Bruder Jeremiah sah, erschien ihm frisch und lebendig. In "The Fountain of the World" begannen sich Keiths Fragen über das Leben aufzuhäufen. Hinter all dem berauschenden spirituellen Gerede waren die Menschen immer noch Menschen. Warum *konnten* sie nicht alle in Harmonie leben? Wo *waren* die Liebe und die Einigkeit? Es schien, als ob alle ihre hohen Ideale aufgegeben hätten und statt dessen die Welt nur noch in den durch das Prisma einer LSD-Fensterscheibe gebrochenen Farben sahen. Keiths Freunde fanden ihre Antworten über das Radio oder im rötlichen Glühen einer Haschisch-Pfeife. Vielleicht würde sich das Geheimnis des Lebens offenbaren, indem man zurück zur Mutter Natur ging - zurück zu dem Leben, wie es gewesen war, bevor der moderne Mensch die Welt mit Maschinen, Smog und Habgier verseucht hatte.

Besonders beeindruckt war Keith von einem Typen, der sich "Cougar" nannte. Cougar wohnte in der Nähe von "The Fountain", und Keith besuchte ihn oft, um mit ihm zu feiern oder sich zu unterhalten. Cougar hatte dem Materialismus und dem konventionellen Lebensstil abgeschworen und schien mit achtzehn Jahren bereits alle Antworten gefunden zu haben. Keith fand alles an Cougar cool - wo er lebte, was er sagte und wie er es sagte. Cougar predigte die Brüderlichkeit nicht nur, er lebte sie. Das, zusammen mit dem Einfluß von Bruder Jeremiah, schien für Keith eine Welt mystischer Wahrheit zu eröffnen.

Im Sommer 1970, als Keith zum zweiten Mal von zuhause ausriß, glaubte er, einen außerordentlichen Durchbruch in die spirituelle Welt erlebt zu haben. Diesmal kam Keith weiter nach Norden, bis Seattle. Während er dort war, nahm er einen LSD-Trip. Teilweise machte ihm der Trip Angst - dennoch glaubte Keith, zum ersten Mal klar zu sehen. Er war sogar so begeistert, daß er Todd aus Seattle anrief und ihm sagte: "Ich habe Gott gefunden!" Als Keith nach Hause zurückkehrte, wollte er von nichts anderem mehr sprechen als von seiner spirituellen Erfahrung.

"Todd, du kannst dir das nicht vorstellen. Es war, als ob ich mit allem um mich her *eins* wäre."

"Aber woher weißt du, daß du Gott gefunden hast? Hast du ihn gesehen?" fragte Todd skeptisch.

"Nein, aber ich habe ihn gefühlt. Er war warm und rein. Es klingt vielleicht verrückt, aber ich weiß, daß er wirklich bei mir war."

"Hast du seine Stimme gehört?"

Keith zögerte. "Nicht richtig laut. Aber ich habe seine Worte deutlich in meinem Geist gehört."

Das machte Todd begierig auf eine ähnliche Erfahrung. Kurze Zeit später nahmen sie auf Keiths Terrasse ihren ersten gemeinsamen psychedelischen Trip. Als sie auf Liegestühlen lagen und in den nächtlichen Sternenhimmel hinaufschauten, las Keith Todd aus seinem "Lebens-Notizbuch und Reiseführer" vor. Keiths Notizbuch begann sich nun mit seiner Philosophie eines vereinfachten Naturalismus zu füllen - zusammengesetzt aus den Idealen der Hippie-Bewegung, seinen Drogentrips und seinem Verständnis der Christlichen Wissenschaft.

Während Keith und Todd die verschiedenen Dinge, an die sie glaubten, immer mehr in eine Ordnung brachten, entwickelten sie allmählich eine eigenen Philosophie. Sie gaben ihr den mystischen Namen "New Dawn" (Neue Morgendämmerung), den sie aus einer Liedzeile von David Crosby entlehnt hatten - "the darkest hour is just before the dawn" (die dunkelste Stunde kommt gerade vor der Morgendämmerung). "New Dawn" bezog sich für sie auf die Zeit, wenn alle Menschen in Frieden und brüderlicher Liebe zusammenleben würden. Darin war auch der östliche Gedanke des Karma enthalten - daß man für seine vergangenen Sünden im nächsten Leben bezahlen müsse. Wenn man auf der Erde versagte, hatte man immer noch die Chance, es im nächsten Leben besser zu machen.

Angesichts dieser neuen Philosophie und seines begeisterten Idealismus war es natürlich für Keith, daß er seine Freunde "evangelisierte". So war er in allen Dingen. Wenn er zum Beispiel in einem Restaurant sein Sandwich auf eine bestimmte Weise zusammenstellte, sagte er jedem an seinem Tisch: "Das *mußt* du probieren, Mann. Du wirst begeistert sein!" Man stelle sich seine Entschlossenheit vor, wenn es darum ging, anderen seine spirituellen Erfahrungen zu vermitteln.

Keith gewöhnte sich an, mehrere Freunde zu versammeln - normalerweise im Haus eines von ihnen, dessen Eltern nicht da waren. Dann warfen sie alle gemeinsam LSD, setzten sich im Kreis auf den Boden und hielten sich an den Händen, während Keith sich anschickte, die anderen "zum Licht zu bringen". Sobald die Wirkung des "Acid" einsetzte, begann Keith, die Visionen, die er sah, laut zu schildern. Vor seinem geistigen Auge sah er einen weiten, blau-grünen Himmel über einer riesigen, leeren Ebene. Über den Himmel zogen vielfarbige Wolken schnell dahin, wobei sie durcheinanderquollen und zusammenstießen. Die Wolken änderten ständig ihre Form; ein Bild ging in das nächste über. Keith rief die einzelnen Bilder aus, wie sie kamen - ein Adler, ein Löwe, ein Indianer, der einen Regentanz vollführte. Allmählich füllte sich der Himmel mit Schatten, und es war, als ob man in einen langen, dunklen Tunnel einträte. Doch gerade voraus in der Mitte war ein stecknadelkopfgroßer Lichtpunkt. Während sie durch die wogende Schwärze darauf zurasten, wurde das Licht größer und strahlender. Keiths Stimme wurde vor Aufregung immer lauter, als er das schnell herannahende strahlende Licht beschrieb. Plötzlich brachen sie zusammen durch das blendende Licht hindurch, ließen ihre Hände los und sackten in einem Haufen auf dem Fußboden zusammen - erschöpft, aber beglückt.

Doch selbst diese "spirituellen Übungen", wie Keith sie nannte, warfen Fragen bei ihm auf. Was war dieses Licht am Ende des Tunnels? War es Gott? Und wenn es Gott war, wie war er wirklich?

In jenem Herbst 1970 verbrachten Keith und Todd jede Menge Zeit zusammen und tauschten ständig ihre Tagebücher aus. Ihre Philosophie begann Formen anzunehmen:

Tagebuch der Kinder Gottes
25. 10. 70, 16 Uhr
***Ich und mein Bruder Todd sind Musiker und Songschreiber und Kinder Gottes. (Wie jeder andere auch.) Wir glauben, daß wir aus einem bestimmten Grund zusammengeführt wurden: um die Friedliche Revolutionäre Bewegung zu unterstützen!***

Doch trotz all seiner Ideale steckte Keiths Leben voller Widersprüche. Er wollte seinen Körper reinigen und wurde Vegetarier - doch andererseits kaufte er von Freunden in Oregon Meskalin. Keith rechtfertigte das Einnehmen von Drogen damit, daß er sie zum Auslösen seiner spirituellen Erfahrungen brauchte, obwohl er Todd dafür neckte, daß er Vitamine einnahm, um seine Gesundheit zu fördern.

28. 10.70, 9.30 Uhr
***Unser Traum ist, eine große musikalische Familie zu haben, so eine Art Kommune. Wir möchten gerne unser eigenes Obst und Gemüse anbauen. Also habe ich Todd gesagt, wenn er anfangen will, als Kommunarde zu leben, muß er aufhören, Vitamine zu nehmen, weil wir die nicht selbst anbauen können.***

Wenn sorgfältige Ernährung ein Schritt auf die Reinheit zu war, dann waren sie auf dem richtigen Weg. Keith und Todd waren jedoch nicht so sorgfältig in den Beziehungen zu den Mädchen, die sie trafen. Keith überzeugte Todd, die besten Liebesbeziehungen seien die ohne jegliche Bindung. Was zwei jugendlichen Burschen nur recht kommen konnte. Dennoch vertraute Keith seinem Tagebuch an, Sex sei "... nicht wichtig für die Brüderlichkeits-Bewegung". Doch wenn ihm sein Verstand auch sagte, daß Sex unwichtig sei, sandte sein Körper doch andere Signale.

In der ersten Novemberwoche 1970 riß Keith zum dritten Mal von zuhause aus. Für ihn war das der erste Schritt, seine friedliche Brüderlichkeits-Bewegung in Gang zu bringen.

Keith trampte nach Seattle, um seinem Traum einer musikalischen Familie nachzujagen. Seine Hoffnungen konzentrierten sich auf Timothy, einen Typen, den er kennengelernt hatte, als er zum ersten Mal ausgerissen war. Timothy war der Leader einer Rockband in Seattle, und Keith hoffte, sie könnten gemeinsam eine Musikgruppe auf die Beine stellen, die der Welt die Botschaft des Friedens bringen sollte. Keith fühlte, daß er und Timothy Brüder im Geist waren und daß die Botschaft der wahren brüderlichen Liebe sich durch ihre Musik zum Segen der Menschheit ausbreiten würde. Keith war fest davon überzeugt, daß Timothy derjenige war, der diese Band mit ihm gründen wollte.

10. 11.70, 21 Uhr

***Wir sind dreißig Meilen südlich von Portland. Dies ist mein vierundzwanzigster Wagen und wahrscheinlich mein letzter. Ich habe diesem Typen sechs Dollar für Benzin bezahlt. Er bringt mich zu Tim ... die Zeit ist reif, daß wir zusammenkommen. Ich vermisse Bruder Todd. Er hat soviel Anteil an alledem. Jetzt wo Tim und ich zusammenkommen, oh, die Musik!! Wir werden zusammen schreiben, zusammen spielen, nicht nur eins sein, sondern Einheit ausdrücken ... "Ein besserer Tag ist gekommen!"***

Als Keith Timothy in einer Kneipe fand, wo seine Band gerade spielte, war er wirklich begeistert, weil die neuen Songs, die Timothy geschrieben hatte, die Brüderlichkeits-Philosophie widerspiegelten. Doch Keith war ohne Ankündigung aufgetaucht und erfuhr zu seiner Überraschung, daß die Band gerade für drei Wochen nach Idaho reisen wollte. Aber das warf ihn nicht aus der Bahn. Er beschloß, nach Bellingham zu fahren, bis Timothy zurückkam. Immer noch optimistisch, hatte er einen starken Eindruck, daß seiner Abwesenheit von zuhause diesmal etwas Schicksalhaftes anhing. Drei Nächte nach seiner Abreise schrieb er: "Ich bin aus einem bestimmten Grund hier oben, und ich habe noch nicht herausgefunden, aus welchem."

Während er auf Timothys Rückkehr wartete, verbrachte Keith die meiste Zeit damit, neue Freunde zu finden, seine Musik zu spielen und sich zu fragen, warum er in Seattle sei. Nach ungefähr einer Woche beschloß Keith, einen LSD-Trip zu nehmen, was eine gewisse Abkehr von seiner neueren Auffassung darstellte, nach der organische oder natürliche Drogen denen aus dem Reagenzglas überlegen seien. Das Außergewöhnliche an diesem "Acid"-Trip war, daß Keith glaubte, Gott zu sehen. Er war so erregt darüber, daß er während des Trips in sein Tagebuch schrieb, was an sich schon eine beachtliche Leistung war. Als die Wirkung des LSD einsetzte, wuchsen die Worte auf den Tagebuchseiten zu großen, krakeligen Lettern:

20. 11. 70, 11 Uhr

***Es schneit!!!!!!Ich bin auf dem Trip!!!!!!!!Es ist zuuuu schön, um es zu beschreiben ... es wird ein langes, langes, langes, kaltes, dunkles Zeitalter sein, bevor die Dämmerung kommt. Gott ging mit mir. In die Sonne und aus dem Schnee. Er sagte: "Sieh den Schnee, darin sind Kristalle der Brüderlichkeit, die sanft, aber fest zusammenhalten. Denn in ihnen wirst du das Geheimnis erkennen, wie die kommenden dunklen Zeiten durchzuhalten sind ..."Er verließ mich mit einer warmen, liebevollen, aber zuversichtlichen Umarmung, das Licht werde kommen, und sagte: "Halte die Treue".***

Später an diesem Tag schrieb er auch:

***Dieser Trip war wirklich ein Ding. Ich bin ein Anderer geworden, seit ich ihn genommen habe. Ich fühle mich, als ob ich durch eine weitere Veränderung gegangen bin. Gute Gefühle. Aber eines ist sicher. Das Dunkle Zeitalter hat heute begonnen. Ich muß bald mit Todd und Tim zusammenkommen.***

Anders als bei seinen früheren Ausrissen hatte Keith diesmal beschlossen, Kontakt zu seinen Eltern zu halten. Sie fingen damit an, indem sie über einen-Freund in Los Angeles Briefe hin und her schickten, so daß Keith seinen genauen Aufenthaltsort geheimhalten konnte. Seine Eltern waren dankbar für den Kontakt und riefen nicht die Polizei.

23. 11. 70, 11.30 Uhr

***Ich bin jetzt seit zwei Wochen von zuhause weg. Ich hoffe, meine Leute kriegen das alles einigermaßen unter die Füße. Nach ein paar Monaten werden sie wohl müssen. Zumindest wird es ihnen besser gehen, sobald sie sich daran gewöhnt haben, daß ich weg bin. Sie werden sehen. Es ist richtig, daß ich hier bin ...***

Keith hatte das Gefühl, eine Menge über sich selbst und das Leben zu lernen. Doch allein unterwegs zu sein, hatte seine Vor- und Nachteile. Er war begeistert, als man ihm in einem Café, in dem er spielte, "drei Minuten lang stehend applaudierte". Doch er war gleichzeitig gezwungen, sich bei der Heilsarmee ein Paar Stiefel zu kaufen, weil seine Schuhe Löcher hatten und seine Zehen im Schnee "naß, kalt und gefroren" waren. Er hatte kein Auto und wußte morgens nicht, wo er abends schlafen würde.

Während an der nordwestlichen Pazifikküste die Tage mit Schnee und Regen langsam vergingen, machten sich die Leute, wohin Keith sich auch wandte, für die Weihnachtsfeiertage bereit. Blinkende Lichter und Kränze tauchten in den Dekorationen der Schaufenster und Wohnhäuser auf. Überall um ihn her machten die Leute Ferienpläne für ihre Familien und Freunde. In der Weihnachtszeit fiel es Keith schwer, allein zu sein. Das Einzige, was ihn aufrecht hielt, war die Hoffnung, mit Timothy eine spirituelle Band mit einer spirituellen Botschaft zu gründen, wenn er zurückkam. An diesem Traum hielt er sich fest, während er wartete, daß die drei Wochen vorbeigingen.

Über seinen Wunsch hinaus, mit Timothy zusammenzuarbeiten, befand sich Keith auf seiner eigenen persönlichen Pilgerreise - er beobachtete, hörte zu und hoffte. Er stellte auch eine Reihe von Fragen. Gab es wirklich eine Möglichkeit, Gut und Böse zu unterscheiden? Und wie konnte er sicher sein, daß er sein Leben für das einsetzen würde, wozu er berufen war? Er hatte den Eindruck, im Dunkeln umherzutappen.

Anfang Dezember überredete Keith drei Leute, die er kannte, mit ihm am Sonntagmorgen in einen Gottesdienst der Christlichen Wissenschaft zu gehen. Vier Abende später ging er wieder hin. Die Gottesdienste unterstrichen das, was er schon aufgrund seiner eigenen Überlegungen vermutet hatte - daß es keine Hölle im buchstäblichen Sinne gebe und daß nur bestimmte Teile der Bibel das "inspirierte" Wort Gottes seien.

Hinterher landeten er und seine Freunde irgendwie in einem christlichen Coffeehouse. Der Abend wuchs sich zu einer hitzigen Debatte aus.

10. 12. 70, 0.45 Uhr

***... Wir waren in einem "Jesus-Freak"-Coffeehouse, und sie versuchten, mir beizubiegen, daß man an die ganze Bibel glauben müsse, Wort für Wort, sogar den Teil, wo es heißt, daß Gott meinen Bruder tötet, und ich glaube das einfach nicht. Nicht mein wunderbarer Vater!Ich vertraue immer noch auf meinen Bruder Jesus Christus und Vater Gott, die gemeinsam eins sind und eins mit mir, und wir sind eins mit allen. Doch es ist leichter zu sagen, daß das Universum und alles darin eins ist! Friede durch Einheit.***

Es irritierte Keith, mit der grundlegenden christlichen Überzeugung konfrontiert zu werden, daß, obwohl Gott uns geschaffen hat, ein Erlösungsvorgang nötig ist, um in eine Beziehung zu unserem Schöpfer einzutreten. Dieser Gedanke war Keith neu. Er gefiel ihm nicht. Keith glaubte, wenn er nur "vollkommene Gedanken" haben könnte, dann würde er Gottes Vollkommenheit an Leib, Seele und Geist erfahren.

Die andere Sache, die ihn wirklich störte, war der Glaube, die ganze Bibel sei das inspirierte Wort Gottes. Keith glaubte zwar, daß es in der Bibel gewisse "inspirierte Seiten" gebe - aber schließlich wußte jeder, daß sie von Menschen geschrieben worden war, und Menschen machen Fehler. Überhaupt, sagte die Bibel nicht, daß Gott ein liebender Vater voller Gnade und Barmherzigkeit sei? Wie könnte ein solcher liebender Vater irgendeines seiner Kinder bestrafen? Diese "Jesus-Freaks", wie Keith sie nannte, hatten sein Denken herausgefordert, ihn jedoch nicht überzeugt.

Als Timothys Rückkehr näherkam, war Keith voller Vorfreude.

***25. 12. 70, Weihnachten***

***Ich bin auf Tims Farm. Tim ist nicht hier. Er wird vermutlich nicht vor dem späten Abend kommen.***

***Ich habe auch zuhause angerufen! Sie geben sich alle Mühe, aber sie verstehen es noch nicht. Manchmal verstehe ich es selbst nicht! Doch mein Vater weiß alles. Nun, es ist Weihnachten, und mir ist nach Schenken zumute! Ich möchte spielen! Ich werde zuschlagen! Bruder Tim; es gibt einen Grund! Gute Nacht, ihr alle. Weihnachten kommt und geht, aber Gefühle bleiben.***

Doch leider wurde der ersehnte musikalische Traum nach all der Wartezeit nicht wahr, als Tim schließlich ankam.

Gegen Ende der ersten Januarwoche 1971 wußte Keith, daß seine Zeit im

Staat Washington zu Ende ging. Er faßte einige Entschlüsse fürs neue Jahr - nämlich "Dope aufzugeben" und auch den Sex "in Schach" zu halten. Am neunten Januar kehrte er nach Hause zurück, weil er Todd und das "gesetzte, sichere Gefühl eines Zuhauses" vermißte.

Den Frühling und Sommer dieses Jahres hindurch verfolgte Keith hartnäckig einen neuen Traum - einen Plattenvertrag. Er war ständig mit Todd zusammen, und die beiden wurden geradezu unzertrennlich, als sie sich auf ihren Plan konzentrierten, eine Band zusammenzustellen, um Musik zu spielen, die andere Menschen auf ihrer spirituellen Suche zu höheren Ebenen führen würde.

Sie schrieben Songs über all ihre Überzeugungen und sangen sie mit der Gitarre in der Hand jedem vor, der sie hören wollte. Sie hätten jedoch nicht erwartet, die Chance zu bekommen, für ihre Lieblingssängerin und Songschreiberin zu singen - die zu dieser Zeit eine der populärsten und talentiertesten Frauen in der Musikszene war.

Am ersten Mai schrieb Keith: "Trommelwirbel ... wir haben für Joni Mitchell gespielt." Joni, eine der erfolgreichsten Plattenkünstlerinnen, war für Keith ein musikalisches Idol. Sie lebte in einer ländlichen Gegend in den Hollywood Hills, und Keith hatte sich die Mühe gemacht, herauszufinden, in welchem Haus sie genau wohnte. An diesem Tag trampten Keith und Todd zum Haus eines Freundes und bemerkten unterwegs, daß Jonis Tor offenstand. Sie holten ihren Freund mit seiner Gitarre und gingen zu dritt zurück zu Jonis Haus.

Keith brachte natürlich den Nerv auf, an ihre Tür zu klopfen. Niemand öffnete, also beschlossen sie, vor ihrem Haus mit einem Lied, das sie gerade geschrieben hatten, ein Ständchen zu bringen. Als sie den letzten Ton sangen, öffnete sich die Tür - und da stand Joni Mitchell. Zu ihrer Verblüffung wurden die drei eingeladen, hereinzukommen.

Keith setzte sich an ihr Piano und sang ihr alle Lieder vor, die er für sein Album schrieb. Er bat sie sogar, den Begleittext für die Plattenhülle zu schreiben, und Todd wäre am liebsten vor Scham im Boden versunken. Keith schrieb weiter: "Sie bot uns Apfelsaft aus organischem Anbau an. Es war alles so ein wunderbarer Traum ... Ich wünschte, er hätte nie aufgehört. Ich habe einen Teil meiner Seele bei ihr gelassen."

Eine der größten Überraschungen des Nachmittags war vielleicht, daß auch Joni noch einige unbeantwortete spirituelle Fragen hatte, obwohl sie sich auf dem Gipfel des Erfolgs befand. Einerseits war Keith bereits klar, daß die Wahrheit etwas viel Tieferes war als Position oder Besitz. Dennoch war er auch enttäuscht. Er empfand ein so immenses Maß an Liebe und Respekt für Joni, daß er sich fragte, wenn sie nicht die Antworten wüßte, wer dann? Er schrieb später:

"Sie scheint durch einen inneren Konflikt belastet zu sein. Ich liebe sie. Gott, hilf ihr und uns allen. Du bist unsere einzige Rettung. Ich bin heute so unzufrieden. Ich fühle mich unausgefüllt. Ich suche nach etwas, um meinen Durst nach Erfüllung zu stillen."

Im September 1971 wurde der langersehnte Plattenvertrag Wirklichkeit.

Keiths erstes Album bei Amos Records sollte "Revelations" heißen. Die meisten der Songs handelten von seiner Philosophie von Frieden und Hoffnung durch die Einheit der Menschheit. Mitte 1972, als Timothy aus Seattle herunterkam, um auf dem Album zu spielen, schien es, als ob der Traum von der "Brüderlichkeits-Band" sich verwirklichen würde. Und dann zerschlug sich auch dieser Traum - genau wie Keiths Hoffnung, ein Kinderstar zu werden.

Am ersten Juni 1972 schrieb Timothy einen "Gasteintrag" in Keiths Tagebuch:

***Keith scheint so intensiv in all der Verwirrung ... und persönlichen Trauer zu leben ... daß in ihm offenbar viel zuviel vorgeht, als daß er wahrnehmen könnte, warum ich gekommen bin. Ich bete darum, zu erkennen, was richtig ist. Warum sind wir hier? Warum sind wir alle hier?***

Bald kam ihr Traum von einer Zusammenarbeit zu einem Ende. Als Keith klar wurde, daß die Vision dahin war, legte er sie dieses Mal mit einem Gefühl der Trauer zur Seite und wußte, daß sie nie Wirklichkeit werden würde.

Obwohl die erhoffte musikalische Familie mit Timothy nicht zustande kam, hielten Keith und Todd noch ein wenig länger an ihren Träumen fest. Sie hörten auf, bei "Trink- und Tanzfeten" zu spielen, weil dort niemand auf die Botschaft der Musik achtete. Und sie setzten ihre Suche nach einer sinnerfüllten Beziehung zu Gott fort. Beide wurden sie in den Rosenkreuzer-Orden aufgenommen - eine mystisch-okkulte Gruppierung, in der Gedanken wie die Astral-Projektion vertreten werden. Nachdem sie einen Teil der Studien absolviert hatten, konnten sie nicht mehr mit allen Lehren übereinstimmen und traten aus dem Orden aus - und Keith strich einen weiteren Posten von seiner Liste der Möglichkeiten.

Im gleichen Sommer 1972 hörte Keith von einer Veranstaltung in Colorado namens "World Family Gathering", durch die das Neue Zeitalter eingeleitet werden sollte. Im Juli fuhr Keith den weiten Weg zum Rocky Mountain National Park, in der Hoffnung, in einer so schönen Umgebung, zusammen mit Tausenden, die ebenfalls auf der Suche waren, die Antworten zu finden, die er suchte. Aber von Familie war nichts zu spüren auf diesem "Familientreffen". Stattdessen randalierten die Leute, berauschten sich mit jeder erdenklichen Droge, waren häufig außer Rand und Band und verletzten gegenseitig ihre Rechte. Am Ende war es nur eine ziemlich geistlose, ausgedehnte Fete - nicht das spirituelle Ereignis, das Keith sich erhofft hatte.

Als Keith nach Kalifornien zurückkehrte, konnte er wiederum eine Möglichkeit von seiner Liste streichen. Ja, es schien, daß er in letzter Zeit eine Menge Dinge von seiner "Liste der möglichen Wahrheiten" gestrichen hatte. Während der letzten Monate hatte er einen Lese-Marathon absolviert durch die Werke von Hesse, Jung, Heinlein, Castaneda, Gibran, Baba Ram Dass - und durch die Bibel. Keith bekam daraus interessante Denkanstöße, aber nichts befriedigte ihn völlig. Er hatte sich die Tarot-Karten legen und sein Horoskop stellen lassen und war sogar in einen Vortrag über das Mysterium der Pyramiden gegangen. Das "World Family Gathering" war ein Reinfall, Joni Mitchell hatte nicht alle Antworten, das "Revelations"-Album kam nicht zustande, der musikalische Traum mit Timothy war gestorben, und seine Aufzeichnungen aus dem Rosenkreuzer-Orden hatte er samt und sonders verbrannt, um "die Ketten falschen Glaubens symbolisch und physisch abzuwerfen".

Selbst Keiths alter Freund Cougar ließ ihn schließlich im Stich. Es war Cougar gewesen, der Keith zuerst mit seiner Brüderlichkeits-Philosophie angesteckt hatte, aber jetzt war von seinem "Brüderlichkeits"-Glauben nichts mehr übrig. Und nicht nur das, er war ein Teil des "Establishment" geworden. Keith schrieb: "Cougar ist frustriert über mich und hat den Glauben an die Brüderlichkeit verloren, und jetzt benimmt er sich wie ein Acht-Stunden-Freak." Keith kam nicht darüber hinweg, daß sein "Lehrer" sich an den Materialismus verkauft hatte und an keines der Dinge mehr glaubte, die er einst mit solcher Leidenschaft gepredigt hatte. Keith fühlte sich beraubt. Und nicht nur das: Wenn Cougar aufgegeben hatte, dann war es vielleicht wirklich unmöglich, die Wahrheit zu finden. Vielleicht gab es doch nichts jenseits dieses Lebens.

Und dann erschütterte ein aufrüttelndes Ereignis Keith in seinem tiefsten Inneren. Sein neunzehnter Geburtstag stand Ende November bevor, und er plante, das Ende einer Phase seines Lebens auf besondere Weise zu feiern. Er wollte mit einem guten Freund namens Bill, einem Plattenfirmen-Mitarbeiter, in den späten Dreißigern oder frühen Vierzigern, einen letzten Meskalin-Trip nehmen. Keith, der seit einiger Zeit versucht hatte, keine Drogen mehr zu nehmen, meinte, daß dieser Trip sein allerletzter sein sollte.

Am Abend des 21. Oktober fuhr Keith zu Bills Haus in den Hollywood Hills, um seinen Abschieds-Trip einzuwerfen. Psychedelische Drogen werden in kleinen Mengen portioniert, die man "Hits" oder "Tabs" nennt, und normalerweise ist ein Viertel oder ein ganzer "Tab" reichlich genug, um einen dahin zu bringen, wohin man will. An diesem Abend jedoch warf Keith, vielleicht weil er mit einem Donnerschlag Abschied nehmen wollte, drei "Hits" ein.

Damit begann eines der schrecklichsten Erlebnisse seines ganzen Lebens. Als sie in der intensivsten Phase des Trips waren, fing Bill an, mit Keiths Geist zu spielen. Zum Beängstigenden an psychedelischen Drogen gehört, daß es meistens unmöglich ist, Phantasie und Realität zu unterscheiden. Du siehst und hörst Dinge, die nicht wirklich da sind, und die Wirklichkeit ist entweder verschleiert oder entsetzlich verzerrt. Das Schlimmste, was dir passieren kann, ist, wenn jemand, dem du wirklich vertraust, mit deinem Geist herumpfuscht, während du in diesem verwundbaren und verwirrten Zustand bist.

Als Keith und sein Freund in ihrem Wagen auf einer hohen Klippe über dem Pazifik saßen, erzählte Bill, er hätte in dieser Nacht eine Verabredung mit Leuten von einem anderen Planeten. Es klang verrückt, aber nach drei "Hits" Meskalin konnte alles wahr sein. Es war eine dunkle Nacht, und der Mond sah blendend weiß aus.

"Hör auf", sagte Keith. "Du machst Witze."

"Im Ernst. Ich habe Kontakt hergestellt, und sie müßten bald hier sein."

"Komm schon, treib keine Spielchen mit mir ..."

"Es ist wahr. Sie kommen in ein paar Minuten. Und sie wollen dich in ihrem Raumschiff mitnehmen."

Eine ganze Weile lang redeten sie so hin und her, und allmählich geriet Keith in Panik. Wenn es nun stimmte? In all seinen Büchern hatte er Geschichten von Leuten gelesen, die Außerirdischem begegnet waren. Sein Herz klopfte so stark, daß es sich anfühlte, als ob es aus seiner Brust springen wollte. Die negative Energie war real und sehr beängstigend. Dunkle Kräfte griffen nach ihm. Okkulte Mächte schienen ihn an die Schwelle eines schwarzen und leeren Ortes zu drükken. Er kämpfte mit aller Kraft dagegen an, hineinzufallen.

Als der Trip vorbei war, forschte Keith sehr gründlich in seiner Seele nach. Er hatte den starken Eindruck, daß die östlichen/mystischen/okkulten Wege, die er gegangen war, ihn in Wirklichkeit vielleicht in die falsche Richtung führten. Die spirituelle Finsternis, die er in jener Nacht empfunden hatte, war eine feindselige Präsenz, der er nie wieder begegnen wollte. Doch selbst als er sich von all diesen Dingen abschottete, hatte er immer noch keine Gewißheit, wohin er sich wenden sollte. Einige Tage später schrieb er:

28. 10. 72

***Türme der Glückseligkeit, die auf dem Sand der Verwirrung aufgebaut sind, brechen normalerweise zusammen. Ich grabe tief, ich grabe tief, ich muß diesen festen Felsengrund finden. Ich grabe tief, ich wasche mit Wasser und reinige die Erde. Wenn ich ein solides Ich finde, falls es eines gibt, baue ich mir eine***

***Heimathütte in meinem Herzen. Und teile sie vielleicht mit einer anderen soliden Seele.***

Als das Ende des Jahres 1972 näherrückte, hatte Keith so viele Dinge von seiner spirituellen Suchliste gestrichen, daß kaum noch etwas übrig war. Er hatte seine Suche ein wenig eingeengt und viel Zeit mit der Lektüre jener zwei Bücher - der Bibel und "Wissenschaft und Gesundheit" - verbracht. Ein paar Wochen lang dachte er, er würde sich ganz der Christlichen Wissenschaft anschließen. Er ging in den örtlichen Lesesaal und führte ein tiefes Gespräch mit seinem Großvater. Gerade als er dachte, er würde den Sprung wagen, änderte er plötzlich seine Meinung. Er schrieb: "Ich schlucke die Lehren, aber die organisierte Maschine ängstigt mich."

Obwohl Keith vom Gedanken einer organisierten Gruppe abgeschreckt wurde, schien durch alle Lehren, die er studiert hatte, ein gemeinsamer roter Faden zu laufen. Dieser rote Faden war die Person Jesus Christus. Jeder schien zumindest zu sagen, daß Jesus zu den "Guten" gehörte. Einige sagte, er sei der Sohn Gottes, andere nannten ihn einen Propheten, wieder andere einen erhöhten spirituellen Meister - selbst Buddha fand Jesus in Ordnung. Jeder sagte etwas anderes, aber es war alles positiv. Und zur Krönung sagte Jesus auch noch Gutes über sich selbst. Er sagte, er sei der einzige Weg zu Gott.

Seit dem Meskalin-Trip, den er an seinem Geburtstag genommen hatte, war Keith von Ängsten verfolgt worden. Er mißtraute jedem und allem. Doch Jesus selbst schien zuverlässig zu sein. Also beschloß Keith, sich mit Jesus direkt zu befassen - nicht durch irgendeinen Menschen und nicht durch irgendeine Organisation. Er nannte sich noch nicht einmal einen Christen, denn das wollte er nicht sein. Er hielt die Christen für die Letzten. Für Verlierer. Außerdem waren die Christen so ordentlich, daß es ihm schien, als ob man einen Friseur in der Familie haben und mit Schlips und Kragen ins Bett gehen müsse, um einer zu sein. Dazu war Keith nicht bereit, aber er war bereit, sich mit Jesus "von Mann zu Mann" auseinanderzusetzen. Und genau das tat er auch.

Keith öffnete sein Herz für Jesus, ohne wirklich zu wissen, wer er war oder wohin das führen würde. Er wußte nur, daß er ein tiefes Verlangen hatte, und sprach ein einfaches Gebet.

16. 12. 72

***Jesus, ich heiße Dich hiermit offiziell in mir willkommen. Welche Wirkung du auf mich hast, wird sich an dem zeigen, was nun geschieht.***

Keith hatte einen kleinen, aber entschiedenen Schritt getan. Am nächsten

Tag führte er ein langes Gespräch mit Todd. "Todd und ich sind heute endlich zu einer Übereinstimmung gelangt. Christus ist der gemeinsame Nenner in allen unseren bisherigen Trips." Keith beschloß das Jahr mit Hoffnung im Herzen und dem Gefühl, den richtigen Weg betreten zu haben. Doch er war immer noch unsicher, wohin ihn dieser Weg führen würde. Am Silvesterabend schrieb er:

Ich muß ein Zuhause finden.

***Meine Wurzeln hängen in der Luft.Ohne Nahrung kann ich keine Wurzeln schlagen. Ich muß ein Zuhause finden, wo ich ruhig werden kann. Ich muß einen inneren Ort finden, an dem ich zwischen den Krisen ausruhen kann ...Bitte, Jesus! Ich lerne Dich jeden Tag besser kennen und erkenne Dinge, die Du mir zeigst. Laß die Zeichen weiter kommen. Ich hatte mich schon fast verloren gegeben ... Gesegnet seist Du, geliebter reiner Bruder in der Höhe.***

Keith tat alles, was er zu tun wußte, um zu versuchen, Gott näher zu kommen. Oft fastete er einen oder zwei Tage in der Woche, und er versuchte, beständig jeden Tag zu beten. Immer noch tastete er nach der Wahrheit. "Gott ist ein Konzept ... Alles stumpft ab. Ich bin so abgestumpft. Ich muß wieder fühlen. Ich bin fast tot." Keith feilte am Text für ein Lied namens "Manchild", das er gerade schrieb. Die zweite Strophe war für Timothy:

*Oh, ich bin ein Menschenkind*
*Verloren zwischen Zahm- und Wildsein*
*Ich bin müde, obwohl die Reise erst beginnt*

*Eine Straße, die ich zog, führte zu dir*
*Und wir haben eine Menge durchgemacht, das stimmt*
*Denn da wir so enge Freunde waren, ging nicht alles so glatt*

*Ich möchte dir einfach danken, daß du du bist*
*Und es gibt nichts, was ich nicht für dich tun würde*
*Wenn ich nur aufhören könnte, an mich zu denken*

Kurze Zeit später beschloß Keith, von nun an ein Kreuz zu tragen, vielleicht, weil er Gott zeigen wollte, daß er es ernst meinte. Er schrieb: "Ich muß ein Kreuz finden, um es um den Hals zu tragen. Auf dem Rücken habe ich schon eins." Eines Nachmittags ging er in einen kleinen Second-Hand-Laden, und sein Auge blieb an etwas hängen. Der Mann hinter der Theke nahm ein kleines, silbernes Kreuz aus der Vitrine und reichte es Keith. Er hielt es auf der Handfläche. Es war nicht viel größer als ein Zehncentstück und sah sehr alt aus.

"Mann, das Ding sieht aber antik aus", sagte Keith.

"Es ist über 150 Jahre alt", antwortete der Verkäufer.

"Nehmen Sie mich auf den Arm?"

"Nein. Ein Mönch in einem Kloster in Ecuador hat es getragen."

Keith drehte es langsam in der Hand. Der Mann sagte, es sei Silber, aber es sah mehr nach altem Blech aus. Es war offensichtlich handgemacht, uneben und rauh an den Kanten. Keith konnte eine schwach erhobene Silhouette von Jesus auf diesem schönen alten Kreuz gerade noch erkennen. Der Verkäufer erklärte ihm, das liege daran, daß der Mönch es ständig gerieben habe, wann immer er betete. An der Spitze war es fast ganz abgerieben. Das Kreuz hatte etwas Geheimnisvolles an sich, das Gefühl einer geistlichen Vorgeschichte. Offensichtlich war es von jemandem getragen worden, der Jesus wirklich liebte. Vielleicht, so hoffte Keith, würde diese intensive Hingabe auf ihn abfärben.

"Wieviel kostet es?"

"Zehn Dollar."

Keith hatte vierzehn Dollar in der Tasche, die er am Abend zuvor beim Poker gewonnen hatte. Es reichte gerade, um das Kreuz zu kaufen und noch ein paar Dollar übrig zu haben. Er bezahlte und verließ den Laden mit der Entschlossenheit, sich noch tiefer auf Jesus einzulassen. Offenbar hatte jeder irgendjemanden, dem er nachfolgte, einen Guru oder eine Art spirituellen Lehrer. Keith meinte, für ihn wäre es richtig, Jesus zu seinem spirituellen Meister zu machen.

Keith stieg in seinen Wagen, hängte sich das Kreuz um den Hals und fuhr los. Während der Fahrt ertappte er sich dabei, wie er zu einem Gott betete, den er nicht kannte. Es war kein ordentliches kleines religiöses Gebet - es war rauh und uneben wie das Kreuz - ein Gebet der Verzweiflung. Keith wußte, daß er das Ende seiner Liste erreicht hatte. Alles war ausgestrichen, außer Jesus. Wenn Jesus nicht der Richtige war, dann wußte er nicht, was er noch tun sollte.

Doch bevor er ein Wort herausbrachte, hatten sich Tränen in seinen Augen gesammelt und begannen an seinen Wangen hinunter in seinen Bart zu rinnen. Seine Brust bebte unter tiefem, unkontrollierbarem Schluchzen. Er fuhr mit tränenverschleierten Augen, während ein überwältigendes Gefühl der Dringlichkeit sein Herz erfüllte.

Unter Schluchzen preßte er ein Gebet hervor. "Oh Jesus, Jesus ... wenn du wirklich real bist ... wenn du der bist, der du sagst - bitte beweise es mir. Ich brauche dich. Ich brauche etwas ... Zeig mir den Weg. Beweise mir, daß du real bist, und ich werde dir für immer dienen ..."

Ich lugte aus der Küche hervor, um zu sehen, ob Keith und Todd mit ihrem ausgedehnten spirituellen Wortwechsel allmählich zu Ende kamen. Er hatte den ganzen Abend über angedauert - während des Essens und des Kartenspiels, und nun war auch der Abwasch erledigt.

Ich schlich mich davon, um ins Bett zu gehen, da ich annahm, sie würden die halbe Nacht aufbleiben und reden. Mir schien, daß es in dieser Zeit eine Menge spiritueller Gespräche gab, aber nur wenige bleibende Veränderungen.

Als ich gerade am Einschlafen war, überkam mich ein altbekanntes Gefühl wie eine Welle. Ein Gefühl der Hoffnungslosigkeit. Ein Gefühl, ins Nichts zu gehen.

Oder war es diesmal ein anderes Gefühl? Kam auf Keith am Ende etwa doch so etwas wie eine "Erleuchtung" zu? Vielleicht war sein ganzes Leben bis jetzt, bis zum Herbst 1974, nur ein Vorspiel gewesen.

Aber Keith war mir immer so weit voraus. Würde ich bereit sein, wenn es soweit war?

## Drittes Kapitel

## Dringend Erledigen
## ("You're On My List Of Things To Do")

*Melody mit "The Sweetie Seven" in Tokio. 1968*

Vier Tage vor Weihnachten 1974 feierten wir eine große Abschiedsfete im "Bla Bla Cafe". Wir wollten für mehrere Wochen nach Kanada, wo Keith in einer Band Piano spielen sollte, und wir wußten nicht, wann wir zurückkehren würden. Es war eine großartige Nacht. Abgesehen davon, daß so viele unserer Freunde gekommen waren, waren auch noch zwei Leute aus der Plattenindustrie da und gaben Keith eine Menge Ermutigung. Einer war Marv Mattis, der Keith für CBS unter Vertrag genommen hatte. Er spürte eine große Tiefe in Keiths neuen Songs und sagte ihm: "Schreib weiter aus dieser Position." Dann kam ein Typ von Helen Reddys Management, um Keith zu sehen - zum zweiten Mal - und zeigte sich daran interessiert, seine Karriere zu fördern. Voll freudiger Erwartung, was als nächstes geschehen würde, ging Keith aus dieser Nacht hervor.

Dies sollte unser erstes Weihnachten in dem kleinen Haus sein, das wir seit kurzem im Vorort Woodland Hills gemietet hatten. Es hatte drei Schlafzimmer, so daß Keiths Klavier ein nettes Zimmer ganz für sich allein bekam! Unser letztes Haus war nach einem Gasleck explodiert. Wir hofften, daß das Leben in diesem Haus in der Dolorosa Street etwas weniger ereignisreich sein würde.

Außerdem feierten wir am Weihnachtstag unseren ersten Hochzeitstag - und ich wollte mir etwas Besonderes für Keith einfallen lassen. Ich fragte mich, was ihn am glücklichsten machen würde, und beschloß, ihm eine Bibel zu kaufen. Als ich Keith Anfang 1973 zum ersten Mal begegnet war, hatte er gerade angefangen, zu diesem Menschen Jesus zu beten. "Jesus ist mein Meister", hatte er mir gesagt. Er trug das antike ecuadorianische Kreuz um seinen Hals. Das war nicht direkt ein mutiges Bekenntnis seines Glaubens - es war mehr wie eine Kerze der Hoffnung, die er gegen die Dunkelheit hochhielt. Da Weihnachten angeblich der Geburtstag Jesu war und Keith - außer von Musik - von nichts anderem redete als von seinem Versuch, herauszufinden, wer Jesus war, schien mir eine Bibel die vollkommene Überraschung zu sein.

Die einzige Bibel, die ich je besessen hatte, war eine Gideon-Bibel gewesen, die ich einmal aus einem Hotelzimmer mitgenommen hatte. Ich hatte nie eine *gekauft*. Also wußte ich nicht so recht, wo ich anfangen sollte. Dann erinnerte ich mich daran, daß es direkt neben einem vegetarischen Restaurant, in das Keith und ich gerne gingen, eine christliche Buchhandlung gab. Ich verließ das Haus unter einem Vorwand und fuhr hin.

Kaum hatte ich die Buchhandlung betreten, empfand ich einen Stich der Verlegenheit. Es war wirklich still dort - ganz anders als in den Hippie-Buchhandlungen, die ich kannte. Ich fragte mich, ob ich hier flüstern müßte. Dann entdeckte ich einen Mann hinter der Theke und wollte ihn fragen, wo die Bibeln stünden. Er hatte *sehr* kurzes, schwarzes Haar, perfekt frisiert, und er trug einen marineblauen Anzug. Ich hatte meinen billigen weinroten Samtmantel aus den vierziger Jahren und meine abgetragenen Lederstiefel an. Ich wußte nicht, ob jemand wie ich schon jemals in diesem Laden gewesen war. Aber der Mann hatte freundliche braune Augen, und ich entspannte mich ein wenig.

"Kann ich Ihnen irgendwie helfen?"

"Äh, ja. Ich möchte eine Bibel kaufen", sagte ich.

"An was für einer Bibel sind Sie interessiert?"

"Oh ..." Kam ich mir blöd vor. "Nun, was für Arten gibt es denn?"

Er führte mich zum Regal, und ich traute meinen Augen nicht. Es gab so viele verschiedene Arten von Bibeln! Er begann, eine nach der anderen herauszuziehen und mir zu zeigen. Es gab mehrere verschiedene Übersetzungen - einige verwendeten gewöhnliche Alltagssprache, andere waren voller "Sintemals" und "Desselbigengleichens". Dann gab es verschiedene Umschlagqualitäten, von echtem Leder bis zum Paperback, und auch verschiedene Papierqualitäten. Manche waren groß gedruckt, andere klein. In manchen waren sogar alle Aussprüche von Jesus rot gedruckt. Während wir die Bibeln durchgingen, wuchs der Stapel der "engeren Wahl" in meinen Armen immer mehr an.

"Diese hier hat Anmerkungen", sagte der Verkäufer. "Und diese hat eine Konkordanz."

"Was ist eine Konkordanz?"

"Damit können Sie einen bestimmten Vers finden, indem Sie nur ein einziges Wort nachschlagen, das darin vorkommt."

"Oh."

"Und diese hier hat farbige Landkarten von den Missionsreisen des Paulus."

Ich hatte keine Ahnung, wer Paulus war, aber ehe ich das zugab, nickte ich lieber einfach und sagte fröhlich: "Großartig!" Aber ich machte mir allmählich Gedanken, was wohl so eine Bibel kosten würde.

"Können Sie mir ein paar Preise nennen?"

Mit der geduldigen Hilfe des Verkäufers suchte ich schließlich eine kleine King-James-Ausgabe mit rotem Druck und einem schokoladenbraunen, auf Hochglanz polierten Umschlag aus echtem Leder aus. Sie hatte eine Konkordanz und Landkarten, und die Seiten waren mit glänzendem Gold umrandet, das wunderschön aussah, wenn die Bibel geschlossen war. Dieses Buch sah wirklich sehr heilig aus. Ich nahm sie mit nach Hause, holte meinen Federhalter und die Tusche hervor und schrieb auf die "Für"-Seite: "Keith, meinen geliebten Mann, zur Feier des Geburtstages Christi und unseres ersten Ehejahres. In Liebe, möge Gott dich immer segnen." Dann verpackte ich die Schachtel und versteckte sie.

An Heiligabend wartete ich aufgeregt auf den richtigen Moment, um Keith seine Bibel zu geben. Doch zuerst mußten wir noch einiges für unsere Abreise nach Kanada am nächsten Abend packen. Leider war die friedliche Atmosphäre innerhalb von Minuten dahin, und wir steckten mitten in einer unserer nur zu vertrauten Meinungsverschiedenheiten. Dieses Mal war es ein "Pack-Streit".

Keith sagte etwas, das mir nicht gefiel, und ich schoß etwas zurück. Beide waren wir unvernünftig, und beide reagierten wir gereizt. Keith schnappte eines von den Hemden, die ich für ihn einpackte, und warf es nach mir. Als es mich traf, sah ich rot. Ich wurde so wütend, daß ich nach einer Schere griff und sie quer durch den Raum warf. Jetzt waren wir erst richtig in Fahrt. Es erregte mich nur noch mehr, daß ich Keith eigentlich mit der Bibel beschenken wollte und nun der ganze Abend in Scherben ging.

Wir stritten uns weiter, und ich wurde so wütend, daß ich ohne nachzudenken meinen Ehering abzog und ihn nach Keith warf. Fest. Kaum hatte er ihn getroffen, wurde mir klar, was ich getan hatte. Keith starrte mich nur an. Ich fühlte mich schrecklich. Das war auch eine Art, unseren ersten Hochzeitstag zu feiern.

Hinterher tat uns alles, was wir gesagt und getan hatten, wirklich leid und machte uns verlegen.

Spät an diesem Abend holte ich das Geschenkpäckchen aus dem Versteck und reichte es Keith erwartungsvoll. Keith saß auf dem Läufer neben dem antiken Kiefernschrank, den wir gerade bei einem Garagenverkauf ergattert hatten. Er packte die Schachtel aus, öffnete die Bibel und las die Inschrift. Seine Augen glänzten vor Freude. Bevor wir zu Bett gingen, saßen wir dort auf dem Boden zusammen, denn Keith wollte mir natürlich laut aus seiner neuen Bibel vorlesen.

Beim Schlafengehen machte sich Keith eine simple Notiz in seinem Tagebuch:

***Wir hatten den größten Streit seit Monaten ... Nachdem der Sturm sich gelegt hatte, gab Mel mir eine neue, schöne Bibel.***

Während wir auf das Jahr 1975 zugingen, dachte ich darüber nach, warum zwei Menschen, die sich liebten und ein gutes Leben führen wollten, einfach nicht in der Lage zu sein schienen, das zu tun. Keith konnte mich wahnsinnig machen. Er entfachte diese Gefühle in vielen Menschen - entweder man liebte ihn, oder man wurde böse auf ihn. Manchmal auch beides gleichzeitig. In Keiths Welt gab es nicht viele Graustufen. Es gab Schwarz und Weiß, Gut und Böse. In vieler Hinsicht war er genau das, was ich brauchte, doch ich fand auch, daß es sich mit manchen Dingen, die ich wirklich an ihm schätzte - wie seiner Intensität und seiner Überzeugung - bisweilen nicht ganz leicht leben ließ. Wie zum Beispiel in der Zeit, kurz nachdem er in meine Wohnung eingezogen war.

Als Keith einzog, mußten einige meiner Sachen ausziehen. Da er Jesus zu seinem Meister gemacht hatte, verursachten ihm manche der Bücher auf meinem Regal echtes Unbehagen. Besonders diejenigen, die von Astrologie und okkulten Dingen handelten. Er wollte, daß ich mich von ihnen trennte, und ich war nicht unbedingt begeistert davon oder bereit dazu. Einige davon waren teure gebundene Bücher. Ich fand es ganz schön unverschämt von Keith, in meine Wohnung einzuziehen und dann darauf zu bestehen, daß ich meine Bücher wegwarf. Wenn ich auch nach all den Jahren, die ich darin gelesen hatte, nicht die Antworten gefunden hatte, die ich suchte, war ich auch nicht davon überzeugt, daß sie völlig verkehrt waren. Aber Keith war so hartnäckig, daß ich widerwillig nachgab und sie fortwarf. Außerdem wußte ich tief in meinem Inneren, daß er es zu meinem Besten meinte. Es schien, als ob Keith mich immer in irgendeinem Bereich herausforderte. Meistens forderte er mich heraus, um zu erkennen, wer ich war.

Wenn Keith einen auch zum Wahnsinn treiben konnte, so war doch etwas an dem Zusammenleben mit ihm, das mich dazu brachte, mich unangenehmen Fragen über mich selbst zu stellen - etwas, das mich dazu brachte, mein Leben im Rückblick zu durchkämmen und mir darüber klar zu werden, was ich glaubte und warum ich es glaubte. Er schien einen Kompass zu haben, aber ich war mir meiner Richtung nicht so sicher. Zu der Zeit, als ich Keith kennenlernte, war ich zwar sechsundzwanzig Jahre alt, aber ich wußte trotzdem nicht genau, *wer* ich war. Wenn ich an meine Familie dachte, ließ das bei mir immer eine Art hohles Gefühl zurück. Sie war anders als Keiths stark zusammenhaltende Familie, die sich immer zusammentat, um ihm beim Aufbau seiner Karriere zu helfen. Es war Keiths Einfluß auf mich - nach einer schwierigen, schmerzlichen Vergangenheit - der mich immer weiter von den gefährlichen Orten wegführte, an denen ich mich aufgehalten hatte ...

Manche Leute würden dafür sterben, an dem Ort zu leben, an dem ich geboren wurde - Hollywood in Kalifornien. In Wirklichkeit wohnten wir direkt hinter der Strandpromenade in Venice - aber das Krankenhaus war in Hollywood, und das klang als Antwort erheblich besser, wenn mich jemand fragte, wo ich geboren sei. Meine Mutter war eines von sieben Kindern jüdischer Immigranten, die auf dem letzten Schiff aus Odessa in Rußland entkommen waren, gerade noch rechtzeitig vor dem heftigsten Ansturm der zaristischen Verfolgung. Meine Mutter Helen und ihre jüngere Schwester waren die einzigen Kinder, die in Amerika geboren wurden. Die Familie ließ sich in San Francisco nieder, wo mein Großvater, der in Rußland Rabbi gewesen war, einen koscheren Geflügelladen eröffnete. Doch Oma und Opa Sosnovsky starben, bevor ich geboren wurde. Es war ein Schock für sie gewesen, als Mutter meinen Vater heiratete - denn er war kein Jude.

Mein Vater Charles Steiner war deutscher Abstammung, und seine Eltern waren aktive Methodisten. Sein Vater war Arzt, und seine Mutter besuchte die Kranken und Bedürftigen in der Gemeinde. Dennoch ging mein Vater nie in die Kirche. In meinen frühesten Erinnerungen an meinen Vater sehe ich ihn an seiner Werkbank in unserem winzigen Wohnzimmer sitzen und reinen Seidenfaden um die Angelruten aus Bambus wickeln, die er bastelte. Er band auch wunderschöne Köderfliegen. Ich trat leise zu ihm heran und bestaunte all die bunten Federn, Seidenspulen, Senker und Drahthaken. Ein Blick von meinem Vater hielt mich davon ab, irgendetwas zu berühren, aber ich schaute für mein Leben gern zu. Mein Vater arbeitete gerne mit seinen Händen, obwohl es nicht leicht war, damit finanziell über die Runden zu kommen.

Da das Geld knapp war, wohnten wir in einer winzigen Zwei-Zimmer-Wohnung an der Ecke Brooks Avenue und "Speedway", einer engen Gasse, die ungefähr dreißig Meter hinter den Gebäuden an der Promenade parallel zum Strand verlief. Da wir außer dieser kleinen Gasse keinen Platz vor dem Haus hatten, war der lange Sandstreifen zwischen der Promenade und dem Ozean mein einziger Spielplatz. Vielleicht besuchte ich deshalb so gerne meine Großmutter. Sie lebte allein in einem kleinen Haus in Redondo Beach - aber sie hatte ein *Grundstück*, mit einem Blumengarten und einem großen Feigenbaum. Ich nehme an, das war deswegen so eindrucksvoll für mich, weil meine ganze Welt aus zementierten Bürgersteigen und Gassen bestand. Ich wuchs mit dem Traum auf, in einem schöneren Haus und in einer schöneren Gegend zu leben.

Meine Eltern konnten ein wenig Geld auf die hohe Kante legen, während mein Vater bei der Marine war. Als er zurückkehrte, wollte meine Mutter das Geld als Anzahlung für ein Haus verwenden. Doch Vater wollte ein Geschäft gründen. Mein Vater setzte sich durch, und die Ersparnisse wurden stattdessen für die Gründung eines kleinen Geschäftes verwendet.

Vater war jedoch eigentlich kein besonders guter Geschäftsmann. Er verschenkte soviel, wie er verkaufte, und die Geldprobleme wurden schlimmer. Das führte zu manchen lautstarken "Diskussionen" zwischen ihm und meiner Mutter - und noch mehr Belastung, als das Geschäft schließlich einging. Mutter wünschte sich nichts sehnlicher, als zuhause zu bleiben und mich in einer liebevollen Umgebung großzuziehen, doch nachdem ich in die Schule gekommen war, nahm sie widerwillig eine Stelle als Sekretärin an, damit die Rechnungen bezahlt werden konnten.

Als ich sechs war, ging ich mit dem Haustürschlüssel an einer Schnur um den Hals aus dem Haus, damit ich nach der Schule herein konnte. Im gleichen Jahr zogen wir einen Häuserblock weiter nach Osten auf der Brooks Avenue. Es war nicht das Haus meiner Träume, aber es war eine schönere und größere Maisonetten-Wohnung im ersten Stock. Zwei wichtige Dinge passierten daraufhin. Ich bekam mein eigenes Zimmer - und ich begegnete Mrs. Hilliard.

Mrs. Hilliard wohnte zwei Häuser weiter, und es war so, als hätte ich meine eigene Großmutter gleich nebenan. Das war großartig, denn meine Großmutter war alt und verwirrt geworden und lebte nun in einem Pflegeheim. Mrs. Hilliard hatte einen der ganz wenigen Vorgärten im Block. Er war sehr klein, aber voller Blumen. Meine Lieblingsblumen waren die roten und gelben Löwenmäulchen. Ich verbrachte Stunden in ihrem Haus und interessierte mich besonders für Mrs. Hilliards Vögel - sie hatte mehrere schöne, blau-weiße Wellensittiche und auch einen gelben Kanarienvogel. Meine Mutter war nicht allzu begeistert von Haustieren, aber sie ließ es zu, daß Mrs. Hilliard mir einen Wellensittich schenkte, dem ich dann beibrachte, auf meinem Finger zu sitzen.

Am meisten Spaß machte es mir, einfach *bei* Mrs. Hilliard zu sein, in ihrem Haus. Alles war ordentlich und makellos, selbst die Kleinigkeiten standen immer am selben Ort. Sie hatte hübsche Teppiche, und ihre Eßzimmerstühle waren gepolstert. Aber ich saß nie auf ihnen, weil wir all unsere gemeinsame Zeit in der Küche verbrachten. Nach der Schule lief ich hinüber, setzte mich auf einen großen Hocker und sah ihr zu, wie sie das Essen machte. Ich dachte mir Lieder aus und sang sie ihr vor. Wir unterhielten uns auch viel. Irgendwie wußte ich, daß sie mich liebhatte. Auch ich hatte sie sehr lieb. Deswegen konnte ich auch nicht begreifen, was sie dann tat.

Als ich eines Tages an ihre Tür klopfte, wartete ich länger als gewöhnlich, doch sie öffnete nicht. Ich spielte mit meiner Sandalenschnalle herum, während ich wartete. Als sie nicht kam, dachte ich, sie wäre vielleicht zum Einkaufen gegangen oder dergleichen, und sprang zurück nach Hause.

Doch am nächsten Tag geschah das gleiche. Mrs. Hilliard reagierte nicht auf mein Klopfen. Tagelang empfand ich eine unerklärliche Trauer, wann immer ich zu ihrem stillen Haus hinübersah.

Schließlich fragte ich meine Mutter, ob sie wüßte, wo Mrs. Hilliard sei. Sie zögerte. "Mrs. Hilliard ist fortgezogen, Liebling. Sie wird nicht zurückkommen."

Ich bemerkte, daß Mutter mich nicht anschauen wollte, und stand verwirrt da. Mrs. Hilliard war meine Freundin. Sie würde nicht einfach fortgehen, ohne Lebewohl zu sagen. Tränen stiegen mir in die Augen, und ein drückender Schmerz erfüllte meine Brust. Warum hatte sie mir nichts gesagt? ich hatte geglaubt, daß sie mich liebhatte - aber vielleicht hatte ich mich geirrt. Vielleicht war ich ihr nicht so wichtig, wie ich dachte. Mrs. Hilliard öffnete nie wieder ihre Tür für mich.

Jahre später fand ich heraus, daß Mrs. Hilliard in Wirklichkeit gestorben war, doch meine Eltern hatten mir die schmerzliche Wahrheit ersparen wollen. Natürlich meinten sie es gut, doch wenn ich gewußt hätte, was wirklich geschehen war, wäre ich nicht so ratlos gewesen, warum sie mich so plötzlich verlassen hatte. Dann wäre ich vielleicht nicht mit einem solchen hartnäckigen Gefühl des Verlustes und des Alleingelassenseins zurückgeblieben.

Selbst in diesem Alter verspürte ich schon einen Hunger nach etwas, das ich noch nicht einmal definieren konnte. Ich fragte mich, wie ich dazu kam, auf der Erde zu leben, und ob es Leben auf anderen Planeten gebe. Nachts lag ich im Bett und streckte einen Arm zur Decke aus. Dann bewegte ich mein Handgelenk vor und zurück, starrte unendlich lange erstaunt darauf und dachte: "Das ist *mein* Arm, ich kann ihn bewegen, wie ich will. Das ist *mein* Körper - aber wie komme *ich* da hinein?" Gott hatte etwas damit zu tun. Doch wer war er? Meine Eltern sprachen nie viel über Gott. Da sie verschiedenen Religionen angehörten, hatten sie beschlossen, mich nicht in irgendeine Richtung zu drängen. Sie sagten mir, ich könnte mir aussuchen, welcher Religion ich angehören wollte, wenn ich groß wäre. Also tat ich das Naheliegende. Ich schaute mir die verschiedenen Möglichkeiten an.

Gleich nebenan war eine kleine jüdische Synagoge. Als ich etwa acht Jahre alt war, beschloß ich, dort in die Sabbatschule zu gehen. Ich lernte ein wenig über Moses und das Alte Testament. Wir malten Bilder von Noahs Arche und dergleichen und klebten sie an die Wände. Obwohl ich nicht sehr lange hinging, hatte ich viel Spaß daran. Ich hatte immer ein warmes Gefühl, wenn wir über Gott sprachen, doch irgendwie schien er gerade außerhalb meiner Reichweite zu sein.

Als nächstes richtete ich meinen Blick auf die Kirche gegenüber von uns. Ich fragte mich, an was die dort wohl glaubten - in der Einundzwanzigsten Kirche der Christlichen Wissenschaft. Von meinem Fenster im zweiten Stock aus sah ich gerne zu, wie die Leute aus der Kirche kamen - an Feiertagen wie Weihnachten waren es besonders viele. Und richtig schick machten sie sich am Ostersonntag. Die kleinen Mädchen trugen überreichlich verzierte, pastellfarbene Kleider und weiße Lacklederschuhe mit dazu passenden Handtäschchen. Augenscheinlich hielten diese kleinen Mädchen stets die Hände zweier glücklicher Eltern, und alle lächelten und lachten. Für mich war Ostern gleichbedeutend mit dem Osterhasen, der Jagd nach bunten Eiern, gelben Marshmellow-Hühnchen und Schokoladen-Hasen - aber aus was für einem Grund man Ostern in die *Kirche* gehen konnte, war mir ein Rätsel.

Eines Samstags verkündete ich meinen Eltern, daß ich am nächsten Morgen früh aufstehen und in die Kirche gehen wollte. Ganz allein zog ich mich an und ging tapfer über die Straße. Ich ging allein, weil meine Mutter Jüdin war und mein Vater, nehme ich an, kein Interesse hatte. Die Kirche hatte eine gewaltig hohe Decke und war nicht sehr voll. Ich saß im hinteren Bereich und hörte einfach zu. Vorne stand jemand und sprach eine Weile, und dann standen einige Leute aus der Versammlung auf und sprachen ein paar Worte. Als der Gottesdienst zu Ende war, ging ich mit einem Gefühl der Enttäuschung langsam zurück über die Straße. Ich hatte gehofft, mich nun anders zu fühlen, aber ich fühlte gar nichts.

Da in der Schule alle sagen konnten: "Ich bin Katholik", "Ich bin Jude" oder "Ich bin Baptist", machte es mir anfangs Spaß, zwei Religionen zu haben. Also sagte ich: "Ich bin Jüdin *und* Protestantin. Ich bin beides!" Doch nach einer Weile schien mir, daß zwei Religionen so gut waren wie gar keine. Ich wollte aber *etwas* sein, also traf ich eine Wahl. ich entschied mich, Jüdin zu sein. Doch außer dem Gefühl der Ehrfurcht und Achtung, das ich bei den wenigen Gelegenheiten empfand, bei denen ich mit meiner Mutter in die Synagoge ging, hatte ich nicht den Eindruck, eine echte Verbindung zu Gott zu haben.

Obwohl ich beschlossen hatte, Jüdin sein zu wollen, wurde Weihnachten bei uns zuhause immer gefeiert. Wir besorgten uns einen großen Baum, und ich ließ für den Nikolaus Plätzchen und Milch draußen stehen. In einem Jahr war mir Weihnachten besonders wichtig, denn ich hatte mein Taschengeld gespart, um meinem Vater ein wirklich hübsches Portemonnaie als Geschenk zu kaufen. Das einzige Problem war, daß noch jemand anders auf die gleiche Idee gekommen war.

Es gab in unserer Nachbarschaft einen Jungen, den mein Vater unter seine Fittiche genommen hatte. Mein Vater war ein leidenschaftlicher Angler, und ich bettelte ihn jahrelang an, mich doch einmal mitzunehmen. Seine Antwort war immer dieselbe: "Wenn du größer bist, Melody." Doch als ich größer war, nahm er stattdessen diesen Jungen mit, der genauso alt war wie ich. Ich konnte es nicht glauben - genau zu dem Weihnachtsfest, zu dem ich für meinen Vater das teure Portemonnaie gekauft hatte, schenkte dieser Junge ihm ein Portemonnaie, das er selbst gemacht hatte. Mein Vater sagte mir, daß er die Gefühle dieses Jungen nicht verletzen wollte; also wanderte dessen Portemonnaie in die Tasche meines Vaters - und meines in die Kommodenschublade. Er benutzte es nie. Und er nahm mich auch nie zum Fischen mit.

In den nächsten paar Jahren lebte ich in einer Spannung zwischen zwei Welten - meiner Jungmädchenwelt des Singens, der Stepptanzlektionen, der Experimente mit meinem Haar und meinem Make-up einerseits und der brüchigen Erwachsenenwelt zuhause andererseits. Als ich mehr und mehr Interesse für Jungen entwickelte, hoffte ich, mehr Glück zu haben als meine Eltern. Meine Mutter arbeitete immer noch ganztags hart, und mein Vater arbeitete hin und wieder. Wenn mein Vater zuhause war, verbrachte er die meiste Zeit zurückgezogen im Keller - er hatte seine handwerklichen Fähigkeiten nun auf die Herstellung von Gewehren ausgedehnt. Er schnitt den Kolben von Hand, zog und bläute die Läufe und gravierte die Metallteile oberhalb des Abzugs. Vielleicht war es gut so, daß er so viel Zeit unten verbrachte, denn jedesmal, wenn er nach oben kam, wurde der Streit lauter. Ich fing an, die Welt meiner Eltern aus meiner Welt auszuschließen.

Als ich zwölf Jahre alt wurde, beschlossen meine Eltern, sich scheiden zu lassen. Wie schmerzlich das für sie auch gewesen sein mag, für mich war es eine Erleichterung. Ich war froh, daß es vorbei war. Meine Mutter und ich zogen in eine Zwei-Zimmer-Wohnung in Santa Monica, wo ich ein neues Leben in einer neuen Schule begann, mit ein paar neuen Freunden, die ich an der Bushaltestelle kennengelernt hatte. Meine neuen Freunde waren nicht ganz so harmlos wie die, die ich in Venice zurückgelassen hatte - und mir war sofort klar, daß ich mit ihnen Schritt halten mußte, wenn ich dazugehören wollte.

Fast über Nacht wurde ich zu einem ganz anderen Kind. Meine Mutter mit ihren zierlichen 1,57 Meter überragte ich bereits, und ich kam zu dem Schluß, ich sei zu groß, um auf ihre tränenreichen Ermahnungen einzugehen. Ich wollte mein eigenes Leben führen, und das tat ich auch. Bevor meine Mutter wußte, wie ihr geschah, rauchte und trank ich und hatte einen sechzehnjährigen Freund mit einem Auto. Eddie war ein Bolivianer und hatte eine schöne, olivfarbene Haut und dunkelbraune Augen. Seine Familie war in die Staaten gekommen, als die Kommunisten die Regierung übernahmen, in der sein Vater ein hoher Beamter gewesen war. Ich war verliebt und begann im Alter von zwölf Jahren eine Beziehung zu Eddie, die vier Jahre andauerte, bevor wir uns trennten.

Ein Erlebnis mit Eddie blieb mir nachhaltig im Gedächtnis. Eines Tages gingen wir zusammen in die Kirche. Es regnete gerade, als wir die Kathedrale betraten. Ich war noch nie in einer katholischen Kirche gewesen und wußte deshalb nicht, wie man sich bekreuzigt oder wann ich knien mußte; überdies sprach der Priester während der Messe lateinisch, so daß ich kein Wort verstand. Doch als ich mich unter den hohen Bögen, den Statuen, den Kerzen und dem großen Kreuz mit der Jesusfigur vorne umschaute, hatte ich ein überwältigendes Gefühl der Gegenwart Gottes. Die Luft war geladen mit einer wunderbaren Energie, die sich auf mir niederließ. So etwas hatte ich noch nie empfunden, und ich saugte jede Minute auf wie ein trockener Schwamm.

Etwa ein Jahr nach der Scheidung meiner Eltern hatte mein Vater einen Schlaganfall. Er war erst neunundvierzig. Als Veteran des zweiten Weltkriegs kam er mit seiner linksseitigen Lähmung ins Veteranen-Krankenhaus in West Los Angeles. Meine Mutter und ich besuchten ihn einmal in der Woche. Ich weiß nicht, was an diesem Krankenhaus schlimmer war - die schauderhaften grünen Wände oder der übelkeiterregende Geruch, der einem ins Gesicht schlug, sobald man das Haus betrat. Und da war mein Vater - leicht nach einer Seite zusammengesunken saß er in seinem Rollstuhl, mit seinem ergrauenden hellbraunen Haar, seinen Zwei-Tage-Stoppeln und dem Tropfen Speichel, der aus dem gelähmten Mundwinkel rann. Er konnte einigermaßen sprechen, aber seine Worte waren undeutlich. Wir brachten ihm Taschengeld, einen Beutel verschiedener Schoko-Riegel und mehrere Päckchen Chesterfield ohne Filter. Mit seiner gesunden rechten Hand griff er nach der braunen Papiertüte und stellte sie auf seinen Schoß.

Wir redeten Small Talk bei diesen Besuchen, aber es gab auch wirklich nicht viel zu sagen. Vater verwendete immer eine Menge Aufmerksamkeit auf sein gelähmtes Bein und achtete darauf, daß es auf der Fußstütze des Rollstuhls blieb und nicht auf dem Boden schleifte. Doch am meisten weinte er. Die Tränen stiegen in seinen Augen auf, und er ließ einfach den Kopf auf die Brust sinken und weinte unkontrolliert. Wenn er wieder sprechen konnte, bedrängte er meine Mutter, ihn mit nach Hause zu nehmen und für ihn zu sorgen, wenn sie auch geschieden waren. Doch unser Traum, ein gemeinsames Zuhause zu haben, war offenbar schon seit Jahren gelähmt. Mit immer noch tränennassem Gesicht bettelte er uns an: "Ihr könnt meine Rentenmarken haben. Bitte nehmt mich mit nach Hause."

Meine Jahre in der High School waren ein einziger Nebel von Feten und Schuleschwänzen. Meine Mutter war immer weniger dazu in der Lage, mich bei der Stange zu halten. Ich war für ihre Vorschläge - so betrachtete ich ihre Führung - vollkommen unempfänglich. Meine Mutter heiratete schließlich wieder und hörte nach einer Weile auf, meinen Vater zu besuchen. Von da an ging ich allein oder mit einem Freund zu ihm.

Als ich 1964 von der High School abging, bekam ich einen Bürojob und zog in eine eigene Wohnung. Zwei Jahre später schrieb ich mich am Los Angeles Trade Technical College ein, um Design zu studieren und in die Mode-Industrie zu gehen.

Als mein Vater erfuhr, daß ich eine eigene Bleibe hatte, fing er an, *mich* zu bedrängen, daß ich ihn mitnehmen und für ihn sorgen sollte. Jedesmal, wenn er mich darum bat, spürte ich in meinem Innern einen Kampf toben. Ich sagte immer: "Nein, Vater, ich kann nicht." Die Wahrheit war, daß ich nicht *wollte*. Und ich fühlte mich schuldig dabei. Vielleicht war er nicht der beste Vater der Welt gewesen - aber er war immer noch mein Vater, und ich liebte ihn. Andererseits kannte ich ihn nicht, und er kannte mich nicht. Wir hatten zwölf Jahre lang im gleichen Haus gelebt, aber er war wie ein vollkommen Fremder für mich. Ich war so zerrissen zwischen seinen tränenreichen Bitten und meinem Drang, mein eigenes Leben zu leben, daß meine Besuche in den folgenden Monaten sporadischer wurden. Ich fühlte mich zu schuldig, und es tat mir zu weh, ihm immer wieder "nein" zu sagen.

Während dieser Zeit erhielt ich eines Abends eine Einladung zu einer Party in einer sehr luxuriösen Villa in den Hollywood Hills. Als mein Freund und ich an diesem Palast ankamen, bemerkten wir zu unserer Überraschung einen Haufen Schuhe am Eingang - aber wir zuckten nur die Achseln, zogen die Schuhe aus und gingen hinein. Statt der wilden Hollywood-Party, die ich erwartet hatte, war da nur ein hell erleuchteter Raum voller Leute, die still herumsaßen. An einem Ende des Wohnzimmers stand ein Mann und redete - und hinter ihm stand eine Art orientalischer Schrein, in dem eine Schriftrolle hing. Ich wollte wieder gehen, aber es gab keine Möglichkeit, unauffällig zu verschwinden. In diesem Augenblick stand ein gutgekleideter Mann am anderen Ende des Zimmers auf und erhielt für einen Moment das Wort.

"Als ich letzten Monat hierher kam, hielt ich das ganze Chanting-Zeug, von dem die Rede war, für verrückt. Doch meine Firma war am Eingehen, und ich hatte nichts zu verlieren, also versuchte ich es. Nun sind wir auf wunderbare Weise zurück in den schwarzen Zahlen. Chanting hat mein Geschäft gerettet!"

Sofort sprang eine wirklich hübsche Dame direkt vor mir auf. Sie war den Tränen nahe. "Ich hatte meine Ehe schon aufgegeben. Mein Mann hatte mich bereits verlassen und wollte die Scheidung einreichen. Doch ich begann zu chanten, und innerhalb von Wochen änderte er seine Meinung völlig. Jetzt sind wir wieder zusammen."

Daraufhin brach alles in spontanen Applaus und Hochrufe aus. Ich konnte nicht anders, ich mußte einstimmen. Es war eine bewegende Geschichte, obwohl ich nicht verstand, worum es hier eigentlich ging.

Der Abend ging im gleichen Stil weiter; es folgten weitere interessante Erzählungen und sogar einige anfeuernde Lieder, die wir gemeinsam stehend sangen. Als der Mann, der vorne stand, das Treffen beschloß, ging ich zum Eßzimmertisch, um mir ein Glas Punsch zu holen. Dort stellte sich mir eine junge Frau vor.

"Hi. Ich bin Morgana. Hat dir das Treffen gefallen?"

"Nun", begann ich zögernd, "es war interessant. Aber worum geht es hier eigentlich?"

"Oh, dies ist *Nishren Sho Shu*. Es ist buddhistisch und echt cool. Ich mache das seit fünf Monaten."

"Was machst du? Ich meine, was ist dieses Chanten, von dem hier dauernd die Rede ist?"

Sie lächelte. "Es ist ganz einfach. Komm, ich zeige es dir." Sie führte mich hinüber zu dem Schrein am Ende des Wohnzimmers. Er bestand aus glänzendem, schwarz lackiertem Holz und war ungefähr neunzig Zentimeter hoch und vielleicht fünfundvierzig Zentimeter breit. Er sah aus wie eine Art tiefgebauter Fernsehschrank - doch anstatt eines Fernsehers hing an seiner hinteren Wand eine geöffnete Schriftrolle. Die Rolle bestand aus weißem Papier und war ungefähr fünfzehn Zentimeter breit und zwanzig Zentimeter lang. Darauf befanden sich japanische Schriftzeichen in eleganten schwarzen Pinselstrichen. An der Vorderseite des Schreins waren außerdem kleine Schubladen.

"Wozu sind die Schubladen?" fragte ich.

"Darin werden das Räucherwerk, das Gebetbuch und die *Gongyo*-Perlen aufbewahrt."

"*Gongyo*-Perlen?"

"So nennt man das Chanten. Man macht mindestens einmal am Tag *Gongyo* und reibt dabei die Perlen in der Hand. Sie bestehen aus Sandelholz. "Riech mal daran", sagte sie, als sie die Perlen aufnahm, die auf dem Schrein lagen, und sie mir reichte.

Sie rochen *wirklich* gut ... aber alles andere roch mir ein bißchen faul. Ich wußte, daß ich etwas brauchte - ich war mir nur nicht sicher, ob es dies war, was ich wollte.

Morgana erklärte weiter: "Man chantet ein einfaches Gebet an diese Schriftrolle, die Gohonzon genannt wird, und schon kann man alles bekommen, was man will - körperlich, materiell oder spirituell. Das ist alles, und es funktioniert wirklich", sagte sie fröhlich.

"Meinst du das im Ernst?"

"Klar. Und außerdem wird das Chanten den Weltfrieden herbeibringen."

"Wie soll das zugehen?"

"Ganz einfach. Sobald ein Drittel aller Menschen in der Welt chantet, werden wir Frieden haben."

"Warum gerade ein Drittel?"

"Ein Drittel wird dagegen sein und das letzte Drittel neutral. Wenn man jedoch diejenigen, die neutral sind, und diejenigen, die chanten, zusammenzählt, hat man mehr gute Energie als schlechte."

Wer wollte nicht *für* den Weltfrieden sein? Ich war es jedenfalls. Und es klang gut, dieser Gedanke, soviel gute Energie ins Universum zu senden wie möglich. Ich dachte einen Augenblick nach und fragte dann: "Wie viele Menschen auf der Welt chanten denn?"

"Ich bin nicht sicher, aber ein Drittel der Japaner chanten schon. Es ist wirklich cool, da drüben haben sie bereits Frieden" sagte sie sehnsüchtig.

Morgana schaute mich an und lächelte. "Du solltest das Chanten für ein paar Wochen ausprobieren. Wenn es nicht funktioniert, hast du nichts verloren, oder?"

Sie öffnete das kleine *Gongyo*-Gebetbuch und zeigte mir, wie man damit umging. Es war alles japanisch, aber unter jedem Schriftzeichen stand die phonetische Umschrift der Worte. Es sah ziemlich einfach aus, und Morgana zufolge sollte es nur zwanzig Minuten pro Tag dauern. Ich mußte nichts anderes tun als laut chanten, während ich mich auf etwas konzentrierte, das ich mir wünschte. Das gleiche Chanten wirkte für alles - was immer man sich wünschte.

Nun, ich hatte im Augenblick zumindest einen Wunsch. Sein Name war Mark. Ich hatte ihn im vergangenen Sommer kennengelernt, und ich mochte ihn wirklich gern. Im Moment war er in der Armee, und ich hatte eine ganze Weile nichts von ihm gehört. Ich hatte auf einen Brief von ihm gehofft - vielleicht konnte ich für einen Brief chanten. Es kam mir ein bißchen merkwürdig vor, aber ich beschloß, es zu versuchen. Die Leute, die ich auf der Party in den Hollywood Hills kennengelernt hatte, schienen alle sehr nett zu sein - warum also nicht?

Ich zog los und kaufte mir alles, was ich brauchte - eine Schriftrolle, Perlen, Räucherwerk, ein Gebetbuch und eine erschwingliche Version des Schreins. Das alles baute ich in meinem Schlafzimmer auf, damit ich einen eigenen Platz zum Chanten hätte wie die anderen auch. Von den Leuten, die ich auf der Party kennengelernt hatte, erfuhr ich bald, daß *Nishren Sho Shu* eine landesweite Organisation mit einer Führungsstruktur war, die von den Hausgruppenleitern über einen Direktor für die Vereinigten Staaten bis hin zu Präsident Ikeda reichte, dem Internationalen Leiter, der in Japan lebte. Sehr schnell wurde ich in die ganze Sache hineingezogen.

Die Organisation stellte gerade eine Gesangsgruppe zusammen, die alle amerikanischen Frauen, die chanteten, repräsentieren sollte. Diese Gruppe sollte einige Konzerte in den Staaten geben, aber auch in Japan auftreten. Ich nahm seit einiger Zeit Gitarrenunterricht und besuchte einen Songschreiber-Kursus, und ich sang für mein Leben gern. Also beschloß ich, mich zu bewerben. Wenn nichts anderes dabei herauskam, war es zumindest eine großartige Chance zum Reisen.

Sehr zu meiner Überraschung bestand ich das Vorsingen und wurde mit sechs anderen Frauen zusammen ausgewählt. Als Namen hatte man sich für uns ausgerechnet "The Sweetie Seven" ausgedacht. Zum Anfang übten wir ein paar Songs von den Beatles und von Simon und Garfunkel als Vorbereitung für einen Auftritt in der Stadthalle von Santa Monica ein. Wir sollten im Rahmen des sogenannten *Tozon* nach Japan reisen. Auf den *Tozon* zu gehen, bedeutete für diese Gruppe etwa so viel wie eine Reise nach Israel für Christen und Juden. Obwohl ich regelmäßig chantete, bemerkte ich sofort, daß ich nicht so ernsthaft in meinem Glauben war wie die anderen Frauen der "Sweetie Seven". Sie waren schon seit mehreren Jahren dabei und für ihre starke Hingabe bekannt. Doch der aufregende Gedanke einer Reise nach Asien, verbunden mit der Möglichkeit zu singen, hielt mich bei der Stange, während wir wochenlang jeden Abend die halbe Nacht übten, wobei ich für die einfache Fahrt dorthin schon fast eine Stunde brauchte. Obwohl ich noch ein Neuling war, konnte ich an der Reise teilnehmen. Ich war offen dafür, ja ich *hoffte* sogar, unterwegs einer spirituellen Wirklichkeit zu begegnen.

Als die Reise nach Japan näherrückte, wuchs die Erregung. Die meisten Gespräche kreisten um die Möglichkeit, Präsident Ikeda zu treffen. Als wir eines Abends eine kurze Übungspause einlegten, sagte eine der Frauen: "Ich habe gehört, daß Präsident Ikeda erleuchtet sei."

Eine andere fügte hinzu: "Mir ist gesagt worden, wenn ich das Glück hätte, ihn auch nur in einem Auto vorbeifahren zu sehen, könnte ich auf der Stelle erleuchtet werden - nur dadurch, daß ich einen Blick auf ihn erhasche."

Ich saß dabei und fragte mich, was es wohl für ein Gefühl sein mochte, erleuchtet zu sein. Es klang ziemlich verrückt - aber andererseits hatte ich gechantet, und es hatte sich tatsächlich etwas getan. Zu meiner völligen Überraschung hatte ich bereits jenen Brief von Mark bekommen, den ich mir gewünscht hatte. Jetzt hatte ich die Hoffnung auf eine Erleuchtung ...

Kaum war die Maschine in Tokio gelandet, da hing ich an meinem Fenster und konnte es nicht fassen, auf der anderen Seite der Welt zu sein. Draußen schlugen mir die asiatische August-Luftfeuchtigkeit, die Klänge einer Sprache, die ich nicht kannte und der Anblick der vielen Menschen mit pechschwarzen Haaren und dunklen Augen entgegen. Wir waren alle so aufgeregt, daß wir ein Lied anstimmten, kaum daß wir in unserem gecharterten Bus saßen. Doch sofort legte einer der Leiter den Finger auf die Lippen. "Oh nein ... singt dieses Lied jetzt nicht." Ich fragte mich, warum nicht, dachte jedoch in diesem Moment nicht weiter darüber nach.

Eine Stunde später fuhren wir durch die Innenstadt von Tokio, und irgendjemand begann zu chanten. Wir stimmten alle laut ein und erwarteten halb, daß die Leute auf den Bürgersteigen sich auch anschließen würden. Schließlich war dies das "heilige Land"! Doch sofort sagte unser Leiter: "Vielleicht solltet ihr warten, bis wir auf dem Land sind. Wißt ihr, manchen Leuten könnte mißfallen, was ihr tut."

Allmählich wurde ich neugierig. Ich dachte: *Was meint er damit? Ich dachte, diese Leute hier wären alle mit von der Partie.*

Ich hatte erwartet, sofort eine spirituelle Einheit mit dem japanischen Volk zu empfinden, daß unsere Ankunft - als amerikanisches Gegenstück zu dieser Weltfriedensbewegung - irgendwie ein großes Ereignis sein würde. Doch als ich aus dem Busfenster schaute, sah ich Wolkenkratzer, Rikschas, Jugendliche in Blue Jeans und alte Damen in Kimonos - aber niemand chantete, und ein Empfangskomitee war nicht in Sicht.

In den nächsten Tagen hoffte ich, wo immer ich hinkam, einen Blick auf diesen Präsidenten Ikeda zu erhaschen - ohne zu ahnen, was als nächstes geschehen würde.

"The Sweetie Seven" sangen fünf Lieder vor einer Versammlung von ungefähr 20.000 *Nishren-Sho-Shu*-Anhängern in einem großen Stadion in Tokio. Ihr donnernder Applaus am Ende war absolut elektrisierend. Völlig aufgekratzt - und unter dem Einfluß der Aufputschpillen, die ich genommen hatte, um den Zeitunterschied zu überbrücken - rannte ich mit den anderen zurück zur Garderobe, wo wir schnell unsere Marschkapellen-Uniformen anzogen, um bei den Formationsübungen der Exerziergruppe mitzumachen. Wir marschierten zu ungefähr 150 Leuten, und noch einmal jubelte uns die Menge zu, als wir fertig waren. Wir verließen alle nacheinander den Stadionboden und gingen auf die Tür zu. Ich war zufällig eine der letzten, die hinausgingen.

Und dann hörte ich hinter mir im Publikum eine Bewegung entstehen. Als ich mich umdrehte, sah ich ganz am anderen Ende des Stadions einen Japaner am Zaun stehen. Er trug einen Anzug und winkte. Die Menge spielte verrückt, und manche Leute schrien. Die Frau hinter mir sagte: "Es ist Präsident Ikeda!" Dann spurtete sie los und lief auf ihn zu, und ich tat das gleiche.

Ich war bei den ersten, die Präsident Ikeda erreichten, und ich preßte mich an die Stadionwand und streckte soweit ich konnte meinen Arm aus, um ihn zu berühren. Er legte seine Hände auf das Geländer, um eine Rede zu halten, und seine Handfläche legte sich über meinen kleinen Finger! Ein paar Minuten lang sprach er auf japanisch zu der Menge - und die ganze Zeit über ruhte seine Hand immer noch auf meinem Finger. Überall um mich her drängten Leute gegen mich, um näher heranzukommen, zu versuchen, ihn zu berühren. Aber hier stand ich, der größte Glückspilz von allen.

Starke Gefühle stiegen in mir auf, und Tränen begannen zu fließen. Ich weinte während der gesamten Ansprache. Wohin ich blickte, waren tränenverschmierte Gesichter.

Doch etwas in mir stand beinahe abseits und beobachtete die ganze Szene. Die Hysterie. Die Tränen. Warum? In was für eine Sache war ich hier überhaupt geraten? Präsident Ikeda beendete seine Ansprache, und seine Begleiter eskortierten ihn aus dem Stadion. Um mich her schluchzten die Leute immer noch. Ich stand einfach da und dachte: *Ich habe ihn nicht nur gesehen, er hat mich berührt. Aber nichts ist passiert. Ich glaube nicht, daß ich erleuchtet worden bin.*

Zwei weitere Vorfälle dämpften allmählich meine Begeisterung, bevor ich Japan wieder verließ. Der erste ereignete sich, als wir zu einem buddhistischen Tempel namens *Taisegigi* fuhren, am Fuße des Berges Fuji. Das Allerheiligste befand sich dort - das Original-*Gohonzon*, fast zwei Meter hoch und aus Stein gemeißelt. Wir alle durften es uns anschauen, und man sagte uns, wir sollten eine Liste von allen Dingen, die wir uns wünschten, mit in den Schrein nehmen, so daß wir nichts vergessen würden. Als meine Gruppe sich für den zwanzigminütigen Aufenthalt niederließ, fingen viele um mich her an, zu weinen und zu chanten. Ich fühlte mich ein wenig berechnend, weil ich meine Wunschliste mit hierhergebracht hatte. Irgendetwas schien mir nicht richtig. Ich wußte nur, daß ich mich so kalt fühlte wie der Stein, auf den ich starrte.

Kurz bevor wir Japan verließen, weckte mich mein Gruppenleiter mitten in der Nacht. "Sei still. Komm mit mir." Ich erhob mich von meiner Strohmatte und wurde von Fremden mit Lampen einen gewunden Pfad entlanggeführt.

Die "Sweetie Seven" waren von Präsident Ikeda gerufen worden. Als wir an seinem Haus ankamen, standen wir wie benommen da, während er durch einen Übersetzer zu uns sprach. Er gab uns Geschenke - Seidentäschchen und Sandelholz-Perlen. Wir waren nur etwa zehn Minuten da, aber es reichte. Ich dachte immerzu: *Wenn er so erleuchtet ist, warum kann er dann nicht englisch sprechen? Und warum mußten wir uns aus dem Lager schleichen?* In diesem Moment beschloß ich, der Gruppe den Rücken zu kehren, sobald ich zuhause war.

Und genau das tat ich auch. Sie riefen mich noch etwa ein Jahr lang an und ermahnten mich, weiter zu chanten. Der Leiter für die Vereinigten Staaten wollte sogar persönlich mit mir sprechen. Aber es gab kein Zurück. Ich wußte, daß sie nicht die Antworten hatten, die ich suchte.

Als ich die Gruppe verließ, blieb ein großes Loch in meinem Leben zurück, weil ich so viel Zeit und Energie in sie investiert hatte. Als ich darüber nachzudenken begann, wie ich mir wieder einen normaleren Lebensstil angewöhnen könnte, fielen mir Freunde ein, die ich eine ganze Weile nicht gesehen hatte. Ich dachte auch an meinen Vater.

Ich war mit den Buddhisten so beschäftigt gewesen, daß es ungefähr sechs Monate her war, daß ich meinem Vater einen meiner Routinebesuche abgestattet hatte. Als ich ihn zuletzt gesehen hatte, hatte er mich noch angefleht, ihn aus dem Krankenhaus zu holen. Obwohl ich keine Möglichkeit sah, für ihn zu sorgen, hoffte ich, daß es noch eine Chance für uns gab, eine tiefere Beziehung zueinander aufzubauen. Also beschloß ich an einem Sonntag nach meiner Rückkehr aus Japan, ihn zu besuchen.

Auf dem Weg zum Krankenhaus besorgte ich ihm die Süßigkeiten und Zigaretten, die er mochte. Doch als ich ankam und zu seinem Zimmer ging, war er nicht da. Ich dachte, er sei verlegt worden, und ging zum Schwesternzimmer. Ich nannte der Schwester seinen Namen, aber sie schaute mich nur verdutzt an und fragte: "*Wen* bitte suchen Sie?"

"Charles Steiner", wiederholte ich.

"Wir haben hier niemanden, der so heißt."

Ich bestand darauf, daß dies der richtige Ort war.

"Wann haben Sie Ihren Vater zuletzt gesehen?" fragte sie mich.

Ich wich ihrem Blick aus. "Vor ungefähr sechs Monaten ... Äh, ich war verreist."

"Sechs Monate? So lange bin ich noch gar nicht hier. Warten Sie, ich hole Ihnen jemanden anderes."

Als eine zweite Schwester auftauchte, schaute sie mich direkt an und fragte: "Wer sind Sie?"

"Ich bin gekommen, um Charles Steiner zu besuchen. Ich bin Melody, seine Tochter."

Ohne lange zu zögern, sagte sie: "Kindchen, er ist tot. Er starb vor einigen Monaten. Wußten Sie das nicht?"

Ich war wie erschlagen. Ich griff nach der Tüte mit den Süßigkeiten und Zigaretten und rannte ungläubig hinaus. Zorn und Trauer überkamen mich. Ich fühlte mich wie der Stein, den ich in dem japanischen Tempel gesehen hatte. Ich fuhr mit dem Wagen los und raste zum Haus meiner Mutter. Warum hatte sie mir das verheimlicht? Warum hatte sie mir nichts *gesagt* und mir diesen schmerzlichen, demütigenden Augenblick nicht erspart?

Ich stürmte durch die Wohnzimmertür und stellte meine Mutter.

"Warum hast du mir nicht gesagt, daß Vater tot ist!" schrie ich.

Sie starrte mich nur an. Nun war es an ihr, wie erschlagen dazustehen. "Tot? Charlie ist *tot*? Das wußte ich nicht ... das wußte ich nicht."

Jetzt war es an ihr, sich aufzuregen. Konnte ich ihr das nach meiner heftigen Anklage vorwerfen?

Als wir uns nach meinem Vater erkundigten, teilte uns das Krankenhaus mit, daß er an Lungenentzündung gestorben war. Doch ein Freund, der dort arbeitete, schaute sich seine Akte an und erzählte uns die Einzelheiten seines Todes. Offenbar hatten die Schwestern meinem Vater die Zigaretten weggenommen, weil er so stark hustete. Außerdem brachte er sich ständig selbst Brandverletzungen bei, weil er ja nur eine Hand gebrauchen konnte. Daraufhin muß er mit ein paar Zigaretten auf die Toilette gegangen sein, um heimlich zu rauchen. Offensichtlich setzte er sich dabei selbst in Flammen und zog sich schwere Verbrennungen zu, bevor ihm jemand zu Hilfe kommen konnte. Während er sich erholte, befiel ihn eine Lungenentzündung als zusätzliche Komplikation zu den Verbrennungen, und er starb. Wir waren nicht benachrichtigt worden, weder als er sich verbrannte, noch als sein Leben durch die Lungenentzündung gefährdet war. Mein Vater starb ziemlich genau so, wie er gelebt hatte - allein.

Und ich blieb zurück und fragte mich, warum so vieles von dem, was ich *wirklich* im Leben wollte, von mir fortgenommen worden war. Ich hatte nie die Familie oder das Zuhause gehabt, das ich mir gewünscht hatte, Mrs. Hilliard war aus meinem Leben verschwunden, und die Erfahrung mit dem Buddhismus war ein Reinfall. Nun war mein Vater tot. Ich wußte, daß wir nicht die beste Beziehung zueinander gehabt hatten, aber zumindest hatte ich einen Vater gehabt - oder jemanden, den ich meinen Vater *nennen* konnte. Nun gab es keine Chance mehr für eine Beziehung zu ihm. Ich erfuhr, daß man ihn irgendwo auf dem Veteranen-Friedhof in der Nähe des Krankenhauses begraben hatte. Wann immer ich dort vorbeifuhr, konnte ich nur auf die schnurgeraden Reihen weißer Kreuze starren -

es waren mehrere Quadratkilometer voll davon. Mein Vater lag irgendwo da draußen unter einem schlichten weißen Kreuz.

Ich habe sein Grab nie besucht.

Während der nächsten paar Jahre sprang ich herum wie ein Gummiball. Nachdem ich 1969 das L. A. Trade Technical College abgeschlossen hatte, bekam ich verschiedene Jobs in der Modeindustrie. Und zwischen den Jobs legte ich normalerweise mein Konto mit dem Arbeitslosengeld trocken - worin sich widerspiegelte, wie ich mich fühlte. Trocken. Ich setzte meine spirituelle Suche fort und befaßte mich mit Astrologie und Yoga, ließ mir ein Mantra geben und meditierte und studierte eine obskure okkulte Wissenschaft.

Das Einzige, das mir noch ein gewisses Glück und eine Zukunft zu verheißen schien, waren die Briefe von Mark. Ich fand heraus, daß ich ihm mein Herz ausschütten konnte - aber er war immer noch in der Armee. Die Einsamkeit, die ich empfand, machte mich für alle möglichen Einflüsse empfänglich.

An einem Frühlingsabend kam eine Frau, mit der ich auf dem Design College zusammen gewesen war, zu mir in die Wohnung. Wir beschlossen, Acid einzunehmen. Auf meinem Plattenteller drehte sich gerade das Beatles-Album *Abbey Road*, doch als das LSD zu wirken begann, klang die Musik vollkommen durcheinander. Das Acid schlug voll ein. Als ich auf die brennende Kerze auf dem Kaffeetisch starrte, sah ich sie wie in einer Zeitrafferaufnahme zusammenschmelzen, dann wieder emporwachsen und weiter herunterschmelzen. Auch die Wände schienen sich auf uns zu nach innen zu bewegen. Alles drehte sich und bewegte sich so schnell, daß ich dachte, ich würde gleich ausflippen. Wir brauchten mehr Platz, also beschlossen wir, draußen etwas frische Luft zu schnappen, obwohl es schon nach Mitternacht war.

Als wir durch die Straßen von Santa Monica gingen, wünschte ich mir, ich könnte wieder nüchtern werden, aber das Acid hatte gerade erst begonnen zu wirken - und es war stärker, als ich erwartet hatte. Ich fühlte mich, als würde ich von innen nach außen gekehrt.

Dann passierte etwas sehr Merkwürdiges. Wir standen am Fuß eines Hügels, und als ich zu dem schwarzen, mitternächtlichen Himmel emporschaute, sah ich ein riesiges leuchtendes Kreuz dort oben hängen. Ich blinzelte, aber es verschwand nicht. Es sah aus wie flammendes, strahlendes Gold. Und es war schön. Ich starrte voll Ehrfurcht hinauf und fühlte, wie Friede in mein Herz strömte. Alles um mich her wurde ruhig und still. Ich wollte den Augenblick festhalten und hatte Angst, mich auch nur zu bewegen. Etwas tief in meinem Innern antwortete und sagte: *Ich brauche diesen Frieden so dringend. Ich will ihn niemals verlieren.*

Ich schaute meine Freundin an und bemerkte, daß sie jetzt einen langen, fließenden Schal um den Kopf geschlungen trug. Zu meiner Überraschung trug ich auch einen. Wir trugen auch lange Kleider, die sanft im Abendwind wehten. Als ich zu dem Kreuz hinaufschaute, hörte all der Tumult auf, und es war, als ob ich an einem anderen Ort wäre, in einer anderen Zeit, am Fuße dieses Kreuzes ... und ich wollte nie mehr von diesem Ort weg.

Doch meine Freundin sah natürlich nicht dasselbe, und nach einem Augenblick fing sie an, über irgendetwas zu reden. Ich versuchte, sie zu bremsen - aber es war zu spät. Die Szene von uns unter dem Kreuz hatte sich vor meinen Augen aufgelöst. Ich hielt enttäuscht die Luft an, aber ich konnte das Bild beim besten Willen nicht wieder zurückbekommen. Verschwunden waren die Schals, die langen Kleider und das schöne leuchtende Kreuz. Auch mein Friede war verschwunden. Ich fühlte mich, als ob etwas Kostbares mir gerade aus den Händen gerissen worden wäre. Wieder ergriff die Erregung des Trips Besitz von mir. Wir wanderten noch ein paar Stunden lang durch die Straßen, bevor wir zu meiner Wohnung zurückkehrten.

Es war heller Tag, bevor die Wirkung des LSD nachließ und ich zum Schlafen kam. Doch ich vergaß weder das Kreuz noch den Frieden. Später, als ich erwachte, ging ich zurück zu dem Ort, wo alles sich ereignet hatte. An der Stelle, wo das Kreuz gewesen war, befand sich nur ein großer Telefonmast mit einem Kreuzbalken. Daran mußte sich meine Halluzination aufgehängt haben.

Doch was mich verwunderte, war der innere Friede, der damit verbunden gewesen war. Ich wußte, daß Jesus an einem Kreuz gestorben war, doch ich war noch nie auf den Gedanken gekommen, irgendwelche Antworten bei ihm zu suchen. Juden glaubten schließlich nicht an Jesus. Und überhaupt, konnte man unter Drogen wirklich eine gültige spirituelle Erfahrung haben? Ich glaubte nicht, daß es auf diese Fragen eine Antwort gab, also verbarg ich mein Erlebnis in meinem Herzen und versuchte, mit meinem Leben vorwärts zu gehen.

Schließlich wurde Mark aus der Armee entlassen, und wir machten Pläne, zusammenzuziehen. Nach vier Jahren der Trennung waren wir wie völlig Fremde, doch unsere Begeisterung füreinander überragte alles andere. Für mich war ein Traum wahr geworden. Ich hatte endlich jemanden, der zu mir gehörte. Mark schrieb sich bald an der Universität ein, und ich bekam einen Job in Canoga Park bei einem Video-Produktions-Studio namens "Matrix Image". Nun hatte ich allen Grund, glücklich zu sein - ich hatte eine wunderbare Beziehung zu Mark und einen guten Job. Und doch war ich tief unzufrieden mit allem um mich her und suchte nach Wegen, um die wachsende Leere, die ich empfand, zu vergessen. Selbst Mark konnte das Vakuum nicht ausfüllen.

Ich war an einem echten Tiefpunkt meines Lebens angelangt, und mehr als je zuvor hatte ich den Drang, mich zu betäuben. In fast jeder Mittagspause ging ich mit der Empfangsdame aus dem Nachbarzimmer aus und trank Cocktails. Sie war erst Mitte zwanzig und hatte schon ein Alkoholproblem - und mit mir stand es auch nicht viel besser. Während der Arbeit ging ich auch oft auf die Damentoilette und rauchte etwas Marihuana oder Haschisch, nur um den Nachmittag zu überstehen. Ich hatte sogar beschlossen, ein wenig wirklich erstklassigen Dope zu verkaufen. Ich wußte, daß ich allmählich aufs Glatteis geriet. Innerlich war ich am Aufgeben. Trotz all meiner Ideale und all meiner Suche nach der Wahrheit ging ich leer aus.

Dann verschwand der Boden unter meinen Füßen.

Eines Abends hatten Mark und ich nach dem Abendessen eine beiläufige Unterhaltung, als er plötzlich still wurde. Dann sagte er: "Liebling, ich möchte dir von etwas wirklich Schönem erzählen, das mir gerade passiert ist."

"Was denn?" fragte ich lächelnd.

"Nun, Marie und ich sind zusammengekommen."

"Zusammengekommen ... was meinst du damit?"

"Weißt du, wir haben miteinander geschlafen. Es war unvermeidlich. Ich glaube, es sollte so sein."

Ich fühlte mich, als ob mir gerade jemand in den Magen getreten hätte. Marie war mit Marks bestem Freund verheiratet. Sollte ich mich jetzt tatsächlich freuen?

"Wo war ihr Mann. Weiß er davon?"

"Er war da, Liebling. Er sah es kommen und ließ uns einfach in Ruhe. Er kam morgens herein und weckte uns. Er ist so ein wunderbarer Bruder."

Ich *wollte* mich nicht aufregen. Doch obwohl ich das Buch *Open Marriage* gelesen hatte, fiel es mir schwer, mein Denken *so* weit zu öffnen. Ich wußte nicht, wie ich das emotional verarbeiten sollte. So sehr ich auch versuchte, es zu leugnen, ich fühlte mich doch verraten. Natürlich war ich nicht vollkommen, aber ich war zumindest treu gewesen. Ich ließ es durchgehen, und wir sprachen nicht mehr davon. Doch in mir hatte etwas zu sterben begonnen.

Wenig später kam ich in unser Wohnzimmer, als Mark gerade eine *meiner* besten Freundinnen küßte. Dieses Mal war ich so entsetzt, daß ich ein paar Beruhigungspillen nahm und mich am nächsten Morgen krank meldete.

Also war letzten Endes nichts heilig. Es wurde immer schwerer, mit der Wirklichkeit fertig zu werden. Ich wollte nicht schon wieder verletzt werden. Mark und ich trennten uns nicht, aber jenes Band der Loyalität war zerrissen. Irgendwie wußte ich immer, daß ich aus einem Gefühl des Mangels heraus lebte - aus der Sehnsucht nach etwas, das Bestand haben würde. Dieses Erlebnis machte das nur noch deutlicher. Da schien es noch besser, mich zu betäuben - und ich betäubte mich immer mehr.

An dem Tag, als ich Keith Green begegnete, war das Letzte, was ich wollte, eine ernsthafte Beziehung. Ich dachte sogar über nichts anderes nach, als die Beziehung zu Mark zu *beenden.*

Gegen Ende Januar 1973 tauchte Keith zusammen mit seinem Vater, seinem Großvater und einem Freund bei Matrix Image auf. Es waren Gerüchte im Umlauf, daß Video-Produktionen der nächste große Renner sein würden. Sie wollten Möglichkeiten prüfen, wie man Keiths Musik mit einigen der neuen Video-Effekte kombinieren könnte, die wir produzierten.

Als ich ihnen eine Führung gab, schien sich Keith direkt an meine Fersen zu heften. Er stellte Fragen und erzählte mir mehr über sich selbst, als ich eigentlich wissen wollte. Doch ich fand bald heraus, daß man Keith nicht lange ignorieren konnte - besonders, wenn er bei jemandem Aufmerksamkeit erregen wollte.

Ungefähr eine Woche nach der Führung saß ich gerade an meinem Schreibtisch, als das Telefon klingelte.

"Matrix Image. Kann ich Ihnen helfen?" Als ich mich meldete sagte eine Stimme am anderen Ende der Leitung fröhlich: "Hi, ich vermisse dich."

"Wer spricht da?" fragte ich kühl.

"Ich bin's - Keith. Weißt du, ich war letzte Woche bei dir in der Firma."

"Oh ja, ich erinnere mich", sagte ich. Und ich dachte: *Wie kann er sagen, daß er mich vermißt. Er kennt mich ja kaum.*

"Ich rufe an, um zu hören, ob dein Chef sich das Musikband angehört hat, das ich ihm dagelassen habe."

"Ich weiß es nicht, aber ich kann das überprüfen."

"Okay. Großartig. Hast *du* es dir schon angehört?"

"Nein ... noch nicht" sagte ich etwas verlegen. "Doch ich tue es bestimmt bald."

"Großartig. Hey, willst du heute mittag mit mir essen?"

Ich ließ ihn warten und suchte fieberhaft nach einer Ausrede. Doch Keith war von einer fröhlichen Hartnäckigkeit. Als ich auflegte, hatte ich zu meiner eigenen gelinden Überraschung zugesagt. Obwohl Mark mich verletzt hatte, lag mir immer noch viel an ihm. Und ich war ganz bestimmt nicht bereit, gleich in eine neue Beziehung zu springen. Ich brauchte etwas Abstand.

Aber dieser Keith Green - seine Direktheit brachte mich ein wenig aus dem Konzept. Die meisten Männer ließen es cool angehen. Keith war aggressiv; er spielte keine Spielchen.

Bevor die Mittagspause da war, änderte ich noch mehrmals meine Meinung, doch schließlich traf ich Keith wie verabredet. Er hatte Sandwiches gemacht, und wir gingen in den Chatsworth Park zum Picknicken. Er hatte seine Gitarre mitgebracht, und als wir im Schneidersitz im Gras saßen, spielte er mir einen

Song vor, den er gerade geschrieben hatte. Es war eine wirklich schöne Melodie, doch mehr noch als die Musik hörte ich sofort Keiths Herz - oder vielleicht sollte ich sagen, den Schrei seines Herzens. Als er dort im Park für mich sang, klangen manche der Fragen mit, mit denen ich auch gekämpft hatte, doch er drückte sie in einer Weise aus, auf die ich nie gekommen wäre - wie etwa: "Ist der Tod die Antwort oder nur eine Tür? Weiß das irgendjemand?"

Ich hatte Keith schon erzählt, daß ich auch Lieder schrieb, aber nachdem ich gehört hatte, wie gut er war, fühlte ich Scham in mir aufsteigen, als er mir seine Gitarre reichte und mich bat, ihm eines vorzuspielen. Ich sang einige meiner Lieder für ihn, und zu meiner Erleichterung schienen sie ihm zu gefallen. Dann sagte er: "Ich würde dir gern noch ein paar Lieder vorspielen, aber dazu brauche ich ein Klavier."

Wir fuhren zum Pierce College, wo Keith einige Kurse besuchte, und fanden einen leeren Übungsraum mit einem Klavier. Als er zu spielen begann, merkte man sofort, daß er in seinem Element war. Er spielte leicht und kraftvoll. Mit Energie und Gefühl warf er sich in jedes Lied, und Schweißperlen traten auf seine Stirn. Und seine Stimme ... seine Stimme war seelenbewegend. Ich stand sprachlos da. Zu sagen, daß ich beeindruckt war, wäre eine starke Untertreibung.

Ich hatte noch nie irgendwo irgendjemanden wie Keith Green gehört. Als ich ihm zuhörte, dachte ich: *Dieser Junge ist unglaublich. Ich kann nicht glauben, daß er keine Platten macht.* Doch es war nicht nur seine Musik - es war alles an ihm. Die Energie. Die Aufrichtigkeit. Die schiere Kraft seines Vortrags.

Meine Mittagspause war schon abgelaufen. Keith brachte mich zu meinem Wagen und umarmte mich leicht. Ich fuhr zurück zur Arbeit und dachte mir, daß dieses Mittagessen sich als sehr interessant herausgestellt hatte.

Mir kam auch in den Sinn, daß ich gerade mit jemand anderem ausgegangen war, während ich doch immer noch mit Mark zusammenlebte. Das sah mir wirklich nicht ähnlich - unabhängig davon, daß Mark sich mit anderen Frauen eingelassen hatte.

Keith rief mich immer wieder an der Arbeit an, so daß ich beschloß, mir das Band mit seinen Liedern anzuhören, das er für meinen Chef dagelassen hatte. Besonders ein wunderschönes Liebeslied nahm mich sehr gefangen. Es hatte ein schwebendes Melodiethema, das einem nicht mehr aus dem Kopf ging. Doch noch mehr verfolgte mich der Text. Die meisten Liebeslieder dieser Zeit handelten von "Drehtür-Beziehungen" - heute hier, morgen fort. Dieses Lied war anders. Und es war klar, daß auch dieser Keith Green anders war.

Ungefähr drei Wochen später, bei einer anderen Verabredung zum Mittagessen, brachte mich Keith zu meinem Wagen, als ich zurück zur Arbeit mußte. Wir standen einen Augenblick da, und Keith schaute mich eindringlich an.

Meine Autotür stand offen, und ich wollte gerade einsteigen, als er auf mich zutrat und mich liebevoll küßte. Ich wehrte ihn nicht ab. Mir gefiel die Art, wie er küßte, und ich erwiderte den Kuß.

Auf der Fahrt zur Arbeit fragte ich mich, worauf ich mich da wohl einließ.

Keith schrieb sofort ein paar freie Verse über unseren ersten Kuß in sein Tagebuch und gab mir später eine Abschrift davon, in der es unter anderem hieß:

*Mit unserer Elektrizität und Musik*
*Die durch mich fließen*
*Können wir das wunderbare Lied von uns verstärken*
*Schließlich bist du eine Melodie*
*Und ich bin ein Sänger*
*Das WIR wird wahr.*

Binnen kürzester Frist begann sich meine kleine Welt zu verändern. Mark beschloß, nach New York zu gehen und sein Studium abzuschließen, das er abgebrochen hatte, um zur Armee zu gehen. Sechs Monate später wollte er wieder in Kalifornien sein. Ich hielt meinen Mund über Keith.

Wie es seine Art war, schrieb Keith ein humorvolles Lied über die Situation. Er nannte es "You're On My List Of Things To Do!". Bisher hatte noch nie jemand ein Lied für mich geschrieben, und ich fühlte mich sehr geschmeichelt, als Keith es für mich sang. Die erste Strophe lautete:

*Als ich dich im Büro traf*
*Da fing es an zu wachsen*
*Und dann war da dein Freund*
*Doch der hatte keine Ahnung*
*Daß du mich mochtest*
*Und dir paßt das nicht*
*Weil du nicht weißt, was du tun sollst*
*Aber Liebling, du stehst auf meiner "Dringend erledigen"-Liste!*

Keith zählte begierig die Tage, bis Mark abreiste. Ein paar Wochen später, Mitte April, winkte ich ihm nach, als er vom Matrix-Image-Parkplatz aus seinen Weg zurück in den Osten antrat. Es fiel mir schwer, Leuten Dinge zu sagen, die sie vielleicht nicht hören mochten, und so ließ ich ihn fahren, ohne ihm etwas von meinen wachsenden Gefühlen für Keith gesagt zu haben. Keith hatte darauf gedrängt, mich gleich darauf zu treffen, aber ich brauchte eine Atempause. So schaffte ich es tatsächlich, ihn mir vom Leib zu halten - eine Woche lang.

Am Ostersonntag sollte Keith mich abholen, um zum Renaissance-Markt in Ventura County zu gehen - wenn ich ihn auch vorgewarnt hatte, daß ich alles langsam angehen lassen wollte. Ich hatte gerade erst meine Freiheit wiedergewonnen, und mein Herz war noch nicht bereit, schon wieder eine neue Bindung einzugehen.

Als der Ostersonntag kam, kam auch Keith - *Stunden* vor der verabredeten Zeit! Sein Klopfen weckte mich in aller Frühe, und ich stolperte benommen zur Tür. Ich traute meinen Augen nicht, als ich die Tür öffnete und ihn in einem gewebten, indianisch gemusterten Hemd vor mir sah.

"Ich war so aufgeregt, daß ich nicht länger warten konnte", sagte er verlegen. Ich seufzte und ließ ihn hereinkommen, während ich mich zurückzog, um mich fertig zu machen. Welche Frau, die bei Verstand war, hätte ihm nach einer solchen Erklärung noch böse sein können?

Auf dem Markt liefen Keith und ich stundenlang herum, kauften organische Lebensmittel und schauten uns die Leute in ihren mittelalterlichen Kostümen an. Es gab wandernde Sänger, Jongleure, Handleser und Handwerker, die alle Arten von selbstgemachten Gegenständen verkauften, die man sich vorstellen konnte. Der Duft des brennenden Räucherwerks und des kochenden Essens vermischte sich zu einem angenehmen Ganzen, und man konnte die parfümierten Öle riechen - Erdbeere, Sandelholz, Patschuli - die in der Luft schwebten. Viele Leute hatten psychedelische Drogen genommen, und manche von ihnen sahen ziemlich weggetreten aus. Keith erzählte mir, daß er seinen letzten Drogentrip letztes Jahr im Oktober an seinem neunzehnten Geburtstag gehabt hatte, als er Meskalin eingenommen hatte. Es sei ein so intensives Erlebnis gewesen, sagte er, daß er seither keine Drogen mehr genommen habe. Ich steckte noch ein ganzes Stück tiefer in der Drogenszene, doch ich hatte seit einer Weile keine Trips mehr genommen.

Wir setzten uns in der warmen Sonne ins Gras und redeten. Wir taten nichts als reden - den ganzen Nachmittag. Da war etwas an Keith, das anders war als bei allen anderen Menschen, die ich je gekannt hatte. Er war ein echter Sucher, ein tiefer Denker. Obwohl er das Leben völlig ernst nahm, hatte er einen unbändigen Sinn für Humor, den ich wirklich genoß.

Unser Altersunterschied störte mich ein bißchen - doch Keiths Lebenserfahrung und seine reife Perspektive halfen zumindest, die siebeneinhalbjährige Lücke zwischen uns zu schließen. Er war jung und voller Möglichkeiten und Hoffnung für die Zukunft - doch gleichzeitig sagte er schon mit neunzehn Jahren oft, er fühle sich "alt und senil". Mit meinen kaum sechsundzwanzig Jahren wußte ich, was er meinte.

Während dieser Woche rief mich Mark aus New York an. Keith war dabei, und ich nahm das Telefon mit ins Bad, um ungestört zu sprechen. Ich rechnete halb damit, daß Keith sauer werden, gehen und so tun würde, als wäre ihm alles egal, aber nicht so Keith.

Er hatte Angst, ich könnte wieder mit Mark zusammenkommen, und blieb im Wohnzimmer, wo er aufgeregt auf und ab schritt. Ich steckte in der Klemme. Der Gedanke, daß ich Mark verletzen würde, brachte mich um.

Als ich ihm von Keith erzählte, fing er an zu weinen. Er wollte umkehren und geradewegs zurück nach Kalifornien fahren, und er sagte, er sei bereit, unsere Beziehung auf dauerhafteren Boden zu stellen. Aber es war zu spät. Ich sagte ihm, er solle nicht wegen mir zurückkommen. Wir verbrachten über eine Stunde am Telefon, und auch ich weinte. Ich fühlte mich so zerrissen. Ich kam mir in diesem Moment vor wie der schlechteste Mensch auf der Welt. Doch dieses Telefongespräch beendete meine Beziehung zu Mark.

Innerhalb eines Monats zog Keith in meine Wohnung.

## Viertes Kapitel

## Die Lieber hier
## ("Love With Me")

*Offizielle Verlobung an Keiths zwanzigstem Geburtstag, 1973*

Es war der größte Einzug, den ich je erlebt hatte, als Keith im Mai bei mir einzog. Keiths ganze Lebenseinstellung war einzigartig. Eigentlich war er ein Bündel von Widersprüchen. Äußerlich sah er aus wie jeder andere in unserem Alter - doch unter dieser Schale schien er nicht im Takt mit der Zeit zu sein. Seine Gedanken, ja sein ganzer Charakter standen offenbar im Gegensatz zu den Wertvorstellungen, die im Moment so populär waren. Er schien aus einer anderen Zeit und einem anderen Ort hierhergeflogen worden zu sein.

Etwas, das ich besonders an ihm mochte - abgesehen von dem frischen Wind, den er in mein Leben brachte - war das Gefühl der Geborgenheit, das ich empfand, wenn wir zusammen waren. Er schien sich gerne um mich zu kümmern. Er stellte alles und jedes in Frage, wodurch er mich herausforderte, mein Denken zu erweitern. Und wenn Keith sich auf etwas einließ, dann wollte er, daß auch alle anderen dabei waren.

An einem wunderschönen Maimorgen wachten wir auf, und Keith überredete mich, nicht zur Arbeit zu gehen. Es war nicht sehr schwer. Keith wollte einen langen Ausflug machen, also legte er sich eine Route zurecht - durch die Nebenstraßen des Simi Valley, die schließlich an der Küste hinauf nach Santa Barbara führten. Unterwegs kamen wir an einem kleinen Antiquitätenladen vorbei und hielten. Drinnen entdeckte Keith ein großes, silbernes Jerusalem-Kreuz mit einem Türkis in der Mitte.

"Mensch, schau dir dieses tolle Kreuz an, Mel. Laß es uns für dich kaufen."

Ich war in Verlegenheit. "Es ist wirklich hübsch, nur ... ich habe noch nie in meinem Leben ein Kreuz getragen."

"Oh, komm schon, wir haben uns doch mit Jesus beschäftigt."

"Ich weiß, aber ich ... ich bin immer noch Jüdin."

Ich war nur deshalb für Jesus offen gewesen, weil Keith so begeistert von ihm war, und was ich bei Keith spüren konnte, gefiel mir. Aber ein Kreuz tragen? Das war eine andere Sache. Was würde meine Mutter denken? Etwas in mir stand diesem Gedanken vollkommen ablehnend gegenüber. Andererseits gefiel mir wirklich, was ich über Jesus erfahren hatte. Ich dachte eine Weile darüber nach. "Also ..." Wenigstens hing niemand daran.

"Liebling, es ist wunderschön. Komm schon, laß es mich für dich kaufen", drängte Keith.

Es schien Keith wirklich wichtig zu sein, daß ich ein Kreuz hatte, um es wie er zu tragen.

"Also gut. Ich denke, es ist schon in Ordnung."

Auf Keiths Gesicht breitete sich ein Grinsen aus. Schnell zog er sein Portemonnaie hervor und zählte das Geld auf den Tisch. Das Kreuz hatte keine Kette, also steckte ich es in die Tasche. Ich wußte, daß Keith wirklich seinen Glauben mit mir teilen wollte, und schließlich verspürte auch ich einen Hunger nach etwas, das ich nicht hatte. Wenn Jesus die Antworten hatte, dann war ich offen dafür, wenn es mir auch etwas fremd war.

Später, als wir wieder unterwegs waren, nahm ich das Kreuz aus der Tasche und drehte es um. Auf der Rückseite stand "Jerusalem". Zumindest stammte es aus Israel, was für ein jüdisches Mädchen wie mich ein gewisser Trost war.

Mir wurde schnell klar, daß ich, wenn ich mit diesem Burschen zusammen sein wollte, ihn auch auf seiner spirituellen Reise begleiten müßte. Doch im Augenblick war ich nur dabei, mich zu verlieben.

Als ich Keith in den folgenden Monaten immer besser kennenlernte, erkannte ich, daß er fähig war, sich ganz einer Person oder Sache hinzugeben. Ich fand das bemerkenswert angesichts der Tatsache, daß jeder andere in unserer Umgebung eher eine unverbindliche "Was-kommt-das-kommt"-Haltung einnahm. Keith war anders. Wenn ihm ein Mensch wichtig war, dann war das mehr als schöne Worte, dann wollte er es zeigen.

Zum Beispiel verbrachte Keith gerne viel Zeit mit Dawn, der zehnjährigen Tochter seiner Freundin Karen Bender. Dawn war ein hübsches Kind mit langem, dickem Haar und Sommersprossen auf ihrer Stubsnase. Sie wirkte ein wenig zurückgezogener, als es für ein Mädchen in ihrem Alter normal war. Sie lächelte nicht viel, aber wenn sie es tat, war es, als ob die Sonne aufginge. Keith hatte sie wirklich lieb, und als ich sie kennenlernte, eroberte sie sofort auch mein Herz. Ihre Mutter war geschieden und arbeitete ganztags. An einem Wochenende beschloß Keith, Dawn mit uns nach Hause zu nehmen, damit wir ein wenig mehr Zeit miteinander verbringen könnten. Wir gingen mit ihr zum Schwimmen, in einen Vergnügungspark und ins Kino. Es war eine tolle Zeit, aber am Ende des Wochenendes war uns klar, daß Eltern zu sein eine größere Aufgabe war, als wir gedacht hatten. Dennoch versuchten wir weiterhin, so oft wie möglich mit Dawn und auch Karen zusammen zu sein.

Es war während einer ziemlich wilden Fete in Karens Haus an einem Spätsommerabend, daß Keith und ich uns ein wenig zurückzogen, um über unsere Beziehung zu sprechen. Wir landeten schließlich in Dawns Zimmer und setzten uns auf ihr Bett. Bei diesem Gespräch hatte Keith eine Überraschung für mich parat.

"Mel, ich frage mich seit einiger Zeit, ob es wirklich richtig ist, daß wir zusammenleben."

Ich traute meinen Ohren nicht. Keiner unserer Bekannten hätte eine solche Frage auch nur gestellt.

"Was meinst du mit 'wirklich richtig'? Wir lieben uns doch, oder nicht?"

"Ja, aber das ist es ja gerade. Wenn wir uns wirklich lieben, sollten wir vielleicht eine tiefere Verbindlichkeit eingehen."

Ich starrte auf die zerschlissenen Karos der Tagesdecke auf Dawns Bett und fragte mich, wohin dieses Gespräch führen würde. Ich hatte noch nie jemanden so reden hören und wurde etwas nervös.

"Was ich sagen will", fuhr Keith fort, "ist, daß wir vielleicht einmal darüber nachdenken sollten, ob wir nicht heiraten wollen. Ich bin nicht sicher, ob wir zusammenleben sollten, ohne verheiratet zu sein."

"Heiraten?"

"Natürlich müßten wir uns dann erst verloben. Wir könnten uns also erst einmal 'geloben, uns zu verloben'."

"Keith, was soll das heißen?"

"Es wäre so eine Art Probezeit. Auf diese Weise müssen wir nicht gleich unsere Verlobung auflösen, falls es nicht klappt."

So etwas hatte ich noch nie gehört. Es war verrückt - und ein bißchen zauberhaft. Doch ich hatte schon begonnen zu lernen, daß Keith nichts so machte wie alle anderen.

"Ich weiß nicht recht, Keith ..."

"Es wird toll. Kennst du außer uns noch ein Pärchen, das sich 'gelobt hat, sich zu verloben'?"

Ich dachte eine Weile darüber nach. Der Gedanke hatte seine Vorzüge. Seit meiner katastrophalen Beziehung zu Mark war ich noch nicht wieder für eine *echte* Verbindlichkeit offen geworden, selbst nachdem ich mehrere Monate mit Keith zusammengelebt hatte.

"Nun, vielleicht ist die Idee gar nicht so schlecht. Auf diese Weise hätten wir Zeit, um uns klar zu werden, was wir wirklich tun wollen."

"Mel, ich möchte, daß du eines weißt: Falls wir am Ende tatsächlich heiraten sollten, dann ist das für mich eine lebenslängliche Bindung. Ich glaube nicht an Scheidung."

Während Keith weitersprach, überschlugen sich meine Gedanken. Mir erschien Scheidung als eine zu naheliegende Möglichkeit, als daß man sie je ganz ausschließen könnte. Ich kannte tatsächlich nicht ein *einziges* glücklich verheiratetes Paar, und ich war mir nicht einmal ganz sicher, ob ich überhaupt hinter dem ganzen Gedanken der Ehe stand. Ein Teil von mir war überwältigt, daß ein so wunderbarer und begabter Mensch wie Keith mich heiraten wollte. Aber wenn es nun nicht klappte? Es schien viel sicherer, sich irgendwo noch eine Hintertür offenzuhalten.

"Manches, was du sagst, macht mir richtig Angst", antwortete ich schließlich.

Aber Keith blieb beharrlich.

"Melody, ich *liebe* dich, und ich glaube, du liebst mich auch. Laß uns davor keine Angst haben. Wenn wir heiraten, will ich immer für dich da sein, und ich möchte gewiß sein, daß du auch für mich da bist."

Er fuhr fort, sein Anliegen zu verfolgen. Schließlich beschlossen wir, uns zu "geloben, uns zu verloben". Unsere "offizielle" Verlobung planten wir für Keiths zwanzigsten Geburtstag im Oktober. Das schien ein ziemlich sicherer Plan zu sein, denn er ließ uns ein paar Monate, um die Sache abzuwägen. Mir war es wie immer sehr lieb, mir alle Möglichkeiten offenzuhalten.

Am 21. Oktober feierten wir Keiths Geburtstag und, wie geplant, unsere offizielle Verlobung. Unser Haus war voll mit Freunden, darunter auch die kleine Dawn. Sie schenkte Keith ein Stück Treibholz, und wir alberten alle herum, machten Fotos und aßen den Kuchen, den ich gebacken hatte.

Unsere Hochzeit setzten wir auf den 25. Dezember an - den Weihnachtstag, Jesus zu Ehren. Sie sollte in der Little Brown Church am Coldwater Canyon Boulevard stattfinden.

Von dem Abend an, als wir uns verlobten, versuchten wir auch eine andere wichtige Entscheidung umzusetzen, die wir getroffen hatten. Mehrere Monate zuvor war Keith zu dem Schluß gekommen, daß es falsch war, eine sexuelle Beziehung zu jemandem zu haben, den er nicht wirklich liebte. Schon einige Tage, bevor wir uns kennengelernt hatten, hatte Keith diese Entscheidung seinem Tagebuch anvertraut.

***Ich habe über die Richtigkeit der Sexualität nachgedacht. Ich weiß sicher, daß Sex ohne Liebe absolut falsch ist. Nun gebrauche ich das Wort "Liebe" mit einer veränderlichen Bedeutung. Ich weiß, daß sie sich in den letzten vier Jahren sehr stark verändert hat. (Wirklich? Oder bin ich vielleicht nur zynischer geworden, und die "Liebe" braucht länger, um zu mir durchzudringen?) Zumindest war die Liebe für mich etwas anderes, Tieferes. Jedenfalls leuchtet mir Sex mit Liebe sehr ein. Wenn er außerhalb der Ehe falsch ist ... laß es mich erkennen.***

Die große Frage, über die wir in letzter Zeit gesprochen hatten, konzentrierte sich auf den letzten Satz in Keiths Eintragung. Was war, wenn man jemanden wirklich liebte, aber nicht mit ihm verheiratet war? Was dann? Die meisten unserer Freunde stürmten in der entgegengesetzten Richtung die Straße entlang - sie versuchten herauszufinden, mit wie vielen Leuten sie in wie kurzer Zeit schlafen konnten. Und hier waren wir und bemühten uns, richtige Entscheidungen zu treffen. Aber Keith war diese Frage wirklich wichtig, und wir sprachen viel darüber.

"Ich denke, wir sollten vielleicht enthaltsam leben, bis wir verheiratet sind", sagte Keith eines Tages zu meinem Entsetzen.

"Ich habe einiges in der Bibel gelesen und fange an, zu glauben, daß Sex außerhalb der Ehe falsch ist."

"Aber wir leben im gleichen Haus und schlafen im gleichen Bett", protestierte ich.

"Ja, aber wir können es trotzdem tun."

"Keith, das ist noch verrückter als dieses 'Geloben, sich zu verloben'."

"Na, das hat doch funktioniert, oder nicht?"

"Und wie lange würdest du das tun wollen?"

"Bis wir verheiratet sind."

"Keith, ich bin nicht absolut dagegen, aber wie in aller Welt soll das deiner Meinung nach funktionieren?"

"Nun, ich denke einfach, daß es das Richtige wäre. Laß es uns versuchen."

Also beschlossen wir an Keiths Geburtstag, enthaltsam zu leben. Doch wie ich geargwöhnt hatte, war das leichter gesagt als getan.

Anfang Dezember kam Keith mit einem rätselhaften Ausdruck im Gesicht zu mir. Er nahm mich an der Hand und sagte: "Komm mit, ich möchte, daß du dir etwas anhörst." Dann führte er mich zum Klavier. "Stell dich da hin, wo ich dich sehen kann."

Er setzte sich hin und fing einfach an zu singen ...

*Du willst mit mir lieben,*
*Dann liebe mit mir.*
*Ich bitte dich nur,*
*Daß du immer noch meine Freundin bleibst.*

*Denn es gibt viele,*
*Bei denen Freundschaft unbekannt ist.*
*Sie leben zusammen,*
*Doch in Wirklichkeit allein.*

*Und die Tage*
*Gehen dahin*
*Im Schweigen -*
*Gespannte Stunden des Schmerzes.*
*So wollen wir es nicht haben ...*

Als ich ihn singen hörte, wurde ich von der schwebenden Melodie so mitgerissen, daß ich eine Minute brauchte, um zu merken, daß das Lied eine Überraschung war. Es war für mich! Ich bekam einen Kloß im Hals und mußte blinzeln, um meine Tränen zurückzuhalten. Keith schloß beim Singen die Augen und schaute mich dann an, um zu sehen, wie ich reagierte. Ich brachte kein Wort heraus.

Das ganze Lied handelte von Hingabe, von einer Liebe, die ihre Meinung nicht ändert, auch nicht in schweren Zeiten. Das war Keiths Art, auszudrücken, daß er nicht vollkommen war, mir aber eine Liebe schenken wollte, die immer weiter wachsen und niemals aufgeben würde ...

*Ich weiß, es ist manchmal*
*Schwerer, mich zu lieben.*
*Ich schlage blind um mich,*
*Ohne nachzudenken.*

*Doch ich werde dich lieben,*
*Und ich liebe dich jetzt!*
*Es ist noch nicht vollkommen,*
*Aber du weißt, wir sind noch nicht am Ende.*

*Und die Tage*
*Gehen dahin*
*Im Segen -*
*Momente der Wahrheit.*
*Wir wagen es wirklich nicht, unsere Jugend zu verschwenden.*

*Du willst mit mir lieben,*
*Dann liebe mit mir.*

Für mich war es etwas Überwältigendes, daß jemand ein Lied für mich schrieb, besonders ein so schönes wie "Love With Me".

Die Schönheit dieses Augenblicks war ein Ausgleich für die fürchterlichen Streitigkeiten, die wir aufgrund dessen hatten, was ich allmählich als eine alberne Regel betrachtete - Keiths Idee, bis zu unserer Hochzeit enthaltsam zu leben. Dieser Herbst war für uns eine sehr schwierige Zeit. Wir dachten, wir hätten den richtigen Vorsatz gefaßt, doch es war nicht leicht, nach unseren eigenen Überzeugungen zu leben.

Glücklicherweise kam unser Hochzeitstag schnell heran. Wir erwachten früh am Weihnachtsmorgen und zogen uns unsere Lieblingssachen vom Flohmarkt an. Ich trug einen grünen Rollkragenpullover und einen langen, gelben Baumwollrock, und Keith trug seine Levi's und einen gestrickten beigen Pulli. Ich hatte nie davon geträumt, in einem weißen Kleid durch den Mittelgang zu schreiten, aber es war doch ein komisches Gefühl, aus dem Bett zu steigen, sich gegenseitig beim Aussuchen der Kleider zu helfen und dann loszufahren, um zu heiraten.

Keith und ich schwiegen beide nervös, als wir zur Little Brown Church fuhren. Die alten Holzbänke wirkten durch die gedämpfte Beleuchtung warm und einladend, während wir vorne standen und uns vor dem Pastor das Eheversprechen gaben. Es war eine kurze und schlichte Zeremonie, und nach wenigen Minuten waren wir verheiratet - und Keith achtete darauf, daß es "im Namen Jesu" geschah. Todd war unser einziger Trauzeuge.

Hinterher fuhren wir los, um Keiths Familie zu besuchen. Keiths Eltern waren überrascht, uns so früh am Tag zu sehen - bei unserem verrückten nachtschwärmerischen Tagesablauf tauchten wir sonst nie irgendwo vor dem Mittag auf. Wir hingen albern grinsend herum und warteten darauf, daß sie errieten, was wir getan hatten. Außer Todd wußte nur meine Mutter vorher Bescheid - aber wir wollten nicht, daß sie zur Hochzeit kam, da Keiths Familie noch keine Ahnung hatte. Keith wedelte immerzu mit seiner linken Hand herum, damit sie seinen Ring bemerkten. Aber sie sahen nichts. Nach ein paar Stunden wagte seine Mutter schließlich lächelnd einen Versuch: "Habt ihr zwei etwa geheiratet?" Sie waren überrascht, aber es kam nicht ganz unerwartet. Keith und ich waren inzwischen unzertrennlich.

Als sich die Neuigkeit herumsprach, füllte sich das Haus mit Freunden und Verwandten, einschließlich meiner Mutter. Ein paar Leckereien wurden zusammengekratzt, und der Tag geriet zu einer regelrechten Fete. Wir wurden unzählige Male umarmt und geküßt. Und als ich quer durch den Raum zu Keith hinüber sah, wirkte er wirklich glücklich. Er sah aus, als sei er sicher, daß wir die richtige Entscheidung getroffen hatten. Ich hoffte, daß er recht hatte.

Da wir bereits zusammenlebten, war es uns nicht wichtig, eine Hochzeitsreise an irgendeinen romantischen Ort zu veranstalten. Außerdem waren wir ziemlich pleite. Ich hatte bereits mein Auto und meine Gitarre verkauft. Kürzlich hatten wir auf der Heimfahrt von einem Ausflug nach Seattle sogar in "Victor" schlafen müssen, weil wir uns ein Motel nicht leisten konnten. Doch Keith, dem es nie an guten Ideen mangelte, wenn es ums Geldverdienen ging, verschaffte uns einen neuen Job.

Drei Tage nach unserer Hochzeit fingen wir an, beim Pizzabäcker um die Ecke zu arbeiten, so daß wir unsere "Flitterwochen" damit verbrachten, mit Pizzas durch das San Fernando Valley zu rasen. Und ich meine wirklich rasen. Wir wurden pro Auslieferung bezahlt, deshalb war Geschwindigkeit von höchster Bedeutung - und Geschwindigkeit war Keiths Spezialität.

Abgesehen davon, daß wir mit ihm Kartons mit heißen Pizzas durch die Gegend fuhren, spielte "Victor von Van" noch eine weitere wichtige Rolle bei unserer Geldbeschaffung. Keith dachte sich aus, wir könnten unsere Vorliebe für billiges Einkaufen zu einem Geschäft machen, in dem wir "Victor" als Boutique auf Rädern benutzten - im Hippie-Stil natürlich. Wir kauften gebrauchte Klamotten, die noch einen Wiederverkaufswert hatten. Dann parkten wir "Victor" auf den Straßen von Hollywood und hängten die Kleider rundherum an die Außenseite. Wir stellten sogar einen Spiegel in "Victor" auf, so daß unsere Kunden hineinsteigen und die Sachen anprobieren konnten.

Alles in allem hatten wir eine Menge Spaß, besonders deswegen, weil wir alles gemeinsam tun konnten. Und auf diese Weise konnten wir unsere Miete bezahlen, ohne irgendeinen Acht-Stunden-Job zu schieben, während wir auf Keiths großen Durchbruch warteten.

Wir hatte nicht viel Geld, aber das machte nichts. Wir hatten alles, was wir wollten - zumindest alles, was man mit Geld kaufen konnte. Das, wonach wir hungerten, hätten wir auch mit einer Million Dollar nicht bezahlen können.

Es schien, als ob ganz Südkalifornien genau wie wir auf einer einzigen großen, spirituellen Suche wäre. Nicht nur wir waren an diesem Jesus Christus interessiert - wer immer er war. Offenbar wurde Jesus ziemlich populär. An der Westküste ging das Gerücht von einer Jesus-Bewegung um. Viele Leute ließen sich direkt im Pazifik taufen. Gleichzeitig gab es mehrere Filme mit christlichen Themen. Wir sahen den Film Bruder Sonne, Schwester Mond, der vom Leben des Franz von Assissi handelte. Er war ein junger Mann mit hohen Idealen, der seinen ganzen weltlichen Besitz aufgab, um sich den Armen und Bedürftigen zu widmen - selbst den Leprakranken. Er führte ein Leben in Armut und setzte Gott an die erste Stelle. Wir sahen auch Godspell. Dieser Film handelte vom Leben Jesu, dargestellt von einer Menge Leuten in unserem Alter. Dann war da Jesus Christ Superstar. Wir sahen den Film zweimal, als er ins Kino kam, und hörten uns ständig den Soundtrack an, der die Hitlisten eroberte.

Dann machte Keith ausgerechnet die Bekanntschaft von Teddy Neely, der in der Filmversion von Jesus Christ Superstar den Jesus gespielt hatte. Er kam sogar zum Abendessen zu uns, und ich mußte ihn ständig ansehen und denken: Ich kann es nicht glauben. Ich mache Hamburger für Jesus! Ich hielt Teddy wirklich nicht für eine Art Mystiker, doch es machte einen tiefen Eindruck auf mich, ihn kennenzulernen, nachdem ich ihn mit seinen langen, glatten Haaren und fließenden Leinengewändern in der Rolle des Jesus gesehen hatte.

Teddy steckte voller Geschichten von merkwürdigen Dingen, die sich bei den Dreharbeiten in Israel ereignet hatten. Offenbar hatte es während der Aufnahme der Kreuzigungsszene echte übernatürliche Vorgänge gegeben. Keith und ich sperrten die Ohren auf. Es sah nicht so aus, als ob Jesus irgendetwas getan hätte, womit er verdient hätte, was ihm widerfuhr. Mit jedem Tag wurden Jesus und die Dinge, für die er stand, realer und faßbarer für uns.

Wir liebten Filme mit spirituellen Obertönen - sie waren sogar inspirierender für uns als manche der Leute, denen wir begegneten und die sich Christen nannten. Wir wollten ganz bestimmt *nicht* so werden wie manche der "Jesus-Freaks", die wir trafen.

Kurz nachdem Keith bei mir eingezogen war, hatte man ihn gebeten, einige Konzerte an der nordwestlichen Pazifikküste zu geben. Da ich gerade Urlaub hatte, fuhr ich mit ihm. Während wir in Seattle waren, machte mich Keith mit einer jungen Frau bekannt, die sich als Christin bezeichnete. Sie war der erste "Jesus-Freak", den ich kennenlernte. Keith hatte Kathy kennengelernt, als er vor einigen Jahren zum ersten Mal ausgerissen war. Etwas an ihr verschaffte uns großes Unbehagen. Man konnte mit ihr kein normales Gespräch führen. Sie sagte ständig Dinge wie: "Oh, wir haben keine Milch mehr, lobt Gott", oder "Es ist ein schöner Tag, preist den Herrn". Jeder zweite Satz war mit irgendeinem religiösen Ausruf bestückt. Ich fand es schauderhaft. Wir wollten *niemals* herumlaufen und geistlose Phrasen dreschen, wie sie es tat. Wir waren damit zufrieden, uns einfach Nachfolger Jesu zu nennen und es dabei zu belassen. Wir wollten uns nicht von der menschlichen Rasse entfremden!

Bei mir persönlich ging der Widerwille noch tiefer. Ich wollte die Wahrheit kennenlernen, aber wegen meiner jüdischen Wurzeln fiel es mir immer noch schwer, zu glauben, daß ich sie in Jesus finden könnte. Obwohl ich mehr davon profitiert hatte, kurze Abschnitte seiner Lehren in der Bibel zu lesen, als aus allen anderen mystischen Büchern zusammen, die ich gelesen hatte, wurde mir immer noch unbehaglich, wenn ich daran dachte, ihm *nachzufolgen.*

Einen Abend vor unserer Hochzeit hatten Keith und ich sogar im "Bla Bla Cafe" eine Riesenstreit darüber - er entzündete sich an unseren Eheringen. Keith wollte kleine Kreuze in sie eingravieren lassen. Ich wehrte mich mit Händen und Füßen dagegen. Wir machten zwischen den Sets einen hitzigen Spaziergang vor dem "Bla", um das auszufechten. Gelegentlich ein Jerusalem-Kreuz um den Hals zu tragen war eine Sache, doch ein Kreuz in einen Ring einzugravieren, den ich für den Rest meines Lebens jeden Tag tragen sollte, das war etwas anderes. Doch Keith meinte, die Kreuze auf unseren Ringen würden unsere Entscheidung symbolisieren, Jesus zu unserem Meister zu machen, und sie würden uns ständig daran erinnern, daß wir in seinem Namen verheiratet waren. Ich war hin- und hergerissen; ich wollte Jesus wirklich in unserer Ehe ehren. Ich ließ mich von Keiths Glauben mitziehen und stimmte schließlich zu. Als wir an jenem Abend vom "Bla" nach Hause fuhren, mußte ich an meine frühe Kindheit zurückdenken. So sehr ich mich auch wehrte, wurde mir doch allmählich klar, daß Gott tatsächlich real sein könnte.

Als ich klein war, hatte ich einmal eine Lungenentzündung und litt an Fieberphantasien. Als der Arzt kam, war er beunruhigt. Er sagte meiner Mutter, ich sei zu krank, um ins Krankenhaus transportiert zu werden, und gab mir eine Spritze. Bevor er ging, sagte er noch, wenn mein Fieber nicht bis etwa vier Uhr morgens nachließe, würde ich die Nacht nicht überleben.

Meine Mutter blieb die ganze Zeit über an meinem Bett. Durch meinen Fiebernebel bemerkte ich, wie sie mir kühle, nasse Waschlappen auf die Stirn legte, und hörte ihre verzweifelten Gebete. Ich fühlte mich eingetaucht in ihre Liebe - und in eine andere Art von Liebe, die mich zu tragen schien. War es nur das Fieber?

Als der Arzt um sechs Uhr wiederkam, wachte ich auf und rannte zur Tür. Er erschrak, als er mich sah. Sofort schickte er mich zurück ins Bett und sagte meiner Mutter, es sei ein Wunder, daß ich die Nacht überstanden hatte. In seiner schwarzen Tasche hatte er schon einen Totenschein mitgebracht.

Seit damals wußte ich, daß "irgendjemand irgendwo" die Gebete meiner Mutter erhörte. Konnte es sein, daß Gott seine Hand nach mir ausgestreckt hatte, bevor ich auch nur begonnen hatte, ihn zu suchen?

Es gab auch noch andere Einflüsse in unserem Leben. Kurz nachdem Keith und ich geheiratet hatten, lernten wir ein paar Leute näher kennen, die auch mit Musik zu tun hatten - nur war es *christliche* Musik. Seit kurzem hatten wir sogar einen neuen "Mitbewohner", der auf unserem Klappsofa schlief - Keiths Freund Randy Stonehill. Keith hatte Randy ungefähr anderthalb Jahre zuvor eines Abends im "Bla" kennengelernt. Seither kamen sie gelegentlich zusammen, um wie in einem Rausch gemeinsam zu schreiben und zu singen. Randy hatte sogar ein ganzes Album mit christlichen Rock'n'Roll-Songs aufgenommen - ein Gedanke, der uns völlig neu war.

Außer daß sie zusammen Musik machten, führten Keith und Randy auch allerhand reichlich "energiegeladene" spirituelle Debatten. Was Keith immer auf die Palme brachte, war, daß Randy der Meinung war, daß Keith als Christ noch nicht ganz auf der richtigen Schiene sei. Außer unserer Frage - "War Jesus wirklich Gott?" - konnte Keith keine maßgeblichen Unterschiede in ihren Überzeugungen erkennen. Doch Randy konnte nicht verstehen, wie Keith überhaupt glauben konnte, ein Christ zu sein, ohne die "Gottesfrage", wie wir es nannten, geklärt zu haben.

"Keith, du kannst nun mal kein Christ *sein*, wenn du nicht glaubst, daß Jesus Gott ist", sagte Randy.

"Aber ich glaube doch, daß Jesus Gottes Sohn ist. Ich glaube an das, was er sagt. Ich will mein Leben nach seinen Lehren leben. Macht mich denn *das* nicht zu einem Christen?"

"Du begreifst es einfach nicht", sagte Randy kopfschüttelnd.

Immer wieder kreisten sie um diese Frage.

Sie entwickelten eine tiefe, wenn auch bisweilen stürmische Freundschaft, die auf ihrer gemeinsamen Liebe zur Musik und ihren verrückten Persönlichkeiten beruhte. So war es unvermeidlich, daß sie früher oder später gemeinsam Konzerte gaben.

Die "Salt Company" war ein christlicher Club in Hollywood. Und in dem Sommer, bevor wir heirateten, hatte Randy Keith eingeladen, mit ihm dort ein paar Songs zu singen. Es war ihr erster gemeinsamer Auftritt, und sie waren großartig! Ihr energiegeladenes Temperament brachte die Luft um sie her zum Vibrieren. Außerdem konnten sie zum Schreien komisch sein und das Publikum zwischen und teilweise auch während der Songs so zum Lachen bringen, daß es Seitenstechen bekam.

Aufgrund von Keiths Freundschaft mit Randy ergaben sich noch einige weitere Gelegenheiten für christliche Konzerte. Keith wurde eingeladen, am California Lutheran College zu singen, und später machten wir Pläne, mit Randy nach Nordkalifornien zu gehen, wo er zu einigen Konzerten eingeladen worden war. Wir hatten vor, mitzufahren, damit Keith als "Special Guest" bei Randys Konzerten auftreten könnte. Wir ahnten nicht, daß wir bei dieser Gelegenheit jemanden treffen würden, der einen bleibenden Einfluß auf unser ganzes Leben haben sollte.

Am ersten Abend unserer Reise spielten Keith und Randy in einem kleinen, spärlich besetzten christlichen Coffee House in Fresno. Am folgenden Tag fuhren wir weiter nach Turlock zum nächsten Konzert, wo sie die Bühne mit einem weiteren Künstler teilen sollten.

Unterwegs sagte Randy: "Der Typ, der heute abend spielt, wird euch umhauen. Er heißt Barry McGuire."

Keith sagte: "Meinst du etwa *den* Barry McGuire?"

"Den, der den Hit 'Eve of Destruction' gesungen hat?" fügte ich überrascht hinzu.

"Ja, genau den", lächelte Randy.

"Eve of Destruction" war ein Anti-Kriegs-Song aus den sechziger Jahren. Es stand in ganz Amerika an der Spitze der Hitlisten, und wir kannten es alle noch gut genug, um es unterwegs im Auto zu singen. Es war kaum zu glauben, daß dieser Typ jetzt ein Christ sein sollte, und wir waren begierig zu sehen, was aus ihm geworden war.

Das Konzert in Turlock fand in einer High-School-Turnhalle statt. Als wir ankamen, waren ein paar Hundert Leute da. Nach dem Randy und Keith ihre Sets absolviert hatten, machten wir es uns in den Sesseln bequem und erwarteten mit

Spannung Barrys Auftritt.

Genau wie Randy hatte auch er ein christliches Album aufgenommen. Allein der Gedanke, daß Leute ganze Alben voller christlicher Lieder aufnahmen, erschien uns ungeheuerlich.

Als Barry die Bühne betrat, gerieten wir sofort in den Bann seiner Ausstrahlung. Auf den ersten Blick wirkte er ein wenig rauhbeinig - ein großer, kräftiger Typ mit langem Haar und buschigem Bart. Er sah aus, als würde er auf einer Harley Davidson in die Kirche fahren. Doch sobald er zu sprechen begann, war ich erstaunt, in was für einer sanften Weise er das tat. Er sang ein paar Lieder und spielte auf der großen Gitarre, die er an einem Schulterriemen trug. Wir waren besonders beeindruckt von einem Lied namens "Bullfrogs and Butterflies". Es war unglaublich, diesen Hünen von einem Mann etwas singen zu hören, das wie ein Kinderlied klang. Bevor er es sang, erklärte er das Lied.

"Was haben Frösche und Schmetterlinge gemeinsam? Der Frosch entsteht aus einer Kaulquappe, und der Schmetterling kommt aus einem Kokon - aber sie werden beide wiedergeboren. Und genau wie sie müssen auch wir eine geistliche Wiedergeburt erleben, bevor wir Gott wirklich kennenlernen können."

Er sang und sprach über Gott auf eine Art, wie wir es noch nie zuvor gehört hatten. Bei ihm klang es ganz einfach, Gott zu kennen. Barrys Art war so warmherzig und locker, daß wir jedes Wort aufsaugten, das er sang oder sprach. Als er fertig war, folgten wir ihm in die Garderobe in der Hoffnung, noch mit ihm sprechen zu können, bevor er weg mußte. Er war in großer Eile, weil er ein Flugzeug erreichen mußte, doch er nahm sich ein paar Minuten Zeit für uns. Aus der Nähe war er freundlich und sanft - aber es war mehr als das.

Da war etwas in seinen Augen. Sie waren wie klare, stille Teiche. Sein Geist war ganz anders als sein rauhbeiniges Äußeres - er war offensichtlich ein Mann, der verwandelt worden war. Er war verheiratet und zog mit seiner Frau durch das ganze Land, um den Leuten von Jesus zu erzählen - wobei sie oft in ihrem kleinen Gefährt wohnen mußten, das hinten eine Campingzelle hatte. Wir waren tief beeindruckt von diesem "Gesangsstar", der jetzt auf so demütige, opferbereite Weise Jesus nachfolgte.

Von diesem Abend an wußten Keith und ich, daß Barry McGuire etwas hatte, das wir brauchten. Dieses besondere "Etwas" in seinem Geist hatte in Keiths Herz den Samen einer Idee zum Sprießen gebracht - einer Idee, die ihm zuvor von einem anderen Freund namens Randy Weimer eingepflanzt worden war.

Keith empfand eine spontane Zuneigung für Barry, die er mit der Tiefe seiner Beziehung zu Randy Weimer verglich, der in einer Band namens MU spielte. Als Keith Randy zum ersten Mal begegnete, war er sehr von dessen tiefem inneren Frieden eingenommen. Randy war ein Adventist und erzählte Keith eine Menge von Jesus. Nun fing einiges von dem, was er über Jesus gesagt hatte, an, uns immer mehr einzuleuchten. Randy hatte Keith gesagt, Jesus könne Sünden ein für allemal wegnehmen - ganz anders als in den östlichen und okkulten Religionen, mit denen er sich befaßt hatte.

Als wir von Turlock nach Hause fuhren, fielen Keith all seine Gespräche mit Randy wieder ein.

Viele der östlichen Religionen enthalten den Gedanken, der Mensch lebe mehrmals und unser Los im nächsten Leben hänge davon ab, wie "heilig" wir in dem Leben davor gewesen seien. Wenn jemandem in einem Leben schlimme Dinge passieren, dann liegt es daran, daß er für die Sünden eines vergangenen Lebens bezahlen muß. Hatte man ein "gutes Karma", so konnte man ein glückliches Leben führen, mit einem "schlechten Karma" jedoch mußte man sich auf harte Zeiten einstellen. Wir witzelten oft darüber, wenn wir jemanden etwas Schlechtes tun sahen, und sagten: "Das gibt ein paar Jahre schlechtes Karma!"

Nun erinnerte sich Keith an etwas, das Randy Weimer ihm erzählt hatte - daß Jesus unsere Sünden abwaschen könne, so daß wir später nicht dafür bezahlen müßten. Als wir nach Hause kamen, griff Keith nach einem seiner älteren Tagebücher, um seine Notizen von diesem Gespräch zu suchen. Als er sie fand, las er mir die Passage laut vor:

***Christus hat uns, die Welt und das Universum erschaffen. Seine Lehre ist der Weg aus dem Kreislauf des Todes und der Wiedergeburt (Reinkarnation), und Er ist der Weg.***

Keith kam zu dem Schluß, daß er offener war als je zuvor für den Gedanken, daß Jesus in der Lage sei, das "Karma abzuschneiden". Und nachdem wir Barry McGuire gehört hatten, mußte ich zugeben, daß der Gedanke, reinen Tisch zu machen und geistlich wiedergeboren zu werden, allmählich wirklich möglich zu sein schien.

Leider erwies sich dieser Ausbruch von Inspiration als kurzlebig, als uns die Sturmwellen des jungverheirateten Lebens ohne Geld trafen. Keith hörte im "Bla" auf, weil er wieder einmal nicht genug Leute anzog. Aber er hatte ohnehin den Eindruck, zu lange dort gewesen zu sein und eine Pause zu brauchen. Meine Mutter heiterte uns durch einen verspäteten Hochzeitsempfang in ihrem Haus auf, zu dem viele Freunde und Verwandte kamen und uns mit tollen Geschenken überhäuften. Doch trotz all dieser Segnungen - sogar trotz unserer Liebe - hatten wir den Eindruck, daß uns das Leben durch die Finger rann und daß wir unsere Zeit nicht nutzten.

Im März spielte Keith dann zusammen mit Randy in einem anderen christlichen Coffeehouse in der Nähe des Strandes von Pacific Palisades. Der Abend wurde zu einem neuen Posten auf unserer wachsenden Liste der Enttäuschungen. Randy spielte zuerst, dann kam Keith. Keith spielte immer gern neue Songs, um sie an einem Publikum "auszuprobieren", und dieser Abend war keine Ausnahme. Zwei Tage zuvor hatten wir einen humorvollen Song über die Energiekrise geschrieben, in der Amerika steckte. Das Lied hieß "Self Service Mama". Es handelte von einem Typen, der ein Mädchen kennenlernt, während beide "an einer Selbstbedienungs-Tankstelle Schlange stehen". Ein Teil des Refrains enthielt ein paar leicht zweideutige Bilder. Wir fanden sie einfach nur witzig. Nach Keiths Set kam Randy hoch erregt auf ihn zu. "Was in aller Welt ist in dich gefahren, daß du solche Lieder hier singst? Du hast diese Leute beleidigt. Das hier ist nicht das 'Bla Bla'."

Nun war auch Keith verärgert. "Wovon redest du überhaupt? Die Leute hier erkennen wohl einen guten Song nicht, wenn sie ihn hören. Haben Christen keinen Sinn für Humor?"

"Du hast es vermasselt, Mann."

"Also entschuldige mal. Willst du mir etwa weismachen, daß dieser 'Queen of the Rodeo'-Song, den du heute abend gesungen hast, irgendeine Art von geistlicher Botschaft enthielt?"

"Hey, es ist nichts Schlimmes an einem einfachen Liebeslied", sagte Randy beschwichtigend. "Ich will dir ja nur helfen."

Nach diesem Abend achtete Keith stärker darauf, welche Lieder er für diese "super-christlichen" und humorlosen Leute sang, mit denen Randy uns zusammenbrachte. Eines, das sie besonders zu mögen schienen, war ein Lied namens "The Prodigal Son", an dem Keith seit einigen Jahren gearbeitet hatte. Es erzählte eine Geschichte aus der Bibel von einem jungen Mann, der sich von seinem Vater vorzeitig sein Erbe auszahlen ließ, um fortzugehen und unabhängig zu leben:

*Ich war fertig mit dem Pflügen*
*Draußen auf den Feldern für diesen Tag.*
*Ich dachte daran fortzugehen.*
*Ich mußte sofort aufbrechen.*

*Mein Vater las gerade*
*Die Heiligen Bücher in seinem Zimmer.*

*Mein Herz blutete,*
*Ich wußte, daß ich bald fortmußte ...*

*Ich sagte: "Vater, es gibt so viel zu lernen,*
*Eine ganze Welt voller Dinge zu sehen,*
*Und ich bin bereit, zu gehen und für mich selbst zu sorgen.*
*Wenn du mir gibst, was mir zusteht,*
*Werde ich mit deinem Segen gehen.*
*Doch wenn du meine Reise nicht segnen willst,*
*Dann werde ich dennoch gehen!"*

Im Laufe der Geschichte gibt der Vater seinem Sohn dessen Anteil am Erbe, und der Sohn geht fort und verschleudert es in einem ausschweifenden Leben, wird von seinen Freunden ausgenutzt und landet schließlich ganz am Boden. Dann erst begreift er, was er hergegeben hat, als er ein Zuhause verließ, in dem er geliebt wurde. Es war ein tief beeindruckendes Lied, das aus mehreren Sätzen bestand.

Etwa zu dieser Zeit arbeitete ich an einem Lied mit einem ähnlichen Thema, das aber eine ganz andere Atmosphäre hatte. Ursprünglich hatte ich dieses Lied für Todd begonnen, weil er daran dachte, sein Zuhause zu verlassen, in der Hoffnung, die Wahrheit über das Leben irgendwo "da draußen" zu finden. Der Song hieß "Run To The End Of The Highway".

Da ich auf meiner Suche bis nach Asien gereist war und Keith jede spirituelle Option ausprobiert hatte, die man sich denken kann, war es nur angemessen, daß wir das Lied gemeinsam fertig schrieben:

*Du kannst bis zum Ende der Straße laufen,*
*Ohne zu finden, was du suchst -*
*Nein, davon werden deine Probleme nicht verschwinden.*

*Und du kannst bis zum Ende der Straße suchen*
*Und wirst nicht schlauer zurückkommen als zuvor.*
*Um dich selbst zu finden, mußt du gleich hier anfangen ...*

In gewissem Sinn war es verrückt. Da schrieben wir Lieder über Leute, die ihr Leben in Ordnung bringen mußten, während unser Leben uns schon wieder aus den Händen glitt. Trotz unserer kopflastigen spirituellen Gespräche fielen wir wieder einmal zurück in die alten schlampigen Gewohnheiten, um unsere Enttäuschung über Keiths ausbleibenden Erfolg zu betäuben - von unserer inneren Leere ganz zu schweigen.

Angewidert schrieb Keith in sein Tagebuch:

***Habe Tabletten genommen, Koks geschnupft - das reichte nicht - also Dope geraucht, bis die Kühe krähten.***

Keith ekelte sich regelrecht vor sich selbst, und mir ging es genauso. Doch ein paar Tage später taten wir es auf einer Fete im Wochenendhaus eines Freundes wieder. Es war ein schöner Tag, und nach einer kleinen Auseinandersetzung, ob wir sollten oder nicht, rauchten Keith und ich schließlich eine große Menge Hasch. Die Drogen machten uns unglücklich und unterstrichen nur die Tatsache, daß wir in unserer Suche nach Gott nachgelassen und versagt hatten. Wir fingen an zu begreifen, daß all unsere guten Vorsätze uns nichts einbrachten.

Nichts schien bei uns richtig zu klappen. Wir wußten nur, daß wir rein und gerecht sein und Jesus nachfolgen wollten - doch wir waren offenbar unfähig dazu. Und so ging es den größten Teil des Jahres 1974 hindurch.

Keith schrieb die folgenden zwei Eintragungen am gleichen Tag dieses Sommers:

29. 7. 74

***Immer noch high. Ich finde immer einen plausiblen Grund, meinen klaren Himmel zu vernebeln und so zu tun, als ob ich davon "high" würde. Was für ein Pfusch! Ich glaube nie wieder an meinen Willen - eine Prise, ein Joint, eine Pille können mir jederzeit das Hirn vernebeln, bis ich mich von meinen Engeln davontragen lasse.***

GOTT

***Es ist niemand da, mit dem ich darüber reden könnte, wie ich mich fühle. Ich liebe den Christus immer - und Jesus und all die Worte und Werke. Es gibt metaphysische Christen - und es gibt Jesus-Freaks, die seinen Namen schreien, rufen und singen, aber ich sehe oder begegne nirgendwo so verwirrten Christen wie mir. Mir liegt das Ziel so sehr am Herzen, daß ich alles aufgeben würde, um es zu erreichen, wenn ich mir nur des Weges sicher wäre ... Ah! Mein Herz - es will vor Sehnsucht nach Wahrheit brechen ...***

Es war offensichtlich, daß irgendetwas für uns zerbrechen mußte - und zwar bald.

## Fünftes Kapitel

## Es gibt den Befreier "There Is A Redeemer"

*Kurz nach der Bekehrung, 1975*

Als wir in unser zweites volles Ehejahr 1975 hineinschlidderten, war Keith wieder von seiner alten Rastlosigkeit befallen. Unser Leben schien in einem irren Tempo dahinzurasen. Wir rannten durch die ganze Stadt, lieferten die Notenblätter ab, die wir geschrieben hatten, und machten Demo-Aufnahmen. Ein blinder Sänger namens Tom Sullivan verliebte sich in eines von Keiths Liedern, und der Typ von Helen Reddys Management-Team suchte sechs Lieder aus, die er ihr zuschickte, darunter auch "Love With Me".

Es tat sich immer noch nichts.

Im persönlichen Bereich häuften sich in unserer Beziehung Augenblicke der Spannung. Wir verdienten gemeinsam Geld mit den Notenblättern, und wir arbeiteten als Team in allem ziemlich gut zusammen - na schön, in fast allem.

Wenn es allerdings um den Haushalt ging, hatten wir unsere großen Meinungsverschiedenheiten. Ich wollte nicht für alles Kochen, Putzen und Waschen verantwortlich sein. Es schien mir nicht fair. Doch Keith dachte anders darüber.

9. 1. 75

***Wir hatten einen Streit darüber, daß Mel für mich kocht - sie möchte, daß wir uns die Arbeit teilen. Ich war immer noch ziemlich sauer auf Mel, weil sie nicht für mich sorgen wollte.In meinem Kopf kämpfte selbstsüchtiger Chauvinismus mit der ehrlichen Überzeugung, daß Mel die Verantwortung für die Haushaltsangelegenheiten übernehmen sollte. Ich weiß nicht. Ich weiß, daß ich faul bin und Hausarbeit noch nie mochte, aber Mel geht es genauso. Bitte laß es mich erkennen, Gott.Ich verließ sie ... und rief sie dann an, um über alles zu reden. Sie hat beschlossen, eine Weile Hausfrau zu spielen. Die Sache ist geklärt - vorläufig.***

Was uns noch mehr Sorgen machte, war, daß unsere "spirituellen Häuser" einen gründlichen Hausputz vertragen konnten - doch wen sollten wir damit beauftragen? Es wäre erheblich einfacher gewesen, wenn wir nur im Telefonbuch die Nummer von "Charlies Kosmischer Putzkolonne" hätten nachzuschlagen brauchen. Wir wollten unser Leben so führen, daß es uns irgendwie in einen echten Kontakt zu Gott bringen würde - aber wir schienen uns nur rückwärts zu bewegen. Am Tag nach unserem Streit über den Haushalt ließ Keith - während ich das Haus putzte - seine spirituelle Frustration in Musik fließen. Das Lied hieß "I Gotta Do Better Than This".

*Herr, ich entspreche nicht deinen Erwartungen,*
*Ich muß es besser machen.*
*Ich habe keine Ausreden,*
*Keine Erklärungen,*
*Ich muß es einfach besser machen.*

Immer wieder kämpften Keith und ich gegen den Drang an, alles zu vergessen, indem wir Dope rauchten oder ein paar Tabletten einwarfen. Doch wir verloren ständig bei diesem Kampf.

An einem Abend, Anfang Februar, nach einem wilden, durchgefeierten Wochenende, passierte Keith etwas Merkwürdiges, während er einmal wieder ein einmaliges Konzert im "Bla" gab. Albie hatte nicht genügend "Talente" auftreiben können, und Keith sagte zu, ihm auszuhelfen.

Wir hatten etwas Dope geraucht, um durch den Abend zu kommen, und Keith kam während seines Auftritts richtig in Fahrt. Unter seinen Liedern war eines, das ich besonders mochte. Darin wurde die biblische Geschichte von dem "barmherzigen Samariter" verarbeitet. Vorher hatte ich mir unter einem "barmherzigen Samariter" einen Schwächling vorgestellt, der ständig für andere alles stehen und liegen und sich von allen ausnutzen ließ. Ein total uncooler Typ. Doch durch Keiths Song "On The Road To Jericho" bekam die Geschichte eine völlig neue Bedeutung für mich. Die Leute setzten sich mit ihren Getränken hin. Ich spürte, daß sie wirklich zuhörten, als Keith voller Einfühlsamkeit sang:

*Ich verließ Jerusalem letzte Woche in Richtung Jericho.*
*Es war Nachmittag, die Sonne stand schon tief.*
*Da raschelte es in den Büschen, und sie stürzten sich auf mich -*
*Sie raubten mich aus bis auf die Haut*
*Und schlugen mich grün und blau.*
*Sie ließen mich verwundet zurück auf der Straße nach Jericho.*

*Ich lag halbtot und verwundet an der Straße,*
*Schrie in Schmerzen nach einer barmherzigen Seele.*
*Erst kam ein Priester und dann einer von meinem Stand,*
*Es waren Männer, denen ich vertraut hätte,*
*Doch sie stellten sich taub und blind.*
*Sie waren Fremde auf der Straße nach Jericho.*

Als Keith sang, wirkte es, als sei er derjenige, der in Schmerzen aufschrie. Ich konnte es spüren - ich sah es auf seinem verzerrten Gesicht, während er die Worte hinausschrie. Ich mußte an die Gelegenheiten denken, an denen ich mich im Stich gelassen gefühlt hatte von Menschen, denen ich vertraut hatte. Und dann kam ein Ton der Hoffnung in Keiths Klagelied, als jemand dem verwundeten Reisenden zu Hilfe kam. Nur war es niemand, von dem er das erwartet hätte:

*Durch Blut und Tränen sah ich ein besorgtes Gesicht.*
*Er kam aus Samaria, meine Leute hassen seine Rasse*
*.Er verband meine Wunden und legte mich auf sein Pferd.*
*Obwohl die Erinnerung verschwommen ist,*
*Kann ich immer noch seine freundliche Wärme fühlen -*
*Solch ein gütiger Mann auf der Straße nach Jericho!*

Es war ein bewegender Vortrag - doch das war alles, wie ich glaubte. Ich hatte an Keith nichts Ungewöhnliches bemerkt, während er gesungen hatte. Doch als wir später am Abend unterwegs nach Hause waren, sagte er: "Mel, mir ist heute abend etwas Unglaubliches passiert, während ich 'Jericho' spielte. Ich weiß nicht, ob ich es erklären kann - aber ich habe gespürt, wie Gott mich anrührte."

Da Keith sich nicht näher äußerte, wurde mir nicht ganz klar, was geschehen war, aber ich fragte mich, ob er sich vielleicht selbst als jenen verwundeten Reisenden gesehen hatte. Später an diesem Abend vertraute Keith seinem Tagebuch an:

***War wieder betroffen. ... Hatte ein religiöses Erlebnis, während ich "Jericho" spielte. Habe beschlossen, sofort mit dem Dope-Rauchen aufzuhören. Gott ist wieder in mein Leben gekommen ...***
***Aus der düsteren Verzweiflung eines dope-vernebelten Geistes kam der Ruf zu einem neuen Leben - wieder die christliche Berufung. Nachdem ich den Herrn verlassen hatte, um meinem Gewissen und meinem Weg (meiner Selbstdisziplin) in den wolkigen Schleier ständigen Rauchens zu entfliehen ... spürte ich, wie ich von Verzweiflung eingekreist wurde ... und der christliche Engel rief mich und sagte - "Komm zu meiner Herde" ...***
***Preis sei Gott, der nie vergißt - aber immer vergibt. Mein vollkommener Vater. Ich möchte bei dir sein und auch vollkommen werden.***

Ich merkte nur, daß Keith erneut in seinen titanischen inneren Kampf verwickelt wurde. In der Stille schrieb er:

*DER RUF*
***Oh, ich spüre den Ruf so stark heute nacht. Zu der heiligen Armee zu stoßen und gegen die Dumpfheit der Welt gegenüber Gott anzukämpfen. Schon allein der Glaube an die Existenz Gottes ist ein Kampf. Doch wenn ich wahrhaftig an Gott glaube und gegen das unheimliche Böse um mich her - und schlimmer noch, in mir selbst - kämpfen muß, dann fühle ich mich geschlagen und höre jene satanischen Worte: "Gib auf - du bist zu menschlich - nur die Heiligen, die Priester, Nonnen und Mönche sind rein genug von der Welt und was sie bietet, um Gott den Herrn zu erreichen und zu seinem heiligen Dienst erwählt zu werden."Bitte, Gott, im Namen Christi möchte ich auserwählt sein, bei dir zu sein ... nur auf deiner Seite! Es gibt keine Möglichkeit für irgendeinen Meister, eine Seite oder einen Weg, ein Pseudo-Licht, einen Glauben oder einen Gott außer dir. Ich möchte für dich sterben, Gott, und ganz und gar als Jünger wiedergeboren werden, deinen Willen leben, nachahmen und ausstrah-***

***len, und jeden Tag für jedermann Frucht bringen. ... Der Teufel haßt mich jeden Tag mehr. Er verachtet mich umso mehr, je näher ich dir komme. Ich gleite ihm aus der Hand. Preis sei dir, Gott. Dein Licht ist das einzige, was ich sehen will - und das einzige, was ich widerspiegeln will ...***

Ungefähr einen Monat nach Keiths Erlebnis im "Bla", im März, beschlossen wir, in die Kirche zu gehen. Da dort die meisten Leute zu finden waren, die an Jesus glaubten, wollten wir unser Glück dort versuchen. Also trafen wir uns mit Randy Stonehill und einem anderen christlichen Rockmusiker, Larry Norman, zum Gottesdienst in der Little Brown Church. Ich nahm mein erstes Abendmahl mit Salzcräckern und Traubensaft. Hinterher hatte ich ein sehr warmes Gefühl im Herzen, und auch für Keith war es eine ziemlich gute Erfahrung. Später schrieb er: "Ein steifer Gottesdienst, aber eine wirklich großartige Predigt über das Geben."

Doch die Verbindung zu einer christlichen Gemeinde konfrontierte uns auch mit einem der größten Probleme, die wir mit dem Christentum hatten - der angeblichen Göttlichkeit Jesu. Ein spiritueller Meister, ja. Aber Gott?

In unserer schokoladenbraunen King-James-Bibel lasen wir Stellen wie Johannes 1,1, wo es heißt: "... das Wort war bei Gott, und das Wort war Gott." Aber das konnten wir nicht ganz schlucken. Keith machte der Gedanke sogar wütend.

Früher einmal hatten wir versucht, zu einer kleinen protestantischen Gemeinde in Van Nuys zu gehen. Als wir eintraten, machte der Begrüßer am Eingang ein hocherfreutes Gesicht - wahrscheinlich gingen dort nicht viele Hippies in den Gottesdienst. Wir fanden zwei Plätze im hinteren Bereich, und die Gemeinde fing an, Choräle zu singen. Als wir das Gesangbuch öffneten, blätterte Keith es durch und las verschiedene Texte. Plötzlich stand er auf und sagte laut: "Laß uns hier verschwinden!" An den Liedtexten war Keith klar geworden, daß diese Leute Jesus nicht nur für den Sohn Gottes, sondern für Gott selbst hielten. Wir verließen den Saal ziemlich abrupt, und ich war verlegen. Nun standen wir erneut vor der "Gottesfrage".

Als Jugendlicher hatte Keith immer wieder gelesen, daß Jesus nicht Gott sei - sondern ein Mensch, der die "wahre Vorstellung von Gott" in höherem Maße besaß als alle anderen Menschen. Was mich betraf, so konnte ich mir einfach nicht vorstellen, wie ein Mensch, der auf der Erde herumlief, Gott sein könnte. Ich würde auf keinen Fall einen Menschen anbeten.

Um die Sache noch spannender zu machen, fing auch noch unser alter Freund Todd an, davon zu reden, daß er sich einer Gruppe von Christen anschließen wollte, die glaubte, daß Jesus Gott sei. Keith versuchte, ihm das auszureden. "Es ist besser, mit Gott richtig zu liegen und allein zu sein, als gemeinsam mit

Hunderten von Leuten mit Gott falsch zu liegen."

Doch Todd war auf seiner eigenen Suche und entschlossen, seinem Herzen zu folgen. Er schloß sich der Gruppe an, und wir sahen ihn nicht mehr ganz so oft.

Dann, kurz nach Ostern 1975, konnte Keith endlich einige musikalische Erfolge verbuchen. Teddy Neely, unser Freund von Jesus Christ Superstar, bat Keith, in einer der heißesten Rocksendungen im Fernsehen in seiner Band zu spielen - dem "Midnight Special" von NBC. Dann bekam Keith einen neuen Nachtclub-Job in einem Laden namens "Goodbye Charlie's". Unser CBS-Gehalt, das seit einigen Monaten wegen irgendeiner Unklarheit zurückgehalten worden war, sollte nun bald freigegeben werden, und es sah aus, als würden wir bald mehr Geld haben, als wir ausgeben konnten.

Allmählich kamen die Dinge ins Rollen - in mehr als einer Hinsicht.

Eines Abends gegen Ende April besuchte uns Keiths Freund Randy Weimer. Auch Todd kam, und prompt waren wir mitten in einer "großen Bibel-Debatte", wie Keith es nannte. Das Gespräch drehte sich natürlich um Gott und Jesus. Wir waren verwirrt. Wenn Jesus Gott war, war er dann sein eigener Vater? Das war noch nicht einmal logisch. Und warum beteten die Leute Jesus an, wenn doch die Bibel sagt, daß man nur Gott anbeten soll?

Da brachte Randy eine Bibelstelle ins Gespräch, die wir noch nie gehört hatten. Sie stammte aus dem neutestamentlichen Hebräerbrief, der sich an jüdische Gläubige richtet, also spitzte ich die Ohren.

"Gott befahl allen Engeln, Jesus anzubeten, als er geboren wurde. Dann heißt es weiter: 'Aber von dem Sohn (spricht er): Gott, dein Thron währt von Ewigkeit zu Ewigkeit.'"

Keith riß Randy die Bibel aus der Hand. "Laß mich das sehen. Gott nennt Jesus Gott?"

"Klar. Ein paar Verse später nennt er ihn sogar Herr." Er nahm die Bibel zurück und las: "Gott sagt: 'Du, Herr, hast am Anfang die Erde gegründet, und die Himmel sind deiner Hände Werk.'"

"Du meinst, da steht, daß Jesus die Erde geschaffen hat? Das gibt mir zu denken. Aber ich kann das immer noch nicht schlucken, daß Jesus Gott sein soll", beharrte Keith.

Am nächsten Abend fuhr Keith Randy Weimer zum Haus seiner Eltern, das etwa eine Stunde entfernt lag. Auf dem ganzen Weg dorthin diskutierten sie über die Bibel und darüber, ob sie vollkommen zuverlässig und Wort für Wort inspiriert sei. Keith hielt es für unmöglich, daß die ganze Bibel absolut wahr sein sollte. Wie könnten Menschen ein Buch schreiben, das vollkommen wäre? Später schrieb Keith: "Randy behauptete immer wieder, der Heilige Geist sei die Quelle seiner Übersetzung und Interpretation. Und dann klickte etwas in mir; auf dem Heimweg hatte ich Tränen in den Augen, und ich wurde vom Heiligen Geist erfüllt."

Kurze Zeit später schrieb er auch:

**DER HEILIGE GEIST**
***Letzten Montag wurde ich mir der Existenz des Heiligen Geistes bewußt. Er ist das persönliche Medium, durch das der Sohn in unser persönliches Leben kommt. ... Ich empfinde so stark meine Liebe zum Vater und mein Vertrauen auf den Vater. Ich lerne, auch den Sohn zu lieben, und erkenne erst jetzt die Notwendigkeit, auch eine dritte Wesenheit anzuerkennen. Mit eigenständiger Identität, aber eins mit den anderen in den Absichten ...***

Am Tag, nachdem Keith dieses Gebet niedergeschrieben hatte, beschlossen wir nach einigem Zögern, Todds Einladung anzunehmen, einen Gottesdienst in der Gemeinde zu besuchen, der er sich angeschlossen hatte. Todd hatte einen Glaubenssprung getan und war nicht nur dieser Gemeinde beigetreten, sondern sogar in die kleine Kommunität von Gläubigen eingezogen - derjenigen, die glaubten, daß Jesus Gott war.

An diesem Abend war der Saal ziemlich voll, und wir nahmen auf Klappstühlen im hinteren Bereich Platz. Todd saß bei uns, und ich spürte, wie er sich freute, daß wir uns die Mühe gemacht hatten, zu kommen. Die Leute sahen ziemlich normal aus, was die Situation ein wenig entspannte. Das Letzte, was wir wollten, war, den Abend mit einem Haufen religiöser Spinner zu verbringen.

Ein Mann ging nach vorne und sprach einige Minuten lang. Dann sprang ein junger Bursche in Blue Jeans und Football-T-Shirt auf, der nur ein paar Stühle rechts von uns saß. Er hatte eine Bibel in der Hand, und es sah so aus, als wollte er etwas vorlesen. Statt dessen fing er an, Abschnitte aus der Bibel herauszu*brüllen*, was die Lungen hergaben!

Keith und ich warfen uns vielsagende Blicke zu, rollten mit den Augen und sanken auf unseren Stühlen etwas tiefer. Unsere schlimmsten Befürchtungen bestätigten sich. Wir stellten uns einfach taub, während im ganzen Saal die Leute emporzuschnellen begannen und Bibelverse schrien. Sobald der erste Typ fertig war, stand eine ältere Frau mit einem Haarknoten auf und übertraf ihn noch im Schreien. Es wirkte mehr wie ein Football-Spiel als wie ein Gottesdienst.

Ich lehnte mich zu Keith hinüber und flüsterte: "Warum *schreien* diese Leute so?" Es war mehr ein Ausdruck der Irritation als eine Frage.

"Wer weiß", sagte Keith. "Aber eines ist sicher, diese Leute sind *seeeeeehr* merkwürdig."

Todd begann, auf seinem Stuhl herumzurutschen. Unser mißbilligendes Flüstern war nicht gerade unauffällig geschehen. Außerdem war Keith für Todd ohnehin ein offenes Buch.

Plötzlich stand Keith mitten im Gottesdienst auf, wobei sein Stuhl über den Zementboden kratzte. Ich hielt den Atem an und fragte mich, was er tun würde. Er drehte sich einfach um, ging den Mittelgang entlang und verschwand durch die Tür.

Ich war so überrascht, daß ich nicht wußte, was ich tun sollte. Todd sah aus wie ein begossener Pudel. Keiner von uns sagte ein Wort, doch Todd traten ein paar Tränen in die Augen. Schließlich stand ich auf und ging nach draußen. Ich sah Keith auf dem Parkplatz auf und ab gehen.

"Da stimmt etwas nicht, Mel. Es ist nicht nur das Schreien. Ich kann nicht genau sagen, was es ist."

"Ich glaube, Todd ist ziemlich entsetzt, daß du hinausgegangen bist."

"Ich mußte da 'raus. Ich hatte das Gefühl, ich müßte gleich explodieren."

"Was willst du also jetzt machen?"

"Ich bin noch nicht soweit, daß ich wieder hineingehen kann. Geh du zurück, ich komme in ein paar Minuten nach."

Ich ging für den Rest des Gottesdienstes wieder hinein und hoffte, daß die Schreierei vorüber wäre. So war es. Ich hielt mich im Hintergrund des Saales auf, bis Keith zurückkehrte, und als die Versammlung zu Ende war, bahnte sich Todd langsam den Weg zu uns hinüber. Er tat mir ein wenig leid, und ich spürte, daß es ihm peinlich war. Doch Keith ließ Todd keine Atempause.

"Hey, Bruder, warum bist du denn nicht aufgesprungen und hast geschrien wie die anderen?"

"Du kennst mich", sagte Todd sanft. "Mir liegt es nicht, eine Show abzuziehen."

Hinterher gingen wir mit Todd essen, und er und Keith setzten ihre laufenden Diskussionen fort.

"Was ist mit Philipper 2?" fragte Todd herausfordernd.

Er zitierte einen Abschnitt, in dem es hieß, daß Jesus "in göttlicher Gestalt" war, obwohl er als demütiger Diener auf die Erde kam. Weil er den Tod am Kreuz erlitten habe, so sagte die Bibel, habe ihn "Gott erhöht und ... ihm den Namen gegeben, der über alle Namen ist ..."

"Okay", entgegnete Keith, "ich gebe zu, daß Gott Jesus erhöht hat - aber das heißt noch lange nicht, daß Jesus Gott *war*. Jedenfalls nicht direkt. Siehst du, ich kann jede deiner Bibelstellen wegdiskutieren", sagte Keith selbstsicher.

"Aber du hast in Wirklichkeit keine Antworten. Du bist einfach nicht bereit zu glauben", antwortete Todd wütend.

"Ich bin nicht bereit, alles zu glauben, was ich *höre*. Todd, wie kannst du mit diesen Leuten zusammenleben? Sie sind so merkwürdig. Du mußt da wieder heraus."

"Hey, ich tue zumindest etwas Spirituelles. Was hast du, das besser wäre?"

Als wir vom Restaurant aus nach Hause fuhren, versuchten Keith und ich, uns über den ganzen Abend klar zu werden. Wir waren uns einig, daß uns der Gottesdienst wirklich abgestoßen hatte, daß wir uns jedoch gerne in einer spirituellen Atmosphäre aufhalten und mit spirituellen Menschen sprechen wollten. Keith wollte in der nächsten Woche noch einmal hingehen und die Gruppe noch einmal prüfen. Doch ich schlug vor, daß wir uns lieber ein wenig in verschiedenen Gemeinden umsehen sollten, denn das Letzte, was ich wollte, war, in dieser Gruppe steckenzubleiben, wie es offenbar bei Todd der Fall war.

"Keith, wenn wir damit anfangen wollen, in eine Gemeinde zu gehen, laß uns noch ein paar andere Möglichkeiten prüfen. Vielleicht sollten wir es mit der Gruppe versuchen, zu der uns Randy Stonehill eingeladen hat."

Zwei Tage nach unserem Erlebnis in Todds Gemeinde riefen wir Randy Stonehill an und fragten ihn, wo sein Bibelkreis stattfinde. Er traf sich in einem Privathaus am Coldwater Canyon auf der anderen Seite des Berges in Beverly Hills. Randy beschrieb uns den Weg, und wir fuhren hin.

Die "Vineyard Christian Fellowship" traf sich in einer eleganten Gegend der Stadt. Weit und breit waren keine Hallen oder Kirchen zu sehen - nur Palmen, gepflegte Rasenflächen, große Garagen, schmiedeeiserne Tore, Alarmanlagen und gelegentlich ein livriertes Kindermädchen, das einen Kinderwagen schob. Coldwater Canyon war garantiert auf dem "Wegweiser zu den Häusern der Filmstars" verzeichnet, der unten auf dem Sunset Boulevard verkauft wurde. Wahrscheinlich lebten hier auch viele wohlhabende Ärzte und Anwälte.

Wir parkten vor einen großen gelben Haus, das von einem riesigen Grundstück voller Blumen und Bäume umgeben war. Das Ganze war von einem weiß gestrichenen, schmiedeeisernen Zaun umrandet. Wir stiegen aus und öffneten das Tor. Das Haus war nicht so luxuriös wie manche der spanischen oder im Tudorstil gehaltenen Häuser in der Nähe. Mich erinnerte es an Familie und Hingabe - und an Geld. Eine Menge Geld.

Drinnen betraten wir eine große Diele, die direkt zum Wohnzimmer führte, wo ungefähr fünfunddreißig Leute auf Sofas, Stühlen oder auf dem dicken Teppichboden saßen. Wir suchten uns still einen Platz auf dem Boden, lächelten ein wenig wachsam und warteten auf den Beginn der Versammlung.

Ein junger Mann trat nach vorne und setzte sich neben den Kamin. Er stellte sich als Kenn Gulliksen vor. Er hatte blondes Haar, ein rundes, freundliches Gesicht, und seine Augen strahlten Wärme und Fröhlichkeit aus. Er begann zu sprechen, und seine sanfte Art entkrampfte mich sofort. Auch Keith sah entspannt aus. Während wir mit gekreuzten Beinen auf dem Boden saßen, leitete Kenn die Gruppe in einigen Liedern, die wir noch nie zuvor gehört hatten. Da wir die Texte nicht kannten, hörten wir einfach zu:

*Father I adore you,*
*Lay my life before you.*
*How I love you ...*

Die Worte überspülten mich wie eine Welle. Die Leute fielen in sanfte Harmonien, die alle ineinander verwoben zu sein schienen. Ich spürte, wie mich ein ganz neues Gefühl des Friedens erfüllte - ein Friede, der den starken Gefühlen ähnelte, die ich in jener Nacht vor einigen Jahren empfunden hatte, als ich mich am Fuße des flammenden Kreuzes gesehen hatte. Nur beruhte er diesmal nicht auf einer durch Drogen herbeigeführten Halluzination. Ich schloß meine Augen und fühlte, wie ich mich entspannte.

*Jesus I adore you,*
*Lay my life before you*
*How I love you ...*

Als sie von Jesus sangen, konnte ich ihn mir vor meinem geistigen Auge vorstellen. Es schien so natürlich zu sein, an diesem Ort an ihn zu denken. Noch vor einem Augenblick war es nichts als ein elegantes Wohnzimmer in Beverly Hills gewesen, doch nun wirkte es wie ein Ort, an dem sich die Jünger Jesu trafen. Beinahe war mir, als könnte ich die Hand ausstrecken und den Saum des Gewandes Jesu berühren, während er vorbeiging. Die Atmosphäre steckte an, und das Lied war so leicht aufzuschnappen, daß Keith und ich mitsangen, als sie es ein zweites Mal anstimmten. Ich fühlte mich so wunderbar, daß ich glaubte, ich würde gleich in den Himmel fliegen.

Kenn Gulliksen schloß das Singen mit einem schlichten Gebet ab und fing an, über Gott zu reden. "Gerade heute hatte ich den Eindruck, im Umgang mit meiner Frau versagt zu haben, indem ich ungeduldig wurde. Aber wißt ihr, mir wurde klar, daß es in 1. Johannes 1,9 heißt, wenn wir zu Jesus kommen und unsere Sünden bekennen, dann ist er treu und vergibt uns. Also schloß ich meine Augen und sagte einfach: 'Herr, bitte vergib mir, daß ich Joni verletzt habe.' Und dann ging ich zu Joni und bat auch sie um Vergebung. Es war wirklich ein schönes Erlebnis."

Ich hatte noch nie jemanden so reden hören. Was er sagte, klang so bodenständig. Bei ihm klang es, als ob Jesus sein bester Freund oder so etwas sei. Es machte überhaupt keinen abstrakten oder mystischen Eindruck. Ich warf einen Seitenblick auf Keith, um zu sehen, ob ich seine Miene deuten könnte. Er hatte seinen gespannten Ausdruck im Gesicht, bei dem sein Blick tief und durchdringend wurde. Er war völlig vertieft in das, was er hörte.

Kenn sprach auch davon, wie sehr Gott jeden einzelnen von uns liebte. "Genau wie ich meine Frau und meine Kinder liebe und sie schützen und für sie sorgen will - genau so liebt Gott auch dich. Er möchte eine Liebesbeziehung zu dir haben." Diese Beziehung zu Gott, sagte er, würde unser Leben verändern. Wir könnten neue Menschen werden, indem wir Jesus bäten, uns unsere Sünden zu vergeben und ihn in unser Leben aufnähmen. Nichts von dem, was er sagte, war auf irgendeine Weise versponnen oder unheimlich. Und das Beste war, daß es nach seiner Darstellung vollkommen im Bereich des Möglichen lag, Gott kennenzulernen - ihn wirklich kennenzulernen. Auf jeden Fall schien es, als ob er Gott kannte.

Dann sprach er davon, wie Gott seinen einzigen Sohn auf die Erde geschickt hatte, damit er unter uns lebte und uns den Weg zum Vater zeigte. Doch wir müßten von unseren Sünden gereinigt werden, um in eine Beziehung zum Vater einzutreten - und darin liege die Bedeutung von Jesu Tod am Kreuz. Früher hätten die Menschen Tiere geopfert, um für ihre Sünden zu sühnen, doch Jesus sei der Einzige gewesen, der rein genug war, um als Opfer für alles Falsche zu dienen, mit dem wir Gott und andere verletzt haben. So habe Gott es zugelassen, daß Jesus ein für allemal für die ganze Menschheit zu einem solchen Opfer geworden sei. Wir müßten dieses Opfer nur annehmen. "Es ist wie mit einem schönen Geschenk von einem Freund", sagte Kenn, "wenn du es nicht zuläßt, daß er es dir gibt, wirst du den Segen versäumen, und er wird verletzt sein. Du mußt dein Herz für Jesus öffnen und ihn in dein Leben kommen lassen.

Kenn sprach ungefähr vierzig Minuten lang, und als er fertig war, bat er alle, sich zu neigen und ihre Augen zu schließen. Er fragte: "Gibt es jemanden, der Jesus in sein Herz bitten möchte - der ihm sein ganzes Leben übergeben möchte? Wenn du Jesus bittest, dir deine Sünden zu vergeben, wirst du zu einem völlig neuen Menschen werden. Es ist, als ob du von neuem geboren würdest - nur daß es keine körperliche Wiedergeburt ist. Es ist eine geistliche Wiedergeburt."

Man konnte beinahe die Herzen schlagen hören.

Dann sagte Kenn: "Wenn du Jesus aufnehmen möchtest, dann hebe jetzt einfach die Hand." Ich saß mit geschlossenen Augen da. Mir war, als wären an meinen Armen Bleikugeln befestigt. Mein Herz schlug wie wild, und auf meiner Brust lag ein schwerer Druck. Die Einladung wurde wiederholt, aber ich konnte meine Hand nicht heben.

Ich spürte, daß Keith sich rührte, und linste aus dem Augenwinkel. Zu meiner Überraschung - und zu meinem Entsetzen - sah ich seine Hand hoch erhoben. Nun fühlte ich mich noch mehr unter Druck, das Gleiche zu tun, aber ich konnte meinen Arm einfach nicht bewegen. Ein Teil von mir wollte aufspringen und rufen: "Jesus, ich brauche dich! Bitte vergib mir!" Doch ein anderer Teil schien die ganze Szene aus sicherer Entfernung zu beobachten und zu sagen: "Auf keinen Fall werde ich das tun!"

Nach etwa einer Minute betete Kenn laut für alle, die ihre Hand gehoben hatten, und bat sie, ihm einige Dinge nachzusprechen. Ich wollte, daß dieses Gebet auch für mich galt, also sprach ich es innerlich mit - aber ich wußte, daß ich meine Hand nicht gehoben hatte. Der Augenblick war vorbei, und ich hatte meine Chance verpaßt.

Als die Versammlung zu Ende war, mußten wir gleich weg, weil Keith an diesem Abend noch einen Auftritt im "Goodbye Charlie's" hatte. Auf dem Weg zum Ausgang sagte jemand zu uns: "Ich freue mich, daß ihr heute abend gekommen seid. Ich habe für euch gebetet." Es war ein Typ, den wir auf Randy Stonehills Geburtstagsfete vor ein paar Monaten flüchtig kennengelernt hatten, und ich konnte nicht glauben, daß er tatsächlich für uns gebetet hatte. Das hatte mir in meinem ganzen Leben noch niemand gesagt. Ich dankte ihm und fragte mich, warum er wohl für völlig fremde Leute beten wollte und um was für Dinge er gebetet hatte.

Keith und ich sprangen in "Victor" und fuhren los zur Arbeit. Keith war ganz aus dem Häuschen und redete mit Höchstgeschwindigkeit.

"Junge, das war wirklich großartig heute abend. So etwas habe ich noch nie empfunden. Das ist es, Mel. Ich spüre, daß ich endlich gefunden habe, was ich gesucht habe."

Ich verkroch mich in meiner dunklen kleinen Ecke des VW-Busses und fühlte mich immer schlechter, je mehr Keith erzählte. Niedergeschlagen dachte ich: Ja, du hast es geschafft, aber ich habe es vermasselt. Und wenn ich nun meine große Chance verpaßt hatte, mit Gott in Ordnung zu kommen? Ich hätte meine Hand heben sollen. Oh Gott, betete ich, kann ich noch eine zweite Chance bekommen? Wenn ich nun nächste Woche wiederkomme? Ich freute mich für Keith, aber ich selbst war unglücklich.

Im "Goodbye Charlie's" war ich mir nicht sicher, ob ich dem Abend gewachsen war. Dieser Laden hatte viel mehr von einer Bar als das "Bla", obwohl er viel hübscher dekoriert war mit seinen roten Samtpolstern und Spiegelwänden. Doch insgesamt war die Atmosphäre schmutzig. Ich bemerkte eine aufreizende Blondine auf einem Barhocker. Ihr Rock war hochgerutscht, und sie neigte sich einem schmierigen Typen zu, der aussah wie ein hungriger Hai, der sich gerade zum Abendessen anschickt. Als wir an ihnen vorbeikamen, hörte ich ihn nach ihrem Namen fragen. Es war ein ungutes Gefühl, zu wissen, daß Leute hierher kamen, um sich zu betrinken und sich abschleppen zu lassen. Was für ein krasser Gegensatz zu unserer Zeit in dem Haus im Coldwater Canyon.

Keith tat sein Bestes, doch heute abend schien er es schwer zu haben. Während einer seiner Pausen schaute er mich an und sagte: "Ich kann hier einfach nicht weitermachen. Irgendetwas stimmt nicht. Ich weiß nicht, was es ist, aber ich passe einfach nicht hierher." Keith war wirklich begeistert gewesen, als er diesen Job bekommen hatte, doch am Ende dieses Abends sagte er für immer Lebewohl zu "Goodbye Charlie's". Er kam nie wieder dorthin zurück.

Diese Woche war eine der längsten, die ich je verbracht hatte. In der Schlange im Supermarkt und unterwegs in der Stadt mit Keith dachte ich ständig nur: Ich will zurück zum Vineyard. Hoffentlich fordert er uns wieder auf, unsere Hände zu heben. Hoffentlich ist es nicht zu spät für mich. Mein Verstand war wie gelähmt, und ich konnte an nichts anderes denken.

Als der Freitag endlich kam, schien er sich endlos hinzuziehen. Als wir an diesem Abend endlich das gelbe Haus betraten, war ich innerlich so aufgeregt wie noch nie in meinem ganzen Leben. Wir setzten uns wieder auf den Boden, und als das Singen begann, konnte ich es kaum erwarten, bis der ganze "Vorspann" endlich vorbei war. Kenn sprach wieder, und dann - endlich! - ging es ans Händeheben.

"Ist irgendjemand hier, der sein Herz dem Herrn übergeben möchte?" fragte er.

Zu meiner Überraschung zögerte ich. Das ist verrückt, dachte ich, ich habe die ganze Woche darauf gewartet.

In den nächsten Augenblicken durchlebte ich einen inneren Kampf - irgendetwas in mir wollte kein Christ sein. Andere Hände hoben sich, aber ich dachte: Vielleicht hebe ich meine Hand lieber nächste Woche.

Genau in diesem Augenblick drang eine sanfte Stimme in meinen inneren Kampfplatz ein. "Ich glaube, es gibt noch jemanden hier, der den Herrn heute abend aufnehmen sollte", sagte Kenn geduldig.

Ich wußte, daß er von mir sprach. Dann dachte ich: Das ist unmöglich. Woher soll er das wissen?

Im Raum herrschte völlige Stille.

Mein Herz klopfte bis zum Hals, und ich dachte: Jetzt oder nie. Etwas drängte mich, mein Herz völlig für Jesus zu öffnen, doch etwas anderes versuchte, meine Hände unten zu halten. Diese beiden Kräfte arbeiteten gegeneinander - in meinem Inneren! Dann begriff ich, daß ich die Wahl treffen mußte. Ich dachte: Wenn ich jetzt nicht meine Hand hebe, wird es niemand für mich tun. Ich muß mich für eine Seite entscheiden.

Schweigend streckte ich meine Hand hoch in die Luft - so, wie ich es als kleines Mädchen nachts im Bett getan hatte. Nur wußte ich dieses Mal, wonach ich die Hand ausstreckte.

Kenn betete sofort für uns alle, die wir an diesem Abend den Herrn aufnahmen, und ein Strom des Friedens erfüllte mein Herz - ein Friede, der tiefer war als alles, was ich bisher in meinem ganzen Leben erfahren hatte.

## Sechstes Kapitel

# Du gabst mir Liebe ins Herz ("You Put This Love In My Heart")

*Keith mit Täuflingen im Fluß*

Wir hatten es endlich geschafft. Wir konnten kaum glauben, daß wir tatsächlich Teil einer christlichen "Herde" geworden waren, doch so war es. Trotz unserer Begeisterung über Jesus und die neue Art, wie wir unsere Herzen für ihn geöffnet hatten, hegten wir immer noch eine Menge Vorbehalte über das Christentum im allgemeinen. Wir hatten uns so viele Jahre mit spirituellen Irrlichtern und falschen Wegen abgegeben, daß wir ein wenig zögerten, alles zu schlucken, was wir hörten. Eine Sache ist nicht unbedingt christlich, nur weil irgendjemand sagt, daß sie es ist. Wir wollten das reine, unverwässerte Christentum - nicht die "leicht veränderte" Version. Einige Zeit lang schien es jedoch, als ob eine unsichtbare Hand am Werk sei und uns die richtigen Leute über den Weg führte - und die falschen Leute von uns fernhielt.

Keith achtete peinlich genau darauf, daß er keine Zeit mit jemandem verbrachte, der ihn geistlich in einer falschen Richtung beeinflussen könnte. Noch am gleichen Tag, als ich in der "Vineyard Fellowship" meine Hand gehoben hatte, besuchte uns ein alter Freund von Keith. Sein Name war Doug, und nachdem sich die beiden über die alten Zeiten ausgelassen hatten, erzählte Keith ihm von unseren geistlichen Erfahrungen und unserem kürzlichen Besuch im "Vineyard". Doug schien eher östlichem Gedankengut zugeneigt zu sein, doch als die Rede aufs Christentum kam, schien bei ihm etwas zu klicken. Doug sagte: "Ich kenne jemanden, der Christ ist! Ein wirklich kerniger Bursche."

"Tatsächlich?" sagte Keith. Auch ich horchte interessiert auf.

"Ja! Er ist siebenundachtzig Jahre alt und ein wirklicher Weiser."

"Wo wohnt er?" fragte Keith.

"Er wohnt gleich hier in Woodland Hills", antwortete Doug. Keith und ich waren immer noch ziemlich neu in diesem Ort und dem kleinen Haus in der Dolorosa Street. "Ich wollte ihn morgen besuchen. Wollt ihr ihn kennenlernen? Sein Name ist Richard Gene Lowe. Er ist ein Chinese."

Keith verzog das Gesicht. "Ein Chinese? Vergiß es!"

"Warum?"

"Ich will nichts mehr mit östlichen Religionen zu tun haben - das ganze Zeug ist okkult. Vergiß es."

"Aber dieser Typ ist ein *Christ*", beharrte Doug.

"Er vertritt wahrscheinlich irgend so eine östliche Vermischung des Christentums - mit Jesus und Buddha und östlichem Mystizismus zusammengerührt. Ich will mit solchem Zeug nichts zu tun haben."

Damit war, wie ich glaubte, die Angelegenheit erledigt. Doch am Tag, nachdem ich mein Leben Jesus übergeben hatte, klopfte es an unserer Tür. Keith sprang vom Sofa, um zu öffnen, und ich stand direkt hinter ihm. Vor der Tür stand Doug und grinste verlegen. Gleich neben ihm stand ein kleiner, silberhaariger Chinese - offensichtlich sein Freund Richard Gene Lowe.

Es war ein peinlicher Augenblick, doch bevor Keith Zeit fand, zu reagieren, traten die beiden ein. Kaum war er drinnen, umarmte Richard jeden von uns herzlich. Dann schossen seine beiden Hände hoch in die Luft, und er sagte voller Freude: "Preist den Herrn! Preist Gott!"

Es war eine komische Situation. Doch zum ersten Mal klangen diese Worte in unseren Ohren überhaupt nicht überspannt. Und etwas in Richards Gesicht zog mich sofort an.

Richard Gene Lowe war eine strahlende Persönlichkeit. Sein glückliches Lächeln schob seine runden Wangen zu den Augen hoch und warf sein ganzes Gesicht in Lachfältchen. Es schien fast, als ob von diesem kleinen Mann ein heiliges

Licht ausströmte. Er hatte etwas Besonderes an sich. Es war die Art innerer Freude, nach der wir uns sehnten. Irgendwie wußte ich instinktiv, daß sie echt war. Selbst Keith schien sich sofort zu entspannen. Dafür war ich dankbar, denn Keith wäre imstande gewesen, die beiden schnurstracks hinauszuwerfen.

Wir waren augenblicklich von diesem kleinen Mann eingenommen, und schließlich verbrachten wir den ganzen Tag zusammen. Unsere Gesprächsthemen reichten von der Musik bis zur Göttlichkeit Jesu. Von Doug erfuhren wir, daß Richard, als Doug ihm von uns erzählte, darauf bestanden hatte, sofort zu unserem Haus gebracht zu werden, damit er uns kennenlernen konnte. Und nun waren wir sehr froh darüber.

Besonders faszinierte uns Richards unglaubliche Lebensgeschichte. Richard erzählte uns, er sei ungefähr vor siebzig Jahren in China Christ geworden, als er erst vierzehn Jahre alt war. Einmal hätte er beinahe geheiratet, doch als er nach Amerika kam, überlegte seine Braut es sich anders, und er blieb unverheiratet. Er erzählte uns auch, daß er niemals irgendwelche Medizin einnahm. "Nur einmal habe ich ein Aspirin genommen", sagte er. "Der Herr heilt mich immer." Dann erzählte er uns eine Geschichte nach der anderen, wie er geheilt worden war.

Einmal, als er noch jünger gewesen war und mit großen Diesel-Lastwagen gearbeitet hatte, war er auf ein Trittbrett gesprungen und ausgerutscht. Als er nach irgendetwas greifen wollte, schloß sich seine Hand um ein heißes Auspuffrohr. Die Verbrennungen waren so schlimm, daß seine Hand hellrot wurde und die Haut sich abschälte. Er betete und bat Gott, ihn zu heilen; dann verband er die Hand. "Am nächsten Tag", berichtete er, "war die Hand vollkommen geheilt. Man sah nur noch ein schwache Spur davon, daß sie je verbrannt gewesen war."

Richard steckte voller wunderbarer Geschichten, und wir hörten ihm begierig zu - es waren Zeugnisse über seine eigenen Heilungen und die Heilungen anderer Christen, die er im Laufe der Jahre miterlebt hatte. Das war mehr als mystisch - das waren Wunder! Und wir hatten nicht den Eindruck, daß er sich diese Geschichten ausdachte.

Während er sprach, schaute Keith mich immer wieder mit einem erstaunten Ausdruck an, als wollte er sagen: "Kannst du das glauben?" Keith hatte sich schon gefragt, ob Christen an Heilungen glauben. Er hatte als Jugendlicher Heilungen gesehen, und in seinen Büchern der Christlichen Wissenschaft hatte er gelesen, daß die Kranken nicht dadurch geheilt, werden, daß sie erklären, es gebe keine Krankheit, sondern dadurch, daß sie *wissen*, daß es keine Krankheit gibt. Erst vor ein paar Monaten hatte Keith in sein Tagebuch geschrieben:

***Ich werde keine Schritte unternehmen, mich von der Christlichen Wissen-***

***schaft zu trennen, bevor ich sicher bin, daß die Segnungen der Krankenheilung im Leben eines Christen genauso reichlich vorhanden sind.***

Es schien unglaublich, daß Keiths Fragen über die Krankenheilung durch diesen unwahrscheinlichen kleinen Mann - der uns verfolgte, obwohl wir ihn nicht kennenlernen wollten - beantwortet wurden, kaum daß er sein Leben Christus übergeben hatte.

Im Laufe dieses ersten Tages mit Richard brachte Keith ein Thema zur Sprache, das ihm schwer auf der Seele lag - Todd.

Keith schilderte die Versammlung, die wir besucht hatten, bei der die Leute Bibelstellen hinausgeschrien hatten. Er erwähnte auch den Namen der Gruppe und ihres Leiters. "Hast du je von diesen Leuten gehört?"

Richard zog leicht die Augenbrauen hoch und nickte. "Oh ja, ich habe von diesen Leuten gehört."

"Und was weißt du über sie?" fragte Keith. "Mein bester Freund Todd lebt bei ihnen. Als wir uns das letzte Mal unterhielten, erzählte er mir, er habe seinen Verstärker zerschlagen und verbrannt und sogar das Kreuz verbrannt, das er um seinen Hals trug, weil diese Gruppe strikt gegen jede Form von Materialismus sei. Was kann falsch daran sein, ein Kreuz zu tragen? Für mich klingt das überspannt."

Richard schüttelte den Kopf und sagte leise: "Das ist nichts Gutes. Das sind keine echten Christen. Wenn er dein Freund ist, müssen wir beten. Wir müssen versuchen, ihm zu helfen."

Mehr brauchte Keith nicht zu hören. Wie ein Blitz fuhr er vom Sofa hoch und wählte Todds Nummer. Kaum hatte Todd abgenommen, nahm ihm Keith das Versprechen ab, sich am folgenden Nachmittag mit uns im Shadow Ranch Park zu treffen.

Am nächsten Tag trafen wir uns mit Todd wie verabredet, und wir ließen Richard auf ihn los. Wir erzählten ihm auch alles über unsere kürzlichen Erlebnisse in der Vineyard Fellowship und über die interessanten neuen Leute, die wir kennengelernt hatten. Das beeindruckte Todd, denn er war selbst auch einmal im Vineyard gewesen und hatte gebetet, um Jesus in sein Leben aufzunehmen. Doch diese Gruppe, zu der er sich jetzt hielt, hatte ihm gesagt, sie seien die einzige wahre Gemeinde. Nach stundenlangem Reden und Debattieren begriff Todd, daß er sich in dem Streben nach einer radikalen Hingabe mit den falschen Leuten eingelassen hatte. Schließlich sagte er: "Das leuchtet mir alles tatsächlich ein. Ich werde die Gruppe sofort verlassen."

Keith war grenzenlos erleichtert, und auch ich freute mich über diese Wendung.

Für mich war es erstaunlich, wieviel Befriedigung Keith darüber empfand, daß er Todd aus dieser sehr gefährlichen geistlichen Situation "gerettet" hatte. Wir wußten jetzt, daß diese Gruppe eine Sekte war. Ich hätte vielleicht einen passiveren Weg eingeschlagen und mir gedacht, daß Todd letzten Endes selbst erkennen würde, daß er am falschen Ort war. Doch nicht so Keith. Er konnte nicht, *wollte* nicht ruhen, solange er wußte, daß sein Freund Hilfe brauchte. So war er nun einmal. Wenn er irgendetwas tun oder sagen konnte, um jemandem zu helfen, den er liebte, dann legte er sich krumm dafür.

Allmählich überschlugen sich die Ereignisse. Wir waren sehr dankbar für Richard. Er wurde einer unserer besten Freunde, und wir drei, dazu noch Todd, waren monatelang unzertrennlich. Wir verbrachten Stunden und Tage zusammen und zogen durch die ganze Stadt. Da Richard nie fahren gelernt hatte, holten wir ihn immer in seiner kleinen Junggesellenwohnung ab, die so vollgepackt mit Büchern und Zeitungen war, daß Gerümpel schon gar kein Ausdruck mehr dafür war. Oft gingen wir auf Flohmärkte, und einmal kauften wir für fünf Dollar einen Anzug, den ich für seine Größe änderte. Besonders gern holten wir auch Chili-Würstchen an unserer bevorzugten Imbißbude. Richard lachte, wenn er in "Victor" sprang, und witzelte darüber, wie er in seinem Alter mit uns Schritt hielt. Und die ganze Zeit über löcherten Keith, Todd und ich Richard mit Fragen über Gott und über das Beten. Das Gebet war ein Lieblingsthema von Richard. Er erzählte gern davon, wie es in das Geschehen verändernd eingreifen konnte.

"Gebet muß ein zweiseitiges Gespräch sein", sagte er nachdrücklich. "Du sprichst, Gott hört. Gott spricht, du hörst."

"Was meinst du mit 'Gott spricht'? Kannst du ihn hören?" fragte Keith.

"Manche Leute haben tatsächlich seine Stimme gehört. Ich höre ihn in meinem Herzen. Er spricht zu mir mit einer stillen, kleinen Stimme."

Ich fragte ihn: "Woher weißt du, daß es nicht nur deine eigenen Gedanken sind, die du hörst?"

"Das ist der Grund, warum ihr Gott immer besser kennenlernen müßt: Damit ihr den Unterschied erkennen könnt."

Mitten in all unseren Fragen fanden wir heraus, daß Richard daran glaubte, daß Jesus Gott sei. Obwohl Keith und ich in diesem Punkt immer noch skeptisch waren, stieß es uns nicht von Richard ab, wie das in der Vergangenheit vielleicht der Fall gewesen wäre. Es änderte nicht das Geringste an unseren Empfindungen für ihn. Wir liebten ihn, und es stand außer Zweifel, daß er uns liebte.

Da es Keith nie ähnlich sah, etwas Gutes für sich zu behalten, wollte er, daß auch alle unsere Freunde Richard kennenlernten. Wir begannen sofort damit, Leute zu uns einzuladen, damit Richard mit ihnen über Gott reden könnte. Todd war im allgemeinen dabei, ebenso auch ein paar Freunde aus dem "Bla Bla". Debbie Docis war ein "Fan" von Keith gewesen, doch bei einer dieser kleinen

Versammlungen übergab sie ihr Leben dem Herrn. Da Richard so gerne betete, fing er an, uns zu lehren, wie man mit Gott spricht. Wir setzten uns alle im Kreis und hielten uns an den Händen. Dann betete Richard, und wir schlossen uns zaghaft an und sprachen einige unserer ersten lauten Gebete. Richard sagte: "Wir beten deswegen manchmal laut, damit wir alle untereinander mit unseren Gebeten übereinstimmen können."

Richard lehrte uns beständig, aber er tat es auf eine Weise, die ganz natürlich wirkte. Er ließ uns nie spüren, wie wenig wir wußten und wieviel Hilfe wir brauchten. Er half uns einfach still und freundlich, ohne uns weiter zu treiben, als wir gehen konnten.

Nicht nur Richard war ein beinahe täglicher Einfluß in unserem Leben, sondern da wir weiterhin regelmäßig in den Vineyard gingen, half uns auch Kenn Gulliksen zunehmend bei der Beantwortung unserer Fragen. Es war Kenn, der Keith schließlich half, die "Gottesfrage" zu klären.

Eines Abends gingen Keith und ich nach der Versammlung auf ihn zu, und Keith sagte: "Ich weiß, daß du glaubst, Jesus sei Gott - aber wer ist dann der Vater? Es gibt doch nur einen Gott. Kannst du mir helfen zu verstehen, warum du das glaubst?"

Kenn lächelte. "Keith, das, womit du da zu kämpfen hast, nennt man die Dreieinigkeit - Vater, Sohn und Heiliger Geist. Das ist wirklich ein Geheimnis. Aber ich glaube, ich kann dir wenigstens ein *bißchen* Licht darauf werfen."

Kenn nahm seine Bibel, schlug sie ziemlich am Ende auf und fuhr mit dem Finger über die Seite, bis er gefunden hatte, was er suchte.

"Hier, Keith, hör dir das an", sagte Kenn. "Diese Stelle - Kolosser 2,9 - handelt von Jesus: 'Denn in ihm wohnt die ganze Fülle der Gottheit leibhaftig.'"

Keith blickte verständnislos. "Ich verstehe es immer noch nicht."

"Also, sieh es mal so: Denk an Wasser, Dampf und Eis. Sie bestehen alle aus genau der gleichen Substanz, doch alle drei sind deutlich unterschieden. Mit Gott ist es ganz ähnlich. Aber der Vergleich bricht zusammen. Ein Eiswürfel kann nicht gleichzeitig eine Wasserpfütze und eine Dampfschwade sein - aber Gott *ist* alle drei gleichzeitig!"

Niemand hatte uns das bisher so einfach dargestellt. Ich spürte, wie in Keith Denken etwas klickte, als er zuhörte. Mir war noch nicht ganz klar, wie ich es empfand, aber wie üblich nahm ich die meisten Anstöße von Keith auf. Und im Moment behielt er seine Gedanken für sich.

Wenig später besuchten wir abends meine Mutter, und Keith machte nach Einbruch der Dunkelheit allein einen Spaziergang. Als er wieder hereinkam, sah er sehr ernst aus.

"Ich muß mit dir sprechen. Allein."

Ich war gerade mitten dabei, meine Mutter dazu zu überreden, ihr Leben Jesus zu übergeben, und zögerte ein wenig, einfach aufzustehen und zu gehen. "Jetzt gleich?"

Keith nickte. "Laß uns ein Stückchen gehen."

Kaum waren wir draußen, spürte ich, wie ernst Keith tatsächlich war. Als wir die Treppen hinabstiegen und hinaus auf den Bürgersteig traten, wandte er sich mir zu und sagte einfach: "Ich habe es geschluckt."

"Du hast was geschluckt? Was meinst du?"

"Ich glaube, daß Jesus Gott ist. Vielleicht verstehe ich es im Moment noch nicht völlig, aber etwas in meinem Herzen sagt mir, daß es wahr ist."

Nun war es an mir, ernst zu werden. Ich schaute hinauf zum Mond und fragte mich, was Keiths Entscheidung für mich bedeuten würde. Nach zwei Sekunden fand ich es heraus.

"Mel, du mußt es auch annehmen."

"Das will ich - wenn es wahr ist. Aber das weiß ich noch nicht."

"Tu es einfach, Mel, tu einen Glaubensschritt, wenn nötig. Ich glaube, das ist genau der Punkt, der uns bisher gebremst hat. Ich möchte, daß du mit mir glaubst. Ich will dich nicht hinter mir zurücklassen."

Ich erinnerte mich an Kenns Analogie - Wasser, Dampf und Eis. Auf eine geheimnisvolle Weise schien es einen Sinn zu ergeben. Seit ich Jesus in mein Leben eingeladen hatte, schien ich wirklich viel mehr Glauben zu haben. Eigentlich fühlte ich mich ein wenig in die Ecke gedrängt, aber ich nahm all meinen neu gefundenen Glauben, den ich im Augenblick hatte, zusammen und sagte einfach: "Okay, ich werde mein Bestes tun, es auch zu schlucken."

Wir waren über die Schwelle. Wir waren nicht nur Christen geworden, sondern hatten auch eine Gruppe von Menschen gefunden, mit denen gemeinsam wir mehr über Jesus lernen konnten, und zwei Männer, denen wir wirklich vertrauten, daß sie uns auf dem Weg helfen würden - Richard und Kenn.

Wir stürzten uns mit Begeisterung und Optimismus ins Christentum. Es war, als wären wir aus einer Kanone abgeschossen worden, und wir erreichten den Boden rennend. Plötzlich fielen uns überall christliche Symbole auf. Auf der Autobahn hielten wir Ausschau nach "Praise the Lord"-Aufklebern, um sie zu überholen und ihnen das "One Way"-Zeichen zu zeigen, daß wir gerade gelernt hatten - den nach oben gerichteten Zeigefinger, der andeuten sollte, daß es nur einen Weg zum Himmel gibt. Dann winkten wir ihnen zu, als wären sie lange verschollene Verwandte. Ein christlicher Aufkleber bedeutete, daß in diesem Auto jemand saß, der Jesus liebte!

Wir fühlten uns, als seien wir gerade einem Club beigetreten, dem schon

Millionen angehörten, und wir freuten uns darauf, sie alle kennenzulernen. Uns fielen auch viele Leute auf, die Halsketten, Broschen oder T-Shirts mit Fischen oder Tauben trugen. Der Fisch, so lernten wir, war das geheime Zeichen der ersten Christen in der Zeit ihrer Verfolgung gewesen, und die Taube repräsentierte den Heiligen Geist. Ich hatte diese "Geheimcodes" schon zuvor gesehen, aber nie gewußt, was sie bedeuteten. Wenn wir nun jemanden sahen, der einen Fisch oder eine Taube trug, dann gingen wir auf ihn zu und sagten voller Freude: "Hi. Du bist Christ, nicht wahr? Wir auch!"

In unserem Leben änderten sich so viele Dinge so schnell, daß es andere regelrecht erschreckte - und uns selbst auch. Zum Beispiel gingen wir jetzt fast jeden Abend in einen Bibelkreis, statt ständig zu irgendwelchen Feten zu rennen. Abgesehen vom Vineyard fand unser bevorzugter Bibelkreis oben in den Hollywood Hills in einem winzigen, zweistöckigen Haus statt, das den Cramers gehörte - einem Ehepaar, das im Showgeschäft tätig war. Am Eingang hatten sie eine Ziege festgebunden, und auf ihrem Dachboden hielten sie einen Affen in einem großen Zirkuskäfig, der während unserer Bibelarbeiten unentwegt schnatterte. Einer der "Stammgäste" hatte in einem Film mit Liza Minelli mitgespielt und war jetzt ein christlicher Plattenkünstler. Und Leo, ein Nachbar, der ein Alkoholproblem hatte, kam, wann immer er "trocken" war. Es war *fast* eine typische Hollywooder Clique - nur mit einem Unterschied. Dies waren genau die Leute, mit denen wir sonst auch zusammen gewesen waren, aber dieses Mal ging es nicht darum, eine Fete zu feiern. Es ging darum, die Nachfolge Jesu zu üben. Und wir nutzten jede Gelegenheit, um etwas über Jesus zu lernen.

Eines Abends gingen wir mit Richard und Todd zur "Hillcrest Christian Church" in Thousand Oaks. Dort sprach ein Mann namens Hans Christian über die leidende Gemeinde - damit meinte er die Christen, die in kommunistischen Ländern lebten und Gott nicht öffentlich anbeten konnten. Viele von ihnen wurden ermordet oder in Arbeitslager oder Irrenanstalten gesteckt. Wir waren schokkiert. Ich war im Herzen bewegt, aber bei Keith rührte sich viel mehr. Er schrieb:

***Mein Herz ist vom Heiligen Geist zur Barmherzigkeit angestachelt worden. Ich habe um die leidende Gemeinde geweint und mich verpflichtet, einen Teil dieser Last tragen zu helfen.***

Am nächsten Tag erzählte Keith ein paar Freunden von der leidenden Gemeinde, um die Informationen zu verbreiten und zur Gebetsunterstützung für verfolgte Gläubige aufzurufen. Er fragte auch Kenn, ob Hans Christian im Vineyard sprechen dürfe. Kenn sagte ja. Zwei Abende später kam Hans Christian, und Kenn gab allen die Möglichkeit, für die Arbeit dieses Mannes an der leidenden Gemeinde zu spenden. Fünfhundert Dollar kamen zusammen! Keith war begeistert davon, daß er mithelfen konnte, anderen, die leiden mußten, ihre Last zu erleichtern. Natürlich setzte er die leidende Gemeinde auch auf seine neue Gebetsliste.

Nachdem wir von der leidenden Gemeinde gehört hatten, stellten wir uns die Frage, warum unser Pastor in einem so riesigen Haus in einer so wohlhabenden Gegend wohnte. Wir waren erleichtert, als wir erfuhren, daß Kenn und seine Familie nur für einen Freund das Haus hüteten. Es war ein großer Segen für sie, da sie kaum Geld hatten.

Natürlich waren wir auch plötzlich ganz wild darauf, jeden, den wir kannten, dazu zu bringen, Jesus anzunehmen.

Zunächst hatten wir damit bei Fremden mehr Erfolg als bei unseren Freunden. Außer unserer Freundin Debbie Docis aus dem "Bla Bla" - die so strahlend begeistert von Jesus war, daß wir sie eine "Glühbirne auf Beinen" nannten - waren nur wenige unserer Freunde interessiert. Eines Abends aßen wir spät mit einigen unserer neuen Freunde zu Abend und spielten anschließend aus Spaß Pfennig-Poker. Wir hatten eine Gewinnsträhne, und Keith fing an herumzuwitzeln, wir sollten nach Las Vegas fahren.

"Hey, wir haben eine Glückssträhne", sagte Keith mit einem Funkeln in seinen Augen. "Laßt uns nach Vegas fahren!"

Einer der Jungs sagte: "Du bist verrückt. Es ist schon zehn Uhr durch."

"Komm schon. Das wird ein Riesenspaß! Ich schaffe es in vier Stunden."

Allmählich klang es so, als ob Keith es ernst meinte, und ich war ein wenig beunruhigt, weil ich nicht wußte, ob echtes Glücksspiel noch in Ordnung für uns war, nachdem wir nun Christen geworden waren. Doch ich war für ein Abenteuer immer zu haben.

Schließlich überzeugte Keith alle und rief sogar Debbie an, um sie zu überreden, sich am nächsten Tag krank zu melden und mit uns zu kommen. Wir fuhren los und kamen gegen Mitternacht in die Wüste. Während der Fahrt beteten und sangen wir. Einer nahm seine Bibel in die Hand, und sie öffnete sich zufällig bei Jesaja 42, wo es darum geht, Gott in der Wüste zu loben. Er las die Stelle laut vor, und wir wurden ganz aufgeregt. Kaum hatte er seine Bibel wieder zugemacht, sahen wir zwei Anhalter, die in der dunklen Wüstennacht kaum zu erkennen waren.

Keith betete: "Herr, bitte schicke jemanden, der sie mitnimmt."

Im nächsten Augenblick trat er auf die Bremse, fuhr rechts heran und sagte: "Gott hat mir gerade mitgeteilt, daß wir dieser Jemand sind!"

Ein junges Pärchen kletterte in "Victors" Heck. Keith lachte und sagte: "Ihr seid gerade einer Horde Christen in die Hände gefallen!"

"Stört uns nicht", sagten sie, während sie es sich bequem machten. Sie hießen Scott und Lori, und während der Weiterfahrt erfuhren wir, daß sie unverheiratet zusammenlebten. Ich bemerkte auch, daß Lori offenbar Kopfschmerzen hatte. Sie erzählte uns, sie hätte ein Blutgerinnsel im Gehirn, das zu groß war, um es zu entfernen. Die Ärzte gaben ihr nur noch sechs Monate zu leben. Wir warfen uns schweigend Blicke zu und begannen still zu beten.

Nach einer Weile sagte Scott: "Hey, das klingt irgendwie komisch, aber in den letzten zwei Tagen hatte ich schreckliche Rückenschmerzen. Als wir vorhin einstiegen, hätten sie mich fast umgebracht. Doch plötzlich - von einem Moment auf den anderen - sind sie weg!" Wir sagten ihm, daß wir für Lori gebetet hätten und er wohl statt dessen die Heilung abbekommen hätte! Während der ganzen Fahrt nach Norden erzählten wir ihnen unaufhörlich von der Liebe Gottes.

Als wir nach Las Vegas kamen, steuerten wir gleich auf ein Casino zu ... und kamen um ein paar Dollar erleichtert wieder heraus. Gegen Morgen bezogen wir alle gemeinsam ein Hotelzimmer und hingen einfach herum. Scott und Lori waren immer noch bei uns, und es erschien ganz natürlich, füreinander zu beten. Einer von uns hatte eine Erkältung, und nach unseren Gebeten sagte er, er fühle sich besser. Mein Herz begann zu klopfen, als ich daran dachte, für Lori zu beten. Wenn Gott sie nun von ihrem Blutgerinnsel heilen wollte? Schließlich sagte ich: "Lori, möchtest du, daß wir für dich beten?"

"Oh ja, bitte ..."

Wir stellten uns um sie herum, legten unsere Hände auf ihren Rücken und ihre Schulter und beteten etwa fünf Minuten lang. Als wir innehielten, fing Lori an zu weinen.

"Warum weinst du?" fragte Keith.

"Es ist weg! Das Gerinnsel ist weg! Es war wirklich groß, und ich kann es nicht mehr spüren!" sagte sie. Dann fing sie an zu schluchzen.

Während sie redete, schlug sie sich die ganze Zeit richtig fest auf den Hinterkopf - an die Stelle, wo das Blutgerinnsel offenbar gewesen war. Als uns klar wurde, daß Gott sie geheilt hatte, fingen wir *alle* an, vor Freude zu weinen.

Lori stand auf, nahm eine Pillendose aus ihrer Handtasche und ging damit ins Badezimmer. Ich sah, wie sie einige kleine Tabletten, die zur Blutverdünnung dienten, in die Toilette schüttete. "Die werde ich nicht mehr brauchen", verkündete sie.

Wir standen alle ehrfürchtig vor dem, was gerade geschehen war. Auf der ganzen Fahrt hatten wir ihnen vom Christwerden erzählt. Loris Vater war ein Prediger. Sie hatte sich von Gott entfernt, begriff jedoch jetzt, daß sie eine erneute Hinwendung zu Gott brauchte. Auch Scott wollte den Herrn annehmen. Dann schnitt Keith ein anderes Thema an.

"Wißt ihr, es ist nicht richtig, daß ihr zusammenlebt, ohne verheiratet zu sein. Wenn ihr euch wirklich liebt, müßt ihr heiraten."

Zu unserer Überraschung beschlossen die beiden, auf der Stelle zu heiraten. Keith schlug das Telefonbuch auf und fand einen Geistlichen, der "Hausbesuche" machte. Er kam und traute sie unter einer Palme am Schwimmbecken des Thunderbird-Hotels, wo wir wohnten. Was für eine Zeit! In weniger als vierundzwanzig Stunden waren zwei Menschen erlöst, geheilt und getraut worden! Wir konnten uns kaum vorstellen, daß noch etwas Besseres passieren könnte!

Später an diesem Tag gaben wir den Jungvermählten etwas Geld, setzten sie an der Autobahnauffahrt ab, damit sie ihre Reise Richtung Norden fortsetzen konnten, und steuerten in Richtung Heimat, um unsere Freitagabend-Versammlung im Vineyard nicht zu versäumen.

Zwei Wochen später besuchten uns Scott und Lori, und wir nahmen sie in die Freitagabend-Versammlung im Vineyard mit. Kenn erteilte Lori für ein paar Minuten das Wort, und sie erzählte ihre unglaubliche Geschichte - bis zum Ende, das wir noch nicht kannten.

"Ich ging zu meinem Arzt, erzählte ihm aber nichts von der Heilung. Er machte wie üblich eine Röntgenaufnahme, und ich wartete auf das Ergebnis. Schließlich kam er herein und klemmte den Film an die Leuchttafel vor mir."

"Sagen Sie mir, was Sie sehen", sagte er.

"Nichts."

"Richtig, nichts! Aber so etwas verschwindet nicht einfach."

"Ich weiß, aber es ist weg!"

Der Arzt hatte drei weitere Fachleute hinzugezogen, und ihnen allen erzählte Lori die Geschichte, wie Gott sie geheilt hatte. "Kopfschüttelnd gingen sie alle hinaus", berichtete sie lächelnd.

Dann sagte ihr Arzt, sie solle sich einen neuen Termin geben lassen, doch als sie ins Vorzimmer kam, gab ihr die Arzthelferin die Nummer eines anderen Arztes. "Die Arzthelferin sagte mir, mein Arzt habe sich so aufgeregt, daß er mich nicht mehr sehen wolle! Ich möchte einfach Gott die Ehre geben für meine Heilung. Meine Ärzte haben mir keine Hoffnung gemacht, aber Jesus hat mir neues Leben gegeben!"

Der ganze Raum brach in Freudenrufe und Applaus über die Güte und Treue Gottes aus. Keith und ich jubelten innerlich, daß die Heilung von ihren Ärzten bestätigt worden war. Nach der Versammlung kamen Scott und Lori mit zu uns zum Übernachten. Und wir spürten, daß es mit ihrer Beziehung nicht zum Besten stand. Scott ging als erster zu Bett, und Lori vertraute uns an, daß Scott Jesus nicht mehr nachfolgen wolle. Er betrank sich und sagte, er wolle nichts mit Gott zu tun haben. Es brach Lori das Herz.

Wir nahmen uns viel Zeit, um Lori Mut zuzusprechen und mit ihr zu beten, bevor wir uns schlafen legten. Doch kaum waren wir allein, versuchten wir, aus der Situation schlau zu werden.

Keith sagte es als erster. "Wie konnte das passieren? Wie kann sich Scott von Gott abwenden?"

"Ich weiß es nicht. Als er in Las Vegas betete, schien er es wirklich ernst zu meinen."

"Schließlich hat er auch gesehen, wie Gott Lori geheilt hat!"

"Ich begreife das nicht", antwortete ich.

Am nächsten Tag schrieb Keith: "Lori ist noch am Brennen, aber Scott ist abgefallen."

Bevor sie am nächsten Tag abreisten, sprach Keith mit Scott, aber er hatte den Eindruck, nicht zu ihm durchzudringen. Wir sagten zu Lori, wir würden für sie beide beten und sie solle mit uns Verbindung halten. Wir glaubten, daß jeder, der Jesus liebte, darüber genauso begeistert sein müsse wie wir. Wir hätten es uns nicht träumen lassen, daß es Christen geben könnte, die von Gott nicht wirklich begeistert waren. Auch wenn wir uns nicht vorstellen konnten, was bei Scott schiefgelaufen war, konnte uns das nicht davon abhalten, anderen von Jesus zu erzählen.

Am nächsten Abend luden wir Debbie und ihre Eltern zum Essen ein, damit sie Richard kennenlernen könnten. Auch ein anderer Mann, den wir bereits zu Jesus geführt hatten, war da. Er rief seine Mutter an, die an der Ostküste wohnte, und führte sie am Telefon zum Herrn. Später kamen noch Matt und Bonnie, zwei Fans aus dem "Bla Bla". Frank, ein Christ, den wir als Anhalter mitgenommen hatten und der jetzt bei uns wohnte, half uns, ihnen von Jesus zu erzählen. Keith schrieb: "Frank brachte Matt soweit, mit ihm zu beten, und ich konnte mit Bonnie beten. Doch irgendetwas versuchte sie davon abzuhalten, den Namen Jesu auszusprechen. Sie ging, nachdem sie total hysterisch geworden war." Solche Abende wurden bald typisch für unser Haus.

Bald fanden in unserm Wohnzimmer mehrmals in der Woche Gebetstreffen statt, die die ganze Nacht hindurch dauerten - wobei Gläubige und Nichtgläubige eingeladen waren. Wir hatten auch immer mehrere Kreuze und Bibeln parat, die wir denen gaben, die den Herrn annahmen. Es störte uns nicht, wenn wir "neue Vorräte" kaufen mußten, denn das bedeutete, daß wir einen neuen Bruder oder eine Schwester im Herrn gewonnen hatten.

Doch Keith und mir war nur zu bewußt, daß wir noch vor ein paar kurzen Wochen selbst noch verloren und auf der Suche gewesen waren. Keith empfand diesen Punkt so stark, daß der folgendes Gebet niederschrieb:

27. 7. 75
KEIN FANATIKER

***Bitte, Herr, erhalte mich feinfühlig für die geistlichen Bedürfnisse derer, die deine Erlösung brauchen. ... Die Leute könnten leicht einen Bogen um mich machen, wenn ich voreilig bin und immer nur von meiner "Wolke" aus Zeugnis gebe, anstatt sie da abzuholen, wo sie sind, und ihnen zu zeigen, daß ich mich für sie persönlich interessiere. Herr, verändere mich, befreie mich von meinen radikalen Tendenzen. Hilf mir, meinen "überwältigenden Enthusiasmus" zu beherrschen. Mache mich selbstlos, frei von Stolz, still und voll von Demut und Sanftmut.Vater, ich liebe dich. Du hast mir deine Gabe gezeigt - Jesus.***

Wenn wir je dachten, daß sich unser Leben etwas abkühlen würde, dann hatten wir uns getäuscht. Was wir jetzt erlebten, war nichts im Vergleich zu dem Feuer, auf das wir zugingen.

## Siebentes Kapitel

## Solang' die Liebe lebt
## ( "When There's Love")

*Werbefoto für Sparrow Records*

Kurz nachdem wir Christen geworden waren, nahmen Keith und ich zwei unserer liebsten Freunde mit an einen unserer liebsten Orte - den Sequoia-Nationalpark. Keith kannte Peter und Cag schon seit Jahren. Er hatte sogar eine Zeitlang mit ihnen in ihrem großen, rustikalen Haus mit Blick auf die Innenstadt von Hollywood zusammengewohnt. Peter war ein Schallplattenproduzent, doch wir hatten mehr als nur Musik im Sinn, als wir uns durch die Bergstraßen in Richtung Sequoia-Park schlängelten.

Ein großer Mond hatte sich bereits hoch über die Mammutbäume erhoben, als wir ankamen, doch sobald wir unsere Hütten bezogen hatten, machten wir Chili-Würstchen und fingen an, den beiden zu erzählen, warum sie Christen werden müßten. Peter und Cag waren Juden und gehörten zû den liebevollsten Menschen, die wir kannten. Ich war, nachdem ich einmal Christ geworden war, sehr stolz auf mein jüdisches Erbe geworden und hatte seine geistliche Bedeutsamkeit erkannt. In unserem Bestreben, den beiden alles zu erklären, was wir über das Judentum und den Glauben an Jesus gelernt hatten, schossen wir aus allen Rohren. Keith feuerte den ersten Schuß ab.

"Gott sandte Jesus zuerst zu den Juden, weil sie das einzige Volk waren, das an den wahren Gott glaubte. Alle anderen beteten damals Götzen an!"

Dann stimmte ich ein. "Ja, Jesus war ein Jude, und fast jeder andere in der frühen Gemeinde war auch Jude. Erst später ließ Gott die Botschaft von seinem Sohn auch den anderen Völkern verkünden. Der Messias, auf den die Juden warten, ist schon gekommen - und er wird noch einmal kommen."

Peter und Cag hörten sich geduldig an, während wir fortfuhren und ihnen erzählten, daß Jesus in jedem Augenblick zurückkehren könne und daß es darum so wichtig sei, daß sie sein Opfer und seine Liebe annähmen. Wir wollten, daß sie mit uns im Himmel wären, wenn das geschah.

Keith sagte: "Wir wünschen uns sehr, daß ihr mit uns betet und Jesus als euren Messias annehmt. Das ist alles, was ihr tun müßt. So einfach ist es, wiedergeboren zu werden!"

Ich glaube nicht, daß sie schon jemals auf diese Weise die Botschaft des Evangeliums gehört hatten. Peter und Cag lehnten unsere Einladung freundlich, aber bestimmt ab. Und wenn sie uns nicht so gern gehabt hätten, hätten wir unsere Freundschaft an diesem einen Abend völlig zerstören können. Wir hatten ganz schön Druck auf sie ausgeübt. Auch so war die Stimmung zwischen uns während der nächsten paar Tage unseres Ausflugs etwas gespannt.

Nachdem wir wieder zuhause waren, blieben wir sehr gute Freunde, doch Keith und ich waren enttäuscht, daß wir sie nicht dazu hatten bringen können, das "Gebet der Sünder" zu sprechen und zu finden, was wir gefunden hatten.

Dieses sogenannte "Gebet der Sünder" hatten wir gerade kennengelernt, und unser Ziel war es, jeden, den wir kannten, dazu zu bewegen, es mit uns zu beten. Man konnte es auf verschiedene Weise sprechen. Es mußte nur einige wichtige Bestandteile enthalten. Der Betreffende mußte anerkennen, daß er ohne Jesus verloren war, und seine Sünden und sein Leben ohne Gott bereuen. Drittens mußte er Gott um Vergebung bitten. Und nicht zuletzt mußte er Jesus als seinen persönlichen Erlöser in sein Herz bitten. Wir dachten, wenn jemand genug Glauben an diese Dinge aufbrächte, um dieses Gebet zu sprechen, dann wäre er gerettet. Wir führten unzählige Leute auf diese Weise zum Herrn und versicherten ihnen, das sei alles, was nötig sei.

Es war aufregend, zu beobachten, wie diese "Baby-Christen" die Gemeinschaft mit anderen Christen suchten und anfingen, Jesus und die Bibel kennenzulernen. Wenn sie ein paar Versammlungen versäumten, rief Keith sie immer an, um sie daran zu erinnern und ihnen eine Mitfahrgelegenheit anzubieten - oder was immer sie dazu ermutigen würde, zu ihrer Hingabe zu Gott zu stehen. Manche Leute schienen regelrecht aufzublühen, sobald sie Christen geworden waren. Ihr Leben begann sich zu öffnen wie eine schöne, duftende Blüte. Das war wunderbar. Für uns gab es nichts Schöneres, als jemandem helfen zu können, mit Gott an diesen Punkt zu kommen.

Bei allem hatten wir ein starkes Gefühl der Dringlichkeit - besonders als wir entdeckten, vor was für einem entscheidenden Moment der Geschichte wir standen. Wir erfuhren, daß Jesus jeden Augenblick zurückkehren könnte, um alle Christen zu sich in die Luft zu entrücken und sie in den Himmel zu bringen - und daß danach die Uhr für die Menschheit ablaufen würde. Nach diesem Zeitpunkt kann niemand mehr mit Gott in Ordnung kommen. Wir hatten sogar einen Film namens *A Thief In The Night* gesehen, der davon handelte. Es war keine Zeit zu verlieren, wenn doch so viele unserer Freunde zurückbleiben würden, falls Jesus wiederkehrte.

Eines Tages geriet ich sogar in Panik, als Keith und ich uns im Supermarkt aus den Augen verloren. Mein Herz begann wild zu klopfen, als ich kreuz und quer durch die Gänge jagte und ihn nicht finden konnte. Vielleicht, dachte ich, war Jesus zurückgekehrt und hatte Keith mitgenommen - doch ich war zurückgeblieben, weil ich am Ende in Wirklichkeit doch nicht gerettet war. Zu meiner großen Erleichterung fand ich Keith schließlich in der Gefrierabteilung mit einer Kuchenschachtel in der Hand - doch dieses panische, verlorene Gefühl blieb mir in Erinnerung und spornte mich an, weiterhin anderen von Jesus zu erzählen.

Keith und ich schlossen uns immer fester an die Vineyard Fellowship an. Doch Keith hielt sich bewußt damit zurück, irgendeine Art von Konzert für sie zu geben, wie er es normalerweise für eine neue Gruppe von Leuten getan hätte. Er wollte einfach als der akzeptiert werden, der er war - ohne die Musik. Doch nach ungefähr einem Monat spielte er an einem Sonntagmorgen im Gottesdienst - demselben Gottesdienst, in dem Kenn über die Taufe sprach. Als wir von der Taufe hörten, wußten wir, daß das unser nächster Schritt war. Am gleichen Nachmittag hielt Kenn einen Taufgottesdienst am Strand in der Nähe des Sunset Boulevard - an der Lebensrettungs-Station 15. Der Pazifik, dachten wir uns, war ein guter Ort, um unser altes Leben niederzulegen.

***Wir gingen alle hinunter zum Strand und ließen uns taufen. Es war so phantastisch, daß Mel und ich zusammen getauft wurden. Wir fühlten uns alle einander so nahe; das werde ich nie vergessen.***

An diesem Tag erfuhren wir am Strand, daß der Vineyard demnächst seine vorübergehende Behausung verlieren würde. Da das Wetter wirklich gut war, kündigte Kenn an, daß wir von nun an unsere Sonntagsgottesdienste genau an dieser Lebensrettungs-Station abhalten würden - mit dem Meer und dem Himmel als Kulisse! Wir trafen uns dort mehrere Monate lang, was uns allen großartig gefiel. Wenn die Leute uns fragten: "Wo geht ihr in die Kirche?", dann antworteten wir: "Wir gehen am Strand in die Kirche!" Das war unkonventionell und deshalb auch sehr attraktiv. Wir stellten jedoch fest, daß es auch Regeln gab, bei denen wir es *nicht* gerne sahen, wenn sie durchbrochen wurden.

Eines Tages hörten wir mit an, als einige unserer christlichen Freunde sich über eine Fete unterhielten. Wir wurden sofort neugierig. Einer von ihnen sagte: "Keith, ich glaube nicht, daß es dir Spaß machen würde, hinzugehen. Die Fete wird ziemlich wild."

"Was meinst du mit *wild*?"

"Sie findet bei Leo statt. Er hat manchmal jede Menge Schnaps und Dope da. Einige Leute aus dem Bibelkreis werden wahrscheinlich da sein."

Wir wußten, daß Leo ein Alkoholproblem hatte, aber wir hatten gedacht, er kämpfe dagegen an. Nie wären wir auf den Gedanken gekommen, daß er eine wilde Fete veranstalten und dazu auch noch andere *Christen* einladen würde. Am nächsten Abend beschlossen Keith und ich, hinzugehen und uns das selbst anzusehen.

Schon auf der Treppe hörten wir ohrenbetäubende Musik. Drinnen war alles voller Menschen, von denen die meisten auf dem Boden oder auf großen Kissen lagen. Wir schritten vorsichtig über die Gäste hinweg und machten eine Runde durch das Haus - es gab ein paar Fäßchen Bier, einige Leute rauchten Dope, und es waren tatsächlich einige Leute aus dem Bibelkreis da - und sie waren nicht nur Zuschauer. Erschüttert machten wir auf dem Absatz kehrt.

"Ich kann es nicht glauben", sagte Keith auf der Heimfahrt.

"Was können wir tun?"

Es ging uns gewaltig gegen den Strich, mit ansehen zu müssen, wie sich Christen vollaufen ließen, doch wir fühlten uns machtlos dagegen. Wir fragten uns, was unsere Aufgabe war, wenn wir andere Christen falsche Entscheidungen treffen sahen.

Wenig später hatten wir im Bibelkreis bei den Cramers den Eindruck, ein paar Antworten gefunden zu haben. Ihr Affe schnatterte im Hintergrund, doch wir waren ganz auf die Botschaft eingestimmt. Sie stammte aus dem alttestamentlichen Buch des Propheten Hesekiel, aus einem Abschnitt über einen Wächter, der die Aufgabe hatte, auf der Mauer einer alten Stadt zu sitzen. Er sollte die Leute in der Stadt alarmieren, wenn er eine Gefahr kommen sah. Wenn die Leute die Warnung des Wächters hörten, aber nicht darauf achteten, dann war es ihr eigener Fehler, wenn sie deswegen verwundet wurden. Ihr Blut kam dann auf ihren eigenen Kopf, wie es die Bibel ausdrückt. Wenn jedoch der Wächter einschlief und es versäumte, die Leute vor der drohenden Gefahr zu warnen, dann war es der Fehler des Wächters, wenn sie verwundet wurden - und das Blut der Leute klebte an den Händen des Wächters. Er würde dafür zur Verantwortung gezogen werden.

Als Christen seien wir die Wächter, fuhr der Bibellehrer fort. Gott wolle, daß wir andere warnen, wenn wir Katastrophen auf sie zukommen sehen - und was könnte eine größere Katastrophe sein, als so zu leben, daß man für immer von Gott getrennt sei? Als wir den Bibelkreis verließen, fühlten wir uns, als ob das Gewicht der Welt auf unseren Schultern läge. Einer der Gründe, warum wir so beunruhigt waren, war, daß wir einen gläubigen Freund hatten, Tom, den wir wirklich gern hatten, und wir wußte, daß es ihm schwerfiel, sich von seiner alten Freundin zu trennen - und daß sie manchmal zusammen schliefen.

An diesem Abend kam ein anderer Freund mit zu uns nach Hause, und wir saßen zusammen in Keiths Musikzimmer auf dem Boden und dachten darüber nach, was zu tun sei. Was uns die Sache so schwer machte, war, daß Tom manchmal Bibelkreise in einer anderen Gemeinde leitete und dort sehr deutlich über die Notwendigkeit sprach, Christus anzunehmen. Manchmal kam er auch in den Vineyard, und auch Kenn kannte ihn. Nur aufgrund unserer engen Freundschaft mit Tom wußten wir überhaupt, was los war. Wenn nun Jesus *heute nacht* wiederkam, bevor Tom eine Chance zur Umkehr gehabt hatte? Vielleicht war er dann von Gott getrennt - für immer! Und sein Blut klebte an *unseren* Händen. Wir wußten, daß wir die Verantwortung hatten, sofort etwas zu sagen.

Also sprach Keith eine Idee aus, als er so vor dem alten Klavier auf dem Boden saß. "Einer von uns sollte Tom jetzt gleich anrufen und ihn warnen."

Ich glaubte, daß Keith derjenige sein sollte, da er die besten Nerven hatte. Außerdem war es seine Idee. Doch Keiths Augen leuchteten auf. "Laßt uns das Los ziehen", sagte er. "So haben sie es in der Bibel auch gemacht."

Keith wühlte den Haufen halbfertiger Notenblätter auf dem Klavier durch und fand drei Kugelschreiber von unterschiedlicher Länge. Er nahm sie in die Hand, so daß sie alle gleich weit hervorstanden. Raten Sie mal, wer den kürzesten zog - *ich*! Ich wandte ein, daß lieber einer von den Männern anrufen sollte, doch ich wußte, daß meine Verantwortung vor dem Herrn in dieser Situation die gleiche war. Jedenfalls sah es mir nicht ähnlich, mich vor einer Herausforderung zu drükken, und wenn Gott mich erwählt hatte, diesen Alarm auszulösen, dann war ich entschlossen, es auch zu tun. Also wählte ich die Nummer.

Mein Herz klopfte bis zum Hals, als das Telefon zu klingeln begann. Nach dem ersten Klingeln dachte ich: *Vielleicht sollte ich lieber auflegen* ... Es klingelte wieder. Ich sagte: "Keith, es ist schon spät. Er ist wahrscheinlich schon im Bett." Dann nahm jemand den Hörer ab. Eine verschlafene Stimme sagte: "Hallo ..."

"Äh, hi. Hier ist Melody. Habe ich dich geweckt?"

"Schon gut. Was ist los?"

Ich spürte, wie sich mein Gesicht erwärmte. "Tut mir leid, daß ich dich geweckt habe, aber wir waren heute abend in diesem Bibelkreis. Es ging darum, daß wir Wächter sein sollten und ... tja ... äh ... natürlich wissen wir, was bei dir los ist ... und, naja, wir wollten dir einfach sagen, daß du das nach der Bibel wirklich nicht tun solltest."

"Ja, ich weiß", sagte Tom leise. "Ich lasse mich deswegen von meinem Pastor in der Seelsorge beraten. Und ich werde das wirklich bald in Ordnung bringen."

"Okay. Ich wollte es dir nur sagen. Gute Nacht."

"Danke. Gute Nacht."

Ich legte auf und konnte nicht glauben, daß ich es wirklich getan hatte.

Keith sagte: "Menschenskind, ich bin wirklich stolz auf dich, Mel. Du hast es großartig gemacht!"

Ich war nur erleichtert, daß es vorbei war. Ich wußte, daß ich das Richtige getan hatte, aber es war mir wirklich schwergefallen. Ich war ein wenig verwirrt. Ich konnte mir nicht erklären, warum Tom sich beraten ließ. *Worüber* mußte man sich da noch groß beraten lassen? Die Bibel äußerte sich eindeutig über Sex außerhalb der Ehe. Was gab es da noch zu reden?

Als wir Kenn am folgenden Freitagabend das nächste Mal sahen, erzählten wir ihm aufgeregt, wie wir uns die Lehre vom Wächteramt, die wir gerade gehört hatten, zu Herzen genommen hatten.

"Hast du gehört, daß wir Tom angerufen haben?" fragte Keith erwartungsvoll.

Kenn zögerte einen Moment und sah nachdenklich drein.

"Nun, ich habe allerdings davon gehört ..."

Keith fuhr fröhlich fort, von dem Bibelkreis, dem Wächteramt und meinem Anruf zu erzählen.

Schließlich sagte Kenn sanft: "Wißt ihr, wahrscheinlich hättet ihr lieber nicht anrufen sollen."

Lieber nicht anrufen sollen? Wir waren schockiert.

"Wie meinst du das?" fragte Keith ungläubig.

"Nun, vielleicht wäre es besser gewesen, wenn ihr einfach gebetet hättet."

Als wir an diesem Abend nach Hause fuhren, waren wir reichlich verwirrt. Einfach gebetet? Was für ein Ratschlag sollte das sein? Wenn Jesus zurückkäme, bevor Tom die Sache in Ordnung gebracht hätte, dann wäre er für immer von Gott getrennt - und wir sollten "einfach beten" und nicht einmal mit Tom darüber reden? Wir hörten all diese Reden darüber, daß man ein heiliges Leben führen, das, was man predigt, auch praktizieren und ein Wächter sein sollte ... und nun das? Uns schien, daß ein Wächter dazu da war, Alarm zu schlagen, nicht dazu, "einfach darüber zu beten", ob er das tun sollte!

Wir mochten Kenn sehr gern und hatten wirklich Achtung vor ihm. Wir wußten, daß er ein Mann Gottes war und daß er Gottes bedingungslose Liebe verstand. Aber wir waren verwirrt. Bedeutete bedingungslose Liebe, daß man Sünde ignorierte? Vielleicht gab es Dinge, die er und Toms Pastor über die Situation wußten, und wir nicht. Dennoch ergab es keinen Sinn.

"Erst die wilde Party bei Leo. Jetzt Tom. Ich kann das nicht glauben", sagte Keith. "Die Gemeinde ist *voll* von Sündern!"

Ich konnte es auch nicht glauben. Doch etwas sagte mir, daß Keiths Reaktion ein bißchen zu stark war.

"Wir haben doch in den letzten paar Monaten einige wirklich großartige Christen kennengelernt", entgegnete ich. "*Ganz so* schlimm kann es doch nicht sein."

"Ich weiß, ich weiß. Aber ich habe allmählich das Gefühl, daß das nur die Spitze des Eisberges ist", sagte Keith nachdenklich. "Ich weiß, daß wir nicht vollkommen sind, aber wir versuchen es. Es ist nicht nur Tom. Es sind eine Menge Leute. Sie können die richtigen Worte sagen, aber ihr Leben stimmt nicht damit überein."

Wie ich schon sagte, schienen manche Leute uns zu Anfang nur so zu blühen und zu wachsen. Doch nach einigen Monaten schienen etliche dieser "Blüten" schon wieder verwelkt zu sein. Manchmal begegneten wir einem Menschen, den wir zum Herrn geführt hatten, ein paar Wochen später an der Topanga Plaza, und er wollte uns nicht einmal mehr in die Augen schauen. Dann erfuhren wir, daß er wieder Drogen nahm und von einem fremden Bett ins andere stieg, als hätte er nie das Licht gesehen. Keith scheute nie vor Konfrontationen zurück und versuchte immer, mit den Leuten zu diskutieren. Einige konnten wir überzeugen, zu Gott zurückzukehren. Bei anderen gelang uns das nicht. Und die wenigen, die zur Gemeinde zurückkehrten, führten immer noch das gleiche alte Leben.

Wie konnte das geschehen? Sie hatten das "Gebet der Sünder" gebetet, doch sie verhielten sich nicht wie Gerettete. Warum blieben manche Christen bei der Sache, während andere wieder abfielen? Allmählich kam uns der Gedanke, daß es vielleicht nicht ausreichte, einfach nur in einem Gebet sein Herz dem Herrn zu übergeben.

Eines Tages bat mich eine gläubige Freundin namens Robin, für ihren Bruder zu beten. Sie war jemand, zu dem wir wirklich aufblickten, da sie den Herrn schon seit acht Jahren kannte - was mir als eine Ewigkeit erschien. Ich fragte sie, warum wir für ihren Bruder beten sollten.

"Oh, er ist gerettet. Er ist nur aus der Gemeinschaft heraus." Sie fuhr fort, mir Einzelheiten zu erzählen. "Früher kam er immer in die Gemeinde, doch jetzt lebt er mit seiner Freundin zusammen und nimmt wieder Drogen. Ich weiß, daß er in den Himmel kommt - aber er wird dort keinen Lohn bekommen, wenn er so weitermacht. Ich wünsche mir sehr, daß er wieder in die Gemeinschaft mit anderen Christen zurückkehrt. Ich weiß, daß er dann glücklicher sein wird."

Ich dachte darüber nach. Ist der Verlust des "himmlischen Lohnes" wirklich das Einzige, worüber wir uns Sorgen machen müssen, nachdem wir das "Gebet der Sünder" gesprochen haben? Wie steht es mit dem Leben für Gott hier und jetzt?

Ich sagte Robin, daß ich für ihren Bruder beten würde, aber ich fühlte mich innerlich ziemlich komisch. Ich dachte mir, sie müßte wissen, wovon sie sprach, da sie schon viel länger Christ war als ich, aber irgendwie reimte sich das nicht zusammen.

Später sprachen Keith und ich darüber und äußerten die Fragen, die sich bei uns angesammelt hatten. Wenn man gebetet und Jesus in sein Leben aufgenommen hatte, konnte dann jemals ein Punkt kommen, wo er einen wieder verließ? Was war, wenn *man selbst* beschloß, ihn zu verlassen? Und wenn man Jesus gebeten hatte, einen zu erlösen, konnte man dann einfach weiter in Sünde leben - und alles wurde automatisch vergeben? Wir wußten nur, daß wir allmählich wirklich frustriert waren über das, was wir in unserer Umgebung beobachteten.

Eines Tages, nachdem wir versucht hatten, uns darüber klar zu werden, wie wir für Robins Bruder beten sollten, verbrachte Keith den ganzen Vormittag damit, Feather, einem jungen Hippiemädchen, vom Herrn zu erzählen. Dieses Gespräch brachte all unsere Fragen auf die Spitze.

Feather war sehr skeptisch gegenüber Christen, und sie brachte Keith ganz schön ins Schwitzen.

"Ich glaube nicht, daß die Christen einen Deut besser sind als ich. Die Christen, die ich kennengelernt habe, waren alle nur ein Haufen von Heuchlern. Sie sagen das eine und tun das andere."

"Echte Christen sind nicht so", beharrte Keith. "Sie lieben den Herrn wirklich und führen ein heiliges Leben."

"Nun, ich brauche keine Liste von "Du sollst" und "Du sollst nicht" für mein Leben. Ich glaube, daß es ein höchstes Wesen gibt, aber ich will nicht, daß irgendjemand mir sagt, was ich tun soll."

"Wenn du ein Kind hättest, dann würdest du es schützen wollen, nicht es beherrschen. Gott liebt dich so sehr, daß er nicht will, daß du Dinge tust, die dir Leid verursachen werden. Ich weiß Bescheid. Ich habe wirklich auf der ganzen Linie versagt, bevor ich Christ wurde. Ich habe eine Menge Menschen verletzt, aber am meisten mich selbst."

Als Keith anfing, aus seinem eigenen Leben zu erzählen, spürte ich, daß Feather nun wirklich zuhörte. Wir wußten beide genau, wo sie stand, weil wir selbst einmal an dem gleichen Punkt gestanden hatten. Je offener Keith über sich selbst wurde, desto mehr spürte ich, wie sie anfing, ihm zu glauben.

Keith sagte: "Gott möchte eine Beziehung zu dir haben. Ich glaube, daß er schon seit langem zu dir spricht. Du mußt nur anfangen, zuzuhören."

Als ihre Haltung allmählich weniger hart wurde, machte Keith ihr Mut, ihr Herz für den Herrn zu öffnen.

"Bete doch mit mir. Du hast nichts zu verlieren - und du kannst alles gewinnen."

Nach ein paar Stunden kam sie schließlich an einen Punkt, wo sie bereit war, zu beten und Jesus in ihr Leben zu bitten. Keith leitete sie in einem Gebet an und wollte sie dann mitnehmen, damit sie einige unserer Freunde kennenlernte. Er sagte: "Ich möchte dir einige unserer neuen Brüder und Schwestern vorstellen, die Gott wirklich lieben. Wir möchten, daß du ein paar *echte* Christen kennenlernst."

Wir sprangen in "Victor", fuhren hinauf nach Hollywood und erreichten schließlich das Haus unserer Freunde, der Cramers, aber sie waren nicht da. Da die Cramers direkt neben Leo wohnten und wir jetzt Geräusche aus Leos Garten hörten, gingen wir hinüber. Ein paar Leute aus dem Bibelkreis waren da und schwammen in Leos Swimmingpool, und wir holten uns ein paar Stühle an den Beckenrand und erzählten unserer neuen Schwester Feather die ganze Zeit, wie großartig es sei, ein Christ zu sein. Allmählich sah sie entspannter aus, und wir wußten, daß wir endlich zu ihr durchdrangen.

Wir waren erst ein paar Minuten dort, als die gläserne Schiebetür zu Leos Haus sich mit einem Schwung weit öffnete. Heraus kam mit voller Geschwindigkeit ein junger Christ, den wir bei den Cramers kennengelernt hatten. Er rannte mit hoch erhobenen Armen über die Terrasse, rief "Preist den Herrn!" und sprang in das Becken. Es gab nur ein Problem. Er war vollkommen nackt.

Da war er nun und schwamm vor uns herum mit nichts an außer seinem breiten Lächeln. Ich warf Feather einen schnellen Blick zu, um zu sehen, wie sie reagierte. Sie sah entrüstet aus.

Sofort sprang Keith auf. Er stellte sich an den Beckenrand und sagte fest: "Komm raus da, aber sofort!" Doch sogleich überlegte er es sich anders. "Nein! Komm nicht raus. Wo ist deine Hose?"

Der Typ wollte Keith nicht sagen, wo seine Hose war, doch Keith blieb hartnäckig. Der andere gab nach, und Keith ging ins Haus, um die Hose zu holen. Dann brachte er sie hinaus ans Becken und reichte sie dem fröhlichen Flitzer.

"Zieh sie an!"

Er tat es.

Leo war stinksauer, als er hörte, was Keith getan hatte. Er fand es reichlich unverschämt von Keith, daß er einem Gast in seinem Haus zu sagen gewagt hatte, er müsse seine Kleider anziehen. Doch auch wir waren ziemlich empört.

Der Vorfall hatte unser ganzes Zeugnis gegenüber Feather, die als Christin erst ein paar Stunden alt war, zunichte gemacht. Nacktheit war zwar unter Hippies gang und gäbe, aber wir hatten ihr erzählt, Christen wären anders. Wir sahen sie nach diesem Tag nie wieder, und wir wußten, daß der Vorfall am Schwimmbecken daran schuld war. Alles, was wir ihr über das Christentum erzählt hatten, war dadurch ruiniert worden. Wir wußten nicht, ob sie je wieder einem Christen Glauben schenken würde, und wir litten echten Schmerz um sie.

Zusammen mit unserem "Überfall" auf Leos Biergelage gab dieser Vorfall Keiths schnell um sich greifendem Ruf, eine Art Radikaler zu sein, neue Nahrung. Er trug uns auch den Namen "Die Gottespatrouille" ein. Der Name blieb nicht hängen, aber diese Ereignisse gaben uns zu denken und machten uns echte Sorgen.

Es war nicht mehr zu übersehen, daß viele Christen eine ziemlich lasche Haltung an den Tag legten. Offenbar konnte man ein Christ sein und so ziemlich alles tun, was man wollte - von einem fremden Bett ins andere steigen, Dope rauchen und in gemischter Gesellschaft nackt baden. Und niemand schien etwas dagegen zu haben.

Keith wurde regelrecht depressiv über unsere Beobachtungen.

"Da stimmt etwas ganz und gar nicht", sagte er. "Ich habe zu lang und schwer gekämpft, bis ich Jesus kennenlernte. Ich werde jetzt nicht aufgeben. Aber eines sage ich dir, ich mache keine Kompromisse bei den Dingen, die ich als richtig erkannt habe, was auch immer die Leute um uns her tun."

"Es ist doch verrückt, mit Gott Spielchen zu spielen", fügte ich hinzu.

"Ja", schloß Keith, "wir müssen Gott mehr als nur mit unseren Lippen dienen - wir müssen ihm mir unserem Leben dienen."

Wir hatten mit einigen schweren Fragen zu kämpfen - wie der Frage, was es hieß, wirklich ein Christ zu sein. Die Bibel sagt: "Denn wenn du mit deinem Munde bekennst, daß Jesus der Herr ist, ... dann wirst du gerettet werden." Aber reicht es wirklich aus, zu *sagen*, daß man ein Christ sei? Das kann jeder tun. Muß noch mehr passieren, um zu "beweisen", daß man ein Christ ist? Obwohl wir noch eine Menge unbeantworteter Fragen hatten, begannen wir, innerlich wirklich um andere Leute zu leiden, die da standen, wo wir herkamen; Leute, die nach etwas Echtem im Leben suchten - nach einem Grund zu leben. Wir verspürten eine schmerzende Sehnsucht, diejenigen zu erreichen, die an all den Orten suchten, an denen wir auch gesucht hatten - Drogen, Okkultismus, freie Liebe. Wir wußten, wie sie sich fühlten, und konnten verstehen, wie verletzt manche von ihnen waren. Wir wollten ihnen helfen, den Frieden und die Hoffnung zu finden, nach denen sie sich sehnten.

Da Keith den Leuten so gern von Jesus erzählte, machten wir es uns zur Gewohnheit, hinauszugehen und Leute zu suchen, mit denen wir sprechen konnten - wo auch immer. Eines Sonntags waren ein paar Freunde bei uns zu Besuch, und wir debattierten darüber, wohin wir gehen sollten, um verletzte Menschen zu finden, die wir zum Herrn führen konnten. Die Kandidaten waren Muscle Beach in Santa Monica und der Tapia Park im Vorgebirge. Der Strand gewann, und weg waren wir!

Getreu ihrem Namen war Muscle Beach voll von angespannten Bergen von Männlichkeit - sie posierten, hoben Gewichte und balancierten Mädchen in äußerst knappen Bikinis hoch über ihren Köpfen - in Kopfsprungposition! Mitten in all diesem Treiben ließen wir uns im Gras nieder, und Keith fing an, ein paar Anbetungslieder auf seiner akustischen Gitarre zu spielen. Wir alle sangen laut und voller Enthusiasmus mit. Allmählich versammelte sich eine kleine Schar Menschen um uns, die von Keiths kraftvollem Spiel wie von einem Magneten angezogen wurden.

Nachdem wir eine Weile gesungen hatten, bemerkte ich ein blondes Mädchen, das ein paar Meter entfernt saß. Sie ließ den Kopf hängen, und es sah aus, als weinte sie. Ich stand auf, ging hinüber und setzte mich zu ihr. Sie weinte wirklich.

Eine Minute lang saß ich da und wußte nicht recht, was ich tun sollte. Schließlich sagte ich leise: "Entschuldige. Du scheinst irgendwie aus der Fassung zu sein. Kann ich dir irgendwie helfen?"

Sie hob den Kopf. Ihre rotgeränderten Augen blickten mich fragend an.

"Ich weiß, daß du mich nicht kennst", kam ich ihr zuvor, "aber das ist mein Mann, der da Gitarre spielt. Ich hatte einfach den Eindruck, daß ich zu dir kommen und mit dir reden sollte."

Ihre Unterlippe zitterte ein wenig, als sie zu sprechen begann. "Ich ... ich weiß einfach nicht, was ich tun soll. Ich bin schwanger, und ich *will* dieses Baby nicht."

"Warum willst du es nicht?"

"Mein Mann und ich leben getrennt, und ich kann alleine nicht für ein Kind sorgen."

Ihr helles Haar und ihre feinen Züge ließen sie zu jung aussehen, um überhaupt *verheiratet* zu sein, geschweige denn schwanger. Sie fuhr mit ihrer Geschichte fort, und ich spielte mit dem Gras herum und betete im stillen, daß Gott mir helfen möge, ihr zu helfen. Stück für Stück nahm ihre Geschichte Gestalt an.

Ihr Name war Cassie, und sie und ihr Mann waren in irgendeine merkwürdige Gruppe geraten, in der sehr repressive Methoden herrschten - besonders gegenüber Frauen. Sie hatte nur bestimmte Arten von Kleidung tragen dürfen und nur sehr begrenzte Rechte besessen. Um die Sache dann noch schlimmer zu machen, hatte ihr Mann angefangen, sie zu schlagen.

Sie ließ ihr Gesicht in die Hände fallen und begann zu schluchzen. "Ich ging zu den Leitern und sagte ihnen, daß er mich schlage und daß ich Angst hätte. Doch sie sagten, ich dürfe mich nicht von ihm trennen. Ich hatte solche Angst. Und ... dann merkte ich, daß ich schwanger bin."

Nun brach sie richtig zusammen und konnte nur noch weinen. Ich schaute weg. Immer noch trugen Muskelmänner braungebrannte Strandschönheiten durch die Gegend. Kleine Kinder rannten mit Maiskolben und Limonade umher. Und Keith spielte immer noch Gitarre und sang von Jesus.

Nach einem Augenblick, hob Cassie ihren Kopf. "Trotz aller Drohungen ging ich weg und zog in ein Heim der Heilsarmee für unverheiratete Mütter in Los Angeles. Der Grund, warum ich so fertig bin, ist, daß heute Sonntag ist."

"Was macht dich daran so fertig?"

"Am Dienstag habe ich einen Termin für eine Abtreibung."

Es zerriß mir schier das Herz, als ich das hörte. Bevor ich Christ geworden war, hätte ich eine Abtreibung für eine gute Lösung im Fall einer ungewollten Schwangerschaft gehalten. Jetzt wußte ich es besser. Ihr Baby zu vernichten, war nicht die Antwort für Cassie. Ich redete eindringlich und schnell, da ich wußte, daß ich vielleicht ihre letzte Hoffnung war. Ich sagte ihr, sie solle bloß nicht abtreiben lassen, aber angesichts ihrer ganzen Situation wirkte dieser Ratschlag ziemlich hohl.

In der Hoffnung, daß Keith wissen würde, was zu tun sei, ging ich zu ihm und erzählte ihm alles. Keith stand sofort auf und ging zu Cassie. Seine Augen waren voller Mitgefühl, als er ihr ein paar tröstende Worte der Ermutigung sagte. Seine Freundlichkeit tat ihr sichtlich wohl. Und dann hörte ich ihn sagen: "Warum kommst du nicht mit zu uns? Du kannst bei uns wohnen. Wir werden dir helfen."

Wahrscheinlich war ich von Keiths Einladung ebenso überrascht wie Cassie. Ich dachte: *Du kannst bei uns wohnen? Meint er das ernst? Wir kennen sie ja nicht einmal.*

Doch nachdem ich einen Augenblick darüber nachgedacht hatte, wurde mir klar, daß Keith genau erkannt hatte, was sie brauchte - jemanden, der sie genug liebte, um sie zu sich zu nehmen und diese schreckliche Zeit mit ihr zusammen durchzustehen. Und schließlich stand noch ein zweites kleines Leben mit auf dem Spiel. Es schien tatsächlich, als ob Gott uns mit ihr zusammengeführt hätte, damit wir ihr helfen könnten, und ich war froh, daß Keith sie gebeten hatte, zu uns zu ziehen.

Wir fuhren zu dem Heim für unverheiratete Mütter, um ihre Sachen zu holen. Es war ein deprimierender Ort - voll von ganz jungen Mädchen, die schon hochschwanger waren. Wir halfen Cassie beim Packen und brachten sie in unser Haus in Woodland Hills, nachdem wir ihr versichert hatten, daß sie ein schönes Zimmer ganz für sich allein bekommen würde.

Cassie schien erleichtert zu sein, als wir in die Dolorosa Street einbogen und sie sehen konnte, daß es sich um eine nette Familienwohngegend handelte. Offenbar schloß sie unser kleines Haus mit seiner gemütlichen, sonnig-gelben Küche und den großen Bildfenstern im Wohnzimmer sogleich ins Herz. Wir hatten drei Schlafzimmer, die von dem engen Flur abzweigten - das einzige Badezimmer lag am Ende. Wir zeigten Cassie ihr Zimmer und halfen ihr, sich darin einzurichten.

Bis Dienstag hatten wir Cassie tatsächlich davon überzeugt, ihre Abtreibung abzusagen. Am Mittwoch lebte ihr Baby noch. Außerdem konnten wir sie zum Herrn führen und unterhielten uns mit ihr stundenlang über Jesus, ihren Mann und ihr Baby.

Eines Morgens war Cassie dann nirgends zu finden. Spätabends kam sie zurück und sagte, sie sei per Anhalter zum Muscle Beach gefahren. Und nachdem sie etwa zwei Wochen bei uns gewesen war, wachten wir auf, und sie war wieder weg. Nur kam sie dieses Mal nicht mehr zurück.

Wir fragten uns oft, was aus ihr geworden sei, und machten uns Sorgen, daß sie die Abtreibung am Ende doch noch habe vornehmen lassen. Es gab keine Möglichkeit, das zu erfahren.

Eines Abends trafen wir in einem Bibelkreis eine junge Mutter namens Cindy, deren Mann zu einer anderen Frau gezogen war. Jetzt erzog Cindy ihre dreijährige Tochter Kelly allein. Kelly war wirklich süß und sah aus wie eine Miniaturausgabe ihrer sehr hübschen Mutter. Wir wurden Freunde und unternahmen allerhand zusammen. Cindy war freundlich und verletzlich - als junge Christin versuchte sie immer, anderen zu helfen.

Als sie eines Abends aus der Kneipe kam, in der sie arbeitete, stand ein Betrunkener an ihrem Auto. Sie erzählte ihm von Jesus, und am nächsten Abend holte sie ihn ab und brachte ihn mit in einen Bibelkreis. Irgendwann wurde er wütend auf den Leiter und stürmte mitten in der Bibelarbeit hinaus, und Cindy sprang auf, um ihm nachzujagen. Doch Keith hielt sie an der Tür auf.

"Laß ihn gehen", sagte Keith fest.

"Aber ich habe ihn mit hergebracht. Ich fühle mich dafür verantwortlich, ihn zurück nach Hause zu fahren", beharrte sie.

"Er ist ein großer Junge. Er findet seinen Weg nach Hause allein. Es ist einfach gefährlich."

Später an diesem Abend saßen wir noch zusammen und unterhielten uns. Cindy hatte vor kurzem einen ehemaligen Freund wieder aufgesucht, der kein Christ war - und doch versuchte sie, stark im Herrn zu bleiben.

"Weißt du, es wäre wirklich gut für dich und Kelly, wenn ihr in einer stärker christlich geprägten Umgebung wohnen würdet", meinte Keith.

"Die einzigen Leute, bei denen ich wohnen könnte, seid Melody und du."

"Nun, wir werden darüber beten!" sagte Keith.

Keith und ich beteten auch an diesem Abend darüber, und am nächsten Tag sagten wir ihr, daß sie und Kelly zu uns ziehen könnten, wenn sie wollten. Sie taten es. Kaum waren sie eingezogen, setzte sich Keith mit ihr hin und führte bis tief in die Nacht eine lange Diskussion mit ihr. Es gab ein paar Männer, die mit Cindy ausgehen wollten, aber Keith sagte ihr, seiner Meinung nach sollte sie sich mit niemandem treffen, da sie immer noch eine verheiratete Frau sei. Er machte auch deutlich, daß sie sich einen anderen Job suchen sollte, weil sie durch ihre Arbeit in einer Kneipe Leuten dabei half, sich zu betrinken. Cindy wollte wirklich das Richtige tun, und sie nahm seinen Rat in beiden Fragen an. Nun teilten sie und Kelly sich eines unserer drei Schlafzimmer, so daß noch ein Schlafzimmer für uns und ein Musikzimmer übrig blieben.

Doch es gab noch mehr Raum in der Herberge.

Wenig später kam ich in dem Fitness-Center, in das Keith und ich gingen, mit einer jungen Frau ins Gespräch. Wir versuchten immer, in Form zu bleiben, aber ich gebe zu, daß ich die meiste Zeit im Schwitzbad verbrachte. Dort traf ich denn auch Maureen. Sie sah traurig aus, und wir kamen ins Gespräch. Sie machte gerade eine persönliche Krise durch und war sehr offen, als ich ihr von Jesus zu erzählen begann. Wir luden sie ein, mit uns in den Gottesdienst zu gehen - und so kam eins zum anderen. Schon bald fragte ich Keith, ob sie nicht auch noch bei uns wohnen könnte.

Manche Leute hielten uns für verrückt, weil wir so viele Leute bei uns wohnen ließen. Oft bekamen wir in der Gemeinde Bemerkungen darüber zu hören wie: "Ihr seid verrückt. Ihr seid doch noch nicht lange verheiratet. Ich braucht Zeit für euch allein." Es stimmte, daß wir jung verheiratet und auch noch jung im Glauben waren - aber es sah einfach nicht so aus, als ob die drängende Not dieser Menschen warten würde. Wo sollten sie sonst hingehen, während wir darauf achteten, daß wir genügend Zeit allein miteinander verbrachten? Also taten wir das, wovon wir den Eindruck hatten, daß der Herr es von uns wollte - wir hielten unser Haus und unsere Herzen offen für jeden, der Hilfe brauchte. Zu wissen, daß Gott uns dazu gebrauchen konnte, im Leben anderer Menschen eine Veränderung zu bewirken, verschaffte uns eine tiefe Freude.

Während wir sahen, wie sich das Leben anderer Leute veränderte, veränderte sich auch unser Leben radikal. Wir waren gewohnt, Nächte durchzufeiern und herumzulaufen und alles zu tun, was uns in den Sinn kam. Jetzt, wo immer mehr Leute bei uns einzogen, verbrachten Keith und ich viel mehr Zeit damit, ihnen zu helfen, im Glauben zu wachsen und die Auswirkungen der Vergangenheit zu überwinden. Cindy zum Beispiel schien Probleme mit ihren Jobs zu haben.

Nachdem sie ihren Job in der Kneipe aufgegeben hatte, fing Cindy als Kellnerin in einem Restaurant an. Doch nun sagte ihr Chef, wenn sie ihren Job behalten wollte, müßte sie aufhören, dem Finanzamt ihre wöchentlichen Trinkgelder in voller Höhe zu melden. Die anderen Kellnerinnen beschwerten sich, weil Cindy ständig eine viel höhere Summe meldete als sie und sie befürchten mußten, beim Betrügen erwischt zu werden.

Wieder einmal saß Keith bis tief in die Nacht mit ihr zusammen und redete mit ihr.

"Was soll ich tun?" fragte Cindy verzweifelt. "Sie wollen, daß ich lüge."

"Du darfst nicht lügen. Und es wäre auch nicht richtig, die Behörden zu hintergehen."

"Ich *will* nicht lügen. Aber ich brauche meinen Job."

"Es ist wichtiger, daß du das Richtige tust."

Nach vielen Diskussionen kam Cindy zu einem festen Entschluß und traf eine Entscheidung, auf die wir alle wirklich stolz waren. Keith schrieb in sein Tagebuch, Cindy habe "kündigen müssen, weil man sie nicht ehrlich sein lassen wollte".

Wir verbrachten unsere halben Nächte nicht nur damit, Leute zu beraten, sondern auch andere Treffen fanden in unserem Haus statt, als das Christentum allmählich jede Ritze und jeden Winkel in unserem Leben auszufüllen begann. Eines Abends verkündete Kenn nach der Freitagabend-Versammlung im Vineyard: "Alle sind zu einer Gebetsnacht bei Keith Green eingeladen!" Keiths natürliches Talent zur Leiterschaft machte sich wieder bemerkbar.

Da saßen wir nun und veranstalteten Gebetsnächte, wo wir doch selbst kaum wußten, wie man betet! Doch Keith hatte Bücher über Glaubenshelden gelesen, die die ganze Nacht über gebetet hatten. Einer dieser Männer war immer in den knietiefen Schnee hinausgegangen und hatte die ganze Nacht für die Indianerstämme gebetet, die er zu erreichen versuchte. Ein anderer pflegte in einen hohlen Baumstamm im Wald zu kriechen, um die ganze Nacht zu beten. Wenn diese Beten durch die ganze Nacht sie stark gemacht hatte, so dachten wir uns, dann würde es auch uns stark machen - selbst wenn es nur in unserem bequemen Wohnzimmer war!

Eines Nachts passierte etwas Ungewöhnliches. Es war irgendwann in den grauen Stunden vor dem Sonnenaufgang. Sanft und allmählich schien sich die ganze Atmosphäre im Raum zu verändern, während wir mit unseren Freunden den Herrn anbeteten. Ein überwältigendes Gefühl des Friedens begann uns zu erfüllen - die Luft war voll davon. In einem Augenblick schauten wir sogar alle einander an und sahen so etwas wie einen nebligen Schleier im Raum schweben. Wir sahen es alle gleichzeitig. Es schien, als ob der Heilige Geist auf eine besonders köstliche Weise bei uns sei, und wir spürten die Nähe Gottes.

Wenn wir uns nicht gerade bei uns zuhause oder am Strand trafen, waren wir oft in einem von Keiths Lieblingsrestaurants zu finden - wo wir mit Freunden über Jesus redeten, während wir gleichzeitig versuchten, unsere Kellnerin zum Glauben zu führen. Keith wäre jederzeit überall hingegangen, wenn er nur mit Christen zusammen sein oder jemanden für den Herrn erreichen konnte.

Einmal ging Keith sogar so weit, einen Mann, den wir gerade getroffen hatten, bis nach Arizona zu fahren. Wir hatten Ray durch gläubige Freunde kennengelernt, aber er selbst war kein Christ. Er war ein wirklich netter Kerl - ein richtig sauberer amerikanischer Junge - aber das spielte für Keith keine Rolle. Ray brauchte den Herrn trotzdem. Als Keith hörte, daß Ray am nächsten Tag den Greyhound-Bus nach Tucson nehmen wollte, verkündete er: "Gott hat mir gerade gesagt, daß ich dich fahren soll!" Alle, einschließlich Ray, sagten Keith immer wieder, er sei verrückt. Doch Keith dachte sich: Was war schon eine Autofahrt von ein paar Tagen, verglichen mit dem ewigen Wert der Seele eines Menschen? Ihr gemeinsamer Freund Jerry Houser, ein erfolgreicher Schauspieler, kam mit, damit Keith nicht allein zurückzufahren brauchte - oder vielleicht tat er es auch, damit Ray nicht mit Keith allein sein müßte! Jedenfalls kam Keith ein paar Tage später zurück, von der Reise erschöpft, aber begeistert. "Wir haben einen neuen Bruder im Herrn!" verkündete er, als er zur Haustür hereinplatzte.

Obwohl wir echte Lebensveränderungen wie bei Ray und Cindy erlebten, machten uns immer noch solche Freunde zu schaffen, die nicht bei der Sache blieben. Noch einige hatten sich abgeseilt und waren nicht mehr da. Wir fragten uns, wohin sie gegangen waren. Und noch wichtiger, *warum* sie gegangen waren. Was hatte sie veranlaßt abzufallen? Hatte es irgendeine Haltung in ihren Herzen gegeben, mit der sie nicht fertig geworden waren? Das brachte uns dazu, auch unsere eigenen Herzen und Haltungen zu überprüfen.

Keith konnte sich selbst peinlich genau unter die Lupe nehmen. Sehr oft ging er mit sich selbst viel härter ins Gericht als mit anderen. Er sagte: "Wenn sie gegenüber Gott kalt geworden sind, was wird dann erst aus mir?" Wir erkannten, daß die äußeren Veränderungen die leichtesten waren - Dinge wie Drogen oder das Trinken aufzugeben oder seine Sprache zu reinigen. Die inneren Veränderungen waren die schwersten. Manche unserer inneren Einstellungen waren viel subtiler und schwerer zu entdecken. Gab es in unserem eigenen Leben Dinge, die wir nicht verarbeitet hatten?

Insbesondere begann Keith seine Musik zu hinterfragen. Eines Tages sagte er zu mir: "Wenn ich mein Leben vollkommen dem Herrn unterordnen soll, was bedeutet das für meine Musik?"

Ich war verblüfft, daß er für diese Frage überhaupt offen war. Seit Jahren glaubte er, daß es zu seiner Bestimmung gehörte, seine Musik als eine Plattform zu nutzen, um eine geistliche Botschaft zu verkündigen. Dieses Gefühl hatte er schon lange gehabt, bevor er Christ geworden war. Doch nun, da er den Herrn wirklich *kannte*, hatte Keith den Eindruck, daß er von ihm eine neue "Starterlaubnis" brauchte. Für andere Menschen zu singen, schien für jemanden mit Keiths Begabung das Naheliegendste zu sein - aber er wollte nichts selbstverständlich nehmen.

Das war eine schmerzhafte Frage für Keith. Seine Musik war mehr als ein Hobby für ihn - er hatte sein ganzes Leben lang gesungen. Musik gehörte zu seiner Persönlichkeit. Und vor allem verdiente er damit unseren Lebensunterhalt. Ein ganzes Leben voller Hoffnungen und Träume hing mit seiner Musik zusammen. War es möglich, daß Keith nach so vielen Jahren des Strebens nach Anerkennung und musikalischem Erfolg vielleicht nie wieder vor einem Publikum singen würde? Wir sprachen mehr als einmal darüber.

"Weißt du, Mel, seit ich ein kleines Kind war, ist Musik ein Teil meines Lebens gewesen. Mein Großvater hat mir die ersten Rock'n'Roll-Akkorde beigebracht, meine Eltern standen hinter mir ... aber ich bin mir nicht mehr sicher, ob Gott mich im Musikgeschäft haben möchte."

"Keith", entgegnete ich, "Gott hat dir doch deine Musik gegeben. Meinst du nicht, daß er will, daß du sie gebrauchst?"

"Ich weiß es nicht. Warum sollte Jesus wollen, daß ich Musik mache - nur weil ich sie immer gemacht habe? Weil es das ist, was ich am besten kann? Das ist nicht Grund genug. Vielleicht will er, daß ich bei McDonalds Hamburger mache."

Ich wußte nicht, was ich davon halten sollte. Wie könnte er je *aufhören*, Musik zu machen? Andererseits wußte ich, daß es immer wichtig war, Gott zu gehorchen. Aber dies schien ein ziemlich hoher Preis zu sein.

"Du mußt tun, was immer du glaubst, daß Gott es dir sagt", sagte ich schließlich.

Keith quälte sich viele Stunden, ja Tage lang mit seiner Frage herum.

Schließlich verkündet er seine Entscheidung.

"Mel, die einzige Möglichkeit, genau zu wissen, ob Gott mir meine Musik läßt, ist, sie aufzugeben. Ich muß sie loslassen. Ich glaube, es ist in Ordnung, wenn ich weiter für CBS schreibe und zuhause spiele - aber all meine öffentlichen Auftritte lege ich unter dem Kreuz nieder. Ich werde sie nicht wieder aufnehmen, wenn Gott es mir nicht ausdrücklich sagt."

Ich schluckte hart. "Bist du sicher?"

"Ich bin sicher", antwortete er. "Ich will dem Herrn nicht vorgreifen." Dann nahmen seine Augen einen sehr ernsten Ausdruck an.

"Mel ... ich weiß wirklich nicht, ob Gott mich je wieder auftreten lassen wird. Wenn ich das abgebe, dann ist es vielleicht für immer."

Wenn je etwas ein Gefühl des Unbehagens und der Ungewißheit auslöste, dann war es diese Entscheidung. Wir kamen allmählich an die Wurzeln großer Fragen. Es machte mir geradezu Angst.

Doch Keith hatte sich entschieden. Soweit es ihn betraf, würde Keith Green nie wieder in der Öffentlichkeit auftreten. Der alte Keith - derjenige, der davon träumte, ein gefeierter Sänger zu werden - war tot.

## Achtes Kapitel

## Bin aufgewacht
## ("Your Love Broke Through")

Mit Dawn am Strand von Santa Monica)

Während des ganzen Sommers 1975 lehnte Keith alle Konzertangebote ab, die seinen Weg kreuzten. Er beschränkte sich auf sein Klavier zuhause. Finanziell setzte uns das etwas unter Druck, doch Keith war entschlossen, nicht von seiner Entscheidung abzuweichen.

Für mich war es wirklich ein merkwürdiges Gefühl, daß etwas, das so sehr Teil unseres Lebens gewesen war, nun tot war. Ich war überrascht, wie sehr ich die Musik vermißte - doch für Keith war das Opfer natürlich viel größer. Doch es schien, als ob sich in Keiths Herz einige wunderbare Dinge taten.

In einer sternenklaren Nacht machten wir einen Spaziergang zu einem nahegelegenen Donut-Laden. Wir gingen Hand in Hand, schauten zum Mond hinauf und fragten uns, was wohl die Zukunft bringen würde. Natürlich war Keiths Musik eines der ersten Themen, auf die wir kamen.

"Musik gehört so sehr zu deiner Persönlichkeit", fing ich an. "Ich kann mir dich ohne sie auf die Dauer kaum vorstellen."

"Darüber habe ich auch schon nachgedacht", stimmte er zu. "Aber weißt du, vielleicht war die Musik für mich eine Krücke."

"Was meinst du mit Krücke?"

"Als ich ein Junge war, hat mir meine Begabung immer Türen geöffnet. Ich mußte mich nie wirklich darum bemühen, mich beliebt zu machen, wie andere Leute es müssen. Ich wußte immer, daß ich die Leute für mich einnehmen konnte, wenn nur ein Piano in Reichweite war. Musik ist immer meine Visitenkarte gewesen."

"Du hast mich wirklich umgehauen, als du bei unserer ersten Verabredung für mich gespielt hast", sagte ich und drückte seine Hand.

"Das war der Zweck der Übung", sagte Keith mit einem Grinsen. "Aber jetzt möchte ich akzeptiert werden, weil ich den Herrn widerspiegele, und nicht, weil ich jeden mit meiner Musik umhaue."

Wir erreichten den Laden - und hatten Glück. Sie hatten gerade frisch gebackene Donuts zum Kühlen auf den Rost gelegt. Wir ließen uns ein paar in einer Tüte geben und gingen nach draußen, um uns auf den Bordstein zu setzten. Es war eine schöne Nacht, und bei all den Leuten in unserem Haus hatten wir selten eine Chance, allein zu reden.

"Für alles Talent dieser Welt könnte ich mir doch keinen von Gott geprägten Charakter kaufen", sagte Keith, "und das will ich mehr als alles andere."

Ich stimmte zu. Das war es auch, was ich wollte.

Als wir nach Hausc kamen, ging Keith in sein Musikzimmer und schloß die Tür. Ich hörte ihn eine schöne neue Melodie auf dem Klavier spielen. Ich spürte, daß Keith sie nur für den Herrn spielte - und fragte mich im stillen, ob der Herr und ich wohl die einzigen waren, die sie jemals hören würden.

Keiths zweiundzwanzigster Geburtstag im Oktober kam und ging, und die neuen Menschen in unserem Leben hielten uns mehr denn je in Atem.

Kurz bevor wir Christen geworden waren - was jetzt etwa sechs Monate her war - hatte uns unsere gute Freundin Karen Bender mit ihrer Tochter Dawn besucht. Karen hatte einen Mann kennengelernt, den sie wirklich mochte, und wollte mit Dawn zu ihm nach Colorado ziehen. Sie waren gekommen, um sich zu verabschieden, und wir hatten auf dem Rasen vor unserem Haus gesessen und einen "Abschiedsjoint" zusammen geraucht.

Nun waren Karen und Dawn aus Colorado zurück. Karen kam zuerst und zog wieder nach Hollywood, während Dawn noch in Colorado bei ihren Großeltern blieb. Als Karen ohne Dawn ankam, mietete sie eine Wohnung in einem Haus, in dem Kinder nicht zugelassen waren. Inzwischen war jedoch auch Dawn wieder zurückgekommen, um mit ihrer Mutter zusammen zu sein, was zwei Probleme verursachte. Erstens durfte niemand unter achtzehn Jahren in dem Haus wohnen, und der Verwalter sagte zu Karen, sie müßte sich nun, da Dawn zurück war, eine andere Bleibe suchen. Zweitens arbeitete Karen in Wechselschicht bei der Telefongesellschaft, was bedeutete, daß die kleine Dawn an vielen Abenden allein zuhause war.

Während sie weg waren, waren Keith und ich Christen geworden. Da wir nun erst recht Zeit mit Dawn verbringen wollten, beschlossen wir, sie abends hin und wieder zu Bibelkreisen mitzunehmen. Sie ging tatsächlich gerne mit.

"Als ich bei Oma und Opa gewohnt habe", erzählte sie uns fröhlich, "bin ich sonntags immer mit ihnen in die Kirche gegangen. Ich habe ihnen gesagt, daß ich Christ werden will, und da haben sie den Pastor angerufen, damit er mit mir betet. Ich habe mich auch taufen lassen!"

In den nächsten paar Wochen nahmen wir Dawn so oft wie möglich zu Treffen mit.

Eines Abends stand ich gerade an der Spüle und wusch das Geschirr ab, als Dawn anrief. Keith sprach ein paar Minuten mit ihr und kam dann in die Küche, um zu verkünden: "Dawn zieht zu uns."

Ich stand einen Augenblick schweigend da, während noch das Wasser aus dem Hahn lief.

"Sie zieht zu uns? Wie meinst du das?"

"Dawn hat angerufen, um sich zu verabschieden", erklärte Keith. "Da Karen sie nicht in ihrer Wohnung behalten kann, wollte sie Dawn fortschicken, um bei Verwandten zu wohnen." Als er mir sagte, *welche* Verwandten das waren, zuckte ich zusammen. Karen hatte uns von diesen Leuten erzählt. Sie hatten jede Menge Probleme - sie tranken und rauchten Dope zu jeder Tages- und Nachtzeit.

"Sie brechen morgen früh auf, um irgendwo im Norden in die Wälder zu ziehen, und Karen wollte ihnen Dawn mitgeben. Mel, du hättest Dawnies Stimme hören sollen. Sie wollte nicht mit. Sie fragte, ob sie stattdessen kommen und bei uns wohnen könnte."

"Und du hast gesagt ...?" Ich wollte nur sichergehen, daß ich mich nicht verhört hatte.

"Ich habe gesagt, sie könne kommen."

Wieder schwieg ich für einen Augenblick. Ich fühlte etwas in meiner Brust aufsteigen. Einerseits hatte ich Dawn wirklich lieb und fühlte stark mit ihr in dieser Situation. Andererseits hatte Keith mich nicht einmal gefragt, wie ich darüber dachte. Sicher, es wäre ganz und gar nicht gut für Dawn gewesen, in die Wälder zu gehen und bei Leuten zu wohnen, die mit großen Problemen zu kämpfen hatten. Und Dawn war noch so jung - auch jung im Glauben. Dennoch hätte ich mir gewünscht, daß Keith mit mir gesprochen hätte, bevor er ihr sagte, daß sie zu uns ziehen könne. Immerhin war sie minderjährig, und die Verantwortung war recht groß.

Doch im gleichen Moment beschloß ich, das Keith gegenüber nicht einmal zu erwähnen. Ich wußte, daß ich sowieso ja gesagt hätte. Ich hatte Dawn wirklich gern und wollte sie schützen. Wir konnten offensichtlich nichts Besseres tun. Und in diesen wenigen Augenblicken des Schweigens fühlte ich, wie ein tiefer Friede mein Herz erfüllte. Vielleicht sagte mir der Herr auf diese Weise, daß wir die richtige Entscheidung trafen.

Und so zog Dawn nur ein paar Wochen nach ihrem elften Geburtstag bei uns ein. Fröhlich sagte sie: "Ich wollte schon immer in einem richtigen Haus mit einem Grundstück und einem Hund wohnen." Und obwohl wir ihr sagten, daß sie uns einfach weiter Keith und Melody nennen sollte, nannte sie uns von Anfang an "Mom" und "Dad".

Mom und Dad ... Keith und ich hatten uns schon einmal darüber unterhalten, ob wir Kinder haben wollten, aber es war ein kurzes Gespräch gewesen. Keiner von uns verspürte den brennenden Wunsch, jetzt schon Eltern zu werden. Und nun standen wir da - als Eltern einer hübschen, quicklebendigen Tochter an der Schwelle zum Teenager. Wir hatten *null* Ahnung, wie sich Eltern zu verhalten hatten - besonders gegenüber einer Elfjährigen. Aber wir liebten Dawn. Sie hatte in unseren Herzen Wurzeln geschlagen. Dawn zog mit zu Cindy und Kelly ins Zimmer, und nun waren wir zu fünft in dem kleinen Haus in der Dolorosa Street.

Ungefähr um die Zeit, als Dawn zu uns kam, wurde Keith gebeten, bei einem Benefiz-Konzert zugunsten des "Hollywood Free Theater" aufzutreten, das aus einer Gruppe christlicher Schauspieler bestand, die sich trafen, um einander im Glauben zu ermutigen und an ihren schauspielerischen Fähigkeiten zu arbeiten. Keith und ich hatten auch schon einige Kurse dort besucht. Keiner von uns zeigte besondere "Star"-Qualitäten, aber es machte Spaß, und sie waren eine großartige Gruppe.

Es war nun fast drei Monate her, daß Keith seine öffentlichen Auftritte aufgegeben hatte. Andere Möglichkeiten, die ihm geboten worden waren, hatte er ohne zu zögern abgelehnt, aber dieses Mal fühlte er sich hin- und hergerissen. Er wollte sich nicht aus der Verpflichtung herausschleichen, die er eingegangen war, aber er hatte den starken Wunsch, dabei zu helfen, für diese Gruppe von

Christen Geld aufzutreiben. Schließlich meinte er, es wäre wohl in Ordnung, den Herrn wenigstens danach zu fragen. Er betete sehr viel, denn er wollte nicht, daß seine eigenen Wünsche ihn daran hinderten, Gott zu hören. Endlich glaubte Keith, eine gewisse Wegweisung bekommen zu haben.

"Ich glaube, Gott gibt mir die 'Starterlaubnis', diese *eine* Einladung anzunehmen", sagte Keith zu mir. "Er hat mir nicht gesagt, daß ich meine Musik wieder aufnehmen soll - ich glaube, er läßt mich das hier vielleicht machen, weil es für eine gute Sache ist. Es ist eine einmalige Ausnahme. Danach tritt meine Verpflichtung wieder voll in Kraft."

Das Benefiz-Konzert sollte mitten in Beverly Hills in einem sehr populären Lokal namens "The Daisy" stattfinden. Am Abend des Konzerts, gegen Ende September, sprangen wir in "Victor" und fuhren den Wilshire Boulevard hinauf, kamen an dem berühmten Restaurant "Brown Derby" vorbei und bogen dann in den North Rodeo Drive ein, wo sich der Parkplatz des "Daisy" befand.

Der Saal war brechend voll, als wir ankamen, aber es war nicht das übliche Publikum. Wir entdeckten sofort viele vertraute Gesichter aus dem Vineyard - Randy Stonehill, Larry Norman, Jerry Houser und eine christliche Plattenkünstlerin namens Jamie Owens. Und dann waren da ein paar berühmte Gesichter, die wir zum ersten Mal aus der Nähe sahen - Pat Boone, Dale Evans und Julie Harris, die gerade in dem Film *Die Zuflucht* mitgespielt hatte.

Der Saal sprudelte vor Energie und Begeisterung. Das Licht funkelte auf den Deckenleuchtern und Spiegeln, und im Hintergrund ertönte christliche Musik. Auf der langen verspiegelten Theke an der gegenüberliegenden Wand standen heute abend nur Tabletts mit Fruchtsaft und alkoholfreien Getränken.

Keith und ich fanden einen kleinen Tisch für zwei. Sein Auftritt war gegen Ende der Veranstaltung vorgesehen, gleich vor Pat Boone und Julie Harris. Normalerweise hatte Keith Nerven aus Stahl, aber ich wußte, daß er sich heute abend sehr unter Druck fühlte. Er wollte, daß sein Auftritt dem Herrn Ehre machte - und nur dem Herrn.

Als Keith endlich dran war, trat er ins helle Scheinwerferlicht und setzte sich an den Flügel. Eine höfliche Stille breitete sich im Saal aus. Er schaute ins Publikum, während er anfing, leise auf dem Flügel zu spielen und zu sprechen.

"Dieses Lied, das ich jetzt singen möchte, ist *mein* Lied. Es ist *euer* Lied. Es ist für jeden, der jemals den liebevollen Armen seines himmlischen Vaters entflohen ist, um seinen eigenen Weg zu gehen.

Ich war ein verlorener Sohn", erklärte er. "Aber ich laufe nicht mehr davon. Ich kam schmutzig, und mein Vater im Himmel nahm mich, wusch mich ab und setzte mich auf seinen Schoß."

Als Keith mit der "Prodigal Son Suite" begann, verstummten die beiläufigen Gespräche. Ich erinnerte mich an die vielen Stunden, die Keith in jener steinigen Zeit vor anderthalb Jahren damit verbracht hatte, dem Text von "The Prodigal Son" den letzten Schliff zu geben. Nun stellten die Leute ihre Getränke ab und wandten ihre Aufmerksamkeit der Bühne zu. Ich spürte sofort, daß *irgendetwas* da oben mit Keith geschah. Das war nicht einfach nur ein Auftritt. Es war, als ob Gott durch Keith sein Herz vor uns ausbreitete - ein Vaterherz, das sich danach sehnte, daß seine Kinder nach Hause zurückkehrten.

Als Keith an die Stelle kam, wo der nun gebrochene verlorene Sohn nach Hause zurückkehrt, lag ein Zittern in seiner Stimme, das mir den Hals zuschnürte. Einer Frau am Nebentisch liefen die Tränen übers Gesicht ...

*Ich war fast daheim,*
*Das Haus war in Sicht.*
*Mein Vater starrte nur -*
*sperrte den Mund auf.*
*Er rannte den Weg herauf*
*Und fiel zu meinen Füßen,*
*Und weinte ... und weinte ...*

*Vater, ich habe gesündigt.*
*Der Himmel schämt sich für mich.*
*Ich bin nicht mehr würdig,*
*Deinen Namen zu tragen.*
*Ich habe gelernt, daß mein Zuhause*
*Genau da ist, wo du bist.*
*Oh Vater, laß mich ein ...*

Überall in dem prächtigen Tanzsaal tupften sich Leute die Tränen ab. Und dann ging Keith zum letzten Satz über - zu der Stelle, wo der Vater voller Freude seinem Sohn vergibt und ein Fest ausruft ...

*Bringt das beste Kleid,*
*Zieht es meinem Sohn an!*
*Schuhe für seine Füße -*
*Schnell! Zieht sie ihm an!*

*Das ist mein Sohn,*
*Den ich für tot hielt!*
*Bereitet ein Festmahl,*

*Denn mein Sohn lebt!*
*Mein Sohn ist zurückgekehrt*
*In Gottes Hände!*

Als das Lied zu Ende war, beugte Keith seinen Kopf und seinen Oberkörper nach vorn über die Tasten, um zu unterstreichen, daß es vorbei war. Einen Moment lang herrschte benommene Stille im Saal - dann brach der ganze Raum in Applaus und Hochrufe aus. Viele Leute sprangen auf, um stehend zu applaudieren. Doch Keith erhob sich sofort vom Flügel und bahnte sich still seinen Weg zurück zu unserem Tisch, wobei er kaum aufblickte.

Als das Programm zu Ende war, kamen zahlreiche Menschen auf Keith zu, um ihn zu ermuntern und ihm zu sagen, wie der Herr sie während seines Liedes angerührt hatte. Keith sah erfreut aus, doch er reagierte etwas zurückhaltend. Später, auf dem Heimweg, fand ich heraus, warum.

"Ich war unsicher, wie ich reagieren sollte, als alle so begeistert waren", sagte er kopfschüttelnd.

Ich war in Hochstimmung. "Keith, du warst unglaublich. Ich habe heute abend den Herrn regelrecht in dir gesehen, auf eine noch machtvollere Weise."

"Auch ich habe den Herrn auf ganz neue Art gefühlt." Dann zögerte er einen Moment. "Mel, ich glaube, der Herr hat mir meine Musik zurückgegeben, während ich heute abend spielte. Ich war gerade mitten in dem Lied und spürte einfach einen Frieden und eine Gewißheit, daß ich genau im Zentrum des Willens Gottes war - daß ich genau das tat, wozu er mich geschaffen hatte."

"Das ist wunderbar!"

"Ja. Es ist kaum zu glauben, aber ich denke, Gott will wirklich, daß ich für ihn und zu seiner Ehre spiele - und nur zu seiner Ehre."

Als Keith seine Musik zurückbekam, war das die "Starterlaubnis" vom Herrn, auf die er gewartet hatte - aber es dauerte noch einmal drei Monate, bevor er sie wirklich wieder aufnahm und an den Start ging. Doch als es soweit war, sprach sich sein musikalischer Dienst durch unsere Freunde in der christlichen Musikszene schnell herum. Gegen Ende des Jahres 1975 bekam Keith Konzertanfragen aus etlichen Gemeinden in Südkalifornien. Das war eine ganz neue Welt für uns. Abgesehen von den wenigen Konzerten mit Randy Stonehill hatte Keith bisher nur in Nachtlokalen, Universitäten, vegetarischen Hippie-Restaurants und Aufnahmestudios gespielt - dazu kamen ein paar Fernsehauftritte, als er noch jünger war. Die Auftritte in Gemeinden brachten für uns einige neue Herausforderungen und interessante Veränderungen mit sich.

Unsere erste große Frage war: Wieviel Geld verlangte man von einer Gemeinde, die einen zu einem Konzert einlud? In der säkularen Szene strebt jeder danach, mehr Geld zu verdienen. Abgesehen von dem Geld selbst ist die Höhe der Gagen eine Meßlatte für die eigene Leistung und Beliebtheit. Je besser man ist, desto mehr bekommt man. Wenn Keith auch niemals nur des Geldes wegen in diesem Geschäft gewesen war, so war es doch sein Beruf, und wir bezahlten unsere Rechnungen davon. Und wir hatten immer noch Rechnungen zu bezahlen. Unser Gehalt von CBS half uns dabei, doch unser wachsender Haushalt war zu einem Zentrum aller möglichen Aktivitäten geworden, und wir hatten oft alle Hände voll zu tun mit einer Art unaufhörlichen "Speisung der Fünftausend".

Wir lernten gerade erst, finanzielle Dinge aus einem christlichen Blickwinkel zu sehen. Keith war immer ausgesprochen korrekt gewesen, wenn es um Geld ging - doch der Gedanke des "Zehnten" war neu für uns. Wir erlebten unsere Feuertaufe in bezug auf den Zehnten, als nach einer siebenmonatigen Verzögerung endlich unser CBS-Gehalt hereinkam - in Form eines Schecks über 7.000 Dollar! Nachdem wir uns von dem anfänglichen Schock erholt hatten, 700 Dollar auf einmal als Zehnten geben zu müssen, waren wir froh, uns in bezug auf das Geben an biblische Prinzipien halten zu können. Die waren wenigstens klar erkennbar. Aber was waren die biblischen Prinzipien in bezug auf Konzertgagen? Wo in der Bibel waren die zu finden?

Unsere Erkundigungen brachten uns nicht viel weiter. Andere christliche Musiker vertraten in dieser Frage die unterschiedlichsten Ansichten. Manche nahmen Eintritt, manche baten von vorne um einen bestimmten Betrag, wieder andere baten um freiwillige Spenden. Wir bekamen reichlich Geschichten zu hören. Sie waren nicht alle gut. Ein paar üble Erfahrungen machten wir auch selbst.

Einmal wurde Keith im letzten Moment telefonisch gebeten, in einer sehr großen Gemeinde zu spielen, die etwa anderthalb Stunden von uns entfernt war. Man sagte ihm am Telefon, sie würden ihm zwanzig Dollar dafür geben. Keith zögerte, denn er konnte sich ausrechnen, daß er davon gerade das Benzin für die drei Stunden Fahrt hin und zurück bezahlen könnte. Die Gemeinde war so groß, daß er meinte, sie könnte es sich leisten, ihm ein bißchen mehr zu geben. Doch sie blieben hart, weil sie wahrscheinlich dachten, daß die Möglichkeit, vor ein paar Tausend Leuten zu spielen, Keiths Dienst eine größere Verbreitung verschaffen würde. Das stimmte zwar, aber Keith hielt das trotzdem nicht für eine "brüderliche" Art, miteinander umzugehen. Doch er glaubte, der Herr wolle, daß er trotzdem hinfahren sollte, obwohl er sich unfair behandelt fühlte. Immerhin war es tatsächlich eine gute Möglichkeit, vielen Menschen zu dienen.

Nach den Maßstäben, an die wir gewöhnt waren, hätten wir für diese Summe nicht einmal einen *Botengang* über eine so weite Entfernung gemacht - geschweige denn ein ganzes Konzert gegeben. Aber das hier war nicht die Welt des Showgeschäfts. Das hier war Dienst. Dennoch waren wir verwirrt.

So machten wir uns daran, uns unseren Weg durchs Dunkel zu ertasten. Jetzt, wo wir Christen waren, wußten wir instinktiv, daß sich die Regeln in Gelddingen verändert hatten - aber wir wußten wirklich nicht, wie. Keiths Musik war keine "Karriere" mehr. Er betrachtete sich selbst als Verkündiger, und wir wollten Menschen zum Glauben kommen sehen. Doch Musik war auch Keiths Beruf, und wir hatten jede Woche erhebliche Haushaltsausgaben zu bestreiten. Keith war immerhin ein bewährter Bühnenkünstler, und so schien es, daß er mehr verlangen sollte als jemand, der gerade ein paar Stunden Gitarrenunterricht genommen hatte. Aber durfte Keith sich als Verkündiger überhaupt Gedanken darüber machen, wieviel er verdiente?

Das war eine Frage, mit der wir uns noch eine Weile herumschlagen sollten.

Trotz dieser Fragen nahm unsere Begeisterung für Jesus zu und erfaßte jeden Bereich unseres Lebens - besonders natürlich unsere Musik. Ein neuer Song nach dem anderen sprudelte nur so aus uns heraus.

Keith war ständig am Schreiben - entweder allein, mit mir oder Todd oder mit irgendeinem anderen neuen Freund, der Musik machte. Manchmal schrieben auch mehrere von uns zusammen, was noch mehr Spaß machte. Viele der Lieder waren inspirierende Rufe zur Anbetung Gottes im Geist und in der Wahrheit, manche waren ein unbeschwerter Ausdruck der Freude - und dann gab es auch noch die witzigen Songs.

Keith glaubte nicht daran, daß Christsein bedeutete, daß man seinen Sinn für Humor oder seine Fähigkeit verlieren müßte, sich eine fröhliche Zeit zu machen. Eines Tages besuchte uns unser Freund Wendell Burton, und er und Keith landeten schließlich im Musikzimmer. Wendell ging ebenfalls in den Vineyard und leitete normalerweise die Anbetung in dem Haus mit dem Affen. Außerdem war er ein sehr begabter Sänger und Songschreiber, und er und Keith beschlossen, daß sie einmal versuchen wollten, gemeinsam zu schreiben. Was dabei herauskam, war ein witziges Lied über einige Glaubenshelden, die Gott vertrauten, selbst als die Chancen gegen sie standen - "He'll Take Care of the Rest":

*Denk nur an Moses*
*Vor dem brennenden Busch,*
*Barfuß auf heiligem Boden,*
*Weißt du, er muß sich gedacht haben:*
*Hey, was soll ein alter Kerl wie ich*
*Denen sagen, wenn ich da hinunter gehe?*
*(Go down, Moses!)*

*Doch der Herr sprach: "Hey, Mo!*
*Mach dir keine Sorgen über deine Reise nach Süden,*
*Ich werde jedes Wort sagen, das aus deinem Mund kommt!" ...*

*Denk nur an Noah,*
*Der mit seinem Schirm herumlief,*
*Als kein Wölkchen am Himmel zu sehen war.*
*All seine Nachbarn lachten*
*Über seine Hausgiraffe*
*Und sie (ho ho)*
*Kicherten, wenn er vorbeiging.*
*Doch der Herr sprach:*
*"Hey, Noah, bleib cool.*
*Bau du nur weiter dieses Boot.*
*Es ist nur eine Frage der Zeit,*
*Bis sie sehen werden, wer ins Schwimmen kommt!"*

*"Tu du nur weiter dein Bestes*
*Und bete um den Segen.*
*Hey, Noah, ich kümmere mich um den Rest -*
*Ich bin der Wettermann!"*

Dann gab es ein paar Lieder, die Keith ganz spontan schrieb, um seine eigene schiere Freude darüber auszudrücken, daß er endlich die Wahrheit gefunden hatte, die ihn frei machte. Jetzt strahlte Keith ein Licht aus, daß die Leute zu ihm hinzog. Den folgenden Song schrieb er, um dem Herrn zu sagen, daß er, wann immer ihn jemand fragte, warum er so fröhlich aussehe, auf die Quelle dieses Lichtes hinweisen und einfach sagen könne: "Because of You!"

*Es ist wegen dir,*
*Daß die Leute mich anlächeln*
*Und sagen: "Was für ein Glückspilz!"*
*Wegen dir*
*Kann ich meine Hände zum Himmel erheben*
*Und sagen: "Ich bin nur fröhlich*
*Wegen dir*

*!"*

Ein anderes Lied, das Keith in dieser Zeit schrieb, handelte von der übernatürlichen Berührung Gottes, die er in seinem Herzen spürte. Keith sagte im-

mer: "Es ist wie Schokoladeneis. Wie kann man jemandem den Geschmack beschreiben, der noch nie Schokolade probiert hat?"
"You Put This Love In My Heart" drückte Keiths Dankbarkeit für diese wundersame Berührung aus.

*Ist das alles wirklich oder ein Traum?*
*Ich fühle mich so wohl, daß ich schreien könnte!*
*Du hast diese Liebe in mein Herz gelegt.*

*Ich weiß, die Einsamkeit, die ich zuvor empfand,*
*Ist nun fort, ich werde sie nie mehr spüren.*
*Denn deine Liebe hat mich befreit*
*Von allem in meiner Vergangenheit,*
*Und ich weiß, ich kann dir glauben,*
*Wenn du sagst, daß ich nie verlassen sein werde.*
*Deine Liebe bleibt bestehen!*

Eines Tages kam Keith ins Musikzimmer, als ich gerade an einem neuen Song arbeitete. Er hörte zu, als ich ihm das, was ich bereits hatte, auf dem Klavier vorspielte - und die wenigen skizzenhaften Worte sang ...

*Wenn ich die Musik beginnen höre, möchte ich sie für dich singen,*
*Musik, die dein Herz erfüllen wird, ich will sie dir bringen."*

"Ganz gut so weit, Mel."

Ich zeigte ihm die groben Akkorde, die ich spielte, und er fing an, damit herumzuexperimentieren. Ein paar Tage später setzte sich Keith zum Schreiben hin, aber es kam nichts. Ziemlich frustriert darüber lief er im Haus herum. Nachdem er ins Musikzimmer zurückgekehrt war, hatte ich einen Eindruck - Worte schienen sich in meinem Geist zu formen. Wollte der Herr Keith etwas sagen - durch mich? Ich schriebe die Worte nieder und brachte Keith den Zettel. Er faltete ihn auseinander und las: "Ruhe still vor mir, und ich werde dir ein Lied geben."

Schon bald hörte ich Musik. Keith sang ein Lied mit der gleichen Refrain-Melodie, die ich geschrieben hatte - aber es hatte ein völlig anderes Thema. Schließlich kam Keith heraus und sagte: "Der Herr hat mir gerade ein Liebeslied geschenkt - von ihm an mich." *When I Hear The Praises Start*

*Mein Sohn, mein Sohn,*
*Warum machst du dir Mühe?*

*Du kannst nicht das Geringste hinzufügen*
*Zu dem, was ich für dich getan habe.*
*Ich habe alles getan,*
*während ich starb.*
*Ruhe in deinem Glauben,*
*Mein Friede wird zu dir kommen.*

*Wenn ich das Lob beginnen höre,*
*Will ich auf dich regnen lassen*
*Segnungen, die dein Herz erfüllen werden.*
*Ich sehe keinen Makel an dir,*
*Denn du bist mein Kind,*
*Und du kennst mich.*
*Für mich bist du nichts als heilig,*
*Nichts, was du getan hast, bleibt,*
*Nur was du für mich tust.*

*Mein Kind, mein Kind,*
*Warum weinst du?*
*Du sollst nicht für immer warten müssen.*
*Jener Tag und jene Stunde liegen in meiner Hand -*
*Der Tag, an dem ich dich in den Himmel bringen werde. ...*

Ein anderer Song, den wir zusammen schrieben, wurde durch einen Zeitungsartikel inspiriert. Darin wurde von einem Priester berichtet, der versucht hatte, Dämonen aus einer Frau auszutreiben, die besessen war. Der Priester sagte, daß die Dämonen angefangen hätten, durch diese Frau zu lachen und zu ihm zu reden. Er behauptete, sie hätten geprahlt: "Wir haben alle Macht, weil niemand mehr an uns glaubt!"

Sobald Keith und ich Christen geworden waren, wußten wir, daß es wirklich einen Gott gab - und einen Teufel. Wir waren sicher, daß dies die dunkle Macht erklärte, die vor einigen Jahren vor dem "Bla Bla" von Harmony Besitz ergriffen hatte. Unzählige Menschen in Südkalifornien - und in ganz Amerika - spielten mit okkulten Praktiken herum, ohne die dämonischen Mächte zu erkennen, die dahinter stehen. Wir wußten jetzt, daß Satan ein foulspielender Bösewicht war, mit dem nicht zu spaßen war, entschlossen, jede arglose Seele einzufangen und zu zerstören, die er erwischen konnte.

Ich fuhr zum Einkaufen, nachdem ich den Artikel über den Priester gelesen hatte, und seine Worte kamen mir ständig in den Sinn. Bald ertappte ich mich dabei, wie ich mit einer Hand Worte auf ein Stück Papier kritzelte, während ich mit der anderen Hand steuerte. Als ich nach Hause kam, legte ich eine saubere Abschrift des Textes, der ganz aus Satans Perspektive zu singen war, auf Keiths Klavier. Er fügte noch ein paar Worte hinzu und vertonte das Ganze, und das Ergebnis nannten wir "Satan's Boast":

*Oh, mein Job wird immer leichter,*
*Je mehr die Zeit vergeht.*
*Ich kann das strahlendste Licht imitieren*
*Und deine Nacht aussehen lassen wie den Tag.*
*Ich mische ein wenig Wahrheit unter jede Lüge,*
*Um die juckenden Ohren zu kitzeln.*
*Ich ziehe die Leute an wie die Fliegen,*
*Denn ihnen gefällt, was sie hören.*

*Mit jeder Stunde gewinne ich mehr Macht,*
*Sie fallen in Scharen um*
*.Wißt ihr, es wird jetzt sehr einfach,*
*Weil niemand mehr an mich glaubt.*

*Oh, der Himmel ist nur ein Geisteszustand,*
*Lies meine Bücher auf deinem Regal.*
*Oh, hast du schon gehört, daß Gott tot ist?*
*Den habe ich mir selbst ausgedacht!*
*Sie pfuschen mit Zaubersprüchen herum*
*Und lassen sich die Zukunft voraussagen,*
*Sie hörten die Wahrheit, aber sie wandten sich ab*
*Und folgten mir stattdessen ...*

*Jeder liebt einen Gewinner.*
*Mit meiner Hilfe wirst du garantiert gewinnen.*
*Hey, Mann, du bist kein Sünder, nein!*
*Du trägst die Wahrheit in dir.*
*Und während dein Leben vergeht, glaubst du allmählich die Lüge,*
*Daß du es allein geschafft hast.*
*Doch ich werde an deiner Seite sein*
*In unserem dunklen ewigen Heim -In unserem dunklen ewigen Heim.*

Ein weiterer Einfluß war die christliche Literatur, die wir gerade entdeckten. Keith las ständig, und eines seiner Lieblingsbücher war eine klassische Allegorie namens "Hind's Feet On High Places" von Hannah Hurnard. Keith dachte an die Schwierigkeiten und Prüfungen, durch die ihn der Herr gebracht hatte, als er das Lied "Trials Turned To Gold" schrieb.

*Er ließ mich tief sinken,*
*Damit ich den Weg erkenne,*
*Die Höhen zu erreichen.*
*Meinen Träumen zu entsagen,*
*Meiner Selbstbewunderung,*
*Und all meine Rechte aufzugeben.*
*Mit jedem, das ich niederlege,*
*Wird ein Juwel in meine Krone eingefügt.*
*Denn seine Liebe -*
*Die Dinge, die droben sind -*
*Ist alles, was wir je brauchen werden.*

*Er hat mich hierher gebracht,*
*Wo die Dinge klar sind*
*Und Prüfungen sich in Gold verwandeln.*

Zu dieser Zeit schrieb er auch diese Tagebucheintragung:

WO DIE DINGE KLAR SIND
***Wir sind nichts als Staub. Unser Leben gehört nicht uns. Unser Körper gehört nicht uns. Unsere Zukunft liegt in deinen Händen. Der Herr macht mich bereit, zu sterben - völlig - ich verdiene es nicht, zu leben - darum komm, Geist des heiligen Gottes - lebe du statt meiner. Die einzige Freude, die im Leben bleibt, ist, zu erkennen, daß ich nichts bin, und Gott sein zu lassen, was er ist - alles.Weder Tränen noch Lachen können seine Gnade und seine Gaben ausdrücken. Ich gehöre ihm. Bitte, Keith! Geh niemals zurück - schau hinauf.***

Der stärkste Antrieb für unser Wachstum als Songschreiber waren vermutlich die Begegnungen mit anderen christlichen Musikern. Keiths erste Beteiligung an einer christlichen Schallplattenaufnahme bestand darin, auf dem Album 'Growing Pains' von Jamie Owens Piano zu spielen. Dann lernte Keith durch Jamie einen Typen namens Terry Talbot kennen. Keith und Terry verstanden sich auf Anhieb.

Terry und sein Bruder John hatten in einer berühmten Rockband namens

"Mason Proffit" gespielt. Jetzt arbeitete Terry an einem Musical namens "Firewind" und bat Keith, eine der Hauptstimmen in einem Song namens "Walk and *Talk" zu sin*gen. Interessanterweise sollte das ein Duett mit Barry McGuire werden. Keith konnte es kaum fassen, weil Barry vor ein paar Jahren in Turlock so einen starken Eindruck auf uns gemacht hatte - und nun würde Keith mit ihm zusammen zum ersten Mal ein christliches Lied auf einer Platte aufnehmen! Es schien, als ob sich viele kleine Fäden allmählich ineinander verwoben.

Keith war wirklich gespannt auf diese Aufnahme-Session, denn er würde eine Menge anderer christlicher Künstler kennenlernen. Nach dem zu urteilen, was ich später hörte, muß Keith dabei selbst einen hervorragenden Eindruck hinterlassen haben.

Bevor Annie Herring von "The Second Chapter of Acts" überhaupt zu der Session erschienen war, hatte ihr Jamie Owens schon erzählt: "Warte nur, bis du Keith Green kennenlernst. Er platzt vor Energie, und sein Herz ist einfach erfüllt vom Herrn. Du wirst ihn lieben!"

Als Annie das Studio betrat, arbeitete Keith gerade mit dem Tontechniker an seinem Solo. Sie mußte ein Lachen unterdrücken, denn Keith versuchte, seine Zeilen mit Kraft und Gefühl zu singen und gleichzeitig dem Techniker zu erklären, zwischen welchen Worten er akzentuieren sollte. Schließlich hatte es der Techniker kapiert, und er machte es genau so, wie Keith gesagt hatte. *Junge, der weiß aber, wie man etwas in die Hand nehmen muß*, dachte Annie.

Wenig später tauchte Billy Ray Hearn von der Firma Sparrow Records auf, da "Firewind" unter seinem Label veröffentlicht werden sollte. Keith tat, was er *immer* tat, wenn er den Präsidenten einer Plattenfirma traf. Er zerrte Billy Ray zum Piano hinüber und sagte: "Hör dir das an!" Dann spielte er ihm ein paar Songs vor. Doch das war noch nicht alles. Keith sagte ihm: "Du mußt zu einem meiner Konzerte kommen! Bei einem Konzert herrscht eine ganz andere Atmosphäre!" Billy Ray sagte Keith, er werde versuchen, zu einem Konzert zu kommen - irgendwann.

Außer daß er Terry und Barry an diesem Tag viel besser kennenlernte, traf Keith auch Annie und die anderen von "Second Chapter" - Annies Bruder und Schwester, Matt und Nelly Ward - und Nellys Freund Steve Greisen. Sie alle hatten viel Spaß dabei, als sie sich kennenlernten und miteinander herumalberten. Annie machte einen tiefen Eindruck auf Keith.

Sie hatten sich gegenseitig aufgezogen, und Annie, die es gewohnt war, in einer großen Familie voller Brüder ihren Platz zu behaupten, verpaßte ihm "nur einen liebevollen Klaps", wie sie es ausdrückte. Als Keith nach Hause kam, sagte er: "Annie hat mich auf den Arm geboxt - aber richtig fest!"

Eine Woche später traf Keith Annies Mann Buck Herring, der für "Second

Chapter" als Produzent tätig war. Buck und Annie waren erst wenige Jahre verheiratet gewesen, als ihr Vater gestorben war. Damals waren die beiden jüngsten Geschwister Annies, die noch bei ihrem Vater gewohnt hatten, zu ihr und Buck gezogen. Wenig später hatten Nelly, Matt und Annie entdeckt, daß sie gemeinsam singen konnten.

Als ich die Leute von "Second Chapter" zum ersten Mal traf, war ich noch so wenig vertraut mit christlicher Musik, daß ich noch nicht einmal von ihnen *gehört* hatte - obwohl sie im ganzen Land berühmt waren. Keith nahm mich mit zu ihrem Haus in Northridge, und als wir eintraten, hörte sich Buck gerade eines ihrer Alben an. Es haute mich um. Ich ging in die Küche, und da stand Annie mit einer Schürze am Spülbecken und wusch das Geschirr ab. Ich wußte nicht, was ich sagen sollte, also sagte ich das erste, was mir in den Sinn kam.

"Ich habe gerade euer Album gehört. Ich habe euch vorher noch nie gehört. Es ist unglaublich. Ihr klingt wie *Engel*!"

"Oh, danke!" sagte Annie hocherfreut.

Im nächsten Moment kam ich mir unglaublich dumm vor. Wie peinlich, einer berühmten Sängerin zu sagen, daß man sie noch nie gehört hat! Ich wäre am liebsten im Boden versunken. Voller Ehrfurcht stand ich vor dieser schönen Frau mit ihren feingeschnittenen, hohen Wangenknochen und den dunklen, lebhaften Augen - dieser Frau Gottes, die wie ein Engel sang und Geschirr spülte wie ein normaler Mensch! Und ich stand in ihrer Küche. Ich wußte nicht, wie ich mich verhalten sollte.

Doch Annie war so freundlich und warmherzig - und meine Bemerkung schien sie wirklich zu ermutigen. Wahrscheinlich war sie daran gewöhnt, daß die Leute in ihrer Gegenwart ein wenig kopflos wurden. Sie gab mir sofort das Gefühl, willkommen zu sein.

Inzwischen hatten sich Keith und Buck in eine Ecke zurückgezogen und unterhielten sich über Musik, Produktionen und Plattenaufnahmen. Keith hatte so viele Fragen, vor allem darüber, für *wen* er eigentlich singen sollte. Ich hörte sie im Hintergrund reden, während ich Annie half, die Arbeitsplatte abzuwischen.

"Ich glaube wirklich, daß ich ein Album aufnehmen sollte." Keith fühlte Buck auf den Zahn. "Aber ich bin nicht sicher, ob es ein *christliches* Album sein sollte oder nicht. Was meinst du?"

"Was solltest du sonst tun?" fragte Buck.

"Nun, ich möchte den Namen des Herrn erheben. Aber mir scheint, daß die Christen sowieso schon jede Menge Musik haben. Und überhaupt, warum sollte ich für Christen von Jesus singen? Sie kennen ihn doch schon."

"Evangelisation ist wichtig, Keith. Aber sie ist nicht der einzige Grund, warum uns Gott die Musik gegeben hat", antwortete Buck.

"Ich weiß, aber sie ist das, was mir am wichtigsten ist. Ich möchte wirklich ein Album mit einer christlichen Botschaft machen - für Leute, die den Herrn noch nicht kennen."

"Das haben wir schon versucht, Bruder. Unseren ersten Vertrag hatten wir mit MGM, aber die säkulare Maschinerie wußte einfach nicht, was sie mit einem Album voller christlicher Songs anfangen sollte."

"Vielleicht, aber zumindest hätte ein solches Album eine größere Chance, es zu schaffen. Ich merke es immer sofort, wenn ich im Radio einen christlichen Sender erwische - schon bevor ich den Text höre. Es stört mich wirklich, daß christliche Plattenproduktionen mit so niedrigen Budgets auskommen müssen, daß ein guter Sound für sie unerreichbar ist."

"Es würde keine Rolle spielen, wie gut dein Album klingt", meinte Buck achselzuckend, "ein säkulares Label wüßte trotzdem nicht, was es damit anfangen sollte."

"Ich will einfach nicht *nur* für Christen singen. Ich möchte wirklich, daß durch meine Musik Menschen zum Herrn kommen."

"Dann bin ich sicher, daß der Herr dir zeigen wird, was du tun sollst", sagte Buck einfach.

Als wir später an diesem Abend auf dem Heimweg waren, war Keith tief in Gedanken. Ich merkte, daß sein Gespräch mit Buck ihn nicht überzeugt hatte. Keith wollte die Menschen außerhalb der Gemeinden erreichen. Doch ich wußte, daß er nicht ruhen würde, bis diese Frage geklärt war.

Unsere musikalische Familie wuchs weiter, während wir Leute wie Chuck Girard, Phil Keaggy, Mike und Kathy Deasy, Kelly Willard, Karen Lafferty und Andrae Crouch kennenlernten. Wir hörten uns auch haufenweise Bänder an von Leuten wie Bob Ayala, einer Gruppe namens Mustard Seed Faith und einem Mädchen, das sich Honeytree nannte. Es machte großen Eindruck auf uns, daß sie ihre Begabung einsetzten, um nur für den Herrn zu singen - und doch waren wir immer noch unschlüssig, welchen Weg Keith mit seinem musikalischen Dienst einschlagen sollte.

In dieser Zeit klärte sich auch das Verhältnis zu einem Freund, das lange gespannt gewesen war.

Eines Tages lief Keith in den Vineyard-Büros unerwartet Randy Stonehill in die Arme. Sie freuten sich beide, einander zu sehen, und Keith lud ihn zu uns nach Hause ein. Wegen einiger hitziger Diskussionen, bevor wir Christen geworden waren, war die Freundschaft der beiden ein wenig belastet gewesen. Sie waren immer noch Freunde, und Keith spielte sogar auf Randys Hochzeit; doch es war nicht alles ganz in Ordnung.

Als Randy mit seinem Gitarrenkoffer ankam, verschwanden die beiden sofort im Musikzimmer. Ich war mit Cindy, Kelly und Dawn in der Küche und hörte sie lachen, reden und Musik machen. Dann wurde es lange Zeit sehr still. Später am Abend erzählte mir Keith, was passiert war.

"Randy und ich haben endlich reinen Tisch gemacht. Ich sagte ihm, wie sauer ich gewesen war, weil ich gedacht hatte, daß ich schon viel früher Christ geworden wäre, wenn er mir *wirklich* mehr von Jesus erzählt hätte."

"Was meinte Randy dazu?"

"Er sagte, er *habe* versucht, es mir zu sagen, aber da er seinen Glauben nicht konsequent ausgelebt hätte, hätten seine Worte vermutlich nicht viel Vollmacht gehabt. Er sagte, er wüßte, daß Taten manchmal lauter sprechen als Worte. Randy sagte, es täte ihm leid."

"Das war ziemlich gut von ihm, so offen zu dir zu sein. Was hast du gesagt?"

Keith lächelte. "Mein Herz schmolz nur so dahin, und ich erkannte einige *meiner* Fehler. Ich weiß, daß ich es ihm manchmal schwer gemacht habe, ein zweiseitiges Gespräch mit mir zu führen. Ich bin nicht immer der beste Zuhörer. Ich habe ihm vergeben und ihn gebeten, mir auch zu vergeben."

"Na, schließlich war es ja auch Randy, der uns in den Vineyard eingeladen hat."

"Ja. Wir bekamen beide feuchte Augen. Am Ende kramte ich die Melodie hervor, die Todd und ich vor ein paar Tagen geschrieben haben, und wir arbeiteten zusammen am Text. Das Lied heißt 'Your Love Broke Through'. Es ist wirklich stark!"

Später schrieb Keith:

21. 3. 76

***Randy spielte mir einige neue Songs vor, dann fingen wir an zu reden; eines führte zum anderen, und schließlich endete alles in einer großen Aussprache. ... ES WAR EIN WUNDER und eine Gebetserhörung.***

Es sah wirklich so aus, als finge der Herr an, diverse lose Enden zusammenzubinden. Wir hofften, das nächste lose Ende würde Keiths Musik sein. Ich konnte nie begreifen, daß keine der großen Plattenfirmen Keith nach dem ersten Zuhören unter Vertrag nahm. Wie oft hatte ich erlebt, wie er sich für irgendwelche Repräsentanten die Seele aus dem Leib spielte und eine Leistung abgab, die ihnen den Atem nahm, doch es kam nie etwas dabei heraus.

Nun fragte ich mich: Hatte vielleicht vorher irgendetwas den Weg blokkiert? Hatte der Herr gewartet, bis Keith Christ geworden war, bevor er seine Karriere in Gang kommen ließ? Und wenn nun jetzt, da wir Christen waren, Gott die Türen öffnen, die Ohren entstöpseln und Keith helfen würde, eine Plattenfirma zu finden, die an ihn glaubte?

Der Traum, es im Musikgeschäft zu "schaffen", war nicht tot - er hatte sich nur ein wenig verändert. Keith machte weiterhin Demo-Aufnahmen von seinen Liedern und rannte damit durch die ganze Stadt, um zu versuchen, bei einem säkularen Label einen Plattenvertrag zu ergattern.

Und dann schien es plötzlich, als sollte dieser Traum wahr werden.

Eines Nachmittags, ungefähr zwei Monate, nachdem er Buck kennengelernt hatte, fuhr Keith nach Hollywood, um sich mit den Leuten von Arista Records zu treffen. Arista war ein angesehenes säkulares Label, das Hit-Platten von Spitzenkünstlern herausgab. Er spielte ihnen einige seiner Lieder vor, und sie waren sehr begeistert.

Als Keith nach Hause kam, sprang er durch die Tür. "Melody! Rate mal, was passiert ist!"

Als ich ins Wohnzimmer gelaufen kam, grinste Keith von einem Ohr zum anderen.

"Mel, die Arista-Leute wollen mich nächste Woche nach New York schikken!"

"Nach New York! Du willst mich verkohlen!"

"Sie wollen, daß ich mich bei Clive Davis vorstelle - ganz an der Spitze! Sie bezahlen die Reisekosten und alles. Das könnte es sein. Vielleicht öffnet Gott jetzt doch noch ein paar Türen!"

In der folgenden Woche fuhr ich Keith zum Flughafen von Los Angeles und wünschte mir, ich könnte mitkommen, als ich ihm einen Abschiedskuß gab. Keith war so energiegeladen, daß ich sicher war, er würde Clive Davis glatt aus den Schuhen blasen, wenn er für ihn sang. Ich wünschte, ich könnte dabei sein und sein Gesicht sehen. Es schien, als ob der lang ersehnte Plattenvertrag endlich zum Greifen nahe wäre.

In New York angekommen, bezog Keith sein Hotelzimmer und fieberte seinem großen Treffen mit Arista am nächsten Tag entgegen. Später schrieb Keith:

9. 4. 76

***Clive Davis ... ließ mich fast zwei Stunden warten. Es war ein Fehlschlag, aber ich habe es so gut aufgenommen, daß ich es selbst kaum glauben konnte ... immer wieder sagte ich mir, der Herr wolle, daß ich ein christliches Album aufnehme. Es deprimierte mich, aber ich hielt den Kopf oben.***

Am folgenden Nachmittag klingelte bei mir das Telefon. Keith rief aus New York an.

"Wie war es?" fragte ich ungeduldig.

"Nun - ich glaube, Gott will, daß ich ein christliches Album aufnehme."

"Machst du Witze?"

"Nein. Mein Gespräch war ein Reinfall. Zuerst war ich wirklich fertig, aber jetzt fange ich an, mich irgendwie erleichtert zu fühlen. Zumindest habe ich endlich eine klare Antwort vom Herrn. Hey, soll ich dir eine echte New Yorker Pizza mitbringen?"

"Das wäre toll!"

Der Traum war tot - der Traum, den Keith geträumt hatte, seit er ein Kind gewesen war. Manche Träume können so tief gehen, daß es fast scheint, als gehörten sie regelrecht zur eigenen Persönlichkeit. Wenn sie sterben, stirbt ein Teil von einem selbst mit. Eigentlich hätte dies die größte Enttäuschung in Keiths Leben sein müssen. Aber das war nicht so. Die Gnade Gottes wirkte zu stark an Keith. Nachdem die anfängliche Niedergeschlagenheit gewichen war, wurde Keith regelrecht begeistert. Seine Gebete waren endlich erhört worden.

Nun wußte er, warum aus seiner säkularen Musik nie so recht etwas geworden war. Er sah noch klarer, daß seine Lebensplanung in der Wirklichkeit des Willens Gottes verankert sein mußte - sonst würde sie nie etwas anderes als Phantasterei sein. Und das Lied, das Keith gerade vor ein paar Monaten mit Randy und Todd geschrieben hatte, bekam eine noch tiefere Bedeutung:

*Wie ein törichter Träumer,*
*Der versucht, eine Straße*
*In den Himmel zu bauen,*
*Stürzten all meine Hoffnungen zusammen,*
*Und ich wußte nie, warum.*
*Bis heute,*
*Als du die Wolken zur Seite schobst,*
*die mir wie Vorhänge vor den Augen hingen.*
*Ich war blind in all den vergeudeten Jahren,*
*Als ich mich für so weise hielt.*
*Doch dann hast du mich überrascht ...*

*Mein ganzes Leben habe ich gesucht*
*Nach diesem verrückten fehlenden Teil,*
*Und mit einer Berührung*
*Rolltest du einfach*
*Den Stein, der mein Herz festhielt, zur Seite.*
*Und nun erkenne ich, daß die Antwort*

*Einfach war, dich in mein Herz einzuladen,*
*Und ich bin so sicher,*
*Daß ich nie wieder zweifeln könnte*
*An deiner sanften Berührung,*
*Sie ist wie die Kraft des Windes!*

*Wie ein Erwachen aus dem längsten Traum,*
*Wie wirklich er doch schien!*
*Bis deine Liebe hindurchbrach.*
*Ich war verirrt in einer Phantasie,*
*Die mich blendete,*
*Bis deine Liebe hindurchbrach!*

Endlich hatte Keith die Gewißheit, daß der Herr wollte, daß er seine Lieder für Christen sang - und wahrscheinlich sogar, daß er ein christliches Album aufnahm.

Am meisten beschäftigte ihn nun die Frage, was er nach Gottes Willen zu all diesen Christen sagen sollte. Wir hatten einige krasse Fälle von Inkonsequenz gesehen. Eine Menge Leute gingen in den Gottesdienst und zu christlichen Konzerten - aber nicht allzu viele von ihnen machten den Eindruck, als seien sie wirklich begeistert von Jesus. Keith fragte sich, wie Gott das wohl empfinden mochte.

Und wann immer er darüber nachdachte, wurde ihm das Herz schwer.

## Neuntes Kapitel

## Wer Ohren hat zu hören...
## ("For Him Who Has Ears To Hear")

*Keith sang, und der Geist wirkte*

Nachdem sich die Tür zu einem Plattenvertrag mit Arista geschlossen hatte, setzte sich Keith in einer ganz neuen Richtung in Bewegung. Er wußte immer noch nicht, ob er wirklich bereit war für die Gemeinde, oder auch, ob die Gemeinde bereit war für *ihn* - und sein unorthodoxes Äußeres. Er *besaß* nicht einmal einen Anzug oder eine Krawatte. Aber Keith dachte sich, sie müßten ihn eben so nehmen, wie er war.

Da "Victor" für Tourneen eigentlich nicht geeignet war, kauften wir ein anderes Gefährt, das wir den "Schwangeren Blauen Guppy" nannten. Es war ein alter blauer Lieferwagen, und der Vorbesitzer hatte das Heck um ungefähr anderthalb Meter verlängert. Die Verlängerung wirkte wie eine Blase, was dem Ganzen das Aussehen eines schwangeren Fisches verlieh. Hinten war ein großes Bett eingebaut, und vorne hatte der Wagen Einzelsitze. Nun waren wir bereit, auf Tour zu gehen - wir wußten nur noch nicht, wohin!

Da keiner von uns einen Gemeindehintergrund hatte, hatten wir keine Ahnung, wohin wir uns wenden sollten. Andere Musiker sagten uns, welche Gemeinden Konzerte veranstalteten, und halfen uns, in Gang zu kommen. Chuck Girard, der Sänger der Gruppe "Love Song", verschaffte Keith einen fliegenden Start. "Love Song" mußten viele Einladungen ablehnen, weil sie so viele Anfragen bekamen. Wann immer das geschah, empfahl Chuck der betreffenden Gemeinde Keith - so daß wir alles bekamen, was sie nicht abdecken konnten. Das war eine große Hilfe.

Im Frühjahr 1976 war Keith soweit, auf Tour zu gehen und entlang der Westküste Konzerte in Gemeinden zu geben. Er hatte eine Menge unterschiedlicher Songs - ernsthafte, witzige und inspirierende. Wir waren erst im Begriff herauszufinden, was es mit so einem öffentlichen musikalischen Verkündigungsdienst auf sich hatte.

Eines Abends gab Keith ein Konzert in einem Gemeindehaus, das ein paar hundert Leute aufnehmen konnte. Am Ende stand der Pastor auf und ermutigte die Leute, großzügig zu spenden, weil die ganze Kollekte für Keith bestimmt sei. "Laßt uns ihm für diesen großartigen Dienst etwas von dem Segen zurückgeben!" Ungefähr anderthalb Stunden später gingen wir hinaus zu unserem "Blauen Guppy" und öffneten den Umschlag, den man uns gegeben hatte. Der darin enthaltene Betrag verschlug uns die Sprache. Offensichtlich hatte man uns nicht *alle* Spenden gegeben. Keith wußte nicht, was er tun sollte.

Zuerst meinte er: "Ich werde einfach darüber hinwegsehen. Ich will das nicht an die große Glocke hängen." Doch nach ein paar Minuten wurde ihm klar, daß er nicht abfahren sollte, ohne mit dem Pastor gesprochen zu haben. Es ging nicht nur ums Geld - es ging ums *Prinzip*. Keith war der Ansicht, daß er die gesamte Kollekte erhalten sollte, weil das den Leuten so *gesagt* worden war. Jeder hatte seinen Beitrag in diesem Bewußtsein geleistet.

Als Keith mir sagte, er wolle noch einmal hineingehen und mit dem Pastor reden, wäre ich fast gestorben. Ich wäre vermutlich nicht gegangen, weil ich Angst gehabt hätte, es würde so aussehen, als wäre ich einfach nur habgierig. Aber Keith war fest entschlossen.

"Wir decken immer all unsere Kosten aus der Kollekte ab", sagte der Pastor als Antwort auf Keiths Rückfrage.

"Dann hätten Sie den Leuten das *sagen* müssen, als Sie die Kollekte einsammelten. Dann wäre alles in Ordnung."

"Nun, bisher hat sich noch niemand darüber beschwert ..."

Keith blieb fest. "Ich halte das einfach nicht für richtig. Den Leuten wurde gesagt, daß die Kollekte für mich bestimmt sei, und dafür glaubten sie ihre Spende zu geben."

Ich spürte, daß er sich unbehaglich fühlte, weil er wußte, daß man ihn wahrscheinlich mißverstand. "Ich will nicht habgierig sein - aber ich meine, daß die Spender irregeleitet worden sind, ob nun absichtlich oder nicht", schloß er.

Ich erinnere mich nicht, ob Keith den Rest der Kollekte bekam, aber er hatte getan, was er für richtig hielt. Das war für ihn das Wichtigste.

Unsere eigentliche finanzielle Sorge beruhte auf der Tatsache, daß immer mehr Menschen durch unser Haus gingen. Eine Frau in den Vierzigern, die extrem depressiv und selbstmordgefährdet war, wohnte einige Monate lang bei uns. Ein anderer Typ, der hin und wieder mit Heroin rückfällig wurde, kam mit seiner Frau und seinen zwei kleinen Kindern bei uns unter. Er beklaute uns und tauchte dann bei unserem nächsten Gebetstreffen wieder auf, um für "den Dieb" zu beten. Später gab uns seine Frau Bescheid, und wir vergaben ihm. Dann war da ein junges spanisches Mädchen, das gegen seine Sucht nach Seconal oder Beruhigungsmitteln ankämpfte. Und dann begegnete ein Freund von uns in Beverly Hills einem Mädchen, das für die Moonies, eine Sekte unter der Führung von Sun Myung Moon, Rosen verkaufte. Unser Freund rief uns sofort an.

"Hey, Leute. Hier ist ein Mädchen bei mir, das aus dieser Sekte aussteigen und Jesus finden will. Sie ist gerade auf der Durchreise von außerhalb des Staates. Ich weiß nicht, was ich mit ihr machen soll. Kann ich sie zu euch bringen?"

Die Antwort war: "Klar doch!"

Wohin wir uns auch wandten, gab es verzweifelte oder verletzte Menschen, die Hilfe brauchten. Während Keith sich mit der Frage herumschlug, was er der Gemeinde nach dem Willen Gottes denn nun *sagen* sollte, erlebten wir Dinge, die unsere Botschaft formten. Einige dieser Erfahrungen waren recht lebhaft. Der Vorfall mit dem Nacktbader gehörte definitiv dazu. Und das galt auch für das, was wir mit einer jungen Frau erlebten, die sich Mistiana nannte.

Keith und ich waren nach Seattle geflogen. Da oben gab es eine Menge Leute, die seine Musik bereits aus all den Clubs kannten, in denen er gespielt hatte, als er von zuhause ausgerissen war. Er nutzte diese Popularität, indem er ein Konzert im Everett College gab und den arglosen Studenten eine stark evangelistische Predigt hielt. Wir fuhren auch nach Bellingham hinauf, wo Keith ein Konzert bei seinem alten Brötchengeber im Staat Washington gab - in einem Club namens "Mama Sunday's". Doch dieses Mal sang er keine Lieder über das Suchen - er sang und redete von dem, was er gefunden hatte.

Auf dieser Reise lernten wir Mistiana kennen. Sie fiel sofort auf, wenn sie einen Raum betrat. Auf den ersten Blick sah sie aus wie eine Zigeunerin mit ihrem langen, fließenden Rock und ihrer schwarzen Samtjacke. Ihre dunkel glänzenden

Augen in dem auf beiden Seiten durch einen Ohrschmuck mit langen Federn eingerahmten Gesicht erregten sofort unsere Aufmerksamkeit und unser Interesse. Wir unterhielten uns lange mit ihr und fanden heraus, daß sie nach San Francisco fahren wollte, wo sie zuhause war. Wir wollten noch mehr Zeit mit ihr verbringen und fragten sie, ob wir bis Portland mit ihr fahren könnten. Sie war bereit, uns mitzunehmen.

Am nächsten Tag erzählte uns Mistiana unterwegs, daß sie sich mit Hexerei beschäftigte. Sie war tatsächlich eine regelrechte Hexe, die Bannrituale vollzog. Keith fing sofort an, so eindringlich und schnell von Gott zu reden, daß sie wütend wurde, weil sie sich wie eine Gefangene in ihrem eigenen Auto fühlte. Doch noch bevor wir Portland erreichten, betete sie mit Keith, um Jesus als Herrn anzunehmen.

Am Ende fuhren wir den ganzen Weg nach Kalifornien mit Mistiana, und bald hatten wir sie überredet, erst einmal mit zu uns zu kommen, anstatt gleich nach Hause zurückzukehren. Wir wußten, daß sie schwach war und vermutlich im Glauben nicht durchhalten würde, wenn sie alleine nach Hause führe. Stundenlang erzählten wir ihr im Auto von unserer früheren Verwicklung in Okkultismus und Drogen und davon, auf welch wunderbare Weise Gott uns befreit hatte. Obwohl sie Christus im Gebet aufgenommen hatte, kam uns irgendetwas an ihr immer noch merkwürdig vor.

Kaum waren wir zuhause angekommen, nahm Keith ein Buch von unserem Regal. Es hießt "*Jesus kommt bald*" und handelte von der Endzeit, in der Jesus zurückkehren würde - aber er würde nicht zu allen Menschen kommen. In dem Buch hieß es, jeder, der mit Götzendienst, Unzucht oder Hexerei zu tun habe, um nur einige Dinge zu nennen, werde am Tag des Gerichts hinweggefegt werden.

Als Keith aus diesem Buch vorlas und aus der Bibel zitierte, wurden Mistianas Augen größer und größer. Plötzlich hob sie die Hände und sagte: "Das reicht. Ich habe ein paar Sachen, die ich loswerden möchte - *sofort*."

Keith klappte das Buch zu. "Sicher! Laß uns das tun. Was willst du loswerden?"

"Also, ich habe meine Astrologie-Tabelle, einen Satz Tarot-Karten und ein paar Bücher. Sie sind in meinem Kofferraum. Ich hole sie - aber was sollen wir damit machen?"

Keith dachte einen Augenblick nach, dann leuchteten seine Augen auf, wie immer, wenn er eine gute Idee hatte. "Verbrennen wir sie!"

Mistiana holte all ihre okkulten Utensilien, und wir legten sie in unserer Einfahrt auf einen Haufen. Als Keith sie in Brand setzte, jubelten wir über die Güte Gottes und über Mistianas Gehorsam. Ich weiß nicht, ob unsere Vorort-

Nachbarn, die auf der Dolorosa Street vorbeifuhren, auch jubelten - aber wenigstens gewöhnten sie sich allmählich daran, daß in unserem Haus merkwürdige Dinge geschahen.

Nach einigen Monaten jedoch zog Mistiana in eine andere kleine christliche Gemeinschaft um, die von einem ganz besonderen Pastor namens Reverend Glenn geleitet wurde. Er predigte in der Topanga Valley Community Church oben in den Bergen. Da oben war ein regelrechtes "Hippiedorf", und Reverend Glenns Herz war offen für Leute, an denen viele andere Christen vorbeigingen. Es war ein aufopferungsvoller und entbehrungsreicher Dienst. Reverend Glenn wohnte mit seiner Frau und seinen Kindern in einer alten, verfallenen Kirche. Sie besaßen so gut wie nichts, doch sie hielten ihre Türen Tag und Nacht geöffnet. Oft schliefen Kinder auf ihrem Dachboden, weil sie keinen anderen Platz hatten und niemand anders sich um sie kümmerte.

Mistiana zog also nach Topanga und verlobte sich bald darauf mit einem Mann, den sie in einer Kneipe zu Jesus geführt hatte. Er war Alkoholiker, und seine Hingabe an Christus stand noch auf schwachen Füßen. Wir hatten den Eindruck, daß keiner von beiden jetzt schon reif zum Heiraten wäre. Keith versuchte, Mistiana die Heirat auszureden. Als das nichts fruchtete, ging er zu Reverend Glenn, der die Zeremonie durchführen sollte.

"Bitte, trauen Sie die beiden nicht", beschwor ihn Keith. "Sie sind beide noch jung im Glauben. Sie kennen einander kaum. Ich sage Ihnen, dieser Typ hat sich nicht völlig an Jesus ausgeliefert. Raten Sie den beiden ab. Bitte sagen Sie ihnen, daß sie warten sollen."

Doch Reverend Glenn entschied sich, aus welchen Gründen auch immer, dafür, sie zu trauen. Da wir die beiden gern hatten, gingen wir auch zur Hochzeit. Keith hoffte, daß ihn sein schlechtes Gefühl tröge und die beiden "glücklich bis an ihr Lebensende" zusammenleben würden. Und wir liebten auch Reverend Glenn immer noch - auch wenn wir befürchteten, er könnte in diesem Fall einen Fehler gemacht haben. Letzten Endes konnte das nur die Zeit erweisen.

Inzwischen fragten wir uns, ob wir Mistiana irgendetwas hätten sagen können, um sie dazu zu bewegen, eine weisere Entscheidung zu treffen. Wir wußten es nicht. Doch dieses Erlebnis unterstrich mehr denn je unsere Frage: Warum kam es vor, daß wir Menschen im "Gebet der Sünder" anleiteten und sich ihr Leben doch nicht sofort revolutionierte?

Unser Haus quoll ständig über vor Leuten. Cindy hatte keinen Job mehr. Keith und ich hatten ihr zugesagt, für sie und Kelly zu sorgen, wenn sie zuhause bleiben und uns beim Kochen und im Haushalt helfen wollte, was mittlerweile auch zu einem Fulltime-Job geworden war. Ich hatte keine Ahnung, was unsere

Nachbarn über das ständige Kommen und Gehen so vieler Menschen in unserem Haus dachten - besonders, wenn wir in unserer Einfahrt Lagerfeuer veranstalteten! Aber es sah so aus, als würden sie sich an uns gewöhnen müssen, denn wir beschlossen, unser Haus zu kaufen.

Dadurch wurde die Frage dringlicher, wieviel Geld wir für ein Konzert nehmen sollten. Wir versuchten es mit mehreren verschiedenen Möglichkeiten. Manchmal wollte eine Gemeinde eine "Liebesgabe" für Keith einsammeln; manchmal war es ihnen lieber, wenn Keith ihnen sagte, wieviel er verlangte. In solchen Fällen nannte er einen niedrigen Preis. An einem Abend bat er um etwa fünfzig Dollar, doch später hatte er richtig zu kämpfen. Er wußte, daß andere, weniger bewährte Musiker viel mehr bekamen. Konnte er anfangen, fünfundsiebzig oder gar hundert Dollar pro Abend zu verlangen? Dann wüßte er wenigstens, was er bekommen würde, und müßte sich keine Gedanken um knauserige Kollekten machen. Andererseits gab eine Kollekte dem Herrn die Möglichkeit, einen auf eine Weise zu segnen, wie es bei einem festgesetzten Preis nicht der Fall war. Mehr noch als das beschäftigte Keith die Frage, wo die Grenzen verliefen. Durfte man einen Dienst ablehnen, weil die Leute nicht genug bezahlen konnten? Und wieviel war genug?

In mancher Hinsicht wurde die christliche musikmissionarische Arbeit dem säkularen Musikgeschäft, dem wir gerade den Rücken gekehrt hatten, immer ähnlicher. Es gab Plattenfirmen, Verträge, Konzert-Tourneen - wir bemerkten sogar allmählich, daß es eine Art Hackordnung der Popularität unter den Künstlern gab. In anderer Hinsicht wiederum war es eine völlig neue Sache. Und wenn man nun irgendwohin eingeladen wurde, was sollte man als Gegenleistung dafür erwarten? Manche Gemeinden waren offensichtlich wohlhabend, andere arm. Wie ging man mit diesen Unterschieden um? Vielleicht ließ sich das Problem lösen, indem man um eine Mindestsumme bat.

"Trotzdem", sagte Keith, "kann ich mir nicht vorstellen, wie Paulus der Gemeinde in Korinth sagt: 'Tut mir leid, Leute, ich kann nicht kommen, wenn ihr mir nicht 5.000 Schekel und zwei Fahrkarten für die Kutsche erster Klasse zusagt!'"

Aber die Frage des Geldes konnte Keith nicht davon abhalten, die Dinge weiterzugeben, die ihm auf dem Herzen lagen. Die Aufgaben waren so dringend. Im Juni 1976 gab Keith ein Konzert in Ashland (Oregon) und sagte:

"... die Dunkelheit draußen nimmt zu.

Vor zwanzig Jahren konnte man zwischen einem Christen und einem moralisch denkenden Heiden noch keinen Unterschied sehen. Es gab eine Menge ... aufrechter Leute, und sie hatten hohe moralische Maßstäbe. ... Doch wenn du heute nicht mit jemandem zusammenlebst, bevor du mit ihm verheiratet bist, wird dich die Welt für blöde halten ...

In L.A. werden gerade jetzt in den Straßen reihenweise pornographische Zeitschriften angeboten. Für fünfzig Cents - genau in Augenhöhe für kleine Kinder. Da liegen auf den Titelseiten Frauen mit Frauen zusammen. Männer mit Männern. Es ist eine Zeit wie in Sodom und Gomorra! ...

Jesus sagte: 'In den letzten Tagen wird es sein wie in Sodom und Gomorra.' Die einzige Sünde, die die Bibel für Sodom und Gomorra auflistet, ist gemeinschaftliche homosexuelle Vergewaltigung. ... Vor zwei Monaten gab es zwei Verbrechen, die es in der Kriminalgeschichte von Los Angeles zuvor noch nie gegeben hat - zwei gemeinschaftliche homosexuelle Vergewaltigungen ... Wir stehen an der Schwelle. Der Herr wird bald zurückkommen."

Während Keith die Sünde der Homosexualität leidenschaftlich haßte, empfand er Barmherzigkeit für die Menschen, die sich in diese Lebensweise verstrickt hatten. Einmal kamen wir nach einem Konzert in einer Gemeinde mit einem jungen Mann aus dieser Gemeinde ins Gespräch. Es war nicht zu übersehen, daß er mit irgendetwas zu kämpfen hatte, und nach ein paar Minuten schüttete er uns sein Herz aus. Obwohl er aktiv in der Gemeine mitarbeitete, war er ein praktizierender Homosexueller. Statt abgestoßen zu werden, streckte Keith ihm die Hand entgegen und bot ihm Hilfe an.

Als es schien, als sei der junge Mann offen dafür, sich helfen zu lassen, ging Keith zum nächsten Telefon und rief unsere Freunde von "Jesus People USA" in Chicago an, um zu fragen, ob sie ihn aufnehmen würden. Wir wußten, daß sie anderen in der gleichen Situation mit Erfolg geholfen hatten. Während Keith sich weiter mit dem Mann unterhielt, sah ich in seinen Augen nichts als eine überwältigende Sehnsucht, diesen jungen Mann befreit zu sehen.

Anfang 1977 bot Billy Ray Hearn von der Firma "Sparrow Records" Keith einen Plattenvertrag an. Irgendwann nach den Aufnahmen zu "Firewind", bei denen sie sich zum ersten Mal begegnet waren, hatte Billy Ray Keiths Einladung wahrgenommen und war zu einem seiner vielen Gemeindekonzerte gekommen. Keith spielte im Vineyard, und Billy Ray schlich sich ohne Vorankündigung herein. Er war schockiert über die drangvolle Enge drinnen und mußte sogar über Leute hinwegsteigen, um auf einem Gang einen Platz auf dem Fußboden zu ergattern. Das war ganz und gar nicht protokollgemäß für den Chef einer Plattenfirma, doch er blieb, um zu sehen, was an Keith dran war, daß er so viele Leute angezogen hatte.

Es war ein Abend voller eindrucksvoller Musik und vollmächtiger Verkündigung. Billy Ray war mehr als nur leicht interessiert, und damit kam ein langer Prozeß von Gesprächen und Verhandlungen über den angebotenen Vertrag mit Keith und seinem Vater in Gang. Keith bat Todd, auf dem Album Bass zu spielen, aber wer sollte es produzieren? Früher hatte Keith einmal Buck Herring gebeten, ihn zu produzieren, aber Buck war der Meinung gewesen, sie seien beide zu starke Persönlichkeiten, als daß sie versuchen sollten zusammenzuarbeiten. Statt dessen kam ein junger Mann namens Bill Maxwell ins Gespräch.

Bill Maxwell war ein heißer Schlagzeuger und ein exzellenter Produzent. Eine Zeitlang hatte er mit Andrae Crouch dessen Platten koproduziert, und er war ein hingegebener Christ. Als Bill zu uns nach Hause kam, um uns kennenzulernen, waren wir sofort von seiner warmen, offenen Art eingenommen. Anscheinend war er Ende zwanzig, und er trug sein hellbraunes Haar schulterlang und hatte einen südlichen Akzent in der Sprache. Für jemanden, der mit so hohen Empfehlungen kam, trat er ausgesprochen bescheiden auf.

Keith spielte Bill sämtliche Demobänder vor - und dann noch einige Songs auf dem Klavier. Bills Reaktion war sehr direkt. "Du klingst live viel besser als auf den Demobändern. Du hast viel mehr Energie und Stil, wenn du gleichzeitig spielst und singst. Das muß in der Aufnahme 'rüberkommen", sagte Bill.

Das war Keith und mir auch schon aufgefallen - aber wie sollten wir Keiths Energie und Stil auf dem Band festhalten? Und was noch wichtiger war, wie sollten wir das ungewöhnliche Gefühl festhalten, das Keith von dem vermittelte, was Gott *in ihm* tat, wenn er spielte und sang? War das überhaupt möglich?

Keith und ich lernten gerade den Wert des Gebetes schätzen, und so begann Keith, bei seinen Konzerten die Leute zu bitten, für sein Plattenprojekt zu beten. "Ich brauche wirklich eure Gebete mehr als alles andere", sagte er, "denn die Lieder sind schon so ziemlich ausgesucht, und auch der Produzent und einige der Musiker. Doch im Studio kann ein geistliches Lied manchmal seine Salbung verlieren. Ich möchte, daß der Heilige Geist durchkommt. Ich möchte die Gewißheit haben, daß der Heilige Geist das Album produziert und aufnimmt. Wenn ihr mich alle einfach auf eure Gebetsliste setzen würdet ... ich brauche das!"

Als wir schließlich einige Wochen später ins Studio gingen, hatte Bill mehrere Konzerte von Keith miterlebt. Er wußte genau, wozu Keith fähig war, und setzte alles daran, genau das auf dem Band festzuhalten - wenn es irgendwie möglich war. Normalerweise werden die Instrumentalstimmen aufgenommen, bevor ein Sänger seine Gesangsstimme darüber legt. Auch Keiths Demos waren so entstanden. Bill jedoch wollte es auf andere Weise versuchen. Er setzte Keith mit einem Kopfhörer und einem Mikrophon ans Piano und sagte: "Wir machen es live." Dann kam Bill in den Kontrollraum, wo ich alles durch die Glasscheibe beobachtete.

Die Bänder liefen, und Bill nickte Keith zu.

Keith war erst halb durch die erste Strophe, da tauschten Bill und ich schon vielsagende Blicke aus. Der Funke sprang über! Das Lied hatte tatsächlich Leben!

Bill hatte das undefinierbare Etwas eingefangen, das den Unterschied zwischen den glatten, homogenen Demobändern, die Keith seit Jahren aufgenommen hatte, und einer vibrierenden, lebendigen Aufnahme ausmachte. Natürlich! Keith sang und spielte immer gleichzeitig. Seine Stimme ließ sich von der Energie und dem Rhythmus tragen, die ihm aus dem Piano zuflossen - und umgekehrt. Jetzt waren die Dinge am Laufen!

Wie es Keith bei der Produktion eines christlichen Albums erwartet hatte, war das Budget nicht besonders groß, verglichen mit den Zehn- und manchmal Hunderttausenden, die eine säkulare Produktion verschlingt. Wir mußten mit 15.000 Dollar auskommen. Doch es gibt ein paar Dinge, die man für Geld nicht kaufen kann. Gemeinsam gelang es Bill und Keith, die rauhe Energie, die Emotionen und die geistliche Sehnsucht in Keiths Herzen einzufangen. Die Lieder waren frisch und die Interpretation beeindruckend. Und beim Zuhören hatte man das unheimliche Gefühl, noch mehr zu hören als nur die Stimme von Keith Green.

Neben der Gebetsunterstützung, die Keith bei seinen Konzerten erbeten hatte, fanden sich auch die Leute, die bei uns wohnten, in Gebetsgruppen zusammen. Sie beteten treu die ganze Aufnahmezeit hindurch während jeder Studio-Session.

Als Keith und Bill eines Nachmittags dabei waren, die Spuren abzumischen, sagte Keith zuversichtlich: "Gott hat mir gesagt, daß dies eines der meistverkauften christlichen Alben aller Zeiten sein wird!"

Skeptisch hob Bill eine Augenbraue. "Woher weißt du das?"

"Weil ich dem Herrn gesagt habe, daß ich ihm das verdiente Geld zurückgeben werde, damit er es für sein Werk gebraucht - statt es einfach in meine eigene Tasche zu stecken. Daher weiß ich, daß er das Projekt segnen wird."

Bill spürte, daß Keith nicht aus Arroganz sprach, sondern aus dem ehrlichen Wunsch, anderen zu helfen. Das machte einen tiefen Eindruck auf Bill - aber ein Album, das in die Geschichte der christlichen Musik eingehen würde? Das konnte nur die Zeit erweisen.

Keith nannte das Album passenderweise *For Him Who Has Ears To Hear*, nach einer Stelle am Anfang der Offenbarung: "Wer Ohren hat, der höre, was der Geist den Gemeinden sagt ..." Wer hat Ohren, zu hören, was Gott sagt? Offensichtlich soll das die Gemeinde Jesu sein. Aber war es möglich, die richtige "Ausrüstung" zu haben und dennoch taub für die Stimme Gottes zu sein? Keith wollte für diejenigen singen, die im Einklang mit Gott waren - oder sich als Werkzeug gebrauchen lassen, um die Stöpsel aus den Ohren derjenigen zu entfernen, für die das nicht zutraf.

Im Sommer 1977 kam Keiths Debüt-Album in die Läden. Und zuhause veranstalteten wir eine große Versandaktion, um die Platten an die 6.000 Leute zu verschicken, die in den letzten Monaten bei den Konzerten vorbestellt hatten. Keith hatte allen versprochen, ihnen ihre Platten "frisch aus der Presse" zu schikken - und das tat er auch.

Statt die Namen von 6.000 Leuten, die Interesse an weiterer Ermutigung und Verkündigung zu haben schienen, einfach wegzuwerfen, sagte Keith: "Laßt uns mit all diesen Leuten in Kontakt bleiben und einen kleinen Rundbrief zusammenstellen, um sie in ihrem Leben mit dem Herrn zu ermutigen." Und so wurde *The Last Days Newsletter* geboren.

Kurz bevor das Album erschien, hatte Keith angefangen, mit Steve Greisen zusammenzuarbeiten, dem Verlobten von Nelly Ward von "Second Chapter of Acts". Buck Herring und Steve wollten weniger bekannten Künstlern mit einer glaubwürdigen Verkündigung helfen, Tourneen zu veranstalten. Steve übernahm dabei die Buchungen, und sie nahmen Keith unter ihre Fittiche. Buck schrieb einen Empfehlungsbrief, der eine große Hilfe war, weil Keith nur an der Westküste bekannt war. Wie üblich,hatte Keith große Ideen.

"Ich will diesen Sommer das *ganze* Land durchreisen!" wies er Steve an. "Kannst du das arrangieren?"

Steve organisierte eine 52-Städte-Tour, und los ging's! Wir schickten sogar den "Blauen Guppy" in den Ruhestand und kauften ein zehn Meter langes Wohnmobil, dem wir den Namen "Die Arche" gaben. Auf diese Weise hatten wir genügend Platz, um mehrere frischgebackene Christen mit auf die Reise zu nehmen. Während der neunwöchigen Tour hatten wir jede Menge Zeit, mit ihnen zu reden und sie im Glauben zu stärken. Und sie avancierten zu unseren "Roadies", was uns auch eine große Hilfe war.

Was für eine Tour.

Keiths Album war gerade erst veröffentlicht worden, so daß er immer noch unbekannt war. So sang er oft vor dem Stammpublikum in den Coffeehouses, in Jugendkreisen und normalen Gottesdiensten. Häufig machte Keith Witze über seine Haare, seinen Bart und seine nicht mehr ganz neuen Jeans, um all die grauhaarigen Heiligen zu beruhigen, die gekommen waren, ohne zu ahnen, was für eine Musik er spielen würde.

"So mancher hat heute abend seine Großmutter mit hierher geschleppt", sagte er, "und sie schaut zu mir herüber und sagt: 'Was will *der* denn hier?' Ich möchte nur sagen, daß Gott oft merkwürdige Wege geht, und ich *bin* einer seiner merkwürdigen Wege. Ich weiß, daß ihr noch nie soviel Haar auf dieser Kanzel gesehen habt - aber Gott sieht nicht das Äußere an, um zu erfahren, was für eine Art von Christ man ist. Er sieht auf das Innere.

Nun, ich hoffe, ich verärgere niemanden, der gerne Lawrence Welk hört, denn ich haue wirklich ziemlich in die Tasten. Seid ihr nicht froh, daß ich nicht Elektrogitarre spiele?"

Bis dahin hatte sich normalerweise die Atmosphäre entspannt.

Doch die Tour hatte ihre ausgesprochen schwierigen Seiten. An manchen Abenden klappte es nicht mit der versprochenen Unterbringung, und wir mußte unerwartet selbst Zimmer mieten. Und offenbar waren angemessene Verstärkeranlagen und gestimmte Pianos ein seltener Luxus. vor allem jedoch kam oft nur ein spärliches Publikum, und an manchen Abenden nahmen wir wenig oder gar nichts ein. Ein Pastor hatte schon von vornherein zu Steve gesagt: "Er kann kommen, aber am gleichen Abend ist Chuck Girard in der Stadt, und ich weiß, wen *ich* mir lieber anhören würde." Doch Gott lehrte uns, in allen Dingen dankbar zu sein - den kleinen und den großen. Kurz nach unserer Rückkehr erzählte Keith vor einem Konzertpublikum in Südkalifornien von der Tour.

"Ich bin gerade von einer Tour zurückgekommen", erzählte er. "Manche Leute sagen: 'Es ist der Mühe wert, wenn auch nur ein Mensch nach vorne kommt, um den Herrn aufzunehmen.' Ich sage ja, es ist der Mühe wert. Wir hatten ein paar wirklich bescheidene Konzerte. Mit ungefähr zwanzig Leuten. Vielleicht *einer* davon kam nach vorne. Dann setzte ich mich immer auf den Bühnenrand und sagte zu ihm: 'Du bist der einzige Grund, warum ich in diese Stadt gekommen bin.'

Bei anderen Gelegenheiten war es wirklich schön. Zum Beispiel spielte ich in einer Kaserne in Fort Leonardwood (Missouri) vor ungefähr fünfhundert jungen Rekruten. Sie fühlten sich ein wenig fehl am Platze. Sie hatten überhaupt keine Haare und waren alle ungefähr achtzehn Jahre alt. Insgeheim sagten sie alle 'Ich will zu Mama'. Und da saßen sie und flippten beinahe aus, weil sie jetzt in der Armee waren. Und der Herr erreichte sie in diesem Zustand, denn 350 von ihnen standen auf und nahmen Jesus an!"

Im Vineyard hatten wir gelernt, daß jede Schwierigkeit eine Möglichkeit zum Wachstum bot - und wir wuchsen in der Tat auf dieser neunwöchigen Tour.

Auch zuhause wuchsen wir. Inzwischen wohnten nämlich über ein Dutzend neubekehrter Christen bei uns. So wurde alles Geld, das durch Keiths Konzerte, Studio-Sessions und Plattenverkäufe hereinkam, sofort verbraucht, um den Leuten zu helfen, die wir bei uns aufgenommen hatten.

Wir hatten Keiths Klavier in unser Schlafzimmer geräumt und aus dem Musikzimmer ein weiteres Schlafzimmer gemacht. Seelsorge, Hilfe, Ermutigung,

Zeugnis - es durchdrang alle Bereiche unseres Lebens. Und das Beste daran war, daß es soviel Spaß machte! Jeder Tag war ein Abenteuer - wir wußten nie, was als nächstes passieren würde. Wenn jemand sein Leben dem Herrn übergeben oder verbindlicher für Gott leben wollte, dann taten wir alles, was wir tun mußten, um das möglich zu machen. Und mir war dabei klar, daß ich so flexibel wie möglich bleiben mußte, da Keith von Natur aus so spontan war.

Während sich jeder verfügbare Schlafplatz in unserem Haus allmählich füllte, wuchs in Keith der Wunsch, aufs Land zu ziehen. Wir dachten, es wäre großartig, die Leute, denen wir helfen wollten, aus der großen Stadt herauszubekommen und an einen friedlichen und ruhigen Ort zu bringen, wo sie nicht von so vielen schillernden, leicht zugänglichen Versuchungen umgeben wären. Außerdem wußten wir nicht, wie lange sich unsere Nachbarn noch mit dem endlosen Kommen und Gehen von Leuten abfinden würden, die nach ihren Maßstäben vermutlich wie Außerirdische aussahen.

Keith und ich liebten beide die nordwestliche Pazifikküste, und wir waren sicher, daß wir dort oben eine Farm oder Ranch finden könnten, die zu kaufen wäre. Keith hätte am liebsten in den Wäldern gewohnt, während es mich zum Meer hinzog. Ich hoffte, wir würden ein kleines Anwesen unter Bäumen finden - mit Blick aufs Meer!

Als wir im Spätsommer unsere nächste Konzert-Tour in den Nordwesten unternahmen, setzten wir unsere Suche nach einem geeigneten Haus fort, in das wir ziehen könnten. Eine unserer Stationen war eine kleine Stadt namens Sweethome in Oregon. Wir waren bei einer Familie aus der kleinen Gemeinde untergebracht, in der Keith spielte, und diese Familie wohnte außerhalb auf einer schönen Farm. Sie waren gerade mit den Traktoren draußen beim Heumachen - sie trugen Strohhüte und Mützen und beteten, daß es zwischen dem Schneiden und dem Einfahren des Heus nicht regnen würde. Trotz unserer hippiemäßig-erdverbundenen Prägung war das Landleben etwas völlig Neues für uns, so daß uns der Anblick ins Staunen brachte. Wir fühlten uns wie auf "Unserer kleinen Farm"!

Unsere Gastgeber liehen uns ihr Motorrad und sagten, wir könnten damit eine Spazierfahrt durch die Wälder machen. Es gab nur ein Problem - die Straßen waren nicht gepflastert, und wir blieben immer wieder im Schlamm stecken. Außerdem verirrten wir uns, und das Motorrad ging dauernd aus. Da saßen wir nun mit unserem abgesoffenen, verschlammten Motorrad in den Wäldern und wußten nicht, wo Norden war.

Gerade als ich begann zu denken: "Oh Keith, in was für einen Schlamassel hast du uns jetzt gebracht", lief uns ein Typ über den Weg, der durch die Wälder wanderte. Er war hager und trug schulterlange blonde Haare. Außer einem ledernen Stirnband und einem äußerst dürftigen Lendenschurz hatte er nichts an;

dafür trug er ein Klemmbrett und einen Stift bei sich. Er sprach allen Ernstes mit den Bäumen und war ganz offensichtlich von irgendetwas high. Sein Name war Rick. Wir unterhielten uns ein paar Minuten lang mit ihm, und er erzählte uns, daß er allein in einem Tipi in den Wäldern lebte.

Gleich an Ort und Stelle, mitten in der Pampa, fingen Keith und ich an, diesem blonden "Wilden" von Jesus zu erzählen. Glücklicherweise war Rick, als es für uns Zeit zum Aufbruch war, klar genug im Kopf geworden, um uns den Weg nach draußen zu beschreiben.

Auf unsere Einladung hin kam Rick an diesem Abend zum Konzert. Er trug Jeans und ein rotes Flanellhemd - und dafür waren wir dankbar! Dennoch fiel er in dieser ländlichen Gemeinde ziemlich auf, und ich betete, daß er nicht in Panik geraten und die Flucht ergreifen möge, bevor Keith die Leute dazu aufforderte, ihr Leben Jesus zu übergeben.

Tatsächlich nahm Rick an diesem Abend Jesus in sein Leben auf und - richtig geraten - begleitete uns zurück nach Südkalifornien. Doch der einzige Schlafplatz, den wir ihm anbieten konnten, war in unserer Garage. Unser Haus war inzwischen zum Platzen voll mit Frauen - bis auf einen Jungen aus der Nachbarschaft, der erst zwölf war. Jeff hatte ein paar Probleme zuhause, und seine Mutter wollte, daß er vorübergehend bei uns bliebe. Wir konnten ihn nur noch in einem Schlafsack auf dem Fußboden unseres Schlafzimmers unterbringen.

Damit lebten also ungefähr *vierzehn* Leute bei uns in unserem kleinen Haus mit drei Schlafzimmern und nur einem Bad! Man konnte im Haus nirgendwo hingehen, ohne mit jemandem zusammenzustoßen - und das meine ich buchstäblich - der Rat brauchte.

Und wir trafen immer noch ständig Leute, die eine Zuflucht brauchten, wo sie einer üblen Situation entkommen und in ihrem neuen Glauben an Jesus gefestigt werden konnten. Aber in unserem Haus war kein Platz mehr. Keith hatte nicht nur keinen privaten Raum mehr, wo er seine Lieder schreiben konnte, es gelang ihm kaum, bei all den Frauen im Haus auch einmal ins Bad zu kommen! Was konnten wir tun? Die Antwort erhielten wir auf unerwartete Weise.

Als Dawn ein paar Jahre zuvor zu uns gezogen war, hatten wir uns eine Art gesetzliche Autorität zuerkennen lassen müssen, um sie in der Schule anmelden zu können. Karen war damit einverstanden, daß wir Dawns Pflegeeltern wurden, aber wir brauchten auch die Zustimmung des Staates Kalifornien. Das übliche Pflegeelterngeld, das der Staat bereitstellte, nahmen wir nicht in Anspruch, was zur Folge hatte, daß wir weniger Visiten bekamen. Dennoch mußten wir eine Inspektion unserer Unterbringungssituation über uns ergehen lassen, da die staatlichen Kriterien eine bestimmte Größe für Dawns Schlafzimmer vorschrieben. Wir hatten alle Prüfungen mit fliegenden Fahnen bestanden - *damals*.

Doch nun kam die Zeit für einen erneuten Besuch von Dawns Sozialarbeiterin, und wir wußten, daß ihr beim Anblick unserer gedrängten Wohnbedingungen die Augen aus dem Kopf fallen würden. Wir saßen ziemlich in der Klemme. Es war unvorstellbar, daß wir Dawn verlieren sollten. Doch wir wußten auch, daß wir nicht alle anderen wieder auf die Straße setzen konnten. Was sollten wir tun? Eines Nachmittags fanden Keith und ich in einem der seltenen Augenblicke, in denen wir allein waren, Zeit, darüber zu sprechen.

"Was sollen wir tun?" fing ich an. "Wir brauchen mehr Platz - daran führt kein Weg vorbei."

"Ich habe eine Idee", sagte Keith, und sein Gesicht hellte sich auf. "Laß uns ein zweites Haus mieten."

"Könnte gehen", antwortete ich nachdenklich. "Aber - Moment mal. Wir sind seit drei Jahren hier, und ich habe hier in der Nachbarschaft noch nie ein Haus gesehen, das zu vermieten gewesen wäre. Das sind alles Eigenheime."

Keith zog gedankenvoll die Brauen zusammen. "Da sind diese Apartmenthäuser ungefähr eine Meile von hier", sagte er, "- aber sie werden niemals eines davon an einen Haufen wild aussehender, alleinstehender Hippies vermieten. ... Hey, ich habe eine Idee. Warum mieten wir nicht eines für uns?"

"Du meinst, wir sollen aus unserem eigenen Haus ausziehen?"

"Klar, einer netten Familie mit einer Tochter im Teenager-Alter werden sie sicher eine dieser Wohnungen vermieten!"

Durch Keiths neues Album hatten wir etwas Geld übrig. Noch am gleichen Tag fuhren wir hin und schauten uns eine Drei-Zimmer-Wohnung an. Es war nicht weit weg, so daß wir für die Leute, die im Haus zurückblieben, immer noch in der Nähe wären, und Dawn würde zur Freude des Staates Kalifornien ihr eigenes Zimmer bekommen. Wir leisteten eine Mietvorauszahlung und fuhren nach Hause.

Die ganze Sache war irgendwie verrückt, aber auch aufregend. In ein paar Wochen würden wir umziehen, und in meinen Gedanken war ich schon beim Packen. Doch bevor wir umziehen konnten, passierte etwas sehr Merkwürdiges.

Wir fuhren eines Tages durch unsere Nachbarschaft, als Keith plötzlich sagte: "Mel, schau mal! Da steht 'Zu vermieten' auf einem Schild!"

Tatsächlich. Es stand direkt vor einem hübschen Haus mit einem großen Baum im Vorgarten. Unglaublich.

Wir mieteten es sofort. Es war ein schönes Haus mit Wohnzimmer, drei Schlafzimmern und einem kleinen Arbeitszimmer. Wir ließen alle Unverheirateten hinüberziehen und machten in unserem Haus ein Schlafzimmer für Dawn frei. Dawns Sozialarbeiterin kam und ging - und so waren wir Ende 1977 zu einer "Zwei-Häuser-Familie" geworden.

Um das neue Haus im Gespräch von unserem Haus in der Dolorosa Street unterscheiden zu können, brauchten wir einen Namen dafür. Da das neue Haus in der Sale Street lag, nannten wir es einfach das "Sale-Haus".

Ehe wir uns versahen, hatten wir beide Häuser voller Leute.

Es war eine starke Zeit. Es war eine unschuldige Zeit. Wir taten einfach das, was uns am Herzen lag. Wir waren immer auf Achse - und hatten keine Ahnung, daß sich unser Leben schon bald noch einmal dramatisch verändern würde.

Zum Abschluß des Jahres spielte Keith im "Daisy" - doch dieser besondere Abend war auf merkwürdige Weise anders als sonst. Es war eine Silvesterfeier, und ich nippte an einer Art Fruchtsaft, während ich Keith auf der Bühne beobachtete. Er war nur ungefähr vier Meter von mir entfernt, so daß ich ihn deutlich sehen konnte. Ich hatte ihn inzwischen hunderte Male spielen sehen, doch dieser Abend brannte sich tief in mein Gedächtnis ein.

Der Scheinwerfer überflutete Keiths Gesicht mit strahlend weißem Licht. In seinen Augen brannte eine schmerzhafte Sehnsucht, während er sang. Sie flossen über von unaussprechlichen Gefühlen, als er seine ganze Seele ausschüttete. Doch er sah beim Singen nicht ins Publikum. Er sah hinauf, ins Licht. So, als ob er Gott direkt anschaute. Es schien, als wäre er in der Zeit erstarrt ... als hätte dieser Augenblick etwas ganz besonders Heiliges oder Bedeutungsvolles an sich. Seine Augen funkelten in strahlendem Blau und schienen doch zu schreien. Seine Haut war wie Milch. Er sah aus wie ein kleiner Junge. Aber seine Augen, seine Augen sahen übernatürlich aus, als er so ins Licht hinaufblickte. Mich überkamen die seltsamsten Gefühle, während ich ihn beobachtete.

Als mir der Gedanke zum ersten Mal kam, schüttelte ich ihn ab. Doch er kam zurück. Als ich dort saß und zuschaute, nahm mich der Augenblick gefangen, und ich dachte: *Keith Green - du bist nicht für lange Zeit auf dieser Erde ...*

Sofort fragte ich mich, woher dieser Gedanke kam. Es schien verrückt, so etwas auch nur zu denken.

Ich wußte nicht, was Keith in diesen Augenblicken dachte oder vom Herrn vernahm. Auch später fragte ich ihn nicht danach, und ich erzählte ihm auch nicht, welcher Gedanke mir gekommen war. Aber es war nicht das letzte Mal, daß ich solche Empfindungen über ihn hatte ...

## Zehntes Kapitel

# Licht an und trotzdem eingenickt ("Asleep in the Light")

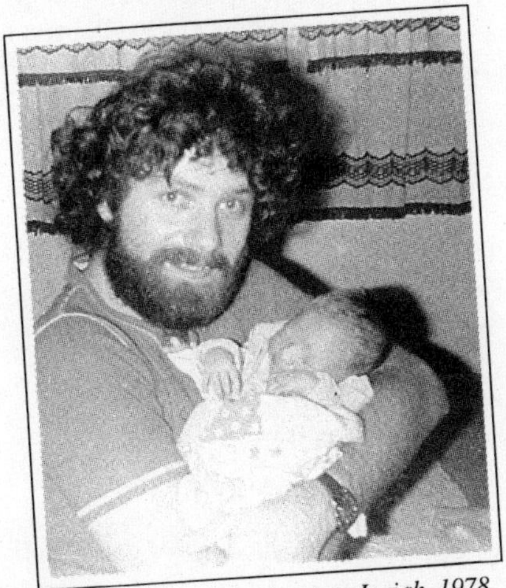

*Keith mit dem neugeborenen Josiah. 1978*

For Him Who Has Ears to Hear' lief prächtig! In kürzester Zeit stürmte es die Hitlisten der meistverkauften christlichen Schallplatten hinauf und wurde zum größten Debüt-Album in der Geschichte der christlichen Schallplattenproduktion - über 300.000 Exemplare wurden verkauft.

Der Endeffekt war, daß wir ab Ende 1977 von Konzertanfragen aus dem ganzen Land überflutet wurden. Es war phantastisch. Innerhalb weniger kurzer Monate war Keith vom Status eines "Unbekannten" zu einem der beliebtesten und gefragtesten Sänger in der christlichen Szene katapultiert worden.

Doch Keith ließ sich durch seine neue Popularität nicht aus der Ruhe bringen - jedenfalls nicht innerlich. Er mochte es nicht, wenn man ihn als Schallplatten-"Künstler" bezeichnete, weil in diesem Ausdruck mitzuschwingen schien, daß man irgendwie auf einer höheren Ebene stünde als andere Leute. Und außerdem spürte ich, daß Keith sich innerlich zunehmend mit Fragen beschäftigte, die für ihn mehr Bedeutung hatten als sein Platz auf der Beliebtheitsskala.

"Mel", sagte er eines Morgens zu mir, als ich ihm beim Packen für eine Konzert-Tour half, "ich glaube, der Herr möchte, daß ich mich ihm noch mehr ausliefere. Ich will mich nicht von alledem einfangen lassen, was mit uns geschieht, und eine 'Berühmtheit' in der Gemeinde werden. Ich spüre jetzt schon die Versuchung, auf die Bühne zu gehen und die Leute zu manipulieren, in dem ich Dinge sage, von denen ich weiß, daß sie die Leute emotional bewegen. Ich will kein Seelenfänger werden."

Insbesondere glaubte Keith, daß er die Kosten überschlagen müßte, wenn er wirklich ein echter Nachfolger Christi sein wollte. Ihm machte allmählich der Gedanke zu schaffen, daß mir etwas passieren könnte. Ein Gerücht hatte die Runde gemacht, daß Gott ein verheerendes Erdbeben nach Südkalifornien senden würde. Es sollte Los Angeles zerstören. Ob es nun ein Erdbeben geben würde oder nicht, Keith dachte jedenfalls darüber nach, was er tun würde, wenn mir etwas passierte.

Während Keith ein paar Tage lang allein unterwegs war, schrieb er ein Gebet an den Herrn nieder:

22.1.78

***... Ich bitte Dich nur, daß Du mir meine Frau Melody erhältst, denn ich brauche ihre Liebe und Hilfe, auch wenn Deine Gnade genug für mich ist. Bitte verschone sie, damit sie bei mir bleiben kann; ich werde Dir viel mehr Liebe geben als ihr, und all meine Liebe zu ihr gilt Dir, Jesus.Nimm alles, aber laß mir Melody. Bitte, Gott, aber ich bin bereit, jeden Verlust zu tragen, wenn es Dein kostbarer Wille ist. Ich gehöre Dir.Bis bald, Herr - Dein Kind.***

Keith kehrte nachdenklich nach Hause zurück. Würde eine Tragödie ihn dazu bringen, seinen Glauben zu verlieren? Wenn er nicht bereit war, auch die tiefste Liebe seines Lebens vor Gott hinzulegen, was sagte das über die Wurzeln seines Glaubens aus?

Als Keith mir erzählte, was ihn beschäftigte, sagte er fest: "Ich habe beschlossen, zu tun, was immer notwendig ist, um eine tiefere Beziehung zum Herrn zu bekommen - selbst wenn das bedeutet, daß ich bete und sage: 'Herr, Melody gehört wirklich Dir.'"

Keiths innerer Kampf darüber, alles an den Herrn abzugeben, hatte noch eine andere Dimension - denn wir hatten gerade eine tolle Neuigkeit bekommen.

Ich war schwanger! Kurz zuvor hatte ich eine Fehlgeburt gehabt - doch dieses Mal sah es aus, als gäbe es keine der frühen Komplikationen, die in meiner ersten Schwangerschaft aufgetreten waren. Wir waren begeistert! Nun mußten wir nur noch die neun Monate abwarten.

Wir blieben jedoch in diesen neun Monaten nicht untätig. Wir waren unterwegs, rannten durch Flughäfen, um Maschinen zu erreichen und verbrachten halbe Nächte damit, an unserer ständig wachsenden Gemeinschaft in Woodland Hills Seelsorge zu üben. Und ich war nicht allein in meiner Schwangerschaft. Wir hatten noch drei weitere schwangere Frauen bei uns!

Bei so vielen Leuten, die dringend Hilfe brauchten, war es eine Erleichterung, daß auch ein paar stabilere Leute zu uns kamen; Leute, die eine Bleibe brauchten, während sie lernten, ihr Leben ganz und gar dem Herrn zu überantworten. Zu ihnen gehörte Kathleen Griffin. Sie war gerade aus dem Süden zu uns gekommen, und sie war einer der hilfsbereitesten Menschen, die wir je kennengelernt hatten. Ihr dichtes blondes Haar und ihre typisch kalifornische Hautfarbe machten sie auch zu einer der Hübschesten. In ihrem Leben schien die christliche Hingabe vorhanden zu sein, zu der wir andere ermutigen wollten. Was macht man daraus, wenn man Christ geworden ist? Behält man den Segen für sich, oder gibt man sich wie Kathleen für andere hin?

Schon bald war die Rede von einem zweiten Album, und Keith glaubte, es solle mehr sein als eine "nette" Sammlung flotter, anregender Songs. Eines Tages machte er nebenbei eine Bemerkung, die mir nicht mehr aus dem Kopf ging. Ein paar von uns saßen im Wohnzimmer zusammen und unterhielten uns darüber, wie notwendig das Gebet sei. Keith sagte spontan: "Unser ganzes Leben sollte ein Gebet sein!"

Die Worte hallten in meinen Ohren wider. Immer wieder hörte ich in Gedanken diesen Satz: "Unser ganzes Leben sollte ein Gebet sein!"

Als ich später in unserem Zimmer allein war, setzte ich mich ans Klavier und fing einfach an zu spielen. Mir kam eine Melodie, dann ein paar Worte, und alles floß mit ungewohnter Leichtigkeit zusammen. Ich spielte die wenigen schlichten Akkorde und begann, ohne viel darüber nachzudenken, zu singen, was Keith gesagt hatte - nur daß es nun in der Form eines Gebets stand:

*Mach aus meinem Leben ein Gebet an Dich.*
*Ich will tun, was Du willst ...*

Ich griff nach einem Stift und einem Notizblock und begann, so schnell ich konnte, den Text niederzuschreiben. Dann spielte ich wieder. Es gab ein paar Fehlstarts, doch in groben Zügen floß das ganze Lied innerhalb von zwanzig Minuten aus mir heraus.

Als es fertig war, jubelte ich innerlich. Noch nie zuvor hatte ich so sehr die Hilfe und die Kreativität des Herrn beim Schreiben erlebt wie hier. Beinahe war mir, als hätte ich gerade ein Diktat aufgenommen. "Make My Life A Prayer To You" schien auf besondere Weise aus dem Geist heraus geboren worden zu sein.

Keith gefiel das Lied, und er nahm es sofort in sein Konzertprogramm auf. Dort wurde es erst richtig mit Leben erfüllt, denn natürlich war es auch Keiths Gebet. Eines Abends kamen Steve und Nelly - nunmehr als Mr. und Mrs. Greisen - zu einem Konzert. Nelly war so angerührt von dem Lied, daß sie mich fragte, ob sie es auf dem nächsten Album von "Second Chapter of Acts" singen dürfe. Was für eine Ermutigung! Ich konnte nicht anders, als an die Zeiten voller Tränen und zerknüllter Textblätter im Abfall zurückzudenken.

Im April, Mai und Juni 1978 - während "Ears To Hear" an der Spitze der Charts stand - waren wir im Studio, um Keiths zweites Album aufzunehmen. Das einzige Problem war, daß er noch keinen Titel hatte, von dem er überzeugt war. Die Sparrow-Leute konnten es kaum abwarten, das Album zu veröffentlichen, und wir brauchten ein Konzept, damit die Künstler sich an die Arbeit mit der Covergestaltung machen konnten. Aber uns fiel nichts ein. Dann, als Keith eines Tages vielleicht zum zehnten Mal alle Songtexte durchging, warf er mir plötzlich einen aufgeregten Blick zu.

"Hey, Mel, wie wäre es mit dieser Stelle in deinem Lied?" er zitierte:

*Mach aus meinem Leben ein Gebet an Dich.*
*Ich will tun, was Du willst.*
*Keine leeren Worte*
*Und keine Notlügen,*
*Keine halbherzigen Gebete,*
*Kompromißlos ...*

"Keine halbherzigen Gebete, ohne Kompromisse", wiederholte er. "Laß uns das Album einfach 'No Compromise' (Kompromißlos) nennen!"

Dieser Titel schien den Kern dessen zu treffen, was Keith anderen Christen weitergeben wollte - daß sie aufhören müßten, Kompromisse zu schließen und auf die Stimme der Welt zu hören, und damit anfangen, ein hingegebenes Leben zu führen.

Selbst die Covergestaltung sollte das "No Compromise"-Thema wiedergeben - es zeigte einen aufrecht stehenden Mann inmitten einer Menge, die sich vor einem irdischen König beugte, der offensichtlich angebetet werden wollte. Einer der Wächter zeigte zornig auf den einsamen Mann und machte ein Gesicht, das zu sagen schien: "Du bist erledigt!" Das Bild erinnerte an Daniel in Babylon.

Keiths Anliegen war es, Christen aus dem bequemen Schlummer zu wekken, den wir beobachtet hatten. Natürlich standen wir nicht vor einer so offensichtlichen Entscheidung wie der zwischen der Anbetung eines falschen Gottes und dem Tod. Doch Christen stehen ständig in der Versuchung, sich vor anderen "falschen Göttern" zu beugen - mit dem Strom zu schwimmen, nicht für das, was richtig ist, die Stimme zu erheben, sich für ihre Überzeugungen zu schämen. So schließen wir Kompromisse. Wir beugen uns den unsichtbaren Götzen des Strebens nach Anerkennung, der Furcht, des Stolzes, der Lüsternheit, der Habgier und der geheimen Sünde. Keith wollte anderen Christen die Notwendigkeit vor Augen führen, diese Dinge aus ihrem Leben auszumerzen - so wie er selbst in seinem eigenen Leben vor dieser Notwendigkeit stand.

Keith war so überzeugt von der Dringlichkeit seiner Botschaft, daß er wie beim ersten Album die Leute zum Beten aufforderte. Während jeder Session, sei es Tag oder Nacht - manchmal auch die ganze Nacht hindurch - waren Leute aus unserer Gemeinschaft im Studio und beteten ununterbrochen. Wenn der Aufnahmetechniker Schwierigkeiten hatte, den richtigen Sound zu finden, beteten sie. Sie beteten, wenn Keith versuchte, irgendwelche schwierigen Töne zu treffen. Sie beteten, als wir an den Gitarrenstimmen und am Background-Gesang arbeiteten. Es wurde ständig gebetet - sie baten Gott um Hilfe und Gnade. Wir spürten, daß dies ein besonderes Projekt und eine schwierige Botschaft war. Das verbindende Wirken des Heiligen Geistes war notwendig, um Keiths harte Aussagen in die Herzen der Leute gleiten zu lassen.

Wie immer, war ich direkt an Keiths Seite. Keith vertraute auf mein Urteil und fragte mich oft: "Mel, wie war das?" Oder er sagte: "Hast du irgendwelche Ideen für den Background-Gesang?" Und Bill Maxwell hatte ein so feines Gehör, daß er es immer merkte, wenn ein Ton auch nur ein kleines bißchen danebenlag. Bill schien genau zu wissen, wie er das Beste aus Keith herausholen konnte. Und unser guter Freund Peter Granet - der, den wir vor ein paar Jahren im Sequoia-Nationalpark mit dem Evangelium bombardiert hatten - unterstützte uns sogar, indem er die Aufnahmetechnik übernahm. Wir waren eine große, glückliche Familie!

Und wo wir gerade von Familie sprechen, ich war inzwischen "ziemlich" schwanger. Immer, wenn Bill Schlagzeug spielte, trat mich mein Baby gnadenlos - und zwar oft im Takt der Musik!

Doch es gab ein paar Punkte, in denen Keith und ich nicht einer Meinung waren. Eines der neuen Lieder von Keith hieß "To Obey Is Better Than Sacrifice". Eigentlich mochte ich das Lied - aber es gab eine Zeile, die mich wirklich störte. Das ganze Lied war so formuliert, als ob der Herr spräche. In der dritten Strophe gab es eine besonders beunruhigende Zeile:

*Gehorchen ist besser als Opfer -*
*Ich will mehr als die Sonntage*
*Und die Mittwochabende*
*Denn wenn du nicht jeden Tag*
*Zu mir kommen kannst,*
*Dann spar es dir, überhaupt zu kommen.*

Im Studio hatten Keith und Bill eine lange Diskussion darüber, bevor der Text endgültig festgelegt wurde.

"Keith, ich glaube wirklich, daß sich die Leute durch diese Aussage verurteilt fühlen werden", wandte er ein, "besonders Leute, die den Herrn vielleicht noch nicht kennen."

"Sie ist hauptsächlich für Christen bestimmt, die es besser wissen müßten", antwortete Keith. "Ich glaube wirklich, daß ich es so hart ausdrücken muß, um es deutlich zu machen."

"Aber das ist eine ziemlich harte Linie", versuchte Bill es noch einmal und schüttelte den Kopf.

"Nun, es ist meine Linie", antwortete Keith.

Ich hatte meine Bedenken Keith gegenüber schon geäußert. Ich wußte, daß Keith eine starke Aussage machen wollte - aber ich fragte mich, ob es dazu nicht einen anderen Weg gab. Manche Leute würden sich verletzt fühlen, aber das war nicht meine Hauptsorge. Für mich war die entscheidende Frage, ob diese Zeile wirklich Gottes Einstellung uns gegenüber richtig wiedergab. Natürlich will er, daß wir jeden Tag zu ihm kommen. Aber ich konnte mir nicht vorstellen, daß Gott, selbst wenn wir versagten, sagen würde: "Spar es dir, überhaupt zu kommen!" Ich war wirklich im Zwiespalt. Ich wußte, für Keith war es wie ein Versuch, Leute wachzurütteln, die schliefen, während ihr Haus brannte.

Als ich ihm von meinen Bedenken erzählte, sagte er: "Wenn du ein Kind siehst, das kurz davor ist, von einem Lastwagen überfahren zu werden, und du kannst nichts Besseres mehr tun, als es mit einem Tritt unmittelbar vor dem Aufprall aus dem Weg zu befördern, dann tust du das. Das Kind trägt vielleicht ein paar gebrochene Rippen davon, aber es ist wenigstens am Leben. Und die Eltern würden dir garantiert danken, daß du sein Leben gerettet hast - sie wären bestimmt nicht wütend wegen der gebrochenen Rippen! Du hast das Liebevollste getan, was in deiner Macht stand."

Am Ende wurde beschlossen, das Lied so aufzunehmen, wie es war. Obwohl ich mich mit dem Text nie ganz abfinden konnte, wollte ich auch, daß die religiöse Apathie im Kern erschüttert würde - auch in meinem eigenen Leben. Und was das betraf, so stand ich voll hinter Keiths Absicht bei der Botschaft, die er vermitteln wollte.

Ein weiteres Lied, das ziemlich starken Tobak für Christen in sich hatte, war "Asleep In The Light". Mit diesem Text hatte keiner von uns Probleme.

Die Idee zu diesem Lied verdankte Keith einer Formulierung aus dem Buch *Why Revival Tarries* (Warum die Erweckung auf sich warten läßt) von einem Mann namens Leonard Ravenhill, der 1950 nach Amerika gekommen war, nachdem er an vielen Erweckungen in Großbritannien beteiligt gewesen war. Keith fand das Buch zufällig bei irgendjemandem auf dem Tisch, gerade zu einer Zeit, in der er Gott bat, ihm zu helfen, weniger hitzköpfig zu werden. Nachdem er es durchgelesen hatte, sagte er: "Was hat Gott vor? Dadurch, daß er mich dieses Buch lesen ließ, hat er Benzin ins Feuer gegossen!" Keith war so aufgewühlt, daß er die Gedanken des Buches in einem Song verarbeitete in der Hoffnung, das Feuer würde sich ausbreiten.

*Siehst du nicht, siehst du nicht,*
*Wie all die Menschen untergehen?*
*Stehst du gleichgültig dabei,*
*Willst du sie ertrinken lassen?*

*Wie kannst du so stumpf sein,*
*Daß es dir egal ist, ob sie kommen?*
*Du schließt deine Augen*
*Und tust so, als wäre der Job erledigt ...*

*Die Welt schläft in der Dunkelheit,*
*Die die Gemeinde nicht bekämpfen kann,*
*Weil sie sogar im Licht schläft:*
*Wie kannst du so tot sein,*
*Wo du doch so wohlgenährt bist?*

Es stimmte zwar, daß Bill und ich - und viele andere, die wir kannten - hinter dem Warnruf standen, den Keith erschallen lassen wollte. Aber was war mit der christlichen Öffentlichkeit? Was würde sie von dieser Botschaft halten, die in Keiths Herz immer stärker wurde? Bald würden wir es wissen.

Während in diesem Sommer das Album gepreßt wurde, erhielt Keith eine Einladung, auf einem Festival in Oregon namens "Jesus Northwest" zu singen. Normalerweise zog es etwa 20.000 Zuschauer an - aber in diesem Jahr würden schätzungsweise 35.000 Leute dort sein!

Ein Verkehrschaos legte im Umkreis von zwei oder drei Meilen alle Straßen lahm, und die Polizei war am Rotieren. Die Camping-Plätze platzten aus allen Nähten. Es war ein einziges riesiges, herrliches Durcheinander!

Da das Festival über mehrere Tage auf freiem Feld unter einer sengenden Sonne stattfand, trugen viele Leute nur das absolute Minimum an Kleidung, um der Hitze standzuhalten. Keith und ich fanden, daß es wie ein Mini-Woodstock aussah.

Es war großartig, daß so viele Menschen hier waren, um Freude am Herrn und aneinander zu haben - aber irgendetwas schien nicht ganz zu stimmen. Es war ein gewaltiger Erfolg, und die Veranstalter waren ganz aus dem Häuschen. Aber die eigentliche Frage war: Was würde aus dem Blickwinkel der Ewigkeit dabei herauskommen? Würden alle nach Hause zurückkehren mit dem Gedanken: "Menschenskind, war das ein Spaß!"? Oder gab es etwas, das Gott jedem einzelnen zu sagen hatte? Selbst der Mann, der das Festival organisiert hatte, sprach mit Keith im Wohnwagen über seine Besorgnis.

"Zahlenmäßig ist es ein Erfolg, aber ich weiß nicht recht, was sich geistlich tut."

Am letzten Abend der Veranstaltung versammelten sich einige von uns im Wohnwagen, um vor Keiths Auftritt zu beten. Unser Freund Winkie Pratney, der im Osten von Texas lebte, war mit seiner Frau Fae dabei, da er einer der Hauptredner war. Inzwischen waren sich Keith und Winkie recht nahe gekommen. Winkie war wie ein älterer Bruder für Keith. Er war vermutlich der Einzige, dem Keiths nächtliche Telefonanrufe - manchmal um ein oder zwei Uhr morgens, nur um "Hi" zu sagen - nichts ausmachten. Er stammte aus Neuseeland und hatte einen schlagfertigen, brillanten Humor und einen scharfen Verstand. Seine dunklen Augen blitzten hell auf, wenn er lachte, und er lachte oft. Doch unter dem Humor steckte ein starker Drang, Männer, Frauen und Jugendliche zum Glauben an Jesus Christus kommen zu sehen. Seit Jahren schrieb er Bücher und Artikel, sprach er und reiste um die Welt als ein echter Botschafter des Herrn. Keith und er waren sofort eines Geistes.

Und im Augenblick waren sie beide besorgt - nicht über das, was auf dem Festival geschehen war, sondern über das, was nicht geschehen war. Wir hatten gehört, daß der Schwerpunkt des Festivals auf der Musik liege - jede Menge Musik, und zwar laut. Es gab auch einige Redner, aber kaum jemand hatte die Leute bisher zu Veränderungen oder zur Hingabe herausgefordert. Das Gelände war gedrängt voll von Menschen, aber manche sagten, es habe noch kein echtes Wirken Gottes gegeben und das Ganze sei nichts als eine einzige, riesige Fete. Keith und Winkie waren sich einig, daß das Festival für die Katz' gewesen wäre, sollte nichts mehr passieren.

Im Wohnwagen stand ein Piano, und Keith kroch darunter, um "mit Gott allein" zu sein und zu beten. Er wollte das Festival für ein paar Minuten aus sich aussperren. Von da, wo ich betete, konnte ich Keith leise weinen hören.

Von der Wohnwagentür ertönte ein zaghaftes Klopfen. Jemand rief Winkie heraus zu einer jungen, blonden Frau, die um ein Gespräch mit ihm gebeten hatte. Sie hatte Tränen in den Augen. Winkie erkannte sie wieder; sie gehörte zum Stand von "Jugend mit einer Mission" auf dem Festival. Sie war schüchtern, sprach aber gleichzeitig mit sanfter Freimütigkeit.

"Entschuldigen Sie, aber ich bin ein wenig traurig gewesen während des Festivals, weil es nicht so scheint, als ob Gott eine Möglichkeit gehabt hätte, zu sagen, was ihm am Herzen liegt. Es hat keinen Durchbruch gegeben. Wir hatten Seelsorge-Zelte und Gebetstreffen, aber von der Bühne aus hat niemand etwas davon gesagt, daß wir mit Gott in Ordnung kommen müssen."

Während Winkie draußen war, schaute ich hinüber zu Keith. Ich hörte lautes Weinen und Schluchzen unter dem Piano. Zwischen den Schluchzern betete Keith laut: "Oh Gott, was soll ich sagen? Was soll ich tun?"

Als Winkie in den Wohnwagen zurückkam, hatte er ein kleines Stück Papier in der Hand.

Im gleichen Augenblick kam Keiths Kopf unter dem Piano hervor, und er sagte: "Winkie, gibt es nicht irgendwo eine Bibelstelle über Festivals?"

Erschrocken blickte Winkie von dem Zettel auf. "Ja", sagte er. "Ich habe zufällig gerade eine in der Hand. Eine junge Frau hat sie mir gegeben."

Als Keith den Zettel las, klappte sein Unterkiefer herunter. Wenige Minuten später nahm er ihn mit auf die Bühne.

Als Keith ins Scheinwerferlicht trat, brach die Menge in ein langes Getöse aus Applaus, Pfeifen und Zurufen aus. Keith setzte sich ans Piano, richtete sich das Mikrofon ein und wartete, bis sich der Applaus etwas gelegt hatte. Dann wandte er sich dem Publikum zu begann zu sprechen, während er sich immer noch ein paar Tränen abwischte:

"Hattet ihr jemals das Gefühl, daß der Herr traurig sei? Die meisten Leute denken: 'Nein, nein, der Herr ist immer fröhlich.' Nun, heute abend habe ich gebetet, und ich spürte irgendwie in mir, wie der Herr weinte. So begann auch ich zu weinen.

Und ich mußte an all die Leute denken, die Gott einen Tag in der Woche geben. Wie würde es euch gefallen, wenn eure Frau euch einen Tag in der Woche gäbe? 'Hallo Liebling, ich komme zu meinem wöchentlichen Besuch.' Die Leute besuchen Gott gern von zehn bis elf am Sonntagvormittag ..."

Ich war hinüber an den Rand der Menge gegangen, um Keith auf der Bühne zu sehen. Wie bei den meisten Open-Air-Veranstaltungen war das Publikum ein bißchen rastlos. Ich wußte, daß sie darauf warteten, daß Keith singen würde, und das tat er auch. Aber das Lied, das er als erstes aussuchte, war alles andere als unbeschwert - "To Obey Is Better Than Sacrifice". Kaum war er fertig, begann er wieder zu sprechen ...

"Im Alten Testament heißt es: 'Weil dies Volk mir naht mit seinem Munde und mit seinen Lippen mich ehrt, aber ihr Herz fern von mir ist ...' Ich habe die Anbetungslieder gehört, die alle hier vorher gesungen haben, und niemand verdient Lob und Anbetung außer Jesus. Das ist eine wunderbare Sache.

Aber wie wäre es, wenn deine Frau sagte 'Ich liebe dich', du aber wüßtest, daß sie dich in ihrem Herzen nicht ehrte und liebte? Daß du nicht der wichtigste Mensch auf der Erde für sie wärest. Und daß sie sogar ein paar andere Männer hätte, die sie lieber anschaute und an die sie lieber dächte als an dich. Wie widerlich wäre es für dich, von ihr zu hören: 'Oh Schatz, ich liebe dich!' Was bedeuten die Worte 'Ich liebe dich'? Wenn du Jesus mit deinem Mund lobst und anbetest und dein Leben ihn nicht lobt und anbetet, dann stimmt etwas nicht.

Ich möchte nicht, daß du von hier als Verurteilter fortgehst. Aber ich möchte, daß du vor Gott zerbrichst, denn wenn du kein zerbrochenes Gefäß vor Gott bist, kann er dich nicht so wieder zusammensetzen, wie er es will ..."

In der Menge war es jetzt still geworden. Ich bemerkte einen jungen Mann in abgeschnittenen Jeans und einem "Jesus-Is-Lord"-T-Shirt ziemlich weit vorne. Er lehnte sich mit einem ernsten Ausdruck auf seinem Gesicht nach vorne. In diesem Moment griff Keith in seine Tasche und zog den Zettel hervor, den Winkie ihm gegeben hatte. Mir dämmerte, daß es noch ernster werden würde, als er zu lesen begann ...

"Dieser Vers stammt aus dem Buch Amos. 'Ich hasse eure Feste, ich verabscheue sie und kann eure Feiern nicht riechen. Wenn ihr mir Brandopfer darbringt, habe ich kein Gefallen an euren Gaben, und eure fetten Opfer will ich nicht sehen. Hört auf mit dem Lärm eurer Lieder! Eurer Harfenspiel will ich nicht hören, sondern das Recht soll wie Wasser, die Gerechtigkeit wie ein nie versiegender Bach fließen.'

Versteht irgend jemand von euch, was das bedeutet? Einige von euch verstehen es. Unter 35.000 sogenannten Christen sind immer ein paar echte eingestreut. Meine Aufgabe als Diener ist es, dafür zu sorgen, daß jeder, der hier ist, als echter Christ wieder geht. Aber das kann ich nicht, ich bin nichts als Staub."

Keith schaute zum Himmel auf und sagte: "Ich verlasse mich auf dich, Herr Jesus ..."

Keiths Worte hatten die Wirkung eines Pistolenschusses. Die Menge saß in benommener Stille da - die erste Stille, die ich an diesem Abend hörte. Wieder warf ich einen schnellen Blick auf den Mann im Jesus-T-Shirt. Mit offenem Mund saß er da. Ich fragte mich, was er wohl dachte, als Keith fortfuhr ...

"Wie viele von uns nehmen Anteil an den Menschen, die Tür an Tür mit uns wohnen? Wie viele von deinen Nachbarn haben je mehr zu sehen bekommen als einen kleinen Fisch auf deinem Auto? Sie denken, du arbeitest auf dem Fischmarkt ... Was tut sich?

Was mich betrifft, so bereue ich es, je eine Platte aufgenommen oder je ein Lied gesungen zu haben, es sei denn, es hat Leute dazu herausgefordert, Jesus nachzufolgen, ihr ganzes Leben ihm zu Füßen zu legen, ihm alles zu geben. Es kostet dich nicht viel, Jesus nachzufolgen - nur alles!"

Keith sang noch ein paar Lieder - "The Sheep and the Goats" und "Asleep in the Light" - aber sie dienten nur noch dazu, seine hart einschlagende Botschaft zu unterstreichen. Dann sang er "My Eyes Are Dry" und brachte es allen bei. Beim Singen begann er zu weinen, und seine Stimme war rauh vor Gefühlen:

*Meine Augen sind trocken, mein Glaube ist alt,*
*Mein Herz ist hart, meine Gebete sind kalt.*
*Und ich weiß doch, ich sollte eigentlich*
*Lebendig sein für Dich und meinem alten Leben absagen.*
*Oh, was kann man mit einem alten Herzen wie meinem anfangen?*
*Mache es weich mit Öl und Wein!*
*Das Öl bist Du, Dein liebender Geist.*
*Bitte wasch mich ganz neu im Wein Deines Blutes.*

Dann betete Keith mit tränenüberströmtem Gesicht: "Herr, es tut uns leid! Herr, es tut uns leid, daß wir so trügerische Herzen haben; daß wir Kinder unserer eigenen Wünsche sind anstatt Kinder deiner Wünsche, Kinder der Religion anstatt Kinder der Wahrheit. Herr Jesus, bitte erlöse uns von uns selbst und von unseren Institutionen ... Herr, zerbrich unser eigenwilliges Leben - kreuze unser Ich, töte unsere eigenen Wünsche ..."

Er wandte sich wieder der Menge zu:

"Wißt ihr, daß der reiche Jüngling in jeder Gemeinde heute willkommen wäre? Aber Jesus wollte ihn nicht annehmen. Warum? Weil er einen Götzen in seinem Leben hatte.

Wißt ihr, wer die christlichen Götzen sind? Ich bin zufällig einer von ihnen. Und auch Andrae Crouch, Evie und B.J. Thomas. Ihr könnt sogar euren Pastor vergötzen. Sie wollen nicht vergötzt werden, haben nie darum gebeten. Erinnert ihr euch an den Applaus, den ihr mir gegeben habt, als ich herauskam? Ich habe euch heute noch nicht einmal dem Herrn so applaudieren hören ... Wir freuen uns mehr auf ein "2nd Chapter of Acts"-Konzert als auf das zweite Kommen Christi! SÜNDE! ..."

Das war starker Tobak. Ich fragte mich, was die Leute alle über Keiths Botschaft dachten. Wie empfand es ein Haufen Leute, die sich für Christen hielten, wenn man ihre Erlösung in Frage stellte? Dazu war schon eine gute Herausforderung nötig. Und wenn man nach dem jungen Burschen ging, den ich im Auge hatte, dann war der Herr dabei, gute Dinge zu tun. Der Junge hatte seine Arme um die Beine gelegt und den Kopf auf die Knie gesenkt ...

"Der reiche Jüngling kam zu Jesus, und Jesus sagte: 'Dir fehlt noch etwas. Geh weg, ich kann dich jetzt noch nicht gebrauchen.' Wer würde heute sagen: 'Tut mir leid, Bruder, ich kann kein Übergabegebet mit dir sprechen. Du mußt dein Dope, deine Selbstsucht, deine Liebe zum Besitz, dein Kleben an Familie und Freunden aufgeben - und dein Leben.'? Seid ihr nicht ein bißchen enttäuscht, wie der Herr einen solchen Sünder behandelte? Wußte der Herr nicht, wie man eine Seele zu ihm führt?

Die Voraussetzung für die Erlösung ist nicht nur ein Gebet. Die Voraussetzung ist ein offenes, vollkommen leeres Herz, das bereit ist, mit Jesus Christus gefüllt zu werden. Nachdem du ein Übergabegebet gesprochen hast - wenn dann in ein paar Monaten deine Freunde nicht spüren, daß du wiedergeboren bist, wenn deine Verwandten keine Veränderung in dir bemerken, wenn dein Lehrer nicht erkennt, daß du ein Christ bist, dann bist du es vermutlich auch nicht!

Denn weißt du was? Wenn Leute wiedergeboren sind, dann begeistert sie das! Es verändert ihre Art zu leben, was sie tun, wie sie reden, wie sie handeln, was sie mit ihrem Geld anstellen, mit ihren Autos, ihren Freundinnen - alles wird anders! Wie kommt es dann, daß man keine Veränderung sieht? Wie kommt es, daß Christen versuchen, mit dem Strom zu schwimmen?

Ich fordere jeden, der sich Christ nennt, was soviel wie 'kleiner Christus' bedeutet, heraus, so zu leben, wie Jesus es tat. Sonst könnte eines Tages Einer sagen: 'Ich habe dich nie gekannt' ... Ich werde jeden Tag auf die Knie gehen und sagen: 'Gott, durchforsche mein Herz und sieh nach, ob irgendetwas Böses darin ist. Ich will nicht in die Irre gehen. Ich will bei dir sein.'

Du kannst nicht in den Himmel kommen, indem du ein netter Kerl bist. Du könntest am Ende der netteste Kerl in der ganzen Hölle werden!"

Schließlich stellte Keith eine Herausforderung zum Bekenntnis an jeden einzelnen im Publikum - zuerst an diejenigen, die ihr Leben noch niemals Christus gegeben hatten, und dann an die, die Jesus noch nicht alle Hoffnungen, Träume, Besitztümer, Freunde und nahestehenden Menschen übergeben hatten.

Ich schaute nach dem jungen Burschen, den ich beobachtet hatte, um zu sehen, ob seine Hand oben war. Statt dessen lag er, ebenso wie viele andere, flach auf dem Gesicht! Überall hatten andere ihre Hände emporgestreckt. Nicht nur das, auf der ganzen offenen Grasfläche brach lautes Weinen aus. Es war ehrfurchterregend. Ich hörte Leute schluchzen und Gebete zu Gott hervorpressen.

Dann bat Keith alle, die Jesus zum ersten Mal zum Herrn ihres Lebens machen wollten, aufzustehen. Erschrocken sah ich fast jeden in der Menge aufstehen. Keith war so überrascht, daß er dachte, sie hätten ihn mißverstanden. Also erklärte er noch einmal:

"Dies ist keine erneute Hingabe. Dies ist das erste Mal; das erste Mal, das ihr wirklich verstanden habt, was der Herr Jesus wirklich will. Meint ihr das im Ernst? Menschenskind! Wie vielen Leuten hier ist klar, daß sie eine Menge Dinge loswerden und einiges in ihrem Leben ändern müssen, wenn sie nach Hause kommen? ... Hier vorne sagt gerade ein Bruder, er müsse sein ganzes Zimmer neu einrichten. Ihr müßt euer Herz neu einrichten, dann wird sich auch das Äußere verändern!"

Dann rief Keith Winkie, Fae und mich auf die Bühne, und eine halbe Stunde lang leiteten wir alle mit Keith zusammen eine Anbetungszeit. Und so endete das Festival. Erschöpft verließ Keith die Bühne. Ich wußte, daß er seine ganze Seele gegeben hatte. Ich war die Erste, die ihm Mut machte und sagte, wie mächtig ihn der Herr gebraucht hatte. Doch viele andere warteten schon, um ihm das gleiche zu sagen. Es war ein bißchen zuviel für Keith.

Als wir zurück zu unserem Hotel fuhren, sahen wir immer noch einige Leute auf dem Gelände sitzen - sie beteten.

Trotz dieser großartigen Früchte kehrte Keith sehr beunruhigt von dem Festival zurück. Wozu waren Festivals überhaupt gut? Waren sie nur eine Gelegenheit für Christen, zusammenzukommen und eine Fete zu feiern? Oder vielleicht waren sie nur eine von vielen Möglichkeiten, das Evangelium zu vermarkten. Die Veranstalter schienen gute Absichten zu haben, aber nahmen die Besucher das Festival auch in der richtigen Weise auf? Oder lag die Verantwortung für die geistliche Atmosphäre einer Veranstaltung bei den einzelnen eingeladenen Verkündigern?

Bei Keith persönlich warf der Abend seines Auftritts viele Fragen auf. Es erforderte schon nackten Gehorsam, 35.000 Leuten, die sich eine schöne Zeit machten, zu sagen, daß Gott ihr Festival haßte. Der Druck, einer so großen Menge gefallen zu wollen - beliebt und geliebt zu sein - ist überwältigend, allein schon der Wunsch, ein paar Platten zu verkaufen und sich einen guten Namen zu machen. Keith hatte geglaubt, daß er dadurch, daß er Gott gehorchte, die Leute mit seiner "harten Botschaft" abstoßen würde. Für ihn wäre es leichter gewesen, damit zu leben. Doch trotz seiner starken Worte gefeiert zu werden war in mancher Hinsicht beängstigend.

"Mel, diesen ganzen Kram habe ich vor drei Jahren hinter mir gelassen, als ich Christ wurde. Die Groupies, die Fans, das Lob von Menschen - ich will mich nicht von neuem darin verstricken."

Keiths schneller Aufstieg zur Popularität war beunruhigend genug gewesen. Seine Sorge war, er könnte sich in ein System verstricken, durch das er letzten Endes Gott vergessen würde - oder das andere dazu veranlassen könnte, auf ihn statt auf den Herrn zu schauen. Keith machte sich auch Sorgen über die Macht seiner eigenen Ausstrahlung. Was war, wenn er aus eigener Kraft etwas bewirkte, ohne es zu wollen? Woher sollte er wissen, ob die Leute bei einem Konzert auf ein Handeln Gottes reagierten oder nur auf seine Vortragskunst, die er sich durch lebenslange Übung angeeignet hatte?

Für Keith waren das nicht nur beiläufige Fragen. Sie beschäftigten ihn tief. Er hatte erhebliche Anfragen an die christliche Musikindustrie - aber noch beunruhigender waren die Fragen, die er an sich selbst stellte. Keith gewann den Eindruck, er brauche einige freie Zeit, um alles durchzudenken. Seit Monaten war unser Terminkalender voll mit Konzertreisen und Aufnahmen. Außerdem dachte sich Keith, es wäre genau die richtige Zeit, um ein wenig zu studieren.

Winkie Pratney hatte eine ganze Bibliothek für Keith gekauft, weil er seinen Hunger nach dem Herrn und seine Verwirrung über die Intensität seiner eigenen Gefühle gesehen hatte. Winkie war der Meinung, Keith sollte sich ein wenig mit Kirchengeschichte befassen. "Eine Menge Christen haben schon die gleichen Gefühle erlebt wie du - und sie haben ein paar wirklich tolle Sachen darüber geschrieben. Du mußt lesen, was sie zu sagen hatten." Dann führte er uns in eine Buchhandlung und kaufte einen Einkaufswagen voller Bücher für Keith.

Und so verkündete Keith, kurz nachdem wir von "Jesus Northwest" zurückgekehrt waren: "Ich nehme mir eine Sabbat-Zeit - ab sofort!"

"Für wie lange?" fragte ich.

"Ich weiß nicht, vielleicht für ein Jahr. Vielleicht gebe ich ein paar Konzerte, aber ich mache keine großen Reisen. Ich brauche etwas Zeit. Ich möchte das Wort Gottes besser kennenlernen und all die Bücher lesen, die Winkie mir gegeben hat. Ich muß mir einfach über ein paar Dinge klar werden."

Es war schön, daß Keith jetzt öfter zuhause war, da sich mein Geburtstermin im September näherte. Wir waren sehr gespannt auf unser Baby. Wir hatten schon mehrere Namensbücher gelesen und auch die Bibel durchgeblättert, um ein paar Namen zu finden, die uns gefielen. Außerdem nahmen wir an Kursen für natürliche Geburtsvorbereitung teil, um zu lernen, wie ich durch all die unbekannten Hindernisse meiner ersten Entbindung hindurchkommen sollte. Keiths Mutter gab uns sogar Keiths eigene alte Wickelkommode! Er hatte sie vor einigen Jahren mit allen möglichen Hippiemustern bemalt, so daß ich ein paar Tage damit verbrachte, die Farbe abzukratzen, sie zu beizen und mit einem seidenmatten Klarlack zu versehen. Große Ereignisse kündigten sich an!

Unsere Vorbereitung auf die Elternschaft brachte uns ganz neu dazu, die Kosten unseres Lebensstils zu überschlagen. Wir waren jedoch beide begeistert von dem Gedanken, unser Kind inmitten eines lebhaften Dienstes aufzuziehen. Ein Kind lernte unserer Meinung nach am besten, wie man Gott dient, indem es damit aufwuchs. Wir hofften, wir würden uns als gute Eltern erweisen und für die Bedürfnisse unseres Kindes empfänglich sein. Bisher hatten wir gedacht, ein Album zu produzieren sei viel schwieriger, als ein Baby zu "produzieren". Doch diese Vorstellung sollte sich bald drastisch ändern, zumindest aus meiner Sicht.

Als bei mir die Wehen einsetzten - zwei Wochen vor dem Termin - riefen wir unseren Arzt an. An diesem ersten Tag geschah jedoch noch nichts, und am nächsten Tag stellte Keith in unserer Gemeinschaft Gebetsteams auf.

Einmal während der ersten Phase kamen zwanzig Leute aus der Gemeinschaft zu Besuch zu mir und brachten einen Haufen eingepackter Geschenke mit. Da die Geburt zu früh einsetzte, würde ich um die Baby-Party kommen, die sie geplant hatten. Ich packte die Geschenke zwischen den Wehen aus, aber es fiel mir in diesem Moment ziemlich schwer, zu lächeln!

Am nächsten Tag kam ich endlich ins Krankenhaus. Kaum war ich da, beschleunigten sich die Ereignisse - ein wenig. Keith saß an meiner Seite, beobachtete die Wehen auf dem Monitor und sagte mir, wann ich atmen und wann ich mich entspannen sollte. Allmählich begann ich mich zu fragen, ob dieses Kind überhaupt je geboren werden würde; ich war jetzt schon völlig erschöpft. Keith sprach mir von Zeit zu Zeit Mut zu.

"Gleich werden wir ein Baby im Arm haben!"

"Wirklich?" Mir kamen allmählich Zweifel.

"Halte durch, Liebling. Wir haben unser Baby gleich. Denk doch nur! *Unser Baby!*"

Endlich - neunundvierzig Stunden nach dem Beginn der Wehen - hatte ich die letzten Stöße geschafft und hörte den Arzt sagen: "Es ist ein Junge!"

Er hatte jede Menge Locken, und Keith rief dauernd: "Menschenskind, ein Junge! Liebling, ein kleiner Junge! Oh, danke, Jesus! Danke!" Er tanzte buchstäblich durch den Kreißsaal, strahlte über das ganze Gesicht und dankte dem Herrn, von Kopf bis Fuß ein stolzer Vater.

Der Arzt wickelte unseren kleinen blonden Jungen in ein Tuch. Ich war starr vor Ehrfurcht, als ich die winzigen Finger und Zehen betrachtete und in seine blauen Augen schaute. Keith und ich sahen uns nur an. Wie bewerkstelligte Gott ein solches Wunder?

Wir nannten unseren Sohn - unseren Sohn! - Josiah David, nach zwei großen Königen. Josiah war der kindliche König, und die Bibel sagt, daß er immer das tat, was in den Augen des Herrn richtig war, und nie nach rechts oder links abwich. Und David war als ein Mann nach Gottes Herzen bekannt. Schon jetzt sah Josiah David so ziemlich wie Keith aus - der seinerseits *seinem* Vater sehr ähnlich war. Wegen seiner tiefen Liebe zu seinem Vater war Keith begeistert darüber. Es war ein unglaubliches Gefühl, mit einem so kostbaren Geschenk in meinen Armen aus dem Krankenhaus gebracht zu werden.

Inzwischen wuchs auch unsere andere "Familie" weiter. Inzwischen waren wir zu einem eingetragenen Verein geworden und nannten uns "Last Days Ministries". Zu dieser Zeit schien der Herr uns immer mehr Leute zuzuführen, die uns halfen, unseren wachsenden Dienst aufzubauen.

Der Tag, an dem Wayne Dillard bei uns auftauchte, war ein großes Ereignis, denn er war der Einzige, der je mit einem nagelneuen Auto bei uns vorfuhr! Er hatte uns von Südkalifornien aus geschrieben, nachdem ihn eines von Keiths Konzerten tief bewegt hatte, und in seinem Brief hieß es: "Meine Freunde nennen mich 'Mr. Fix-It', und ich bin gern bereit, überall mitzuarbeiten, wo es nötig ist." Wir sagten ihm, er solle sofort kommen! Und Jerry Bryant, der in Illinois eine Radiosendung moderierte, kam mit seinem kleinen Sohn, nachdem er ein Konzert von Keith in Carbondale finanziert hatte.

Nicht alle kamen von so weit her. Martin Bennett beschloß, zu uns zu ziehen, nachdem er einige unserer Hausbibelkreise besucht hatte. Carol Hoehn war auch aus der Gegend, ebenso wie Francine Weisberg und Pam Wible. Außerdem hatten Keith und ich eine Jugendliche aufgenommen, die zuhause körperlich mißhandelt worden war und liebevolle elterliche Zuwendung brauchte. Sie teilte ein Zimmer mit Dawn. Inzwischen war Michelle Brandes, unsere alte Freundin aus dem "Bla", Keiths Sekretärin geworden.

So strömten uns mehr und mehr Leute zu.

Um dieser "Bevölkerungsexplosion" gerecht zu werden, brauchten wir natürlich auch eine "Unterbringungsexplosion". Wir kauften das Haus gleich neben uns, das vorher einem Mann namens Harvey gehört hatte. Wir setzten einfach ein Tor in den Zaun, und es wurde der "Schlafsaal" für die Mädchen - wenn wir es auch weiterhin mit dem unwahrscheinlichen Namen "Harveys Haus" belegten. Außerdem mieteten wir noch ein weiteres Haus in der Dolorosa Street und nannten es das "Mietshaus". Dann wurde ein weiteres Haus in der Sale Street unter dem Namen "Schulhaus" bekannt, weil es direkt gegenüber einer Schule lag. Das "Pool-Haus" bekam seinen Namen aus offensichtlichen Gründen, und das "Glashaus" verdankte seinen der Tatsache, daß es voller gläserner Schiebetüren und großer Fenster war. Binnen kürzester Frist wuchsen wir von fünfundzwanzig Leuten in drei Häusern auf siebzig Leute in sieben Häusern an!

Wir experimentierten zwar damit, als Gemeinschaft alle zusammen aus einem Topf zu leben, aber in Wirklichkeit bestritten Keith und ich fast hundert Prozent unserer Ausgaben mit unserem eigenen Geld. Doch Gott schenkte uns in finanzieller Hinsicht viel Segen, und wir wollten ihm diesen Segen zurückgeben, indem wir das Geld wieder zurück in den Dienst fließen ließen. Damit jeder sich wenigstens ein bißchen unabhängig fühlen konnte, bekamen alle fünf Dollar im Monat als eine Art Taschengeld, während wir oft Dinge gemeinsam unternahmen, wie etwas zu "Little Tony's" zum Pizzaessen oder zu "Solley's Delicatessen" zum Eisessen zu gehen.

Um noch zusätzliches Geld zu beschaffen, gründeten wir einen Hausreinigungsdienst, den die Mädchen gruppenweise versahen. Die Männer hatten einen Gartenpflegedienst. Inzwischen konnten wir immer mehr Menschen zum Glauben führen, und wir tauften sie, wo immer wir konnten - in Schwimmbädern, am Strand - Carol wurde sogar in der Badewanne im "Schulhaus" getauft. Alle zwängten sich in das kleine Badezimmer, um dem Ereignis beizuwohnen, und ich stand auf dem Toilettendeckel, um zuzuschauen, wie Keith die Zeremonie durchführte.

Unsere Mahlzeiten waren immer eine interessante Sache, denn ein großer Teil unserer Lebensmittel wurde gespendet. Wir aßen Dinge wie Tintenfisch, Zunge und zum Nachtisch mit Kuchenglasur bestrichene Vollkornkekse. Manchmal öffneten wir einfach eine Reihe unbeschrifteter Dosen, um festzustellen, was es zum Abendessen gab. Da die Mahlzeiten und die beinahe allabendlichen Bibelkreise jeden Abend in einem anderen Haus stattfanden, fragte ich mich um so mehr, was unsere Nachbarn wohl von uns denken mochten. Wir waren eine bunte Truppe von Ex-Rockern, unverheirateten Müttern und ehemaligen Drogenabhängigen. In Gruppen von zehn oder fünfzehn Leuten gingen wir die Straße entlang, vorbei an Kindern auf Skateboards und Vätern, die in Bermuda-Shorts den Rasen mähten - ein Haufen von späten Hippies, die versuchten, Gott zu folgen.

Uns wurde klar, daß unsere Nachbarn das alles ziemlich merkwürdig finden mußten. Deshalb sandten wir Teams aus, die von Tür zu Tür durch die ganze Nachbarschaft gingen und den Leuten erklärten, wer wir waren und was wir machten. Außerdem luden wir sie ein, jederzeit zu unseren Bibelkreisen oder zu unserem Überraschungsessen am Freitagabend zu kommen. "Wir stehen immer zur Verfügung, um mit Ihnen zu beten", sagten wir ihnen. "Wenn sie einmal irgendwelche Hilfe brauchen, sagen Sie uns nur Bescheid."

Nach unserem Überraschungsessen am Freitagabend gab es normalerweise irgendein Konzert. Mal spielte Keith, mal einer unserer Freunde wie Randy Stonehill oder Phil Keaggy. Anschließen ergriff Keith, Richard Gene Lowe oder Reverend Glenn das Wort. Wir sahen viele Menschen zum Glauben kommen - manchmal sogar ganze Familien mit ihren Kindern. Auch Todds Eltern nahmen den Herrn auf.

Doch das gemeinschaftliche Leben hatte noch eine andere Seite.

Viele der Leute, die bei uns wohnten, kamen aus ziemlich rohen Verhältnissen, so daß ihr Leben allgemein ziemlich aus den Fugen war. Deshalb mußten wir eine Menge Regeln aufstellen, um eine starke Struktur aufzubauen. Zum Beispiel hatte jeder einen "Betreuer", der ihn überall hin begleitete, denn mancher war nicht in der Lage, allein bis zum Laden an der Ecke zu gehen, ohne Zigaretten oder Bier zu klauen oder sich Drogen andrehen zu lassen. Manche der Regeln klangen wirklich irgendwie verrückt, aber wir brauchten sie. Zum Beispiel verstieß es gegen die Regeln, mit den Fahrrädern Spitzkehren zu vollführen, weil sich dabei die Reifen verbogen und Leute sich verletzen konnten. Es verstieß gegen die Regeln, ohne Erlaubnis besondere gespendete Nahrungsmittel zu essen. Um so etwas ähnliches wie Ordnung in den Laden zu bringen, mußten wir tatsächlich Minuspunkte verteilen, wenn die Leute nicht ihre Betten machten oder ihre Zimmer aufräumten.

Obwohl wir wußten, daß auch anderen Rehabilitations-Einrichtungen ähnliche Regeln hatten, fiel es Keith nicht leicht, so viele Leute unter seiner Autorität zu haben. Seinem Tagebuch vertraute er an:

26.10.78

***Ich habe solche Angst vor Macht. Nicht vor Gottes Macht ... vor meinem fleischlichen Wunsch, andere zu beherrschen. Im Innersten meines Herzens will ich nur dienen! Die Kinder als gereifte Männer und Frauen Gottes darstellen. Mehr als alles andere möchte ich mich für sie, für Jesus, hingeben. Doch dann erhebt sich mein altes Wesen, das alles beherrschen möchte.Herr, ich bereue mein altes Wesen, und ich lege Dir meine Angst vor der Macht hin. Denn Du bist die einzige wahre Macht, Jesus!! Beherrsche mein Leben durch Deinen Geist. Beherrsche das Leben der Schafe durch Deinen Geist; und wenn Du mich dabei gebrauchst, laß mich Dir danken!! Bitte schenke, daß ich mir selbst immer weniger wichtig werde ...***

Mitten in alledem ging Keith weiterhin den Fragen nach, die sich nach "Jesus Northwest" ergeben hatten. Er nahm sich viel Zeit zur Selbstprüfung und zum Nachdenken und betete um Erweckung in seinem eigenen Herzen. Während er sich in das Wort Gottes und in die Schriften großer Christen der Vergangenheit und Gegenwart vertiefte, fastete er regelmäßig. Wenn Keith mit einem Buch fertig war, waren seine Seiten zerschlissen und voller Unterstreichungen. Oft griff er sich den nächsten Menschen und las ihm die "besten Stellen" laut vor.

In dieser Zeit war Keith auch außerordentlich fahrig und rastlos. Wenn er nicht gerade fastete, ertappte ich ihn oft dabei, wie er den Kopf in den Kühlschrank steckte und nach seinem Lieblings-Schokoladeneis suchte. Dann ging er nervös auf und ab, die Schachtel in der einen Hand und den Löffel in der anderen. Er haßte es, wenn sein Gewicht außer Kontrolle geriet, aber manchmal konnte er seiner nervösen Energie nicht widerstehen.

Anfang Oktober 1978 machte ich Josiah für einen seiner ersten großen Ausflüge bereit - nur war der Anlaß nicht ganz so, wie wir es uns gewünscht hätten. Richard Gene Lowe, unser erster Lehrer und unser guter Freund, war irgendwo auf dem Heimweg von einer großen Konferenz gewesen. Es war spät am Abend gewesen, und er hatte auf dem Beifahrersitz im Wagen eines Freundes geschlafen. Ein Lastwagen, der aus der entgegengesetzten Richtung kam, war frontal mit ihnen zusammengestoßen. Wie die Ärzte sagten, hatte Richard nicht einmal bemerkt, was ihm passierte. Doch wir waren erschüttert, obwohl wir wußten, daß Richard jetzt bei dem Einen war, dem er sich vor vielen Jahren anvertraut hatte - bei seinem geliebten Jesus. Keith meinte, daß der Herr Richard wirklich auf gnädige Weise zu sich genommen habe.

"Junge, das ist die richtige Art zu gehen!" sagte er, "nicht mit einer sich ewig dahinschleppenden Krankheit in einem Krankenhaus herumzuliegen. Du schläfst einfach ein und wachst in der Gegenwart des Herrn wieder auf!"

"Ja, Richard hat nicht das Geringste gespürt", sagte ich.

"Wenn meine Zeit gekommen ist, möchte ich auch so gehen", sagte Keith und schnippte mit den Fingern. "In einem Augenblick von der Erde zum Himmel!"

In diesem Moment gingen Keiths Worte glatt an mir vorbei. Doch es würde ein Tag kommen, an dem ich mich an sie erinnern würde. Im Augenblick war ich vollauf damit beschäftigt, Josiah in seine Decke einzuhüllen, während wir das Haus verließen, um zu Richards Trauerfeier zu fahren.

Eines Tages, nicht lange danach, kam Keith in unser Schlafzimmer und blickte ernster drein als sonst - was eine Menge heißen will. Er hielt das Buch Rees Howells: Beter in der Hand, als er sich aufs Bett fallen ließ.

"Wußtest du, daß Rees Howells und seine Frau ihren kleinen Sohn weggaben, um als Missionare nach Afrika gehen zu können?"

"Sie gaben ihn weg? ..." wiederholte ich ausdruckslos. Mir schwante schon Übles.

"Sie gaben ihn zu Verwandten", fuhr Keith fort, "und Gott sagte ihnen, sie dürften ihn niemals zurückfordern. Als er viele Jahre später sein Studium beendet hatte, folgte er seinem Vater in den Dienst nach Afrika. Aber da war er schon völlig erwachsen."

"Das ist wirklich herb." Konnten wir nicht über etwas anderes reden?

"Ja. Gott hatte ihm gesagt, daß er das tun sollte."

"Ich hoffe sehr, daß es wirklich Gott war", sagte ich und biß mir sogleich auf die Lippen. Ich fragte mich, worauf Keith hinauswollte.

"Mel, was wäre, wenn Gott uns sagte, daß wir Josiah weggeben sollen?"

"Ich wüßte nicht, wie das der Wille des Herrn sein könnte", gab ich sofort zurück. "Ich meine, glaubst du wirklich, er würde das von uns verlangen?"

"Ich weiß nicht. Vielleicht. Gott kann tun, was er will."

"Also, ich möchte dem Herrn immer gehorchen, was es auch kostet. Aber das wäre sehr schwer. Willst du sagen, daß du dazu bereit wärst?" drängte ich ihn.

"Es wäre das Schwerste, was ich je getan habe", sagte er ernst. "Aber wenn ich hundertprozentig sicher wäre, daß es Gott ist, würde ich es tun."

Mittlerweile war mir das Herz so schwer geworden, daß ich glaubte, es müßte platzen. Ich hatte Angst, daß Keith etwas Verrücktes tun würde. *Was ist, wenn er mir jetzt sagt, daß er glaubt, Gott wolle, daß wir Josiah jemandem anderes anvertrauen?* dachte ich. *Was würde ich tun? Man gibt doch Kinder nicht einfach weg, oder?* Meine Gefühle wirbelten durcheinander.

Alles war so viel einfacher gewesen, als es noch nur um "uns und unsere Stereoanlage" ging. Wir hatten immer gesagt, daß wir alles für den Herrn hingeben würden. Doch es schien viel leichter zu sein, Dinge wie Geld, Bequemlichkeit oder Zeit dem Herrn hinzugeben. Wie kann man sein Kind hingeben? Rees Howells hatte es herausgefunden. Und auch Abraham mit seinem Sohn Isaak. Die Rückhaltlosigkeit ihrer Hingabe nahm mir den Atem.

Glücklicherweise war dies keine Frage, auf die wir sofort eine Antwort finden mußten. Wir hatten nicht vor, Josiah zur Adoption freizugeben oder etwas ähnliches. Dennoch wurden unsere Elternherzen auf eine schmerzhafte Probe gestellt. Und besonders Keith durchlebte in den folgenden Monaten eine tiefere Prüfung, als mir bewußt war - ich erfuhr es erst viel später.

15.1.79

***Mein Jesus, bitte erfülle mich mit Deinem starken Leben. ... Ich bin fast tot. ... Ich brauche und wünsche mir die Nähe zu Dir. ... Bitte, Gott, Du weißt, daß ich es ernst meine. Sende Deinen Engel als Antwort.***

Eines Abends im Februar 1979 stöberte Keith in seinem Bücherregal herum. Er zog Bücher hervor, blätterte ein wenig in ihnen und stellte sie dann zurück. Ich beobachtete ihn lange dabei, bis er auf ein Buch stieß, das sein Interesse zu fesseln schien. Keith nahm es mit zu seinem Lieblingssessel - einem Kunstleder-Liegestuhl, den wir für fünf Dollar aus zweiter Hand erstanden hatten - und machte sich darin lang, um eine Weile zu lesen. Ich lächelte und schüttelte den Kopf. Keith vergrub sich am liebsten in Büchern, die mich schon wegen ihres Umfanges abschreckten.

Er schien erst ein halbes Kapitel gelesen zu haben, als er mich zu sich rief.

"Mel, erinnerst du dich an dieses Buch?"

Es sah mir nicht vertraut aus. "Nein. Wovon handelt es?"

"Es handelt von Erweckungen! Richtigen Erweckungen!"

Jetzt erinnert ich mich, wovon er sprach. Das Buch hieß Revival Lectures und stammte aus der Feder eines Erweckungspredigers aus dem neunzehnten Jahrhundert namens Charles Finney. Vor ungefähr einem Jahr hatte mich Keith eines Nachts von unterwegs angerufen und am Telefon geweint. Ein ganzes Kapitel aus diesem Buch hatte er mir am Telefon vorgelesen! In letzter Zeit hatte Keith mehr von Finney gelesen, und heute abend war er erneut auf dieses Buch gestoßen.

Er wandte sich wieder seiner Lektüre zu - offenbar gab es diesmal keine langen Abschnitte zum Vorlesen - und ich machte mich fertig zum Schlafengehen.

Als ich noch einmal ins Wohnzimmer ging, um gute Nacht zu sagen, war Keith immer noch am Lesen. Doch inzwischen war die Begeisterung in seinem Gesicht einer völligen Nüchternheit gewichen. Keith war so vertieft, daß er kaum aufblickte, als er mir einen Gutenachtgruß zumurmelte. Ich ging in unser Zimmer und machte das Licht aus.

Das nächste, was ich weiß, ist, daß Keith mich wachrüttelte. Ich war so benommen, daß ich kaum verstand, was er sagte.

"Mel, wach auf. Du mußt aufstehen."

"Äh ... warum?"

"Es ist passiert! Steh auf. Wir müssen sofort eine besondere Versammlung abhalten."

Unsere Stimmen weckten Josiah auf, und er begann nach meiner Aufmerksamkeit zu schreien. Es war noch fast dunkel, und durch den Nebel meiner Benommenheit hindurch fragte ich mich, was in aller Welt Keith im Schilde führte.

"Ich muß zu den anderen Häusern gehen", sagte er. "Ich bin gleich zurück."

Als ich mich Josiah zuwandte, schlug die Haustür zu, und Keith machte sich auf den Weg durch die graue Morgendämmerung. Als erstes suchte er einen der Schlafräume für Männer auf. Wayne Dillard und ein paar andere wurden ebenso geweckt wie ich. Später erzählte mir Wayne, was geschehen war, als Keith ihn wachgerüttelt hatte.

"Kaum hatte ich meine Augen halb offen, sah ich sein Gesicht - es war, als ob er von innen nach außen lächelte. Er strahlte geradezu."

"Wayne, wach auf!" hatte Keith gesagt. "Wir müssen eine Versammlung halten."

"Okay", murmelte Wayne, "aber wie spät ist es?"

"Ungefähr sechs. Hör zu, ich habe die ganze Nacht draußen in der 'Arche' gesessen und gebetet, und ich bin gerade erlöst worden."

"Du bist gerade was?"

"Ich bin gerade erlöst worden!"

## Elftes Kapitel

# Stürme ("Rushing Wind")

*Direkte Herausforderung*

Sobald alle sieben Häuser von der besonderen Versammlung gehört hatten, platzte unsere ganze Gemeinschaft förmlich vor Neugier. Schon allein der Umstand, daß wir uns so früh am Morgen treffen sollten, war ein Schock. Normalerweise bekam man Keith vor zehn Uhr nicht einmal zu Gesicht, weil er so oft spätabends zu tun hatte. Ich beobachtete, wie alle still ins "Schulhaus" hinübergingen und sich dabei fragende Blicke zuwarfen. Offenbar waren wir alle siebzig da - ins Wohnzimmer und bis auf den Flur und in die Küche gezwängt warteten wir begierig darauf, zu erfahren, was los war.

Sobald ich Keiths Gesicht sah, wußte ich, daß sich große Dinge taten. Seine Augen leuchteten klar und hell, und sein ganzes Gesicht war von einem breiten

Lächeln erleuchtet. Irgend etwas mußte mit ihm geschehen sein!

"Ihr wißt, daß ich mich mit einer Menge Fragen bezüglich meines Diensts und des Willens des Herrn für mein Leben herumgeschlagen habe", begann er. "Ich wollte, daß Gott in meinem Leben realer wird. Nun, ich bin die ganze Nacht in der 'Arche' aufgeblieben, und Gott hat mir soviel Sünde in meinem Leben gezeigt, daß ich die ganze Nacht damit verbracht habe, vor ihm zu weinen und zu schreien. Ich habe dem Herrn gesagt, daß ich die 'Arche' nicht verlasse, bis ich einen Durchbruch erlebe - egal, wie lange es dauert. Schließlich ist es passiert. Ich wurde vom Herrn angerührt wie noch nie zuvor in meinem ganzen Leben, und ich weiß, daß ich gerade erlöst worden bin - ich bin gerade in dieser Nacht erlöst worden."

Keiths Wort verblüfften alle anderen genauso wie mich. Ich sah es ihren Gesichtern an. Gerade erlöst worden? Ich dachte: Was warst du denn bisher, wenn du nicht erlöst warst? Doch Keith, der die vor Überraschung geweiteten Augen der anderen entweder ignorierte oder nicht bemerkte, redete einfach weiter.

"Gestern abend las ich in einem Buch von Finney, und ich kam einfach nicht über ein Kapitel hinweg, das überschrieben ist mit "Neuland unter den Pflug". Gott hat mir vor Augen geführt, wieviel Neuland es in meinem Leben gibt - Land, das hart und verkrustet ist und für ihn aufgebrochen werden muß ..."

Nun verschleierte sich die Freude in Keiths Augen, als sie sich mit Tränen zu füllen begannen. Keith blinzelte, zog einige Blätter Papier aus seiner Bibel und entfaltete sie, während er weiterredete.

"Mit Gott habe ich diese Dinge bereits in Ordnung gebracht; nun möchte ich sie vor euch bekennen und euch um Vergebung bitten, weil meine Sünden auch euch geschädigt haben. Zuerst möchte ich sagen, daß ich weiß, daß ich kein sehr guter Leiter gewesen bin. Manchen von euch habe ich mit meinen Worten und meinen verbogenen Einstellungen verletzt ..."

Nun brach Keith richtig in Tränen aus, aber er hatte sich genug in der Gewalt, um weiterzureden.

"Der Herr hat mir auch Bereiche des Stolzes und des Unglaubens in meinem Leben gezeigt. Ich lese nicht genug in der Bibel, und ich bete auch nicht genug. Ich bin ziemlich undiszipliniert. Ich bin euch allen ein schlechtes Beispiel gewesen. Ich habe keine Ausrede, außer daß ich faul bin und mich selbst in Wirklichkeit mehr liebe als Gott."

Er fuhr einige Minuten lang fort, sein Herz vor uns auszuschütten und zu weinen.

"Außerdem hat Gott mich überführt, daß ich ihm im Bereich unserer Finanzen nicht vertraue. Als wir im Rundbrief die Kassette von meinem Konzert bei 'Jesus Northwest' anboten, schrieben wir, daß wir sie gratis oder gegen eine Spende versenden wollen. Der Herr hat mir gezeigt, daß wir Spenden nicht einmal hätten erwähnen sollen, nachdem wir versprochen hatten, niemanden um finanzielle Unterstützung zu bitten - deshalb werden wir uns gleich daran machen, den Leuten ihr Geld zurückzuschicken.

Ich weiß, daß meine Sünde Gott das Herz gebrochen hat. Ich weiß auch, daß sie euch verletzt hat, und es tut mir wirklich sehr leid. Ich bin es nicht wert, den heiligen Namen eines Christen zu tragen. Bitte vergebt mir."

Dann schlug Keith seine Bibel auf und las uns eine Stelle aus Hosea vor: "Nehmt Neuland unter den Pflug! Es ist Zeit, den Herrn zu suchen; dann wird er kommen und euch mit Heil überschütten." Keith fuhr fort: "Neuland kann auch solches Land sein, das schon einmal bestellt war, aber wieder hart und unbrauchbar geworden ist. Bevor es Samen aufnehmen kann, muß es erst wieder aufgebrochen und weich gemacht werden. Um das Neuland unseres Herzens aufzubrechen, sagt Finney, müssen wir unsere Motive, unser Handeln und unser Denken sehr sorgfältig unter die Lupe nehmen."

Dann nahm Keith das Buch von Finney und las daraus vor. "Viele Menschen kommen offenbar nie auf den Gedanken, das zu tun. Sie achten nicht auf ihre eigenen Herzen und wissen nie, ob sie sich in ihrem Wandel mit dem Herrn gut halten oder nicht, ob sie Frucht tragen oder vollkommen unfruchtbar sind."

Keith erläuterte die zwei Formen der Sünde, von denen Finney spricht. Aktive Sünden sind Dinge, die wir tun, obwohl wir es nicht sollten. In Finneys Liste wurden Lüge, Betrug, Klatsch, Zeitverschwendung, Beschimpfen anderer, Liebe zum Besitz, Eitelkeit, Neid, Bitterkeit, Heuchelei, Jähzorn und Behinderung der Brauchbarkeit anderer genannt. Keith fügte einige Dinge hinzu, die Finney nicht erwähnte, weil sie in seiner Zeit noch nicht so verbreitet waren - Dinge wie sexuelles Fehlverhalten, Drogen und Verstrickung in falsche Religionen.

Als ob das nicht genug wäre, gab es außerdem die passiven Sünden der Unterlassung, die Dinge, die wir *nicht* tun, obwohl wir sie tun sollten. Dazu gehörte der Mangel an Liebe zu Gott, zur Bibel, zum Gebet, zu den Armen und Bedürftigen und zu den Verlorenen um uns her und in fremden Ländern. Außerdem wurden die Sünden der Undankbarkeit, des nachlässigen Umgangs mit unseren Worten und Handlungen und der fehlenden Selbstverleugnung erwähnt.

Dann kam noch einmal Finney zu Wort: "Es gibt viele bekennende Christen, die nahezu alles für ihren Glauben zu tun bereit sind, solange es nur keine Selbstverleugnung erfordert. Sie sind so weit davon entfernt, zu erkennen, daß Selbstverleugnung eine Bedingung für die Jüngerschaft ist, daß sie nicht einmal wissen, was das eigentlich ist!"

Während Keith sprach, überkam mich ein Gefühl der Ehrfurcht. Statt darüber nachzudenken, wie schrecklich doch die Dinge waren, die er getan hatte, begann ich, mein eigenes Herz unter die Lupe zu nehmen, und dachte: *Wenn Gott seinen Scheinwerfer auf Keith gerichtet hat, was bedeutet das alles für mich?* Schon war ich dabei, mir im Geist eine Liste zu machen. Sie wurde recht lang.

Keith fuhr fort, uns das ganze Kapitel laut vorzulesen. Es war eine regelrechte Checkliste, um unsere Herzen Punkt für Punkt unter die Lupe zu nehmen. Nach Finneys Worten reichten "allgemeine" Sündenbekenntnisse nicht aus. Da wir unsere Sünden auch eine nach der anderen begingen, müßten wir sie auch nach Möglichkeit eine nach der anderen bekennen - vor Gott die Sünden, die wir gegen ihn begangen haben; vor anderen diejenigen, die wir gegen sie begangen haben. Abkürzungen waren nicht erlaubt! Dann hielt Keith inne und schien tief Luft zu holen, bevor er fortfuhr.

"Ich glaube, Gott möchte in unser aller Leben etwas Großes tun. Was Gott für mich getan hat, das möchte er auch für euch tun. Er möchte, daß wir alle reine Herzen haben, die weich und offen für ihn sind. Wir müssen uns alle demütigen und das Neuland in unseren Herzen aufbrechen, damit Gott verherrlicht werden kann. Ich glaube, wir brauchen alle einen Durchbruch mit Gott. Ich denke, wir sollten jetzt beten."

Alle neigten ihre Köpfe und schlossen ihre Augen. Dann begann Keith, ein sehr bewegendes Gebet zu sprechen, und Stille legte sich über den Raum. Schon nach wenigen Augenblicken begann sich etwas zu tun.

Plötzlich brach eine der Frauen in Tränen aus. Sie hatte auf dem Boden gesessen und lag nun auf ihrem Gesicht, während ein tiefes, unkontrollierbares Schluchzen ihren ganzen Körper durchwogte. Noch ein paar andere begannen zu weinen, und ehe wir uns versahen, lagen wir alle auf unseren Gesichtern, weinten und schrien zu Gott. Einige von uns konnten eigentlich nicht viel mehr tun, als stöhnen. Die Gefühle gingen so tief, daß es schwer war, sie auch nur in Worte zu fassen. Es war eine Zeit der Sündenerkenntnis und der Selbstprüfung, die durch Mark und Bein ging. Der Klang der Klagen erhob sich und erfüllte das Zimmer - und es ging weiter und weiter.

Nach einer langen Zeit bat Keith alle, zu gehen und einige Zeit mit Gott allein zu verbringen. "Geht nach Hause und macht euch eine Liste. Schreibt jeden Bereich der Sünde auf, den Gott euch zeigt und weiterhin zeigen wird. Haltet alles detailliert fest. Laßt den Herrn mit seinem Scheinwerfer in eure Herzen leuchten."

Wir kamen später an diesem Abend und während der nächsten Tage wieder zusammen - Tag und Nacht. Es gab stundenlange Gebetsgemeinschaften, Tränen und öffentliche Bekenntnisse voller Demut. Jeder wurde zerbrochen. Sie alle lasen ihre Liste der Sünden vor und baten um Vergebung von Gott und von denen, die dadurch in Mitleidenschaft gezogen worden waren. Der Eindruck der Gegenwart Gottes in diesem Raum war ehrfurchteinflößend, manchmal geradezu überwältigend. Und wenn einer mit seinem Zeugnis fertig war, verwandelten sich seine Tränen der Trauer meistens in Tränen der Freude oder gar Gelächter, wenn er tiefer zu Gott durchbrach als je zuvor. Sie sagten, sie fühlten sich gereinigt und erfrischt, wie brandneu - als ob sie gerade erst zum Leben erwacht wären und das Gewicht der Welt von ihren Schultern genommen worden wäre. Dieses Erlebnis hatte offenbar jeder von uns, einer nach dem anderen.

Das heißt, jeder außer mir.

Nach ein paar Tagen hatten so viele Leute ihren "Durchbruch" erlebt, daß ich anfing, mir Sorgen zu machen, wann es denn bei mir so weit wäre. Auch Keith begann, sich Sorgen um mich zu machen. Oft kam er zu mir herüber, wo ich betend auf dem Boden lag, und fragte: "Meinst du, du kommst näher?" Er war so begeistert und hatte auf dieses Ereignis so lange gewartet, daß er sichergehen wollte, daß auch ich daran teilhatte.

Einer der ersten, die Keith telefonisch benachrichtigte, war Winkie. "Es ist passiert!" sagte er ihm. "Wir erleben ein machtvolles Handeln Gottes!"

Inzwischen sprach sich die Sache in unserer Umgebung herum, und einige Leute aus dem Vineyard tauchten bei unseren weiterhin stattfindenden Versammlungen auf. Sogar einige unserer Nachbarn kamen. Bei allen war das Ergebnis das gleiche: eine tiefe Sündenerkenntnis und eine ganz neue Begegnung mit dem Herrn.

Eines Abends kam ein Bruder aus einem anderen Werk und sprach zu uns über Gottes opferbereite Liebe. Am Ende seiner Ansprache erzählte er uns eine Geschichte.

Ein Mann hatte die Aufgabe, eine Zugbrücke zu heben und zu senken, damit Passagierzüge eine tiefe Schlucht überqueren konnten. Dieser Mann hatte ein Kind, einen Sohn, den er sehr liebte. Eines Tages näherte sich der kleine Junge der Brücke, ohne daß sein Vater es bemerkte.

Bald darauf hörte der Vater das Pfeifsignal eines Zuges. Als er nach dem Hebel griff, um die Zugbrücke zu senken, schaute er aus dem Fenster und sah, daß sein Sohn in dem großen, schweren Getriebe herumkletterte. Wenn er den Hebel umlegte, würde sein Sohn zerquetscht werden!

Es blieben ihm nur Sekunden, um seine Entscheidung zu treffen. Hunderte von Menschen würden sterben, wenn er die Brücke nicht senkte - alles Söhne und Töchter, die von jemandem geliebt wurden. Er holte tief Luft, und mit vor Schmerz brennendem Herzen legte er den Hebel um.

Hilflos stand der erschütterte Vater am Fenster und schlug mit beiden Fäusten schreiend gegen die Scheibe, während der Zug schnell über die Brücke rollte.

Die Passagiere sahen ihn und dachten, er winke ihnen zu - also winkten sie fröhlich zurück, ohne zu begreifen, welchen Preis dieser Vater gerade für sie bezahlt hatte.

Als die Geschichte zu Ende war, lag ein erschrockener Ausdruck auf allen Gesichtern. Die Versammlung war zu Ende, und ich begann zu weinen. Ich rannte hinaus in die dunkle Nacht, fiel im Garten auf die Knie und preßte mein Gesicht ins Gras. Immer noch hatte ich keinen "Durchbruch" erlebt wie all die anderen, aber bei dieser Geschichte hatte ich den herzzerreißenden Schmerz des Vaters mitgefühlt. Vor meinem geistigen Auge sah ich nur noch meinen Josiah mit seinem lockigen Haar in diesem Getriebe.

"Oh Herr", rief ich, "bitte zeig mir ganz klar, was es dich gekostet hat, Deinen einzigen Sohn auf die Erde zu senden. Es tut mir so leid, daß ich dein Opfer für selbstverständlich erachtet habe und daß ich dich nicht so geliebt habe, wie du es verdienst. Bitte vergib mir!"

Am nächsten Tag verließ ich die Versammlung und setzte mich in ein Auto, das in der Nähe des "Schulhauses" geparkt war. Ich beschloß, es nicht mehr zu verlassen, bis ich meinen Durchbruch erlebt hatte. Bei Keith hatte das geklappt, also würde es bei mir vielleicht auch klappen. Ich wußte nicht, was ich sonst tun sollte.

Ich hatte bereits eine lange Liste von meinen Sünden angelegt und sie vor Gott und den Menschen bekannt. Ich hatte vor allen zugegeben, daß ich es manchmal wirklich leid war, in einer Gemeinschaft zu leben, und auch, daß ich immer noch nach Anerkennung als Songschreiberin strebte und wie stolz ich immer war, wenn Keith in einem Konzert sagte: "Melody und ich haben dieses Lied gemeinsam geschrieben." Auch mein Gebetsleben und meine Zeit mit dem Wort Gottes ließ viel zu wünschen übrig. Ich bekannte auch, daß ich die besten Babysachen für Josiah zurückbehielt, bevor ich gespendete Kleidung weiter nach Mexiko versandte. Ich wußte, daß ich Menschen dadurch verletzt hatte, daß ich die Wahrheit nicht in Liebe gesagt hatte und mich zur Richterin aufgespielt hatte. Um ehrlich zu sein, ich hatte sogar eine verurteilende Haltung gegenüber dieser Erweckung. Ich war regelrecht wütend auf Finney und eifersüchtig auf diejenigen, die anfingen, fröhlich auszusehen, während ich mich total unglücklich fühlte. Ich war völlig am Ende.

*Vielleicht tue ich nicht richtig Buße,* dachte ich. Als ich da in diesem Auto saß, war ich verzweifelt über die Schwärze meines Herzens. Ich hatte geglaubt, Gott zu lieben. Vielleicht liebte ich ihn überhaupt nicht - vielleicht hatte ich es nie getan. Doch was mich am meisten erschreckte, war die Furcht, ich könnte unfähig sein, Gott zu lieben. Warum sollte er dann mich lieben - oder mir auch nur vergeben? Ich begann, jedes Motiv in meinem Herzen in Frage zu stellen, und fühlte mich wie jemand, der in einen tiefen Schacht der Verzweiflung stürzt.

Nach einiger Zeit kam Keith heraus, um mit mir zu reden. So sehr er sich auch wünschte, daß ich einen Durchbruch erlebte, er glaubte doch nicht, daß die Antwort darin bestehe, hier draußen in einem geparkten Auto zu campieren. "Mel, wie wär's, wenn du jetzt wieder zurück ins Haus kämst?"

"Ich kann nicht. Ich weiß nicht einmal, ob ich Gott liebe. Wie kann ich da zu einem Gebetstreffen gehen?"

"Mel, du liebst Gott. Ich weiß, daß du das tust. Vielleicht passiert es bei dir nicht auf die gleiche Art. Komm schon wieder herein."

Ich ging mit zurück ins Haus, aber ich war nicht getröstet. Ich sah die Bosheit meines Herzens und fühlte mich vollkommen zerrissen. Ich konnte nicht begreifen, warum der Herr mich offenbar "überging".

Schließlich kam später ein Punkt, an dem ich einfach loslassen und weitergehen mußte - ohne die Glücksgefühle und mit diesem Gedanken, daß ich vielleicht gar kein Christ sei. Vielleicht geht Gott nicht mit jedem auf die gleiche Weise um, sagte ich mir. Doch ich fühlte mich nur, als sei ich in der Dunkelheit zurückgelassen worden. In dieser Dunkelheit, so beschloß ich, würde ich dem Herrn ebenso rückhaltlos dienen, wie alle anderen ihm im Licht dienten - ob ich nun tatsächlich gerettet war oder nicht.

Als nach mehreren Tagen der Sturm allmählich nachließ, schien es, daß der Herr unserer Gemeinschaft auf unglaubliche Weise nahegekommen war. Später sprachen wir von dieser Zeit nur noch als von "der Erweckung". Charles Finney definierte Erweckung als "Neubeginn des Gehorsams gegen Gott", und genau das war geschehen. Es war eine Zeit, die unser aller Leben veränderte, einschließlich meines Lebens - wenn auch meine Erinnerungen daran ein wenig schmerzhaft waren.

Keith wußte selbst, daß seine Aussage, er sei "gerade erlöst worden", auf seiner Neigung beruhte, alles schwarzweiß zu sehen. Er hatte einfach eine Vorstellung von einem Wandel mit Gott bekommen, der eine so viel tiefere Hingabe erforderte, daß es fast schien, als habe er nie zuvor Gott sein Herz gegeben. Er sagte: "Es ist, als würde man noch einmal wiedergeboren!"

Keith glaubte, der Herr wolle, daß der Geist der Erweckung, der uns erfaßt hatte, das ganze Land ergreifen solle. Es traf sich, daß das nächste Konzert, daß Keith geplant hatte, Ende März in der Oral Roberts University in Tulsa (Oklahoma) stattfinden sollte, in dem 11.500 Zuschauer fassenden Mabee Center. Tulsa mit seiner Anhäufung bekannter christlicher Werke schien der ideale Ansatzpunkt zu sein. Und die ORU war die bekannteste christliche Universität in Amerika. Wenn dort eine Erweckung ausbrach, würde sie im ganzen Land widerhallen!

Keith staunte über Gottes vollkommene Planung.

Offenbar hatte Keith durch "die Erweckung" auch die Antwort auf unsere lange gehegten Fragen über unsere Finanzen gefunden.

Eines Nachmittags platzte er in die Küche herein und sagte leichthin: "Mel, wir werden einfach überall hingehen, wohin Gott uns sendet, und uns über das Geld keine Gedanken machen."

"Nun, du verläßt dich doch sowieso meistens auf die Kollekte." Ich war mir nicht sicher, warum Keith so tat, als wäre das etwas ganz Neues.

"Ja, aber wir werden uns keine Sorgen mehr darum machen, wieviel an Spenden oder Honorar wir bekommen", antwortete er, "oder ob wir *überhaupt* etwas bekommen. Ich habe wirklich den Eindruck, daß Gott möchte, daß wir unsere Reisekosten in diese Städte selbst bezahlen und von den Gemeinden überhaupt nichts erbitten!"

Das klang *allerdings* anders.

Keiths neue Entscheidung über die Finanzen und sein Wunsch, daß sich unsere Erweckung ausbreitete, hatte unmittelbare Auswirkungen auf seinen geplanten Auftritt an der ORU. Da im Mabee Center normalerweise keine Kollekte gesammelt wurde, wollte man Keith für ein Konzert 2.000 Dollar geben. Doch nun mußten die Pläne ein wenig geändert werden. Keith wollte die 2.000 Dollar nicht - dafür wollte er mindestens eine Woche lang auftreten.

Nach Keiths Auffassung war Finney auch nicht für einen einzigen Abend in eine Stadt gekommen. Er war geblieben, bis der Herr das vollendet hatte, was er tun wollte. Wenn eine Erweckung ausbrach, konnte Finney monatelang in derselben Stadt bleiben. Und angesichts dessen, was sich gerade bei Keith und in unserer Gemeinschaft getan hatte, schien es wirklich, als ob Gott große Dinge vorhätte.

Der erste, den Keith in Tulsa anrief, war der Vorsitzende der ORU-Studentenvertretung, der ihn eingeladen hatte. Keith bekam den Jungen an den Apparat und erklärte ihm, welche neuen Anweisungen er von Gott bekommen habe - daß wir ohne Bezahlung für eine Woche kommen würden. Dem anderen muß der Mund offen stehengeblieben sein.

Wenig später rief uns dieser Bruder zurück und gab uns grünes Licht. Statt im Mabee Center aufzutreten, könnte Keith eine Woche lang predigen - in der Kapelle! Wir waren alle so aufgeregt, daß wir nicht wußten, wo uns der Kopf stand. So planten wir unsere Reise nach Tulsa, ohne zu ahnen, wann wir zurückkehren würden.

Keith sagte: "Wenn eine Erweckung ausbricht, werden wir am Ende vielleicht sogar ganz nach Tulsa ziehen!" Er schrieb eine Gebetsliste und versandte sie an die 22.000 Leute, die mittlerweile unsere *Last Days Newsletter* bekamen.

Keith bat sie um Gebetsunterstützung, da wir nach Tulsa gehen würden und er glaube, daß Gott seinen Geist ausgießen und Buße schenken und einen Geist des Gebets und der Sündenerkenntnis auf die Stadt legen wolle.

Begeistert war Keith vor allem auch darüber, daß Gott ausgerechnet die ORU als Startpunkt ausgewählt hatte. Wie es in allen christlichen Werken vorkommt, hatte man auch dort gewisse finanzielle Schwierigkeiten gehabt. Keith hoffte, daß auch in dieser Hinsicht frischer Segen fließen würde, wenn Gott hier, an der Wiege so vieler anderer Werke, eine Erweckung auslöste. "Gott wird die ORU mächtig segnen, wenn erst einmal diese Erweckung dort ausbricht!"

Zwei Wochen vor den Versammlungen in der Kapelle schickte Keith Wayne Dillard und ein paar andere nach Tulsa, um Kontakt zu den örtlichen Pastoren aufzunehmen, damit sie sich bereit machten und anfingen zu beten. Keith hatte auch vor, die Pastoren zu einem Essen einzuladen, sobald er in die Stadt käme, um sie kennenzulernen und ihnen von seiner Sicht für eine stadtweite Erweckung zu erzählen.

Doch nachdem Wayne ungefähr eine Woche in Tulsa gewesen war, erhielt Keith einen niederschmetternden Anruf von ihm.

"Keith, sie wollen nicht, daß du kommst."

Wayne erklärte, daß die Studentengruppe, die Keith eingeladen hatte, eine entscheidende Einzelheit vernachlässigt hatte - man hatte vergessen, die Änderung der Pläne durch die richtigen Instanzen zu schicken. Und so war die Verwaltung sehr überrascht, als sie von der bevorstehenden Erweckung auf dem Campus erst aus der Hochschulzeitung erfuhr.

"Ich bekam heute einen Anruf von der ORU-Verwaltung, und sie sagten mir, sie hätten dich nicht eingeladen, also solltest du nicht kommen", berichtete Wayne.

Keith hatte Verständnis für die Besorgnis der Verantwortlichen. Schließlich kannten sie ihn oder seinen Dienst nicht wirklich gut. Aus ihrer Sicht wurden sie wahrscheinlich ihrer Verantwortung am besten gerecht, indem sie ihn "ausluden".

Vielleicht hatte die Verwaltung von der feurigen Ansprache gehört, die Keith ein Jahr zuvor an der Oklahoma Baptist University gehalten hatte. Es kam zu einer überwältigenden Reaktion von seiten der Studenten - aber Keith verursachte auch echte Schockwellen, als er ihnen sagte:

"In die Kirche zu gehen oder eine christliche Universität oder ein theologisches Seminar zu besuchen, macht dich genausowenig zu einem Christen, wie ein Besuch bei McDonalds dich zu einem 'Hamburger' macht! Wenn es in ganz Oklahoma so viele Leute gäbe, die wirklich brennen, dann würden im ganzen Land die Schlagzeilen erscheinen: 'Erweckung in Oklahoma'!"

Was auch immer die Gründe waren, Keiths Auftritt in Tulsa wurde abgesagt. Keith war jedoch nicht davon überzeugt, daß diese Entscheidung dem Willen Gottes entsprach. Er wollte sich bemühen, eine andere Entscheidung zu erreichen.

Keith setzte in der Last-Days-Gemeinschaft vierundzwanzigstündige Gebetsketten ein, und alle fingen an zu fasten. Am nächsten Tag hing er von 8.45 Uhr morgens bis zum Abendessen am Telefon und versuchte, die Sache auszubügeln. Doch man sagte ihm: "Es tut uns leid, Bruder. Wir wissen eigentlich nicht, wer du bist. Wir sind dafür verantwortlich, die Studenten hier zu schützen. Wir können dich nicht kommen lassen."

Keith sagte ihnen schließlich, daß er Verständnis für ihre Position habe - aber er glaube, der Herr wolle trotzdem, daß er komme. An diesem Tag notierte er:

10.3.79

***ORU ist abgesagt. Wir gehen trotzdem. In meinem Geist weiß ich, daß es richtig ist, aber der Rest von mir hat die Hosen voll!Habe seit einem Monat nicht mehr so intensiv gebetet. Oh, wie ich geweint habe!***

Ganz wohl in seiner Haut fühlte Keith sich nicht. Er fragte sich, ob die Weisung, zu gehen, wirklich von Gott kam. Er wollte sich nicht von irgendeinem falschen eigenen Wunsch treiben lassen, eine "zündende Botschaft" nach Tulsa zu bringen. Am Ende glaubte er jedoch, eine Bestätigung vom Herrn empfangen zu haben. Die Leute vom Vineyard wollten uns mit ihrem Segen aussenden; und wir stießen auf eine Schriftstelle (Jeremia 23) die Keith davon überzeugte, daß er "mit den richtigen Motiven" gehen solle. Doch Keith rang bis zu letzten Minute mit sich ...

11.3.79

***In einer Stunde und fünfzehn Minuten werden sie uns im Vineyard die Hände auflegen, und ich bin immer noch nicht völlig sicher, ob wir wirklich gehen sollen! Oh, mein Stolz, meine Sorge um meinen Ruf und mein falscher Glaube sagen mir alle: "Geh!" Mein Verstand und mein Herz sind gespalten. Ich muß aus den richtigen Motiven heraus losgehen. Gott hat gesagt: "Geh!"***

Ungefähr fünfundzwanzig Leute aus unserer Last-Days-Familie zwängten sich in die Arche, und wir machten uns auf den weiten Weg nach Tulsa. Als wir ankamen, hatten wir keine Unterkunft, aber der Vorsitzende der Studentenvertretung erzählte uns von einem Haus, das zu vermieten war. Es hatte nur einige wenige Möbel, und die meisten von uns schliefen auf dem Fußboden, aber das war alles, was wir brauchten. Wir begannen sofort mit zwei Aktivitäten: einer vierundzwanzigstündigen Gebetskette und einer Reihe von Zusammenkünften mit der ORU-Verwaltung, die schockiert darüber war, daß Keith tatsächlich doch aufgetaucht war, nachdem man ihm gesagt hatte, er solle nicht kommen.

Bei seinem ersten Treffen mit der Verwaltung berichtete Keith den Leuten von dem machtvollen Handeln Gottes, das wir gerade erlebt hatten, und von seiner Überzeugung, daß Gott das auf das ganze Land ausdehnen wolle - und zwar von ihrer Kapelle aus!

Keith ließ sich nicht von dem abbringen, was Gott ihm gesagt hatte. Er fragte sogar, ob er das Mabee Center mieten könne - obwohl das bei der Miete von 2.000 Dollar pro Abend bedeutet hätte, daß wir einen Kredit hätten aufnehmen müssen. Obwohl die ORU die Arena in der Vergangenheit an säkulare Künstler wie Billy Joel und Liza Minelli vermietet hatte, wollten sie über das Wochenende weiter darüber beten, bevor sie Keith ihre endgültige Entscheidung mitteilten.

Als Keith an diesem Abend in unser kleines gemietetes Haus zurückkehrte, verkündete er: "Es ist noch nicht aus! Aber wir brauchen ein Wunder."

Das ganze Wochenende hindurch wurde rund um die Uhr gebetet, und inzwischen waren wir richtig gut darin! Auch ein Fasten rief Keith aus. Wir wollten alles tun, was in unserer Macht stand, damit Gott handelte.

In der Zwischenzeit waren einige der örtlichen Pastoren sehr offen für Keith geworden. Als Keith bei einem Essen für die Pastoren sang und von seiner Sicht für die Stadt erzählte, wurde daraus eine Gebetsgemeinschaft mit vielen Tränen und ergreifenden Gebeten. Auch in einigen anderen Gemeinden und Schulen hatte Keith Zusammenkünfte angesetzt. Er war entschlossen, die Stadt auf die eine oder andere Weise zu erreichen.

Am Sonntagmorgen predigte Keith in einer örtlichen Baptistengemeinde im Westen von Tulsa. Normalerweise war der Gottesdienst dort pünktlich um zwölf zu Ende, doch diesmal war die Gegenwart Gottes so stark, daß er bis halb drei dauerte und Keith zu einem weiteren Gottesdienst eingeladen wurde.

An diesem Abend trat Keith in der "Tulsa Christian Fellowship" auf - der ältesten charismatischen Gemeinschaft in der Stadt. Seine Botschaft und seine Lieder drehten sich um Gottes Schmerz über die Heuchelei einer lauwarmen Christenheit. Keith sagte oft: "Christen reden über Heuchelei genauso ungern wie Gänse über Weihnachten!" An diesem Abend sprach er in diesem Punkt eine besonders klare Sprache; seine Verkündigung war sogar ein wenig rauh. Er war mit einer Last auf dem Herzen gekommen, um die Versammlung wachzurütteln und mit sich selbst und mit Gott zu konfrontieren, und ich wußte, daß er dabei war, alle Zurückhaltung fahren zu lassen.

"Das gefällt euch nicht, oder?" sagte er. "Ihr seid gekommen, um ein Konzert zu hören, und stattdessen werdet ihr in die Ecke getrieben. Das christliche Leben ist ein Bündel zuckenden Eigenwillens, das an einem Kreuz festgenagelt wird. 'Hey Mann, ich will ein gepolstertes Kreuz. Du weißt schon, so ein rückenfreundliches mit einer weichen Federung. Etwas Bequemes.' Das Evangelium ist ein kompromißloses, absolut an Jesus verkauftes, hundertprozentiges Leben!"

Beim Reden marschierte Keith auf der Bühne vor seinem Piano hin und her, das er längst vergessen hatte. "Ich sage euch das nicht gerne, Leute - ich habe euch wirklich lieb, aber ..." Ich spürte, wie es kam. Keith wandte sich der Versammlung zu, streckte die Hand aus und sagte mit dröhnender Stimme: "Ihr Schlangen, ihr Otternbrut! ... Die ihr euch Christen nennt und ihm nur mit halben Herzen dient!"

Sofort lief eine Schockwelle durch den ganzen Raum. In dieser Versammlung gab es offensichtlich einige Leute, die schon zur Gemeinde gegangen waren, bevor Keith geboren war - geschweige denn wiedergeboren. Selbst ich traute meinen Ohren kaum.

Doch plötzlich schien es keine Rolle mehr zu spielen. Ein überwältigendes Gefühl durchfloß den Raum. Keith hatte sich wieder ans Piano gesetzt und betete, während er zu spielen begann: "Herr, diese Leute können nicht wissen, wie sehr ich sie liebe. Sie haben gehört, wie ich sie angebrüllt und angeschrien habe - aber Herr, du kennst dieses Herz, das du mir gegeben hast, das Sünde und Heuchelei und Kompromisse so sehr haßt. Du weißt, wie sehr ich diese Leute liebe und mir wünsche, daß sie zu flammenden, glühenden Christen werden. Oh Gott! - bitte schenk eine Erweckung!"

Ohne zu zögern, liefen die ersten nach vorne und fielen weinend und schluchzend auf ihre Gesichter. Der Pastor kam zu Keith, und gemeinsam leiteten sie die Versammlung durch eine vollmächtige Gebetszeit, in der es zu persönlicher und gemeinschaftlicher Buße kam. Keith erinnerte an etwas, das der Pastor anfangs in einem Gebet gesagt hatte, und rief es aus wie einen Schlachtruf: "Herr, schenk eine Erweckung, und laß sie in mir beginnen!"

Offenbar sollte in Tulsa tatsächlich eine Erweckung ausbrechen!

## Zwölftes Kapitel

# Überwältigt
# "I Want To Rain Upon You ..."

(Foto: George Jones)

Oral Roberts University, Mabee Center

Am Montagmorgen warteten wir immer noch auf die Nachricht über das Mabee Center. In der Zwischenzeit hatte Keith den "Caravan Ballroom" gemietet, ein Country & Western-Tanzlokal. Da es nur an den Wochenenden geöffnet war, hatten wir es für Dienstag- und Mittwochabend gemietet, immer noch in der Hoffnung, später in dieser Woche das Mabee Center mieten zu können.

Am Montagnachmittag bekam Keith den endgültigen Bescheid von der ORU. Ich wartete im Wohnzimmer und betete, daß wir die Halle würden mieten können. Endlich kehrte er mit noch federnderen Schritten als sonst zurück.

"Rate mal", sagte Keith mit einem Glitzern in den Augen.

"Wir können es mieten!" sagte ich.

"Daneben. Wir können es nicht mieten. Sie werden uns so hineinlassen.!"

"*Kostenlos?*"

"Ja. Das ist es, Mel. Gott hat gehandelt!"

Die Verwaltung wollte uns nicht nur kostenlos das Mabee Center überlassen, sondern auch offiziell als Sponsor für die Konzerte auftreten! Das Mabee Center sollte uns am Donnerstag, Freitag und Samstag zur Verfügung stehen. Danach sollte es an der ORU liegen, ob Keith noch ein paar Abende weitermachte oder nicht. Keith erklärte sich bereit, nach Hause zurückzukehren, wenn die Verwaltung am Samstagabend sagte, es sei genug. Man sagte ihm auch, er könne die Leute nach vorne rufen. Bis dahin war Kathryn Kuhlman die Einzige gewesen, die je die Genehmigung erhalten hatte, im Mabee Center die Menschen nach vorne zu rufen. Zu alledem wollten sie auch noch für Unterkunft für uns sorgen und uns Mahlzeiten in der ORU-Cafeteria zur Verfügung stellen!

All das versetzte uns in Staunen und Dankbarkeit gegenüber Gott und gegenüber der ORU. Das war das Wunder, für das wir gebetet hatten.

Nun hatten wir fünf Abende in Tulsa vor uns und fingen an, die Nachricht zu verbreiten - besonders für die beiden Abende im Caravan Ballroom, denn sie standen dicht bevor! Da Keith dem Herrn nicht vorgreifen wollte, hatte er nicht vor, eine Erweckung anzukündigen. Deshalb sagte er: "Wir brauchen keinen Namen dafür. Nennen wir es einfach ein kostenloses Konzert!"

Keith war mit dem Vorsatz nach Tulsa gekommen, von den Menschen dieser Stadt nichts anzunehmen. Er meinte, Gott habe ihm gesagt: "Umsonst habt ihr es empfangen, umsonst gebt es auch." In ihm wuchs immer mehr die Überzeugung, daß das Evangelium kostenlos sein müsse. Ob es sich nun um ein Gospelkonzert, eine Schallplatte oder ein Traktat handelte, Keith meinte, man könne diese Dinge niemandem verweigern, nur weil er vielleicht kein Geld habe.

Also bezahlten wir nicht nur für alles selbst, sondern Keith beschloß auch, daß wir auf keiner der Versammlungen ein Opfer einsammeln würden. Zu dieser Zeit stand Keiths Album *No Compromise* auf Platz eins der christlichen Charts, und *For Him Who Has Ears To Hear* stand immer noch auf Platz vier. Doch Keith hatte Schallplatten im Wert von 8.000 Dollar mit in die Stadt gebracht - nicht etwa, um sie zu verkaufen, sondern um sie bei den Konzerten zu verschenken. Noch etwas, das wir mitbrachten, war ein Text von Charles Finney. Keith und ich hatten das Kapitel "Neuland unter den Pflug" aus seinem Buch bearbeitet und drucken lassen, um es den Leuten in den Konzerten als Hilfe zur Buße mit nach Hause zu geben.

Am Dienstag und Mittwoch war der Caravan Ballroom, der 1.100 Personen aufnahm, gerammelt voll mit Leuten aus den Gemeinden und Hochschulen in Tulsa. Keiths Grundthema war beide Male das gleiche - es ging darum, "Christen" zu retten.

"Dieses Land ist voll von unerlösten 'Christen'", sagte er. "Und in dieser Stadt gibt es vermutlich mehr davon als irgendwo sonst in Amerika." An beiden Abenden gingen die Leute scharenweise auf dem schmutzigen Tanzboden auf die Knie, um sich Jesus Christus ganz neu hinzugeben.

Doch ich spürte, daß die Dinge sich erst langsam auf die bevorstehenden Versammlungen in der ORU hin steigerten.

Während dieser Zeit kämpfte Keith hart mit einem Gefühl der eigenen Schwäche und Unwürdigkeit. Er wollte "Gottes Stimme" sein und sah doch, wie wenig er es wert war, für Gott zu sprechen. In den wenigen stillen Augenblicken, die Keith in dieser äußerst hektischen Woche hatte, schrieb er ein wenig in sein Tagebuch:

***Die Versammlungen waren gut, aber der Geist wirkt nicht mächtiger als letztes Jahr, weil ich nicht mehr bete als letztes Jahr.***

3.15 Uhr morgens
***Kann nicht schlafen. Ich muß die Kosten überschlagen. Jesaja 6,7-8 -***
***Hier bin ich. Sende mich!***
***Gebet ist der Schlüssel. Mach mich zu einem Mann des Gebetes!Ich möchte Gottes Stimme sein, voller Liebe, Barmherzigkeit und Feuer! Doch dazu muß ich tot sein!Ich bin bereit zu sterben!***
***Töte mich, vernichte mich, verbrenne mich bis zur Unkenntlichkeit - ich weiß, daß Du mich nie verletzen oder zu Schaden kommen lassen würdest. Du willst nur meinen Tod! Laß es geschehen!***

***Ich will nicht groß sein. Ich will, daß Du groß bist!Erniedrige mich, demütige mich. Lehre mich, mich selbst zu demütigen, oh Herr! Ich liebe Dich so sehr - aber immer noch nicht so, wie Du den Vater liebst. Ich möchte Dich auch so lieben!***

Da Keith ein paar ältere Christen um sich haben wollte, rief er Leonard Ravenhill an, den er noch nicht einmal persönlich kannte, und bot ihm einen Flug nach Tulsa an. Doch er konnte nicht kommen. Am Mittwochnachmittag jedoch traf Winkie Pratney mit mehreren anderen christlichen Leitern ein, die wir kannten, um uns moralische Unterstützung und Rückendeckung im Gebet zukommen zu lassen.

Ich spürte, wie der steigende Druck dieser Tage bei Keith seinen Tribut forderte. Er sah aus, als liege das Gewicht der ganzen Welt auf seinen Schultern. Er aß nicht richtig und schlief auch nicht genug. Emotional stand er unter einer gewaltigen Belastung. Nun, da die Verwaltung grünes Licht gegeben hatte, spürte Keith, daß er ganz im Einklang mit Gott sein mußte. Er sagte: "Wenn Gott mir nicht wirklich gesagt hat, daß ich hierher kommen soll, dann bin ich kein Christ und habe nie Gottes Stimme gehört." So lief er auf und ab und machte lange Spaziergänge, bei denen er sich laut fragte: "Habe ich wirklich Gottes Stimme gehört?"

Am Donnerstagnachmittag fuhren wir zum ORU-Campus, um zu beten und die Vorbereitungen für die Versammlung am Abend zu treffen. Das Mabee Center war die größte Halle in Tulsa und wahrscheinlich eine der schönsten. Es hatte gepolsterte Klappstühle wie im Theater, und der ganze Zuschauerraum fiel zur Bühne hin etwas ab. Unterschiedlich große Teile der Halle wurden durch einen langen, schönen Vorhang abgeteilt, der von der Decke bis zum Boden reichte.

An diesem Abend kamen ungefähr tausend Leute. Kurz bevor er auf die Bühne ging, schrieb Keith:

**22.3.79, 18.15 Uhr, Garderobe**
***Es geht los - verbrenne mich jetzt, Gott - sende ein Pfingsten!***

Am ersten Abend sprach er darüber, was man tun muß, um den Heiligen Geist *nicht* zu betrüben. Er legte den Schwerpunkt darauf, wie oft wir an dem vorbeigehen, was Gott von uns möchte. "Er hat es nicht nötig, irgendjemanden von uns zu gebrauchen", sagte Keith, "aber er will *jeden* von uns gebrauchen - er will unser volles Potential einsetzen. Das stärkste Argument *gegen* das Christentum sind die Christen! Die Welt ist es leid, 'Preist den Herrn' zu *hören*. Sie will es *sehen*!"

Am Ende des Abends nahm über die Hälfte der Leute Keiths Herausforderung an, sich ganz und gar an Jesus auszuliefern. Viele gingen vorne auf die Knie, weinten und bekannten ihre Sünden. Als Keith "Easter Song" sang, wurde sogar jemand geheilt - was bei Keiths Konzerten häufiger vorkam. Keith empfing dann vom Herrn eine Botschaft über die jeweilige Krankheit oder Gebrechlichkeit, die er heilen würde.

Hinterher war sich Keith jedoch sehr unsicher darüber, wie dieser Abend abgelaufen war. Er hatte nichts *gefühlt*. Er fühlte sich nicht richtig gut, er fühlte sich aber auch nicht schlecht - einfach irgendwie neutral. Doch Winkie und die anderen waren begeistert. Winkie sagte zu ihm: "Gottes Gegenwart war heute abend stark zu spüren. Diese Versammlungen könnten tatsächlich eine wunderbare Entwicklung auslösen, wenn es so weitergeht!"

Winkie erinnerte Keith an eine Erweckung, die vor einigen Jahren an einem methodistischen College namens Asbury stattgefunden hatte. Sie war in einem Gottesdienst in der Kapelle ausgebrochen und hatte wochenlang angehalten. Die Leute brauchten nur den Campus zu betreten, um die Gegenwart des Herrn so stark zu empfinden, daß sie über die Dinge zu weinen begannen, die in ihrem Leben nicht in Ordnung waren. Die Vorlesungen und Seminare fielen aus, während alle in der Kapelle unter Tränen Buße taten. Im Vergleich zur ORU war das nur ein kleines College gewesen, doch es hatte Auswirkungen auf andere christliche Colleges im ganzen Land. Wenn an der ORU eine Erweckung ausbrach, würden die Auswirkungen phänomenal sein!

Am Freitagabend waren doppelt so viele Menschen im Mabee Center, und Keith war zuversichtlicher. Er hielt eine vollmächtige Predigt über die Aussage: "Glaube ohne Werke ist tot".

"Ich habe nicht vor, hier die Erlösung aufgrund von Werken zu predigen", sagte Keith. "Keineswegs. Gott erwählte Abraham, weil Abraham ein gottesfürchtiges Herz hatte. Und dann gab Gott ihm die Gnade, gottesfürchtige Werke zu tun, um seine Gottesfurcht zu beweisen." Er gebrauchte eine einfach Analogie: "Ein Apfelbaum *wird* zu einem Apfelbaum durch die Gabe Gottes. Aber er *beweist*, daß er ein Apfelbaum ist, indem er Äpfel hervorbringt."

Wieder gab es am Ende einen dramatischen Widerhall, als über tausend Leute nach vorn kamen, um ihre Beziehung zu Gott in Ordnung zu bringen und aufzuhören, das Christsein als Spiel zu betreiben.

Keith ging mit einem phantastischen Gefühl aus diesem Abend hervor. Doch als er Winkie und die anderen nach ihrer Meinung fragte, war er überrascht von ihrer einhelligen Antwort. "Nun, ... es war großartig, Keith", sagte Winkie. "Aber um ehrlich zu sein, das Wirken Gottes war nicht so stark zu spüren wie gestern abend. Es war eine *hervorragende* Predigt, und der Heilige Geist hat gewirkt ... aber es war keine *Erweckungs*predigt."

Nun wußte Keith nicht mehr, was er denken sollte. Am Donnerstagabend hatte er nicht das Geringste empfunden und war überrascht gewesen, zu hören, wie mächtig Gottes Gegenwart gewesen war. Am nächsten Abend dann fühlte er sich wunderbar, doch die Gegenwart Gottes war nicht so stark. Keith wußte, daß er seinen Gefühlen nicht trauen durfte, doch dies hier brachte ihn regelrecht aus dem Gleichgewicht - besonders im Blick auf den dritten Abend. Wenn Gott am Samstagabend nicht gewaltig wirkte, würde alles vorbei sein.

Am Samstag fastete und betete Keith den ganzen Tag. Ständig machte er sich Notizen auf einer Art Liste, die er offenbar anfertigte. Und bis kurz vor dem Beginn der Versammlung machte er Eintragungen in sein Tagebuch:

24.3.79, 18.00 Uhr, Garderobe
***Ich bin so müde.Meine eigenwillige Natur rebelliert mit Ungestüm. Sie hält nichts von einem Leben des Gebetes. Hilf mir, oh Gott.Heute abend lebe ich entweder in Herrlichkeit, oder ich sterbe in Schande. Oh Herr, ich bin so faul, ich weiß nicht, wie lange ich diese Art zu leben durchhalten kann! Hilf mir!Bitte, Jesus, hilf mir, daß ich nur zu Deiner Ehre Gutes tue. Laß mich keine anderen Gründe haben, denn sie wären nicht heilig! Ich will, daß Dein Name groß wird!***

Als Keith hinter die Bühne trat und gelegentlich durch die Vorhänge linste, war offensichtlich, daß dies der bisher am besten besuchte Abend war. Die Aufteilungs-Vorhänge im Saal waren völlig zurückgezogen worden, um die überraschende Zahl von 4.500 Menschen aufzunehmen - größtenteils Leute von der ORU, aber wir erfuhren, daß auch viele aus den örtlichen Gemeinden und Colleges darunter waren.

Als Keith die Bühne betrat, kam er ohne Umschweife zur Sache.

"Heute abend werden wir über Heiligkeit sprechen.

Was ist Heiligkeit? Sie bedeutet, abgesondert zu sein. Das heißt nicht, daß man in einem Kloster lebt - es heißt, daß man keine weltlichen Dinge tut. Im ersten Johannesbrief steht, wenn ein Mensch die Welt liebt, ist er ein Feind Gottes."

Keith fuhr fort, darüber zu sprechen, wie wichtig das Gesetz sei und warum man es verkündigen müsse - damit die Sünde als das entlarvt werden könne, was sie ist. "Ich habe eine Definition für Sünde, die ziemlich umfassend ist - alles, was Gott Schmerz verursacht."

Ich wußte, daß der Gedanke, wir könnten Gott wehtun, für viele Leute neu sein würde. Ich schaute mich um, um zu sehen, wie die Zuhörer reagierten. Alles schien gebannt zuzuhören, während Keith fortfuhr.

"Gott ist die liebevollste Person im Universum. Das bedeutet, das er auch die empfindsamste Person im Universum ist. Liebe macht verwundbar. Je mehr du liebst, desto mehr kannst du verletzt werden. Wie würde es dir gefallen, Augen zu haben, die jede Sünde sehen könnten, die an jedem einzelnen Tag jemals begangen wurden? Es heißt: 'Denn meine Augen sehen auf alle ihre Wege, daß sie sich nicht vor mir verstecken können, und ihre Schuld ist vor meinen Augen nicht verborgen.' Unsere Sünde tut Gott weh.

Gott ist die geduldigste Person im Universum. Aber die Zeit läuft ab. Die

Bibel sagt, es wird ein Tag kommen, der der Tag des Herrn genannt wird. Er wird kommen wie ein Dieb in der Nacht. An diesem Tag wird sich nichts Selbstherrliches vor dem Herrn rechtfertigen können. Das heißt, daß wir unser eigenwilliges Ich lieber so schnell wie möglich ablegen sollten!"

Keith griff nach seiner Bibel und zog die Liste heraus, an der ich ihn den ganzen Tag über hatte arbeiten sehen.

"Nun, ich habe hier eine Liste von Sünden auf diesem Campus, die mir der Herr gegeben hat. Spezifische Sünden."

Mein Herz fing an wie wild zu klopfen. Die Atmosphäre veränderte sich spürbar, und einige Leute begannen auf ihren Stühlen hin- und herzurutschen. Keith begann vorzulesen:

"Es gibt weltliche Gesinnung auf diesem Campus. Wie viele von euch glauben das?" Etliche Hände hoben sich - aber nicht alle. "Oh! Nur die Hälfte von euch", lachte Keith. "Was ist mit der weltlichen Hälfte? Glaubt ihr das nicht?

Es gibt sexuelle Unmoral auf diesem Campus", fuhr er fort. "Und es gibt homosexuelle Praktiken auf diesem Campus." Jetzt war es still im Saal wie in einem Raum voller Grabsteine.

"Es gibt Leute, die die Zeit und das Geld, das Gott ihnen gibt, verschwenden. Doch die Zeit ist kurz. 'Wir müssen die Werke dessen wirken, der mich gesandt hat, solange es Tag ist; es kommt die Nacht, da niemand wirken kann.' Niemand, der der Bibel Glauben schenkt, würde es wagen, seine kostbare Zeit zu verschwenden.

Und ich sage euch, hier wird Dope verkauft und geraucht. Hier sind Leute, die hingehen und sich betrinken. Und wißt ihr, es gibt doch hier einen Ehrenkodex - stimmt's? Dope ist verboten. Die Leute müssen zu einer bestimmten Zeit zuhause sein. Niemand darf lügen oder täuschen und so weiter. Es gibt Betrug und Selbstbetrug unter den Studenten. Lügen und Täuschen."

An dieser Stelle erzählte Keith die Geschichte von Achan aus dem Buch Josua und beschrieb, was passiert, wenn es "Sünde im Lager" gibt. Als die Mauern von Jericho fielen, wurde ein Mann namens Achan habgierig und nahm etwas von der Beute an sich - Gegenstände, die den Götzen geweiht waren und die Gott ihnen zu berühren verboten hatte.

In Josuas nächster Schlacht, erzählte Keith, kamen viele Männer ums Leben, und Gott sagte Josua den Grund: "Darum kann Israel nicht bestehen vor seinen Feinden, ... denn sie sind dem Bann verfallen." Nun konfrontierte Keith seine Zuhörer direkt.

"Es gibt *Sünde* im Lager! Oral Roberts hat einen Traum, und der ist vom Herrn. Sein Traum ist es, von diesem Campus Männer und Frauen Gottes in die ganze Welt hinauszusenden. Und jede Sünde in eurem Leben bringt einen Fluch hervor, denn Sünde bringt Fluch. Und ich sage euch, dieser Grundsatz bedeutet: Wenn Sünde im Lager ist - dann liegt ein Fluch auf der ganzen Universität!

Heute abend ist es für uns an der Zeit, unserer Sünde im Licht und unter der Gnade Gottes gerade ins Auge zu schauen. Gott spricht immer *konkret* zu uns, um uns zu heilen. Wir können nicht mehr mit dieser geistlichen Reingewaschen-Halleluja-Preist-den-Herrn-Maske herumlaufen!"

Keith verglich Sünde mit Geschlechtskrankheiten und sagte, Geschlechtskrankheiten ziehe man sich zu, indem man "Spaß" habe. Die ersten Symptome seien subtil und fast schmerzlos - doch dann durchdringt die Krankheit das ganze System und führt zu Wahnsinn, Blindheit und schließlich zum Tod. Keith sagte: "Sich mit Sünde zu beladen, macht Spaß, aber sie ist wie Zyankali mit Zukkerguß und Langzeitwirkung!" Die Leute sollten aufhören, ein tödliches Spiel mit Gott zu treiben.

"Wenn wir uns heiligen und unsere Sünde ablegen, wird Orals Traum vielleicht Wirklichkeit. Wie viele von euch haben sich über ihn lustig gemacht, über ihn und seine Familie geklatscht? Ich frage mich, wie viele von euch heute oder gestern für ihn gebetet haben? Ich mußte Buße tun, bevor ich mich hier hinstellen und das sagen konnte, denn auch ich habe über ihn gelacht und geurteilt. Und ich will nicht sagen, daß es in der Verwaltung oder bei Oral oder bei mir nichts gäbe, worüber wir Buße tun müßten. Doch wenn bei jemandem irgend etwas nicht stimmt, dann ist der biblische Weg zur Veränderung der, sich zu beugen und zu beten. Gott kann zu jedem sprechen. Ich habe das letzte Woche erfahren."

Dann bat Keith alle, die den Eindruck hatten, sie müßten ihr Leben an Jesus ausliefern, nach vorn zu kommen. Ebenso rief er alle nach vorn, denen Gott Sünde bewußt gemacht hatte.

"Komm her und bereue deine sexuellen Sünden, deine homosexuellen Praktiken, deine Eigensucht, deine Bitterkeit, deine Unehrlichkeit, deine Lügen, deine Hinterhältigkeit, deinen Klatsch, deine Rebellion, deine Heuchelei, deine Illoyalität, deine Ehrsucht, deinen Stolz und deine kläglichen Versuche, religiös zu sein.

Komm und kehre zum Herrn zurück. 'Wenn er uns verletzt hat, wird er uns auch wieder heilen'", zitierte Keith.

Aus allen Teilen des Saales begannen die Leute nach vorne zu strömen - sie füllten die Bühne und drängten Keith gegen sein Piano. Als der Bühnenraum voll war, fingen sie an, sich in den Gängen und vor der Bühne hinzulegen. Es sah aus, als sei eine Bombe hochgegangen! Überall waren Menschen auf den Knien oder auf den Gesichtern - zerbrochen und weinend. Es war ein unglaublicher Anblick.

Keith spielte leise auf dem Piano und sah die Leute nicht einmal an. Sein Blick war emporgerichtet auf den Herrn. Und es schaute auch niemand auf Keith. Alles lag auf dem Boden und rief zu Gott.

Bald kamen auch Keith die Tränen, und er lehnte seinen Kopf auf das Piano. Die Reaktion war überwältigend - es sah so aus, als seien etwa 2.500 Menschen nach vorn gekommen, um ihr Leben vor Gott in Ordnung zu bringen. Doch Keith hatte noch *mehr* als das auf dem Herzen. Er glaubte, daß Gott eine *Erwekkung* schenken wollte, und plötzlich brach er unter Tränen in ein flehendes Gebet aus.

"Herr Jesus, sende deinen Heiligen Geist und verherrliche dein Wort. Meine Predigt ist Müll! Ich weiß nicht, was ich sagen soll. Die Lieder, die ich gesungen habe, sind alle Abfall ohne deinen Geist! Gott, sende deinen Geist, denn ohne ihn sind wir alle tot! Es ist keinen Pfifferling wert, nach vorne zu kommen, wenn wir nicht im Herzen vorwärts kommen. Gott, sende deinen Geist über uns, damit unsere Herzen zerbrechen."

Während Keith in aller Offenheit sein Herz ausschüttete, schien sich das Gefühl der Gegenwart Gottes wie durch einen Funken noch zu verstärken. Dann sagte er: "Ich habe den Eindruck, daß hier jemand ist, dem der Herr gesagt hat, daß er vor dieser Versammlung etwas sagen soll. Vielleicht ist es ein Dozent, vielleicht jemand von der Verwaltung oder ein Student. Ich weiß es nicht. Aber wenn der Herr dir klar gemacht hat, daß du hier etwas berichten sollst, dann komm jetzt und tu es. Und achte darauf, daß es Jesus ist, der dich treibt. Und Heiliger Geist, ich bitte, daß du die Kontrolle ausübst. Daß du dies nicht in Seelenrührerei umschlagen läßt."

Als Keith das Mikrofon freigab, schien der ganze Saal für einen Moment die Luft anzuhalten. Schon Tausende von Menschen lagen auf dem Boden und in den Gängen oder knieten mit den Gesichtern auf ihren Stühlen vergraben. Hier und da hörte ich ein nervöses Husten im Saal, und es schien eine Ewigkeit zu dauern, bis der Erste sich endlich den Weg ans Mikrofon gebahnt hatte und sagte: "Gott hat mir heute abend gezeigt, daß ich in Wirklichkeit gar kein Christ bin. Ich bin mein ganzes Leben lang zur Gemeinde gegangen, aber es war nur eine Farce. Keine echte Hingabe. Ich habe alle zum Narren gehalten, außer Gott."

Während dieser Student erzählte, kamen mehrere weitere Leute nach vorne, wobei sie langsam über die Leute auf dem Boden hinwegschritten. Als sie an die Reihe kamen, bekannten sie Dinge wie Klatsch, mangelnde Unterstützung für die Fakultät, mangelndes Gebet und lauwarmes oder vorgetäuschtes Christsein. Die meisten weinten, und ein sehr sanfter Geist war im ganzen Saal spürbar.

Während der nächsten halben Stunde wurden die Bekenntnisse allmählich ernster und persönlicher. Auch die Tränen, die diese Bekenntnisse begleiteten, flossen reichlicher - vielleicht, weil den Studenten klar war, daß sie für das, was sie da berichteten, von der Uni fliegen konnten, besonders wenn es um Drogengebrauch ging. Zwei oder drei Leute bekannten, Gras geraucht oder verschiedene Drogen genommen zu haben. Doch diesen jungen Leuten schien mehr daran zu liegen, mit Gott in Ordnung zu kommen, als an den möglichen Konsequenzen ihrer Sünde. Dennoch fragte ich mich, was die anwesenden Dozenten denken mochten.

Doch über all dies hinaus hatte ich das Gefühl, daß der Geist Gottes sich wie in einer dichten Wolke über uns gelegt hatte. Es war wie ein Leuchten, das man beinahe sehen konnte - etwas, das freundlich und sanft, aber unendlich war. Ich wußte, daß etwas Großes im Gang war.

Auch Keith spürte das offenbar. Er hatte sich unter den drei Meter langen Flügel gekniet, um zu beten und zu Gott zu schreien. Ich spürte, daß er sich selbst aus dem Weg räumen wollte, um den Heiligen Geist seine Arbeit tun zu lassen. Von meinem Sitzplatz aus konnte ich ihn kaum sehen. Und ständig drängten weitere Menschen auf das Mikrofon zu.

Nach einiger Zeit stand ein junger Mann auf und bekannte einen Bereich sexuellen Fehlverhaltens in seinem Leben. Er war völlig zerbrochen und litt sichtlich. Das führte uns zu einer noch tieferen Ebene des Handelns Gottes.

Wenig später nahm ein junger Mann mit kurzgeschnittenem Haar und ordentlichen Kleidern das Mikrofon. Er zitterte und weinte so sehr, bevor er ein Wort herausbrachte, daß ich spürte, er würde etwas ziemlich Schwerwiegendes sagen. Er begann langsam. Stockend.

"Ihr .. ihr wißt alle, wer ich bin. Ihr haltet mich für einen der am meisten geistlich gesonnenen Studenten auf dem Campus. Nun, das bin ich nicht. Ich weiß, das, was ich zu sagen habe, kann für mich den Ausschluß von der Universität bedeuten, aber ich glaube, Gott will trotzdem, daß ich es sage ...

Ich weiß nicht, wie ich das bekennen soll, außer es einfach geradeheraus zu sagen. Ich habe mich hier auf dem Campus an homosexuellen Praktiken beteiligt ... und Gott hat mein Herz heute abend zerbrochen. Ich erkenne, wie sehr ich ihn verletzt habe, euch verletzt habe - und die Universität verletzt habe. Ich brauche wirklich Gottes Vergebung, und mit seiner Hilfe werde ich mich ändern ..."

Sein Bekenntnis traf den ganzen Saal wie ein Schock. Viele Leute brachen von neuem in Tränen aus, während dieser Bruder mit seinem Bekenntnis fortfuhr. Es war offensichtlich, daß wir an der Schwelle zu jener tiefen Ebene des Zerbruchs standen, für die wir gebetet hatten, seit Gott Keith klar gemacht hatte, daß er in Tulsa eine Erweckung verkündigen sollte. Die Gegenwart des Heiligen Geistes war geradezu greifbar - er hatte den ganzen Abend über auf uns "geregnet", zuerst in einem sanften Nieseln, dann in einem ergiebigen Regen.

Doch nun schienen sich die Fluttore des Himmels über uns weit öffnen zu wollen. Was immer geschehen würde, wir alle waren bereit, alles Nötige zu tun - selbst wenn es Stunden, die ganze Nacht oder gar die ganze Woche dauern würde, um hindurchzugehen. Was Keith in seinem Geist gesehen hatte, nahm vor unseren Augen Gestalt an.

Und dann sah ich, wie sich einer der Männer, die an der ORU seelsorgerliche Verantwortung trugen, seinen Weg über die Bühne zu dem jungen Mann hin bahnte, der immer noch sprach. Er stellte sich neben ihn und legte ihm den Arm um die Schulter.

Dieser Mann nahm das Mikrofon und versicherte dem Studenten, er schätze sein Zeugnis sehr, und der Herr habe ihm seine Sünde vergeben. Er sagte auch, die ORU werde keine disziplinarischen Maßnahmen gegen ihn ergreifen, was ich wirklich gut fand, da ihm seine Sünde sichtlich leid tat. Dann stellte der Mann Richtlinien für den Rest der Versammlung auf und sagte im wesentlichen: "Wir meinen, daß Dinge wie diese im Zweiergespräch bekannt werden sollten - und wir glauben nicht, daß es gut ist, wenn jemand von euch persönliche Sünden in der Öffentlichkeit bekennt." Das schien ein gutes Prinzip zu sein, und es wurde auf liebevolle Weise aufgestellt.

Doch etwas geschah in diesem Moment.

Die Atmosphäre veränderte sich so plötzlich, daß es wie ein Kanonenschlag wirkte. Keith kroch unter dem Flügel hervor und schaute sich mit fragendem Blick im Saal um. Ich spürte, daß er nicht wußte, was er denken sollte. Er sagte ein paar Worte und versuchte, die Leute zu ermutigen, doch er wirkte ein wenig hilflos. Schließlich sagte er sogar: "Ich weiß nicht, was passiert ist. Alles scheint plötzlich anders zu sein ..."

Irgendetwas hatte sich offensichtlich verändert - aber was, war nicht klar. Der Verlust der Sündenerkenntnis war beinahe körperlich spürbar, und niemand kam mehr auf die Bühne, um etwas zu sagen. Auf irgendeine Weise schien der Heilige Geist gedämpft worden zu sein, und man konnte nichts tun, um ihn wieder zurückzubringen. Es war vorbei. Keith schaffte es, die Veranstaltung abzuschließen, indem er mit allen gemeinsam ein paar Lob- und Anbetungslieder sang.

Als ich aufstand, um "I Have Decided To Follow Jesus" zu singen, fühlte sich mein Herz an wie ein Sack Zement. In meiner Magengrube saß ein Gefühl der Übelkeit. Mir war, als hätte ich einen furchtbaren Verlust erlitten, als wäre etwas Wunderbares *beinahe* geschehen.

Keith schloß mit "Easter Song" und ging geradewegs in seine Garderobe. Als ich dort ankam, lag er auf dem Boden und weinte.

Nach einer Weile kam Winkie herein, um mit ihm zu reden.

"Was habe ich falsch gemacht?" schluchzte Keith. "Wie habe ich den Heiligen Geist betrübt?" Er war am Boden zerstört. Er erzählte Winkie, er habe nicht das Geringste empfunden, während er sprach - er habe keine Ahnung gehabt, was Gott tat. Am Ende wußte er dann plötzlich, daß irgendetwas falsch war, aber er wußte nicht, was. Er dachte, er müsse irgendwie versagt haben.

Winkie versuchte, ihn zu trösten. "Es ist nicht deine Schuld, nur weil du nichts *gefühlt* hast. Du hast gepredigt, du hast gesungen, und dann bist du zur Seite getreten, um Gott tun zu lassen, was er tun wollte. Was dann geschah, lag überhaupt nicht in deiner Hand - weder die Vollmacht noch die Enttäuschung am Ende. Du warst nur ein Gefäß, durch das Gott eine Erweckung leiten wollte."

"Eine Erweckung? Winkie ... war es eine *Erweckung*?"

Winkie hatte schon mindestens zwei Erweckungen miterlebt. Als Antwort auf Keiths Frage nickte er. "Heute abend fing das gleiche an, was ich schon früher erlebt habe, wenn ganze Ortschaften innerhalb kurzer Zeit für Gott weit aufgebrochen wurden, dasselbe Gefühl der Gegenwart Gottes, dieselbe Sündenerkenntnis. Dieser Abend war ehrfurchtgebietend, ein mächtiges Handeln Gottes. Ich habe den Eindruck, daß es hätte weitergehen können - nicht nur in der Zeit, sondern auch in der Wirkung - aber irgendetwas hat den Geist Gottes betrübt."

"Ich weiß", sagte Keith, "alles schien anders zu werden, nachdem den Leuten gesagt wurde, worüber sie sprechen sollten und worüber nicht ..."

Winkie unterbrach ihn. "Keith, wir müssen vorsichtig sein. Wir dürfen uns nicht der Sünde des Richtens schuldig machen. Wir müssen die ganze Angelegenheit einfach in Gottes Händen lassen."

Winkie meinte, das eine oder andere Wort der Lehre wäre zwischen den Bekenntnissen angebracht gewesen. Vielleicht hätte man *alle*, die eine Sünde im Bereich der Sexualität zu bekennen hatten, bitten können, zusammen mit dem letzten jungen Mann aufzustehen. Dann hätte nicht einer allein dastehen und eine Sünde bekennen müssen, die andere wahrscheinlich teilten; und man hätte für alle gemeinsam beten können. Dann, so glaubte Winkie, wäre das Handeln Gottes vermutlich weitergegangen.

"Aber es war fast unmöglich, zur Bühne zu gelangen", sagte er, "bei all den Menschen, die überall auf dem Boden lagen. Und du warst unter dem Piano. Ich spürte keine Anweisung vom Herrn, etwas zu sagen oder zu tun, ebensowenig wie irgendeiner der anderen Leiter, mit denen ich gekommen bin. Gott war am Wirken, und keiner von uns wollte sich einmischen. Wenn Gott so handelt, dann will man nicht einmal falsch atmen ..."

An der Tür klopfte es. Die ORU-Verwaltung war bereit, mit Keith über die Möglichkeit weiterer Veranstaltungen zu sprechen. Keith und Winkie trafen sich mit ihnen hinter der Bühne. Die Leute von der Verwaltung drückten ihren

Dank für die wunderbaren Versammlungen aus, wie sie sagten, aber sie seien nicht der Meinung, daß sie noch weiter fortgesetzt werden sollten.

Sie hatten recht. Es war vorbei.

## Allein aus Gnade
## ("Grace By Which I Stand")

*Hawaii, 1979*

Unsere Stimmung war ein wenig gedrückt, als wir Tulsa verließen und uns in Richtung Ost-Texas auf den Weg machten. Wir hatten beschlossen, auf dem Rückweg nach Kalifornien bei Winkie Station zu machen. Wir brauchten ein wenig Ruhe und etwas Ermutigung. Keith war besonders niedergeschlagen, und ich fragte mich, wie man ihn wieder aufmuntern könnte.

Rechts und links der Autobahn nach Lindale, achtzig Meilen östlich von Dallas, eröffneten sich gewaltige Aussichten über weite, grüne Felder. Es gab genügend "Truck-Stops", Ölpumpen im Garten und Viehherden, um uns nach jeder Meile, die wir fuhren, daran zu erinnern, daß wir uns in Texas befanden. Als wir nach Lindale einbogen, staunten wir, wie üppig Texas war - wir sahen große, schöne Eichen mit Mistelzweigen, Fichtenhaine und viele kleine Seen. Nirgendwo sah man ein Kollerkraut durch die Wüste rollen!

Winkie hatte uns alles über diese einzigartige kleine Ortschaft am Ende der Welt erzählt. Mehrere bekannte christliche Werke hatten sich dieses Gebiet ausgesucht, um hier Wurzeln zu schlagen - Jugend mit einer Mission, David Wilkerson und World Challenge, Dallas Holm und seine Band "Praise", die "Agape Force" und die "Calvary Commission". Selbst Leonard Ravenhill und Barry McGuire lebten hier draußen. Wir wußten nicht, ob Gott mit diesem Gebiet irgendetwas Besonderes vorhatte, aber wir waren sehr interessiert daran, uns hier einmal umzuschauen.

Einer der ersten, die Keith besuchen wollte, sobald wir angekommen waren, war David Wilkerson, dessen Geschichte in dem Buch *Das Kreuz und die Messerhelden* erzählt wird. Er war außerdem international als Gründer von Teen Challenge bekannt, einer erfolgreichen Rehabilitationsarbeit unter Jugendlichen. Ein anderes seiner Bücher, *Debs, Dolls, and Dope*, hatte uns in einer Zeit, als uns nach Aufgeben zumute war, angespornt, weiterhin schwierigen Menschen zu helfen. Sein prophetisches Buch *The Vision*, in dem es um ein bevorstehendes Gericht Gottes über Amerika und die Gemeinde Jesu ging, hatte die christliche Welt in den Grundfesten erschüttert.

Als wir das Tor zu David Wilkersons "Twin Oaks"-Ranch durchfuhren, staunten wir gewaltig. Auf ein paar hundert Hektar üppiger grüner Weiden mit drei Seen standen über zwanzig Häuser für die Rehabilitanden, mehrere Verwaltungsgebäude und sogar eine Turnhalle. Voller Ehrfurcht, daß dieser Mann, den Gott so mächtig gebrauchte, sich für uns Zeit nehmen wollte, trafen wir David Wilkerson in seinem Büro.

David begrüßte uns herzlich. Er war groß und schlank und trug selbsttönende Brillengläser, was ihm ein weltmännisches Aussehen verlieh. Keith kam gleich zur Sache. Er berichtete, was sich gerade an der ORU abgespielt hatte, und erzählte, was ihm auf dem Herzen lag. Keith glaubte, der Herr sei tief betrübt über das, was an jenem letzten Abend geschehen war; und er hatte keine Ahnung, wie er darauf reagieren sollte. David schien auch der Meinung zu sein, daß Gott viel mehr vorgehabt hatte, als tatsächlich geschehen war.

Als nächstes besuchten wir Leonard Ravenhill. Nachdem wir zwei Jahre lang seine Bücher gelesen und dann von Tulsa aus mit ihm telefoniert hatten, konnten wir es nicht erwarten, ihm persönlich zu begegnen. Ich muß zugeben, daß ich dem Treffen auch ein wenig nervös entgegensah. Ich dachte: *Dieser Mann ist so geistlich, daß er mich glatt durchschauen wird. Er wird über jede Sünde Bescheid wissen, an die ich je auch nur gedacht habe.*

Doch als wir Leonard gegenüberstanden, schmolzen meine Befürchtungen dahin. Selten hatte ich so warmherzige, väterliche Augen gesehen wie bei Leonard Ravenhill, und er sah sehr kultiviert aus mit seinem dichten Schopf grauen Haares und seinem freundlichen Lächeln.

Als er uns in sein Wohnzimmer bat, ging Keith direkt auf ihn zu und umarmte ihn herzlich.

"Ich wollte dich schon so lange kennenlernen!" sagte er überschwenglich.

"Ich wollte dich auch kennenlernen", sagte Leonard und erwiderte Keiths Umarmung.

Leonard stellte uns seiner Frau Martha vor, die ein frisch gebügeltes Blusenkleid trug und ihr Haar fein säuberlich zu einem kleinen Knoten gebunden hatte. Sie bot uns sofort englischen Tee und eine Auswahl köstlicher selbstgemachter Plätzchen an.

Wir setzten uns auf das Sofa, und Keith begann sofort, sein Herz auszuschütten. Keiths Entrüstung über das, was an der ORU geschehen war, hatte seither auf kleiner Flamme geköchelt, und er war sehr erregt, als er es nun in allen Einzelheiten schilderte.

"Leonard, laß uns zurück nach Tulsa fahren, vor diesem Gebetsturm niederknien und Gott bitten, daß er ihn einstürzen läßt!"

"Oh nein!" sagte Leonard mit einem leisen Kichern in der Stimme. "Wenn wir das täten, könnte er leicht auf *uns* fallen!"

Leonard sagte Keith, selbst wenn das Handeln Gottes tatsächlich behindert worden sei, warne uns die Bibel deutlich davor, unsere Hand gegen die Gesalbten Gottes zu erheben.

"Als du an der ORU warst, hast du vor den Leuten dort dein Herz entblößt, und diejenigen, an denen Gott in dieser Versammlung gewirkt hat, werden - selbst wenn sie älter werden, als ich jetzt bin - niemals diesen Samstagabend vergessen, an dem Gott sprach und die Menschen begannen, ihre Sünden zu bekennen."

Wir müssen weit über eine Stunde geblieben sein, und als wir gingen, wußten wir, daß dies nicht unser letzter Besuch bei den Ravenhills bleiben würde.

Abgesehen von dem inneren Aufruhr, in den Keith durch seine Erlebnisse an der ORU versetzt worden war, begannen seine Auftritte dort allmählich im Lande Wellen zu schlagen. In Tulsa selbst brachte die säkulare Zeitung *Tulsa World* einen Bericht über Keiths letzten Abend und erwähnte auch die Art, wie die Bekenntnisse plötzlich gestoppt worden waren. Auch christliche Zeitschriften brachten Berichte - und manche nannten Keith einen "feurigen jungen Propheten". Doch inzwischen wollte Keith die ORU-Episode nur noch hinter sich lassen und die Gemeinschaft mit den wunderbaren Menschen genießen, die wir in Lindale (Texas) kennenlernten.

Inzwischen hatten wir herausgefunden, daß wir eigentlich gar nicht in

Lindale waren. Dort befand sich nur das nächste Postamt. In Wirklichkeit waren wir in einem noch kleineren Ort namens Garden Valley - gut zehn Meilen von Lindale entfernt. Da wir immer noch den Wunsch hatten, aus der Stadt herauszuziehen, beschlossen wir, uns ein wenig umzusehen, solange wir in der Gegend waren. Doch für uns, die wir an der Westküste aufgewachsen waren, war es schwer, uns vorzustellen, ausgerechnet nach Texas zu ziehen.

Wir hatten gehört, daß ein alter Freund von Keith in der Nähe eine Ranch besaß, und beschlossen, ihn zu besuchen. Keith hatte ihn kennengelernt, als er noch für eine Hippie-Plattenfirma in Hollywood gearbeitet hatte und sie beide noch keine Christen waren. Nachdem er Christ geworden war, hatte er fast drei Monate lang in seinem Lieferwagen vor unserem Haus in der Dolorosa Street gewohnt, während wir ihm halfen, sein Leben in Ordnung zu bringen. Schließlich war er hierher gekommen, um ein paar Kurse bei der Agape Force zu belegen, und hatte dann ein Grundstück in der Nähe gekauft.

Keith ließ sich den Weg beschreiben - aber wir verfranzten uns ein wenig und fuhren einfach in der Gegend herum und genossen die schöne Landschaft. Dabei stießen wir auf ein großes, wogendes Feld, in dessen Mitte sich ein riesiges, hölzernes Wasserrad drehte. Gleich dahinter stand ein großes, aus Baumstämmen gebautes Ranch-Haus. Was für ein Anblick! Keith und ich entdeckten ihn gleichzeitig.

"Schau dir das an!" rief Keith.

"Wie schön!"

Spontan begann Keith laut zu beten.

"Herr Jesus, dieses Grundstück muß für dich eingesetzt werden. Wir beanspruchen es für dein Reich!"

Danach schütteten wir uns aus vor Lachen, denn normalerweise liefen wir nicht herum und "beanspruchten" Dinge - aber genauso war das Gebet aus Keiths Herz entsprungen. Wir fuhren weiter und suchten nach dem Grundstück seines Freundes.

Als wir endlich die richtige Einfahrt gefunden hatten, bogen wir ein, und sein Freund gab uns eine Führung. Er hatte ein schönes Ranch-Haus mit drei Schlafzimmern auf einem Grundstück von sechzig Hektar. Als wir es umrundeten, entdeckten wir ein kleines Hühnerhaus und zwei Scheunen, von denen eine zwei Stockwerke hatte. Wir kamen zur Südseite des Ranch-Hauses und wollten schon wieder gehen - da sahen wir es!

"Schau dir das an!" rief Keith.

"Das Wasserrad!" lachte ich.

"Ist das zu fassen? Dies ist das Grundstück, um das wir vor ein paar Minuten gebetet haben!"

Da das Gelände an zwei verschiedene Straßen angrenzte, hatten wir es nicht gleich von dieser Seite aus sehen können. Wir schauten uns an und fragten uns, ob das nur ein ungewöhnlicher Zufall sei oder ob der Herr uns klarzumachen versuchte, daß wir in diese Gegend ziehen sollten. Später ging Keith zurück und sagte seinem Freund, er glaube, daß der Herr wolle, daß wir sein Grundstück kauften. Das einzige Problem war, daß es nicht zu verkaufen war, jedenfalls noch nicht.

Mitten in all den intensiven Erlebnissen dieser Reise überraschte uns wie aus dem Nichts einer der lustigsten Momente seit langem. Vielleicht war es ein kleines humorvolles Geschenk vom Herrn. Keith und ich lagen in unserem Hotelzimmer herum und unterhielten uns darüber, wie Christen - wir selbst eingeschlossen - nur so wackelig in ihrem Glauben sein konnten. Gott rettet unsere Seelen durch ein Wunder aus den Fängen der Zerstörung; und sobald es ein wenig anstrengend wird, vergessen wir im Nu, wie schlecht es uns erging, bevor wir Christen wurden! Das erste, was wir tun, ist, mit hungrigen Augen auf unser altes Leben zurückzuschauen.

"Es ist wie mit dem Volk Israel", sagte Keith. "Sie werden in Ägypten unterdrückt und getötet, also sendet Gott Mose, um sie zu befreien. Gott teilt sogar das Rote Meer vor ihren Füßen und läßt ihnen jeden Tag Manna vom Himmel regnen. Doch sie murren nur und beklagen sich!"

"Junge", sagte ich, "das hört sich ganz nach mir an, manchmal."

"Ich kann sie direkt hören, wie sie da draußen unterwegs ins gelobte Land sind", sagte Keith kichernd, "wie sie herumlaufen und jammern: 'Ich will zurück nach Ägypten!'"

Dann setzte Keith seinen besten hebräischen Akzent auf und sagte: "So ... du willst also zurück nach Ägypten?"

Damit fing es an! Wir warfen uns gegenseitig die Zeilen zu und lachten uns schimmelig darüber, durch was für belanglose Dinge wir uns manchmal vom Herrn ablenken lassen ...

*Du willst also zurück nach Ägypten,*
*Wo es warm ist und sicher.*
*Tut es dir leid, daß du eine einfache Fahrkarte kauftest,*
*Als du glaubtest, dir sicher zu sein?*
*Du wolltest in dem Land der Verheißung leben,*
*Doch jetzt wird es so schwierig.*
*Tut es dir leid, daß du hier draußen in der Wüste bist*
*Statt in deinem eigenen Garten?*

*Lauch und Zwiebeln essen am Nil.*
*Puh, was für ein Atem!*
*Aber essen gehen mit Stil.*
*Oh! Mein Leben ist ins Schleudern geraten.*
*Laß mich zurück zu den Pyramiden!*

*Es gibt nichts zu tun außer zu wandern.*
*Und wir wandern wirklich ganz schön viel.*
*Denn es ist schwer, nicht die Füße zu bewegen,*
*Wenn der Sand so heiß wird.*
*Und morgens gibt es Manna-Pfannkuchen.*
*Wir naschen Manna den ganzen Tag.*
*Und gestern abend gab es wirklich etwas Tolles -*
*Flambiertes Manna-Soufflé.*

*Einmal beschwerten wir uns*
*Und verlangten etwas Neues zu essen.*
*Da öffnete sich der Erdboden*
*Und verspeiste ein paar von uns*
*Oh! Alles voll Feuer und Rauch.*
*Versteht denn Gott keinen Spaß? ... Bitte? ... (Nein!)*

Wir wußten es damals noch nicht, aber dieses Lied würde auf Keiths nächstem Album eine wichtige Rolle spielen - ein Thema, das ihm auf seine Weise zunehmend Kopfzerbrechen bereitete.

Kaum waren wir zurück in Kalifornien, versuchte Keith schon wieder, sich über einige wichtige Fragen klar zu werden. Eine davon war der mögliche Umzug. Wir träumten immer noch davon, eine Ranch auf dem Land zu haben, um dort Menschen zu helfen, ihr Leben in Ordnung zu bringen. Sollte sie in Texas sein?

Eine andere große Frage für uns war die, was wir mit Keiths nächster Platte machen sollten. Sein Vertrag mit Sparrow war erfüllt, und sein Dienst schwebte auf den riesigen Verkaufszahlen seiner ersten beiden Alben. Er war kein "Unbekannter" mehr und konnte, wenn er wollte, mit Sparrow oder einer anderen Plattenfirma einen sehr günstigen Vertrag aushandeln. Nur hatte er mittlerweile den starken Eindruck, der Herr wolle, daß er nicht aufs Geld sähe und nicht einmal für seine Dienste etwas verlangte. Außerdem hatte Keith wachsende Vorbehalte gegenüber der christlichen Schallplattenindustrie und war sich nicht sicher, wie weit er sich darauf einlassen sollte. Sparrow wollte einen neuen Vertrag mit ihm machen, und auch andere Firmen bemühten sich, sein nächstes Album zu produzieren. Keith brauchte dringend Weisung vom Herrn, denn eines schien sicher - daß er noch weitere Platten aufnehmen würde.

Im April, nur wenige Wochen nach den Ereignissen an der ORU, beschloß Keith, für ein verlängertes Wochenende wegzufahren, um zu fasten und zu beten. Er fuhr ein paar Stunden weit nach Big Bear, hoch oben in den Bergen von San Bernardino. Als er zurückkehrte, las er mir sein Tagebuch vor, und ich sah vor meinem geistigen Auge, wie er diese wenigen Tage verbracht hatte ...

Keith hatte sein Hotelzimmer bezogen und sich eine lange Gebetsliste gemacht. Die Kernfrage war: "Was ist meine Berufung und Aufgabe?" Die Last und Verantwortung, ein Vollzeit-"Pastor" für siebzig Menschen zu sein - von denen viele große Probleme hatten - und gleichzeitig zu versuchen, seiner Berufung gegenüber der Gemeinde im ganzen gerecht zu werden, erdrückte ihn. Keith tanzte auf vielen Hochzeiten gleichzeitig und wollte herausfinden, wo seine Prioritäten liegen sollten. Er listete alles auf, was er tat, und fragte Gott, ob er irgendetwas streichen sollte: Evangelist, Erweckungsprediger, Musiker, Sänger, Pastor, Betreuer, Organisator. Keith betete auch über die Zukunft der Last-Days-Gemeinschaft, über einen möglichen Umzug nach Texas und wer mitkommen sollte, über die Situation mit den Plattenaufnahmen und über die Motive und Prioritäten der unaufhörlich wachsenden Last Days Newsletter.

Der Gedanke an Texas begann ihm irgendwie einzuleuchten. Aber würde Keiths Freund uns auch seine Ranch verkaufen? Und wenn er dazu bereit wäre, woher sollten wir das Geld dafür nehmen? Wir verbrauchten fast alles, um alle Leute zu ernähren und die Miete für die ganzen Häuser zu bezahlen.Auch um mich machte sich Keith Gedanken. Er betete über meine Aufgabe und Berufung und für eine Gewißheit meiner Erlösung, da ich während "der Erweckung" nie einen Durchbruch erlebt hatte.

Es war ein langes, zähes Wochenende, denn Keith fühlte sich eher gelangweilt und "kalt" im Geist als "brennend" für den Herrn, wie er es verkündigt hatte.

*17.4.79*

***Hier sitze ich und warte.Verängstigt, gelangweilt, hungrig. Kleingläubig, frustriert, ja sogar wütend auf Gott, weil er mich das durchmachen läßt.Ich predige gegen die "Billige Gnade", und wenn sie nicht billig ist, werde ich wütend auf Gott, weil er es gerade so macht, wie ich es predige!!! Oh, was für eine totale Heuchelei!!Bitte vergib mir, Papa, zerbrich mich, und um Deinetwillen sprich jetzt zu mir, bitte!!Herr Jesus, bitte, ich brauche Antworten und Hilfe in diesen Bereichen. Ich war nie ein Nachfolger, ich bin mein ganzes Leben lang***

***ein Führer gewesen, aber jetzt will ich Dir folgen.***

Keith hatte lange zu kämpfen, aber am Ende empfing er schließlich das Gefühl der Gegenwart Gottes:

***Ich bin hilflos, mehr denn je seit meiner Erlösung, umso mehr, als ich keine christliche Hoffnung in mir selbst habe!Ich schreibe, ich kann nicht beten. Ich schreie innerlich, aber nicht genug, um zu weinen. Wenn ich weine, bin ich so begeistert, endlich wieder direkte Emotionen zu haben, daß ich zu weinen aufhöre. Hilfe! Ich werde noch einmal versuchen, zu beten. Jesus sei Ehre ... Engel sind hier bei mir. Das Zimmer ist voll von ihnen ...***

Worauf Gott an diesem Wochenende wirklich hinauszuwollen schien, war, mehr von Keith selbst zu bekommen. War er bereit, alles für den Herrn hinzugeben, mich eingeschlossen? Josiah eingeschlossen? Er erinnerte sich an das, was er vor einigen Monaten über Rees Howell gelesen hatte, der seinen eigenen Sohn aufgegeben hatte. Es war ein Kampf für Keith, bereit zu werden, nicht nur sein eigenes Leben für das Evangelium hinzugeben, sonder auch seine Liebe zu mir und zu Josiah.

Ein anderes Zitat, das ihm ins Gedächtnis kam, stammte von Joseph Parker, über den Leonard Ravenhill in Why Revival Tarries geschrieben hatte: "Der Mann, dessen kurze Predigt lautet: 'Tut Buße', stellt sich gegen seine Zeit und wird, solange er lebt, von dieser Zeit, deren moralische Prägung er herausfordert, erbarmungslos geprügelt werden. Für einen solchen Mann gibt es nur ein Ende: 'Herunter mit seinem Kopf!' Du solltest besser nicht versuchen, Buße zu predigen, solange Du Deinen Kopf nicht dem Himmel verpfändet hast."

Während Keith in Klausur war, wurde Josiah sieben Monate alt. Keith weinte lange über die Frage seiner Bereitschaft, dem Herrn alle Rechte über Josiah einzuräumen, was auch immer sein Wille war. Doch als er sich endlich zu dieser Bereitschaft durchgerungen hatte, schrieb er zur Gitarre ein Lied in Form eines Gebetes und weinte dabei unaufhörlich.

Der Text des Liedes stand in Keiths Tagebuch, aber er wollte nicht, daß ich ihn lese. Er nahm sein Tagebuch zurück und öffnete es auf der entsprechenden Seite, nahm sich seine Gitarre und setzte sich mit gekreuzten Beinen vor mir auf den Boden. Er weinte, als er sang:

*Ich verpfände meine Seele dem Himmel um des Evangeliums willen.*
*Und ich bitte keinen Menschen auf der Erde,*
*meine Bedürfnisse zu erfüllen.*
*Wie der Spatz da oben*
*Bin ich eingehüllt in Seine Liebe.*
*Und ich vertraue Ihm wie diese Kleinen,*
*Die er ernährt.*

*Ich verpfände meine Frau dem Himmel um des Evangeliums willen.*
*Obwohl an jedem Tag, der vergeht, unsere Liebe*
*Noch zu wachsen scheint ...*

Auch mir kamen jetzt die Tränen. Und in meinem Hals bildete sich ein dicker Kloß. Er sang weiter.

*Wie ich ihr sagte, als wir heirateten,*
*Würde ich wirklich lieber sterben,*
*Als sie mehr zu lieben als den Einen,*
*Der meine Seele errettet hat.*

*Ich bin Dein Kind,*
*Und ich will für immer zu Deiner Familie gehören!*
*Ich bin Dein Kind, und ich werde Dir folgen, ganz gleich,*
*Was es auch kosten mag,*
*Ich werde alle Dinge für Verlust erachten*

*Ich verpfände meinen Sohn dem Himmel*
*um des Evangeliums willen,*
*Auch wenn er getreten und geschlagen,*
*Verlacht und verspottet wird.*
*Ich werde ihn lehren, zu jubeln*
*Und eine dankbare, lobende Stimme zu erheben,*
*Und so zu werden wie der, der die Nägel trug*
*Und die Dornenkrone.*

*Ich hatte meine Chance, die Welt zu gewinnen*
*Und wie ein König zu leben,*
*Doch ohne Deine Liebe*
*Bedeutet das nichts!*

*Ich verpfände meinen Sohn ... ich verpfände meine Frau ...*
*Ich verpfände meine Seele dem Himmel.*
*Ich verpfände meinen Sohn ... ich verpfände meine Frau ...*
*Ich verpfände meine Seele dem Himmel um des Evangeliums willen.*

Als Keith das Lied gesungen hatte, schaute er mich an und wartete auf meine Reaktion. Aber wie reagiert man auf ein solches Lied? Ich war stolz darauf, mit einem Mann verheiratet zu sein, der mit solcher Hingabe an Gott hing, daß er jeden Preis bezahlen würde, den der Gehorsam ihm abverlangen mochte, selbst wenn es ihn seine Frau und seinen Sohn kostete. Andererseits ging es hier nicht um irgendein abstraktes Ideal der Hingabe, über das ein Fremder zufällig sang. Es war mein Mann, der von mir und unserem Sohn sang. Ich sagte zu *Keith: "Dieses Lied ist unglaublich."*

Doch später betete ich, daß Gott auch mir die Gnade schenken möge, Keith und Josiah loslassen zu können, wenn das je notwendig sein sollte.

Eine der Schlußfolgerungen, die Keith verkündete, als er aus Big Bear zurückkam, war für uns alle eine Überraschung. Keith sagte, er spüre, daß Gott einige aus unserer "Familie" darauf vorbereitet hätte, den nächsten Schritt auf ihrer Reise mit dem Herrn zu tun. Also fing er an, nacheinander mit allen zu sprechen, um herauszufinden, wer bleiben sollte und wer hinausgerufen wurde. Wegen der tiefen Liebe, die Keith zu jedem einzelnen verspürte, bereitete ihm dieser Vorgang wahrscheinlich mehr Schmerzen als irgendjemandem sonst. Doch Keith hatte den Eindruck, daß er sich stärker auf zwei Dinge konzentrieren sollte: Die *Last Days Newsletter* und seine Konzertreisen. Die Texas-Frage hing immer noch in der Luft.

Keith hatte dem Herrn auch versprochen, jeden Tag zehn Kapitel in der Bibel zu lesen und eine Stunde im Gebet zu verbringen. Er erkannte, daß die geistliche Grundlage in seinem Leben gestärkt werden mußte, um das Gewicht der Aufgabe tragen zu können, die Gott ihm übertrug.

22.1.79

***Ich höre nicht darauf, wenn mein Fleisch mir sagt: "Oh, du wirst gesetzlich! Gott wird diese erzwungene Beterei nicht belohnen!" Nun, manchmal ist der Geist betrübt über meine "auf die Uhr schauende" Seele, doch dann gibt es wieder gute Gebetszeiten, und ich glaube, das wird sich zu einer gottgefälligen Gewohnheit entwickeln. Herr, bitte hilf Deinem Knecht, konsequent zu bleiben ...***

***Mangel an Gebet ist Sünde.***
***Gesetzliches Beten ist traurig.***
***Freiheit ist das Beste.***

Doch bei den ständigen Unterbrechungen und Ablenkungen gelang es Keith in den nächsten Wochen nicht immer, die Zeiten für Bibellesen und Gebet einzuhalten, die er sich selbst gesetzt hatte. Als das geschah, wußte er, daß er sein Versprechen gegenüber Gott brach. Das war zuviel für ihn. Er fing an, depressiv zu werden.

Eines Tages half Keith ein guter Freund, einzusehen, daß, obwohl Gott jeden Tag Zeit mit ihm verbringen wollte, seine Versprechungen ihm nur ein ständiges schlechtes Gewissen einbrachten. Er lehrte Keith, über Bibeltexte zu meditieren, um sich vom Wort Gottes prägen zu lassen. Keith schrieb: "Meine Versprechungen waren zu schwer ... Bitte, Jesus, entlaß mich 'rechtmäßig' aus ihnen, und laß Du mich zu einem Mann Gottes werden. Meine Absicht ... war, Dich besser kennenzulernen, und das will ich auf jede erdenkliche Weise tun."

Selbst mit diesem neuen Verständnis schien Keith zu schwanken zwischen dem Gefühl, keine Vision zu haben, und dem Gefühl, eine Vision zu haben, die so großartig war, daß sie nicht wirklich von Gott sein konnte. Was mich betraf, so steckte ich immer noch in der Frage fest, ob ich denn jemals einen Durchbruch erleben würde, oder ob ich jemals die Gewißheit verspüren würde, daß Gott mich angenommen hatte. Der Anfang der Antworten auf unsere Fragen kam völlig unerwartet.

Wie es seine Art war, nahm Keith eines Abends gegen elf Uhr das Telefon und rief Winkie an, nur um "hi" zu sagen. In Texas war es ein Uhr morgens, aber Winkie war noch auf und packte für eine Verkündigungsreise nach Hawaii. Keith sagte sofort: "Menschenskind, können Mel und ich mit dir kommen? Möchtest du, daß ich singe?"

Winkie kannte Keith und wußte, daß er nicht mit dem Zaunpfahl winken oder sich irgendwo hineindrängeln wollte. Keith ging es wirklich einfach darum, Zeit mit Winkie zu verbringen, und so lud er sich gewissermaßen wie ein kleines Kind selbst mit ein. Irgendwie schafften wir es, in letzter Minute ein paar Konzerte zu vereinbaren, um die Reise zu rechtfertigen, und ein paar Tage später machten wir uns auf den Weg nach Hawaii.

Kaum waren wir auf Hawaii gelandet, kamen die Dinge schnell in Gang. Auf dem Flughafen von Honolulu holte uns jemand ab und hängte uns nach echter hawaiianischer Sitte Blütenkränze um den Hals. Wir fuhren direkt zum Haus eines Pastors, um uns auszuruhen und uns von der Zeitverschiebung zu erholen. Keith machte ein Nickerchen im Schlafzimmer, während ich allein auf der Wohnzimmercouch lag und die Schönheit der hawaiianischen Aussicht direkt vor dem Fenster bewunderte.

Ich sah hohe, blühende Palmen und hörte Scharen von Vögeln an dem kristallklaren Himmel vor sich hinträllern. Ich dachte an gar nichts Besonderes, als mir plötzlich ein Gedanke kam. Eigentlich schien es mehr als ein Gedanke zu sein. Es war wie ein leise, feine Stimme, und sie sagte: "Ich werde dir deinen Herzenswunsch erfüllen. Du wirst ein kleines Mädchen bekommen."

Ich hörte es nicht akustisch, aber es war so klar, daß mir die Luft wegblieb. Ich war nicht einmal schwanger - ja ich dachte nicht einmal über dieses Thema nach. Ich dachte, es könnte die Stimme des Herrn gewesen sein, war mir aber nicht sicher. In letzter Zeit hatte ich mich gefragt, ob ich überhaupt in der Lage war, ihn zu hören. Es hätten gut meine eigenen wandernden Gedanken sein können. Nun, das würde die Zeit erweisen, dachte ich mir.

Keiths kurzfristig anberaumtes Konzert in Honolulu an diesem Abend war gerammelt voll. Ich beschloß, mich ein wenig umzusehen, während Keith spielte, und entdeckte einen Raum im Obergeschoß hinter dem Altarraum. Eigentlich war es das Singen, das mich zuerst dorthin gezogen hatte.

Als ich durch die halboffene Tür linste, sah ich mehrere schöne hawaiianische Frauen, die in Anbetung und Lob vertieft waren. Während sie sangen, lobten sie Gott durch einen hawaiianischen Tanz. Mir schien, daß die weichen, fließenden Bewegungen ihrer Körper und das feine Spiel ihrer Füße das sein mußten, was Gott im Sinn hatte, als er das Tanzen erschuf. Es war rein und für ihn geheiligt. Und ihre Hände sprachen Worte der Anbetung wie in einer schönen, heiligen Zeichensprache. Ich hatte noch nie etwas dergleichen gesehen.

Dann brachen sie in ein jubelndes Lob- und Freudenlied aus. Ich riß mich los, weil ich ein schlechtes Gewissen hatte, mich von dem Konzert davongeschlichen zu haben - aber ich hätte die ganze Nacht dort bleiben können.

Es kam mir wie ein Hohn vor, daß ich "im vollzeitlichen Dienst" stand und mit meinem Mann, der ein bekannter christlicher Schallplattenkünstler war, durch das ganze Land reiste und doch wünschte, ich könnte mich befreien und den Herrn in Freude und Freiheit anbeten wie diese Frauen im Hinterzimmer einer Kirche.

Als nächstes fuhren wir nach Maui und von dort nach Kona, wo wir das Zentrum von Jugend mit einer Mission besuchten, in dem wir Unterkunft und Gastfreundschaft fanden. Dort war man dabei, eine christliche Universität zu gründen, und Loren Cunningham, der Gründer von JMEM, verbrachte einige Zeit mit uns. Wir waren Loren noch nie zuvor begegnet, aber wir waren sofort von seiner freundlichen Wärme und seiner weiten Sicht eingenommen. Er gab uns eine Führung über den "Campus", den er vor seinem geistigen Auge im Moment noch klarer sah, weil alles sich im Anfangsstadium befand.

Zum Beispiel zeigte Loren etwa in eine bestimmte Richtung und sagte: "Da drüben wird die 'Plaza der Nationen' sein - auf der jede Nation der Erde repräsentiert wird!" Tatsächlich war es ein großes, felsiges Gelände, aber er fuhr fort, uns ein so lebhaftes Bild davon vor Augen zu malen, daß ich mir die Anlage vollkommen fertig vorstellen konnte, während er redete. Wir waren beide begeistert von Lorens Anliegen, Christen aus aller Welt dazu auszurüsten - in geistlicher, kultureller, intellektueller und beruflicher Hinsicht - ihre gottgegebenen Fähigkeiten zu nutzen, um die gute Nachricht in allen Völkern zu verbreiten.

Irgendetwas in unseren Herzen hüpfte geradezu, während Loren sprach. Lag es daran, daß er so zuversichtlich in allem war, was Gott ihm gezeigt hatte? Bevor wir gingen, erzählte Keith Loren, er habe in manchen Bereichen Probleme gehabt und wisse, daß er in seinem Leben den Rat von Männern Gottes brauche.

"Loren, wärst du offen dafür, daß ich dich manchmal anrufe, wenn ich Rat oder Weisung brauche?"

"Ich würde mich freuen, dir zu helfen, wo immer ich kann", sagte Loren mit einem warmen Lächeln.

In gewisser Hinsicht sehnte sich Keith danach, daß ihm jemand über den Weg liefe, der für ihn so etwas wie ein "Vater im Glauben" sein könnte, und in Loren spürte er ein Vaterherz.

Ein paar Freunde von uns aus Kalifornien lebten ungefähr zwanzig Meilen von dem JMEM-Zentrum entfernt, und die letzten Tage unserer Reise verbrachten wir in ihrem Gästehaus. Jimmie und Carol Owens hatten wir zuerst durch Buck und Annie Herring kennengelernt. Sie waren die Eltern unserer Freundin Jamie Owens. In ihrem Haus setzten wir uns zu einem riesigen Spaghetti-Essen an den Tisch und redeten bis tief in die Nacht. Ich mochte sie sehr gern und fühlte mich besonders zu Carol hingezogen. Ihre geistliche Reife und ihre mit Humor versetzte, freimütige Direktheit machten es zu einem Vergnügen, mit ihr zu reden, und ich brauchte dringend jemanden, mit dem ich reden konnte.

Am Morgen stand ich vor Keith auf und ging in die Küche. Carol war alleine dort. Sie machte uns Kaffee, und wir setzten uns in der warmen Morgensonne an den Küchentisch. Schon bald war ich dabei, ihr mein Herz auszuschütten.

"Ich habe Jesus vor vier Jahren in mein Leben gebeten", vertraute ich ihr an, "und ich bin sogar bei eurem Musical 'If My People' aufgestanden, um zum ersten Mal meinen Glauben in der Öffentlichkeit zu bekennen. Aber ich weiß immer noch nicht, ob ich den Herrn *wirklich* liebe."

Dann fing ich einfach an zu weinen. Zum ersten Mal sprach ich laut die Worte aus, die mich manchmal mitten in der Nacht bis zum Wahnsinn trieben: "Carol, ich weiß nicht einmal, ob ich gerettet bin ..."

"Warum empfindest du so? fragte sie gelassen.

Ich erzählte ihr, daß ich mich seit der Zeit "der Erweckung" immer verlorener gefühlt hatte. Daß ich wußte, daß mein Herz nicht rein genug war, und daß ich in vielen Bereichen immer noch undiszipliniert war. Ich entsprach einfach nicht Gottes Maßstäben, und ich wußte das.

"Da ich meistens bei Keiths Konzerten den Sound mische", fuhr ich fort, "habe ich seine Botschaft immer und immer wieder gehört. Manchmal möchte ich einfach unter das Mischpult kriechen und verschwinden. Ich bin bei so vielen seiner Aufrufe aufgestanden, daß Gott mich sicher inzwischen für verrückt halten muß. Ich weiß einfach nicht, was ich tun soll."

Als ich fertig war, streckte Carol ihre Hand aus, legte sie auf meine und drückte sie sanft. Sie sagte: "Melody, hörst du nicht, was du da redest? Das ist ja alles nur *Gesetz*. Wo bleibt die Gnade?"

"Die Gnade?"

Sie nahm ihre Bibel, die auf dem Küchentisch lag, und schlug den Galaterbrief auf.

"Hör dir das an", sagte sie. "Ihr habt Christus verloren, die ihr durch das Gesetz gerecht werden wollt, und seid aus der Gnade gefallen."

"Ja, aber viele Leute trampeln einfach auf Gottes Gnade herum, laufen herum und sündigen und denken, alles sei in Ordnung."

"Vielleicht, aber das ist nicht *dein* Problem. Melody, du mußt Gottes Gnade annehmen - nicht leugnen."

Ich wußte, daß "billige Gnade" den Herrn betrübte. Bestimmt wollte ich es mir nicht zu leicht machen. Andererseits fragte ich mich, ob Gott mir durch diese Reise etwas zeigen wollte - zuerst durch die Freiheit der schönen Anbetungstänzerinnen in Honolulu und jetzt durch Carol.

Später an diesem Tag sprachen Jimmy und Carol mit Keith und mir, wiederholten vieles von dem, was Carol mir gesagt hatte, und fügten noch einiges hinzu. Sie hörten sich Keiths viele schwierige Fragen an und gaben ihm geduldig Antworten aus der Schrift. Das Ganze geschah in einer Atmosphäre wie bei einem herzlichen Gespräch zwischen Mama und Papa und ihren Kindern.

Allmählich drang etwas zu uns durch.

Voller Hoffnung kehrten wir nach Hause zurück. Etwas war auf Hawaii mit uns geschehen - bei unserem Treffen mit Loren und in unserer Zeit mit Winkie und den Owens'. Allein die Schönheit und Lieblichkeit der Inseln halfen Keith schon, sich von all der Verwirrung zu entspannen, in der er sich befunden hatte; und ich hielt lange Zeit die Erinnerung an die anmutigen, dunkelhaarigen Frauen fest, die den Herrn in solcher Offenheit anbeteten.

Wenig später schrieb Keith:

2.7.79

***Zum ersten Mal seit Monaten bin ich mit Frieden im Herzen aufgewacht - ech-***

*tem Frieden. Ich kann den Herrn wieder suchen, denn ein Bote Gottes ist gekommen, um mir zu dienen. Ich liebe Gott so sehr, daß mein Herz vor stiller, sanfter Freude überfließt - meine Augen füllen sich mit Tränen über den Frieden in meiner Seele. Mein Glaube ist erfrischt. Mein Wunsch, Gemeinschaft mit Gott zu haben und für Menschenseelen einzutreten, ist kraftvoll erneuert! Mein Durst nach dem Wort Gottes hat stark zugenommen. Die Fesseln sind von mir abgefallen. Mein Herz platzt vor Freude und Hoffnung! Oh, ich kann wieder hoffen!Jesus, ich bin so dankbar, daß es kein Rezept gab - keine Geheimformel, um meinen Frieden wiederzufinden. Nicht ein bestimmtes Maß an Bibellesen oder erzwungener Gebetszeit (meinerseits) hat diesen Zustand herbeigeführt, sondern in Antwort auf das verzweifelte Schreien meines Herzens bist Du gekommen und hast mich von der Knechtschaft der Werke und der übergeistlichen Selbstbeweihräucherung in Deiner Gegenwart befreit. Du willst, daß ich an Deiner Herrlichkeit teilhabe - doch nur als ein Geschenk, nicht als Ergebnis meiner Anstrengungen, sondern als Ergebnis Deiner Güte, Gnade und Liebe zu mir -Danke, daß Du mir hilfst weiterzumachen!*

1982

Meine Mutter zieht auf die Ranch.
1981

Keith am Piano

Taufe auf texanisch. 1981

Mit Bill Maxwell im Studio

## Vierzehntes Kapitel

# Wie Jesus werden
# ("I Want To Be More Like Jesus")

*Der große Umzug. 1979*

3.8.79
***In etwa einem Monat ziehen wir um nach Texas!***

Ein kurzer Anruf von Keiths Freund aus Texas setzte die Räder in Bewegung. Er hatte gebetet und den Eindruck gewonnen, daß er die Ranch an Keith verkaufen sollte. Nun war das einzige Problem: Wo in aller Welt sollten wir das Geld dafür hernehmen? Wir mußten innerhalb von dreißig Tagen 31.500 Dollar für die Anzahlung beschaffen. Doch wir wußten, wenn der Herr wollte, daß wir umziehen, würde er dafür sorgen, daß wir das Geld rechtzeitig hatten.

Nicht in einer Million Jahren wären wir von selbst auf die Idee gekommen, nach Texas zu ziehen. Doch abgesehen davon, daß wir so endlich aus der Stadt herauskamen, reizte uns besonders die Möglichkeit, Beziehungen zu Menschen zu pflegen, die den Ruf in unserem Leben verstanden. Keith hatte den Eindruck, endlich geistliche Gemeinschaft mit Menschen gefunden zu haben, die Geschwister im Herrn waren und von denen einige sogar "Väter im Glauben" für ihn sein konnten. Selbst die kleine JMEM-Niederlassung, die sich etwa zwanzig Meilen von Lindale entfernt befand, zog uns wegen der Beziehung zu Loren Cunningham, die Keith in Hawaii geknüpft hatte.

Es gab auch viele praktische Gründe, die für den Umzug nach Ost-Texas sprachen. Wir würden dort draußen für unser Geld viel mehr Land bekommen, als es in Südkalifornien möglich wäre. Texas lag zentral, so daß sich all unsere Telefon- und Reisekosten stark verringern würden. Doch was das Wichtigste war, Gott schien uns dorthin zu führen.

Doch die Frage der Anzahlung blieb bestehen.

Um die Last für unseren Umzug nach Texas zu erleichtern und gleichzeitig ein wenig dringend benötigtes Geld zu beschaffen, kehrten Keith und ich zu unseren "finanziellen Wurzeln" zurück. Wir veranstalteten einen riesigen Garagen-Verkauf!

Tatsächlich verbreitete sich der Flohmarkt über den ganzen Rasen hinter unserem Haus bis auf den Rasen hinter Harveys Haus nebenan. Wir gingen alles durch, was wir hatten, um zu sehen, auf was wir verzichten konnten, und so machte es auch der Rest unserer Last-Days-Familie. Wir setzten Anzeigen in die Zeitungen und stellten an allen Straßenecken in der Umgebung Schilder auf. Da es zu viele waren, um sie jedes Wochenende aufzustellen und wieder wegzunehmen, hielten wir unseren "Laden" sieben Tage pro Woche geöffnet.

Wir hatten Kleidung, Möbel, Bücher, Platten - alles, was das Herz begehrt. Ich verkaufte meinen Zweihundert-Dollar-Kaninchenmantel für fünfundsiebzig Dollar und meinen ganzen Silber- und Türkisschmuck für fast gar nichts. Ständig senkten wir die Preise, bis wir die Sachen schließlich beinahe verschenkten. Es muß einer der größten und längsten Garagen-Verkäufe in der Geschichte gewesen sein.

Während Keith und ich viele Stunden damit verbrachten, mit "Kunden" zu sprechen und Sachen zu verkaufen, beschäftigte sich Josiah mit dem Laufenlernen. Wir schickten ihn in seiner kleinen Stoffwindel im Vorgarten zwischen uns hin und her und applaudierten wild bei jedem unsicheren Schritt, den er tat. Außerdem hatten wir alle Hände voll damit zu tun, ihn davon abzuhalten, die Steine aufzuessen, die er immer aufhob. Unaufhörlich machten die Leute Bemerkungen darüber, wie niedlich er aussah mit seinem vollen Schopf flachsblonder Locken und seinen großen blauen Augen. Was sie nicht wußten, war, daß ein kleines Geschwisterchen für ihn unterwegs war! Ich hatte nun "offiziell" festgestellt, daß ich mit unserem zweiten Kind schwanger war. Ich konnte nicht umhin, mich zu fragen, ob nun das wirklich eintreten würde, was ich auf Hawaii von Herrn gehört zu haben glaubte.

Während wir versuchten, das Geld zu beschaffen, fasteten und beteten wir gleichzeitig für ein Wunder. Wir hatten sogar darüber gesprochen, einen Kredit aufzunehmen, falls es sich als notwendig erweisen sollte - und als der Stichtag näherrückte, sah es so aus, als würde es so kommen.

Eines Tages bemerkte ich, daß Keith viel mehr als sonst auf und ab ging, und so fragte ich ihn schließlich: "Keith, ist alles in Ordnung?"

"Ich werde einen Kredit beantragen müssen. Heute ist Donnerstag, und die Anzahlung wird am Dienstag fällig. Uns bleiben nur noch fünf Tage. Aber ich *will* keinen Kredit aufnehmen. Ich habe irgendwie keinen Frieden mehr darüber. Ich muß heute mehr beten."

An diesem Abend veranstalteten wir ein besonderes Gebetstreffen, und der Herr schien zu Keith durch das Buch Maleachi zu reden. Keith war überrascht, aber begeistert, als er las: "... Nehmt mich beim Wort! Ihr werdet erleben, wie ich euch mit Segen überschütte."

"Ich glaube, der Herr will uns sagen, daß wir den Kredit vergessen und stattdessen ihm vertrauen sollen, daß er uns bis Dienstag mit dem Geld versorgt."

Alle waren begeistert, aber ich hatte Bedenken. Woher sollten wir sicher wissen, daß diese Schriftstelle bedeutete, daß der Herr "nein" zu dem Kredit sagte? Ich fragte mich, wie Keith so sicher sein konnte. Aber ich tat mein Bestes, es zu glauben.

Während der nächsten paar Tage erfüllte der Herr seine Verheißung, für uns zu sorgen. Zu unserer Überraschung kam die Antwort auf unsere Gebete teilweise von einigen unserer guten Freunde. Freudig und beschämt gleichzeitig nahmen wir 4.000 Dollar von Buck und Annie, 4.500 Dollar von Matthew Ward und 1.000 Dollar von Sparrow Records in Empfang. Welche Großzügigkeit! Tatsächlich hatte der Herr uns bis Dienstag die vollen 31.500 Dollar zur Verfügung gestellt.

An dem Tag, als unsere Umzugswagen kamen, ging es bei uns - wie üblich - ausgesprochen hektisch zu. Was von den Möbeln unserer sieben Haushalte übrig geblieben war, mußte verladen werden, und in unserem Vorgarten türmten sich Berge von großen Umzugskartons. Es dauerte zwei volle Tage, bis alles in den Lastern verstaut war.

Was die Leute anging, hatten wir uns auf eine Gruppe von fünfundzwanzig Personen gesundgeschrumpft, darunter Wayne und Kathleen, die sich inzwischen verlobt hatten, Francine, Carol, Martin, Pam, Cindy und Kelly sowie Michelle. Auch ein paar Leute, die neu dazugekommen waren, zogen mit uns um - Sharon Madere aus Arizona und die Zwillinge Larry und Terry DeGraff. Larry und Terry waren Grafiker, die Unentbehrliches für die ansprechende Gestaltung der *Last Days Newsletter* leisteten. Mehrere Leute sollten fortan in einem anderen Werk weiter ausgebildet werden, darunter Jerry Bryant.

Schließlich hieß es Abschied nehmen von dem Haus in der Dolorosa Street und auch von den anderen Häusern. Für Harveys Haus hatten wir sogar schon einen Käufer. Sie alle hatten uns gute Dienste geleistet, während wir ihre Wände mit Menschen und Aktivitäten bis zum Platzen gedehnt hatten.

Mit einem Stich in meinem Herzen stand ich in dem leeren Wohnzimmer unseres kleinen gelben Hauses und schaute mich um. Künftig würden wir es vermieten. Ich dachte an alles, was Keith und ich hinter uns ließen - unsere Familien, viele alte Freunde und alle unsere gemeinsamen Erlebnisse. Und doch sahen wir mit neuer Hoffnung und Erwartung in die Zukunft. Außerdem hatten wir unsere Kinder - Josiah und Dawn und ein neues Baby, das unterwegs war - und dann waren da all die lieben Leute, die mit uns kommen wollten. Als ich mich umdrehte, um zum letzten Mal durch unsere Haustür zu gehen, war ich eigentlich doch nicht traurig. Ich war bereit für die Zukunft - was immer sie bringen mochte.

Alle fünfundzwanzig kamen wir 1.500 Meilen später in Texas an und ergossen uns in das Ranch-Haus auf unserem neuen Grundstück. Vom Baustil her war es eine erhebliche Veränderung gegenüber Kalifornien, mit der giebelförmigen Decke im Wohnzimmer, dem neuen, hellroten Teppichboden und den rustikalen, freiliegenden Holzbalken überall im Haus. Die Küche war riesig und verfügte über eine lange Theke, die das perfekte Büfett für uns alle abgab; und wo wir gerade von "uns allen" sprechen - nachdem wir in Kalifornien in so vielen getrennten Häusern gewohnt hatten, würde es hier reichlich eng werden!

Vierzehn alleinstehende Frauen - davon zwei mit Babys - teilten sich *alle zusammen* ein Schlafzimmer am einen Ende des Hauses. Gleich daneben hatten Keith und ich unser Schlafzimmer mit Josiah und seiner Wiege darin. Die alleinstehenden Männer wohnten am anderen Ende des Hauses, während das andere verheiratete Paar mit seinen Kindern im "Fischzimmer" hauste - einer kleinen abgeteilten Höhle mit einem riesigen eingebauten Aquarium. Es war ein gemütlicher Anfang, um das mindeste zu sagen.

Wie alle anderen standen auch Keith und ich vor einigen neuen und interessanten Herausforderungen. Hinter der Wand auf einer Seite unseres Schlafzimmers waren vierzehn Frauen - so daß wir nie sehr laut sprechen konnten, und hinter einer anderen Wand befand sich eine äußerst laute Bündel- und Versandmaschine, die oft die ganze Nacht hindurch lief. Wir teilten uns mit dem anderen Ehepaar - und mit jedem anderen, der es brauchte - das "Blaue Badezimmer". Es lag gegenüber unserm Schlafzimmer auf der anderen Seite der Diele und hatte seine Tür zum Hauptwohnzimmer - das wir zu einem Büro umfunktioniert hatten. Morgens kam es dann darauf an, ins Badezimmer zu huschen, ohne im Büro von jemandem aufgehalten zu werden, der eine Frage hatte.

In der Garage stellte wir die Multi-1250-Druckmaschine auf, die wir angeschafft hatten, um die wachsende Auflage der *Newsletter* zu bewältigen - und die Bindemaschine, die Wayne mit Hilfe eines Küchenmixer-Motors und einer Rolle Wäscheleine "erfunden" hatte. Sie half uns, die Seiten der *Newsletter* zusammenzuheften, so daß wir es nicht von Hand tun mußten.

Das Leben auf einer Ranch war überhaupt Lichtjahre vom Stadtleben entfernt. Als "Stadtmenschen" hatten wir eine Menge zu lernen. Wir fanden schnell heraus, daß die Nachbarn nicht viel von Leuten hielten, die ihr Land nicht pflegten - und sechzig Hektar zu mähen war beileibe keine kleine Aufgabe!

Bald hatten wir einiges an Ranch-Geräten angeschafft - Traktoren, eine Mähmaschine und ein paar klapprige alte Lieferwagen. Im Herzen immer noch ein Stadtjunge, kaufte Keith einen Traktor mit geschlossener Glaskabine, in den man eine Klimaanlage und eine Stereoanlage einbauen konnte! Und so kamen die Dinge in Gang. Das Land wurde mit Heu bestellt, und Keith fuhr gerne hinaus, um beim Schneiden und Bündeln zu helfen. Arbeit gab es immer - Zäune waren zu reparieren und Felder zu düngen ... und als wir das erste Mal unsere Felder abbrannten, was in Texas üblich ist, lösten wir beinahe einen Großbrand aus!

Was wäre eine Farm ohne Tiere? Unser alter Traum, von dem zu leben, was das eigene Land hergab, schien tatsächlich wahr werden zu wollen. Doch im Laufe der Monate passierten alle möglichen verrückten Dinge, die uns zeigten, wie ungeeignet wir dafür waren, Texas-Rancher zu werden.

Keith ging zu einer örtlichen Versteigerung und erstand fünfunddreißig Rinder, und binnen kurzem hatten wir über hundert. Eines Tages versuchten einige unserer Männer, an einem der Stiere eine einfache Operation vorzunehmen. Der Stier starb am Schock. Wir wollten diesen Stier, der völlig in Ordnung war, nicht einfach abschreiben, aber niemand wollte zu uns kommen, um ihn zu zerlegen, da es für einen Metzger illegal ist, ein Tier zu zerlegen, das schon tot war, *bevor* er gekommen ist. Also beschlossen wir, es selbst zu tun.

Der Stier wurde mit Hilfe eines Traktors auf den Rücken gelegt, und bald brachten die Männer die ersten Fleischteile ins Haus. Das war ein Anblick! In allen Waschbecken und Badewannen türmte sich das Rindfleisch, das wir wuschen und zum Einfrieren vorbereiteten.

Doch es gab eine weitere Komplikation. Kurz bevor der Stier gestorben war, hatte er eine Penicillin-Spritze bekommen, und einige unserer Leute waren dagegen allergisch. Also machten wir das "Penicillin-Bein" besonders kenntlich. Monatelang gab es zwei Sorten, wann immer wir Rindfleisch aßen! An einer der Schüsseln auf dem Büfett befand sich dann ein kleiner, handgeschriebener Zettel "Penicillin-Fleisch" als Hinweis für die, die darum einen Bogen machen mußten.

Dann war da das "Große Hühner-Massaker". Keith kaufte einige Hühner, damit wir frische Eier hätten. Alles klappte prima, bis sie eine schlimme Halsinfektion bekamen und nicht mehr schlucken konnten. Wir hatten nur zwei Möglichkeiten: Entweder schlachteten wir sie, oder sie würden sich zu Tode hungern. Keith beschloß, die Schlachtung zu einer Gemeinschaftsveranstaltung zu machen - zu einer Art transkultureller Erfahrung für uns Stadtmenschen.

Er versammelte uns in der Küche und verkündete: "Der Tod ist eine Realität auf einer Ranch. Wenn wir gebratenes Hühnchen essen wollen, dann muß ein Huhn sterben. Bisher kennen wir nur die gereinigte Supermarkt-Version - eingepackt in Plastikfolie mit einem Preisschild auf dem Bauch. Die Schmutzarbeit hat ein anderer gemacht. Wenn ihr bereit seid, ein Huhn zu essen, solltet ihr auch bereit sein, eines zu schlachten!"

Ich kann dazu nichts anderes sagen, als daß ich froh war, daß ich am Morgen der Schlachtung einen Termin beim Kinderarzt hatte! Doch ich habe später die Bilder gesehen und die Erzählungen gehört, und dieses Ereignis ging in die Geschichte von Last Days Ministries ein als der Tag, an dem die Federn flogen!

Ein paar Verrücktheiten stellten wir auch "nur so zum Spaß" an, weil das Vergnügungsangebot draußen auf dem Land recht begrenzt war. Wir kauften ein paar Reitpferde, und eines Tages kam Keith auf den Gedanken, es wäre "interessant", eines davon in die Küche zu bringen, nur um zu sehen, was dann geschehen würde. Wir fanden es ziemlich schnell heraus. Alles lachte sich scheckig - wenn wir auch hinterher ein gewaltiges Chaos zu beseitigen hatten.

Dann war da die erste Tarantel, die Keith fand. Sie war riesig und behaart. Er steckte sie in einen Krug und fragte sich, was er damit tun sollte. Sie war nicht giftig, aber groß genug, um den Kindern ernsthafte Bisse zuzufügen, und mußte daher verschwinden. Keith beschloß, den Krug in den Mikrowellenherd zu stellen. Sofort spaltete sich alles in der Küche in zwei Parteien - die "Oh-wie-ekelhaft"-Partei bestand hauptsächlich aus den Frauen, einschließlich mir selbst. Doch "die Jungs" setzten sich durch, und Keith nahm die Zeremonie vor. Zum Glück hatte der Krug einen Deckel.

Einmal stand einer von uns die ganze Nacht über mit einer Videokamera im Kuhstall, um die Geburt eines Kalbes zu filmen. Doch "Mama" verweigerte die Wehen angesichts der hellen Scheinwerfer und der sie umringenden Menge. Nachdem ich selbst schon ein Baby zur Welt gebracht hatte - und das zweite sich schon mächtig dick in meinem Bauch anfühlte - konnte ich ihr das nicht verübeln. Ich ging in mein Bett!

Es machte uns viel Spaß, auf dem Land zu leben, aber wir wußten auch, daß Gott noch größere Zwecke damit verfolgte, daß er uns hierher gebracht hatte. Einer dieser Zwecke war, so hatten wir geglaubt, die Eröffnung einer weiteren Zuflucht für Leute, die Rehabilitation brauchten - und das wollten wir sofort in Angriff nehmen. Doch nachdem wir gebetet hatten, hatten wir einfach keinen Frieden darüber. Gott schien uns ausdrücklich zu sagen, daß wir in eine "Warteschleife" gehen sollten - wie ein Flugzeug, das über einer Landebahn kreist, ohne zu landen.

Das hinterließ bei uns ein großes Fragezeichen. Die Rehabilitationsarbeit war unser Hauptgrund gewesen, aus der Stadt heraus zu wollen. Was sollten wir nun mit diesem Land tun, außer es zu bestellen?

Da wir keine Rehabilitationsarbeit mehr taten, wurden viele der Regeln überflüssig, die wir für Leute gebraucht hatten, die direkt von der Straße zu uns gekommen waren. Dinge wie Minuspunkte und die "Kumpels" hatten wir schon gleich nach der Erweckung in Kalifornien abgeschafft - doch die Lockerung blieb ein kontinuierlicher Prozeß, je mehr unser Verständnis wuchs. In Kalifornien waren auch viele Leute, die beschlossen hatten, uns zu verlassen, wieder auf der Straße gelandet und hatten Drogen genommen oder einfach den Herrn vergessen. So versuchte Keith instinktiv zuerst, die Leute zum Bleiben zu bewegen. Doch in Texas kam er soweit, daß er mir sagte: "Wenn das nächste Mal jemand gehen will, werde ich ihm nur beim Packen helfen. Ich werde ihm nicht einmal meine Meinung dazu sagen, wenn er nicht danach fragt!"

Wenn auch die Ranch mit einem Fragezeichen versehen war, wurden doch Gottes andere Gründe, uns nach Texas zu bringen, schnell deutlich. Die Gemeinschaft mit anderen Christen, die die gleiche große Sicht und den gleichen Antrieb hatten, war ein enormer Segen für Keith. Seine Freundschaft mit Winkie Pratney hatte einen starken Einfluß auf ihn, besonders in dem Bereich, der ihm bisher am meisten Schwierigkeiten gemacht hatte - seinem Mangel an Selbstdisziplin.

Als sie einmal für einige Wochen zusammen auf einer langen Verkündigungsreise waren, gab Keith seiner Sorge Ausdruck. "Ich kann mich einfach nicht aufraffen. Ich bin manchmal schrecklich faul. Wenn ich Gott wirklich liebte, hätte ich mehr Disziplin, oder?"

Winkie, der inzwischen reichlich Gelegenheit gehabt hatte, Keith aus der Nähe zu beobachten, lächelte einfach. Aber er gab ihm einen ernsthaften Rat. "An deinem geistlichen Leben ist nichts auszusetzen. Aber deine körperliche Faulheit zieht dich herunter."

Er wies darauf hin, daß Keith sich den Lebensstil eines Nachtschwärmers und Bohemiens angewöhnt hatte - er blieb abends zu lange auf und morgens zu lange im Bett, ernährte sich nicht richtig, und es kam selten vor, daß er sein Bett machte oder beim Geschirrspülen half.

"Ich kann mir vorstellen, daß der Feind an diese Bereiche der Schwäche eine Menge Lügen anhängen kann - aber deine schlechten Angewohnheiten 'beweisen' nicht, daß du den Herrn nicht liebst", ermutigte ihn Winkie. "Freilich sind sie eine offene Tür, dich verurteilt zu fühlen. Darum mußt du daran arbeiten, sie zu verändern."

Als Winkie Keith seine ersten "Instruktionen" gab - morgens zu einer so vernünftigen Zeit wie um neun Uhr aufzustehen und sein Bett zu machen - zuckte der zusammen. "Dafür gibt es doch Zimmermädchen", protestierte er. Schließlich übernachteten sie in Hotels.

Doch Keith tat es. Und jeden Morgen rief er Winkie zu sich, damit er sein Zimmer "inspizierte", um ihm Rechenschaft abzulegen.

Auf Winkies Rat hin versuchte Keith auch, sich eine ausgewogenere Ernährung anzugewöhnen und hinter sich aufzuräumen. Das waren schlichte Dinge. Doch Winkie sagte ihm: "Die Strapazen so einer Reise können sich verheerend auf dein geistliches Leben auswirken, Keith. Es ist wichtig, Disziplin zu üben - und das muß bei den ganz grundlegenden Dingen anfangen - oder du wirst ausbrennen oder verflachen."

All das ging gegen Keiths natürliche Veranlagung. Er übte nicht einmal regelmäßig Klavier! Manchmal saß er zu Beginn eines Konzerts am Piano und ließ seine Finger über die ganze Tastatur laufen. Die Leute klatschten dann und dachten, er ließe sich vom Geist führen - dabei wollte er nur seine Finger lokkern! Wenn es um Disziplin ging, versuchte Keith immer, den "äußersten Sprung des Glaubens" zu tun, doch er sprang natürlich zu kurz und landete auf dem Hintern. Winkies Rat, "glaubensgerechte Bissen" zu nehmen, leuchtete Keith ein, und er war bereit, alles zu tun, was dazu nötig war.

Er schrieb:

***Ich dachte immer, Disziplin und Selbstbeherrschung wären ein natürlicher Nebeneffekt einer übernatürlichen Heiligkeit und Erweckung. Doch jetzt begreife ich, daß mein Mangel an Selbstdisziplin meine Heiligkeit (die ich in Jesus schon habe) davon abhält, mein Leben zu beherrschen und nach außen zu dringen. Das ist eine völlig neue Sicht, und ich glaube, ich habe die größte Festung des Feindes in meinem Leben jetzt umzingelt ...Disziplin ist nicht Heiligkeit, auch nicht der Weg zur Heiligkeit - sie hilft nur dabei, die Heiligkeit zu bewahren.***

Keith und ich schrieben auch weiterhin neue Lieder und sahen allmählich ein neues Album Gestalt annehmen. Neben den Songs "So You Wanna Go Back To Egypt" und "I Pledge My Head To Heaven" waren da weitere wie "Lies", "Unless The Lord Builds The House" und "I Want To Be More Like Jesus", das wir zusammen mit Kelly Willard geschrieben hatten. Es war an der Zeit, wieder ins Studio zu gehen.

Keith war sich bereits im klaren darüber, daß einiges an diesem neuen Album ganz anders sein würde als bisher. Aber was? Daß er für seine Konzerte nichts annahm, weil es sich dabei um Verkündigung handelte, hatte er bereits beschlossen; doch seine Platten wurden in Buchhandlungen überall im Land verkauft. Waren sie "Produkte" oder "Verkündigung"? Keith erkannte, daß sie in gewisser Hinsicht von beidem etwas hatten, aber sein Motiv, warum er sie machte, war definitiv die Verkündigung. Wenn sich nun jemand die Platte nicht leisten konnte, würde ihn das nicht von der Verkündigung ausschließen, nur weil er sie nicht bezahlen konnte?

Eine wichtige Entscheidung über dieses Album war eigentlich schon kurz vor dem Umzug nach Texas gefallen. Keith würde es völlig selbständig produzieren und vertreiben. Das ergab sich durch sehr ungewöhnliche Umstände ...

Keith war auf ein paar ziemlich eindrückliche Schriftstellen gestoßen, die das bestätigten, was er innerlich sowieso schon empfand. Er schrieb sie in seinem Tagebuch auf:

***"(Israels) Priester lehren gegen Bezahlung. Ihre Propheten wahrsagen für Geld, und doch berufen sie sich auf den Herrn und sagen: Ist nicht der Herr in unserer Mitte?" (Micha 3,11).***
***"Vornehme wie Geringe sind darauf bedacht, sich zu bereichern" (Jeremia 6,13).***

Zusätzlich zu diesen Bibelstellen fand Keith noch eine weitere im Buch Jesaja, die ihn regelrecht überwältigte. Aufgeregt las er sie mir vor: "'Alle, die ihr durstig seid, kommt her zum Wasser! Und die ihr kein Geld habt, kommt her, kauft und eßt! Kommt her und kauft ohne Geld und umsonst Wein und Milch!' Ist das nicht stark?"

"Ja, aber was hast du vor?"

"Ich möchte wirklich die Gabe, die mir Gott in der Musik gegeben hat, *umsonst* weitergeben, wie Jesus es befohlen hat: 'Umsonst habt ihr's empfangen, umsonst gebt es auch.'"

Keith war vom Vineyard ordiniert worden, und als ordinierter Verkündiger des Evangeliums hielt er seine Musik nur für ein Werkzeug seiner Verkündigung.

Und dann kam Keith eines Tages weiß wie ein Blatt Papier zu mir.

"Mel, ich habe gebetet, und ich glaube, Gott hat mir gerade gesagt, daß ich es vermasselt habe! Er wollte, daß ich meine eigene Firma aufmache, um meine Platten verschenken zu können, und ich hätte meinen Vertrag mit Sparrow nicht verlängern sollen."

"Ist das dein Ernst?" fragte ich. "Was sollen wir nun tun?"

Keith hatte gerade einen neuen Vertrag mit Sparrow abgeschlossen. Hauptsächlich war das eine Reaktion darauf gewesen, daß andere Firmen "Jagd" auf ihn gemacht hatten. Eine Plattenfirma hatte ihm angeboten, für jedes Album, das Keith für sie aufnahm, ein Budget von 100.000 Dollar bereitzustellen. Davon sollten die Produktionskosten bestritten werden, und was immer dann noch übrig blieb, könnte er als persönlichen Bonus in die eigene Tasche stecken. Das bedeutete, daß Keith, wenn er ein Album für, sagen wir, 40.000 Dollar produzieren konnte, würde er 60.000 Dollar einstreichen können - und das für zwei, drei oder fünf Alben! Darüber hinaus wollten sie ihm einen saftigen Bonus in bar allein für seine Unterschrift geben. Das war ein unglaubliches Angebot und eine große Versuchung für ihn, denn wir brauchten Geld für die Visionen und Ziele von Last Days Ministries.

Doch Keith hatte es als Versuchung erkannt und reagiert. Noch eine weitere Firma war hinter ihm her - und natürlich wollte auch Sparrow ihn behalten. Als Reaktion machte er auf dem Absatz kehrt, rannte zurück zu Sparrow und verlängerte seinen Vertrag dort für einen Bonus von 10.000 Dollar. Das müsse Gottes Wille sein, dachte er sich, da es kein besonders guter Handel sei.

Nachdem Keith sich für Sparrow entschieden hatte, erzählte ihm auch Bill Maxwell, daß eine Plattenfirma ihm Bargeld unter der Hand versprochen hatte, falls er Keith überreden könnte, mit dieser Firma abzuschließen. Bill hatte den Leuten gesagt, mit so etwas wolle er nichts zu tun haben - aber er wolle gerne kostenlos für sie einen Termin mit Keith ausmachen.

Nun saß Keith wirklich in der Klemme. Gesetzlich und geistlich war er daran gebunden, seinen Vertrag mit Sparrow zu erfüllen. Er war ganz außer sich vor Fragen, wie er dem, was Gott von ihm wollte, treu bleiben könnte. Schließlich rief er Billy Ray an und fragte, ob wir ihn besuchen könnten.

Billy Ray wohnte in einem großen Haus in Northridge, und er kam selbst an die Tür. Er sah sehr jungenhaft aus mit seinem sandfarbenen Haar und seinen Sommersprossen. Als wir sein Wohnzimmer betraten, wirkte er sehr entspannt, aber wir waren nervös. Keith hatte das Gefühl, daß sein Schicksal irgendwie von der Reaktion dieses Mannes abhing. Es wäre verrückt von Billy Ray, seinen größten Künstler aus einem rechtskräftigen Vertrag zu entlassen. Wir hatten keine Ahnung, was geschehen würde.

Billy Ray und seine Frau, die beide einen Sinn für südstaatliche Gastfreundschaft hatten, boten uns Sitzplätze auf dem riesigen halbkreisförmigen Sofa in ihrem geräumigen Wohnzimmer an. Ich starrte auf die chinesischen Sonnenblenden und rutschte nervös hin und her. Keith war hierher gekommen, ohne genau zu wissen, was er sagen würde. Nach ein paar beiläufigen Einleitungen kam er zur Sache. "Ich nehme an, du fragst dich, warum ich dich heute abend treffen wollte ..."

"Ich hoffe, alles ist in Ordnung. Was hast du auf dem Herzen?"

Es hatte Keith noch nie gelegen, um den heißen Brei herumzureden. "Ich muß dich bitten, mich aus meinem Vertrag zu entlassen."

Billy Ray sah Keith nur schweigend an.

Ich starrte eine kleine Wasserlilie in der unteren Ecke einer der chinesischen Sonnenblenden an und fragte mich, was als nächstes geschehen würde. Keith fuhr fort, Billy Ray zu erzählen, was ihm auf dem Herzen lag.

"... ich habe es vermasselt. Gott hat mir gerade gesagt, daß ich mein eigenes Label gründen und meine Platten verschenken soll. Es tut mir wirklich leid. Ich weiß nicht was ich tun soll. Ich weiß, ich habe einen Vertrag unterschrieben, und ich werde mich auch daran halten, wenn es sein muß. Doch ich bitte dich, mich daraus zu entlassen. Ich gehe nicht zu einer anderen Firma. Ich gründe meine eigene. Ich werde nicht einmal meine Platten über die Buchhandlungen verkaufen."

Damit war das Eis eindeutig gebrochen. Sie sprachen noch ein paar Minuten darüber, und schließlich sagte Billy Ray: "Wenn Gott dich nicht bei Sparrow haben will und ich dich halten wollte, müßte ich gegen Gott kämpfen. Das heißt, daß Gott gegen mich und die ganze Firma stünde."

Wir warteten, was er weiter sagen würde.

"Keith, wenn du aus deinem Vertrag heraus willst, werde ich dich nicht daran binden. Ich werde dich gehen lassen."

Ich war ebenso erleichtert wie Keith. Es hätte nicht besser laufen können. Es war eine große Ermutigung für Keith, daß Billy Ray sofort bereit war, ihn zu entlassen.

Nun war Keith bereit, sein drittes Album aufzunehmen und alles zu tun, was der Herr damit vorhatte. Als mit dem Februar 1980 der Termin für unser zweites Kind näherrückte, kam auch der Zeitpunkt, wo Keith und ich nach Los Angeles fahren und mit Bill Maxwell zusammenarbeiten sollten. Wir hielten es für einfacher und viel billiger, daß wir zu den Aufnahmen nach Kalifornien kamen, als Bill und die ganzen Musiker nach Texas einzufliegen.

Keith ließ die Gemeinschaft in den fähigen Händen einiger unserer Nachwuchsleiter zurück, während wir weg waren, und ließ wenig später Michelle nachkommen, damit sie ihm einige dringende administrative Aufgaben abnahm. Michelle, die eine richtige Organisationskünstlerin war, war für uns beide zu einer sehr engen Freundin geworden.

Unser zweites Kind kam neun Tage vor dem Termin bei sehr glücklichen Eltern an, die gerade mitten in den Aufnahmen zu einem Album steckten! Bethany Grace wurde am 5. Februar 1980 geboren. Ein kleines Mädchen, ganz wie mir der Herr in Honolulu verheißen hatte! Und ihr zweiter Vorname stand für die kostbaren Lektionen, die der Herr uns in jener Zeit gelehrt hatte. Jetzt wußte ich mit Sicherheit, daß der Herr tatsächlich zu mir gesprochen hatte, und ich faßte es als ein ganz besonderes Zeichen seiner Liebe zu mir auf.

Die Entbindung verlief viel leichter als bei Josiah. Ich konnte das Krankenhaus schon nach ein paar Stunden verlassen, und am gleichen Abend gingen Keith und ich sogar essen. Erstaunlicherweise fühlte ich mich schon nach ein paar Tagen wohl genug, um wieder ins Studio zu gehen - mit Bethany Grace in meinen Armen.

Inzwischen hatten wir beschlossen, daß das Album *So You Wanna Go Back To Egypt* heißen sollte. Wir waren richtig begeistert davon, diese Platte verschenken zu können - aber es war dennoch ein enormer Glaubensschritt. Eines Tages sprachen Keith und ich darüber, wieviel Geld uns das kosten würde.

"Haben wir überhaupt genug Geld, um das Album zu produzieren?" fragte ich.

"Vielleicht müssen wir eine Hypothek auf unser Haus in Woodland Hills aufnehmen, um genug aufzutreiben, um etwa 25.000 Platten pressen zu lassen. Wenn wir die alle verschenkt haben und uns das Geld ausgehen sollte, werden wir dieses Album einfach als 'limitierte Auflage' betrachten. Zumindest weiß ich dann, daß ich dem Herrn gehorsam war."

Selbst bei der Aussicht, eine Hypothek auf unser Haus aufnehmen zu müssen, waren wir immer noch begeistert über das Album. Wir würden auf niemanden aus Mangel an Mitteln verzichten - und die Botschaften der Lieder waren frisch und eindrucksvoll für uns. Keith meinte: "Ich glaube, ich kann das Thema des ganzen Albums in einem Wort zusammenfassen - Gnade!"

"Gnade?" stieß ich nach. "Das sehe ich in einigen der Lieder, aber andere sind ganz schön verurteilend."

"Ja, aber denk daran, wie geduldig Gott ist. Er gibt uns nicht auf, selbst wenn wir murren und uns beklagen oder uns selbst aufgeben!"

Keith meinte, er wisse, daß manche Leute das Album stellenweise ein wenig traurig finden würden. Aber es sei vollkommen ehrlich.

Eines Abends saß ich im Studio auf einem Bohnensack und hielt Bethany Grace im Arm. Es war ein ganz normaler Abend - bis Bob Dylan auftauchte, um auf "I Pledge My Head To Heaven" Mundharmonika zu spielen. Es wirkte gleichzeitig völlig unglaublich und ganz normal. Wir hatten bei verschiedenen Gelegenheiten Zeit mit Bob verbracht, bevor wir nach Texas gegangen waren.

Kennengelernt hatten wir Bob Dylan einige Zeit nach "der Erweckung" durch einen der Ältesten im Vineyard. Danach hatten wir ihn einmal zum Essen zu uns nach Hause eingeladen, und bei einer anderen Gelegenheit verbrachten wir einige Zeit mit ihm in seinem Büro in der Nähe von Santa Monica. Während er an den Songs für sein Album *Slow Train Coming* arbeitete, zog Bob einmal sogar ein paar Textblätter hervor und zeigte sie uns. Er wollte wissen, was wir davon hielten - und wir sagten es ihm. Die Texte waren hervorragend. Dann tauschten Keith und ich Blicke aus, die zu sagen schienen: *Ist das zu fassen, daß einer der größten Songschreiber der Welt uns nach unserer Meinung fragt?* Vielleicht war es seine Verletzlichkeit, die uns in besonderem Maße zueinander hinzog.

Auch in anderen Bereichen als der Musik wollte Bob Dylan offenbar wissen, wie Keith dachte. Obwohl er einer der bekanntesten Musiker der Welt war, verhielt er sich nicht anders als jeder andere, der mehr über Gott erfahren möchte. Er steckte voller drängender Fragen und frischer Begeisterung über seine geistlichen Entdeckungen. Keith mochte ihn sehr gern, und sie redeten viel miteinander. Einmal jedoch hatte Keith den Eindruck, zu weit gegangen zu sein, als er einen Punkt deutlich machen wollte. Später schrieb er mit Bedauern in sein Tagebuch: "Heute habe ich versucht, für Bob Dylan den Heiligen Geist zu spielen ..."

Eines Abends nahmen wir Bob zusammen mit Bill Maxwell mit zu Buck und Annie. Wir hörten uns eines der letzten Alben von "Second Chapter" und ein paar Songs von Bobs neuester Platte *Saved* in Rohfassung an. Bob erzählte uns, er nehme gern Anhalter in seinem verbeulten alten Wagen mit, um ihnen vom Herrn zu erzählen - ohne sie wissen zu lassen, wer er sei. Er sagte, er versuche, jeden Tag mehrere Kapitel aus der Bibel zu lesen. Einer der Ratschläge, die Keith Bob gab, war, er solle versuchen, mehr Tourneepausen einzulegen, damit er sich ausruhen und studieren könne. Er nahm auch eine Zeitlang an einer Bibelschule im Vineyard teil, aber es schien unmöglich für ihn zu sein, sich viel freie Zeit zu nehmen. Dennoch waren Keith und Bob in Kontakt geblieben, nachdem wir nach Texas umgezogen waren, und als Keith ihn bat, auf seinem neuen Album zu spielen, sagte er zu unserer Begeisterung sofort zu.

Während sich Bob an diesem Abend im Studio darauf vorbereitete, die Mundharmonika zu spielen, unterhielt er sich ein paar Minuten lang mit Bill. Er sagte zu Bill, *For Him Who Has Ears To Hear* sei eine seiner Lieblingsplatten überhaupt! Und er hoffe, bei diesem Album werde der Produktionsstil ähnlich sein.

Wie Keith gesagt hatte, schien es tatsächlich, daß alle Songs irgendwie mit dem Thema Gnade zu tun hatten - besonders mit der Gnade, die wir brauchen, wenn wir in unserem Glaubensleben nicht so vorankommen, wie wir es uns wünschen.

Das Lied "You Love The World (And You're Avoiding Me)" schrieb Keith, während wir schon in Kalifornien an dem Album arbeiteten. Zu mir sagte er darüber: "Das klingt vielleicht wie das fröhlichste Lied auf dem ganzen Album, aber in Wirklichkeit ist es das traurigste für mich. Ich habe es geschrieben, als ob der Herr so zu *mir* redete!" Allzu leicht blieb Keith manchmal vor der Mattscheibe hängen und ließ sich vom Programmablauf forttragen. Nicht daß Keith gegen das Fernsehen oder das Kino gewesen wäre - aber wenn diese Dinge seine Beziehung zum Herrn behinderten, wußte er, daß es so nicht weitergehen konnte. So schrieb er:

*Ich möchte dich hier bei mir haben,*
*Doch du ziehst andere Gesellschaft vor.*
*Du kannst nicht still sitzen!*
*Es ist leicht zu sehen, du liebst die Welt*
*Und gehst mir aus dem Weg.*

*Mein Wort steht da auf deinem Schreibtisch,*
*Doch du hast deine Bücher und Zeitschriften lieber.*
*Du ziehst das Licht deines Fernsehers vor.*
*Du liebst die Welt*
*Und gehst mir aus dem Weg.*

*Früher hast du gebetet.*
*Du warst so mutig.*
*Jetzt kannst du nicht einmal mehr eine*
*Unserer Verabredungen einhalten.*
*Ich habe mein Blut gegeben, um dein Leben zu retten.*
*Sag mir, sag mir, ist das recht?*
*Wirst du mich heute abend hier*
*Wieder alleine lassen?*

Ein anderes Lied, "Unless The Lord Builds The House", handelte von jemandem, der ganz in seinem Dienst aufgeht, was auch ganz bestimmte Versuchungen mit sich bringt - wie etwa die Versuchung, Dinge zu tun, die "geistlich" scheinen, es aber in Wirklichkeit nicht sind. Jemand hatte Keith in einem Brief geschrieben: "Geh niemals so sehr in den Werken des Herrn auf, daß du den

Herrn der Werke vergißt!" Keith schrieb dieses Lied:

*Wenn der Herr nicht das Haus baut,*
*Arbeiten umsonst, die überhaupt versuchen,*
*Etwas zu bauen, das nicht seinem Ruf entspricht.*
*Wenn der Herr nicht will, daß es getan wird,*
*Solltest du lieber keinen Tag länger daran arbeiten*
*Und etwas bauen, das ihm im Wege sein wird.*

*Du liebst den Herrn,*
*Und es scheint, er hat dich geführt.*
*Du hast ihn gebeten, all deine Pläne zu segnen.*
*Doch bist du ganz sicher,*
*Daß du nicht nur deinen Willen tust*
*Und dein Haus auf Sand baust ...*

*Du arbeitest so hart an dem, woran du glaubst,*
*Daß niemand dich davon abhalten kann.*
*Aber verlier nicht den Blick*
*Auf den Einen, der dich ruft;*
*Es könnte dir leid tun eines Tages ...*
*Eines Tages.*
*Denn Holz, Stroh und Stoppeln*
*Werden alle im Feuer verbrennen.*
*Doch den Herrn von ganzem Herzen zu lieben*
*Sollte deine einzige Sehnsucht sein.*

Irgendwann auf einer Tournee hatte Keith begonnen, das Lied "Oh Lord, You're Beautiful" zu schreiben, doch erst viel später stellte er es fertig. Eines Morgens wachte ich in unserem alten Haus in der Dolorosa Street davon auf, daß Keith leise auf dem Klavier spielte, das damals in unserem Schlafzimmer stand. Ich wußte nicht, wie lange er schon gespielt hatte, doch ich empfand stark die Gegenwart des Herrn, als ich dalag und auf die schöne Melodie lauschte. Keith weinte und sagte mir: "Der Herr hat mich direkt in den Thronsaal gebracht, und ich habe für ihn gesungen und ihn einfach angebetet." Er hoffte, daß es auch andere zur Anbetung anregen würde, wenn sie dieses Lied hörten:

*Oh Herr, Du bist schön.*
*Dein Angesicht ist alles, was ich suche.*

*Denn wenn Deine Augen auf diesem Kind liegen,*
*Dann fließt Deine Gnade über für mich.*

*Ich will Dein Wort nehmen*
*Und es überall erstrahlen lassen.*
*Doch hilf mir erst, es zu leben, Herr!*
*Und wenn ich es gut mache,*
*Hilf mir, daß ich nie eine Krone erstrebe,*
*Denn mein Lohn ist es, Dir Ehre zu geben.*

*Oh Herr, bitte entzünde das Feuer,*
*Das einst hell und klar brannte.*
*Erneuere die Lampe meiner ersten Liebe,*
*Die mit heiliger Furcht brennt!*

Keith schrieb gern gemeinsam mit anderen. Kurz vor unserem Umzug nach Texas waren Kelly Willard und ihr Mann Dan bei uns zu Besuch gewesen. Abgesehen davon, daß wir viel Spaß miteinander hatten, brachte Kelly auch noch eine kleine Melodie mit, die sie Keith vorspielte, um zu sehen, ob er daraus etwas machen könnte. Sie war wunderschön! Sie arbeiteten an jenem Abend noch ein wenig daran, und später stellten Keith und ich den Text zu "I Want To Be More Like Jesus" fertig.

Auf dem Album sang Kelly mit Keith die Background-Vocals, und als dieses Lied an der Reihe war, fielen ihr ein paar sehr schöne Wechselgesang-Passagen ein, die dem Lied den letzten Schliff zu geben schienen, den es noch brauchte.

*Mit jedem Tag, der vergeht, fühle ich meine Liebe austrocknen.*
*Ich werde so müde und vom Sturm umhergeweht.*
*Ich bin blind für die Nöte anderer,*
*Und ich bin es leid, Samen zu pflanzen.*
*All meine Gedanken scheinen sich*
*Um mich selbst zu drehen.*

*Ich will*
*Ich muß*
*Mehr sein wie Jesus*
*Ich will*
*Ich muß*

*Mehr sein wie er*

*Der Wille unseres Vaters geschah,*
*Indem er uns seinen Sohn gab,*
*Der den höchsten Preis bezahlte,*
*Um uns auf das Kreuz zu weisen.*
*Und wenn ich an ihn denke,*
*Der die Sünde der ganzen Welt auf sich nahm,*
*Dann sehe ich mich an und vergleiche mich mit dem,*
*Wozu ich berufen bin.*

*Denk daran, es gibt keine größere Liebe,*
*Als dein Leben hinzugeben für einen Freund.*

*Das Ziel aller meiner Gebete ist,*
*So zu lieben, wie es mein Herr tut.*
*Mein eines und einziges Ziel -*
*Sein Bild in meiner Seele.*
*Ja, meine Schwäche ist offenbar.*
*Doch durch seine Wunden bin ich geheilt!*
*Er ist vertrauenswürdig und treu,*
*Daß er das Werk vollendet, das er in dir beginnt!*

Als ich zum ersten Mal "Grace By Which I Stand" hörte, bekam ich eine Gänsehaut. Ich wußte, daß dies ein Lied war, das ich zu hören nötig hatte. Mir war auch klar, daß Keith es für sich selbst geschrieben hatte, denn auch er mußte es hören. Gott hatte auf Hawaii in unserem Leben Großes getan, doch die Botschaft der Gnade befand sich immer noch auf dem Weg von unseren Köpfen zu unseren Herzen.

Als Keith dieses Lied gerade geschrieben hatte, war er beinahe verlegen. Er wußte, daß die meisten Leute dachten, das Thema Gnade käme in seiner Verkündigung so gut wie überhaupt nicht vor. Doch für den Covertext schrieb Keith: "Das ganze letzte Jahr war für uns eine einzige endlose Lektion über die Gnade Gottes, und ich lobe ihn für die Möglichkeit, Euch daran teilhaben zu lassen!" In diesem Lied weist Keith darauf hin, daß unsere eigenen Anstrengungen, zur Heiligkeit zu gelangen, vollkommen sinnlos sind. Als Keith das Lied im Studio sang, wurde es still hinter den Mischpulten, während er auf besonders persönliche Art seinen Gefühlen Raum gab:

*Herr, die Gefühle sind nicht mehr die gleichen;*
*Vielleicht bin ich älter geworden -*
*vielleicht habe ich mich verändert,*
*Und ich wünschte, mir hätte jemand erklärt,*
*Daß man sich beim Wachsen auch erinnern muß ...*

*Daß nichts bleibt - außer der Gnade Gottes,*
*Durch die ich in Jesus fest stehe!*
*Ich weiß, ich würde sicher abfallen*
*Ohne die Gnade, durch die ich gerettet bin.*

*Herr, ich weiß noch, mit welcher Hingabe*
*Ich versprach, dir zu dienen,*
*Als alles noch ganz neu war.*
*Doch wie Petrus kann ich nicht einmal eine Stunde lang*
*Mit dir wachen und beten, und ich wette,*
*Auch ich könnte dich verleugnen!*

*Denn nichts bleibt - außer der Gnade Gottes,*
*Durch die ich in Jesus fest stehe!*
*Ich weiß, ich würde sicher abfallen*
*Ohne die Gnade, durch die ich gerettet bin.*

Nach ungefähr zwei Monaten in Kalifornien war das Album schließlich fertig. Francine und Dawn, die bei uns waren, hatten hunderte von Windeln gewechselt, und ich freute mich darauf, nach Hause zu kommen und Bethanys Wiege in unser kleines Schlafzimmer im Ranch-Haus zu stellen. Im Flugzeug faßte Keith die Ergebnisse unserer Reise auf seine Art zusammen. "Ich habe den Eindruck, daß wir beide eine Entbindung hinter uns haben. Du hast ein Baby geboren und ich ein Album!"

"Hey, ich habe eine Idee", sagte ich lachend. "Das nächste Mal kannst du das Baby bekommen, und ich mache das Album!"

Keith warf mir einen albernen Blick zu, der zu sagen schien: "Du weißt, daß ich nie eine Geburt überleben würde", und wir machten es uns für den Flug nach Hause bequem. Wir freuten uns darauf, zurückzukommen, unser neues kleines Mädchen mit seinen braunen Augen und dunklen Haaren vorzuzeigen und allen ein Band von dem neuen Album vorzuspielen.

Im Mai 1980 war das Egypt-Album abgemischt und gepreßt, und wir waren unterwegs zu unseren ersten Konzerten mit der neuen "Preispolitik". Wir waren gespannt, ob sie nach all unseren Bemühungen nun wirklich funktionieren würde.

Bei einem unserer ersten Konzerte ließ Keith uns die Plattentische wie üblich mit Tüchern bedecken, bis das Programm vorüber war. Das allein war schon ungewöhnlich für christliche Konzerte, da der Erlös aus den Plattenverkäufen oft nötig war, um die Kosten des Abends zu bestreiten. Doch Keith wollte die Atmosphäre seiner Verkündigung nicht aufs Spiel setzen, nur um mehr Platten zu verkaufen. Er ging in jede Stadt mit dem Anliegen, den Leuten dort zu dienen. Deshalb wollte er nicht selbst für eine Ablenkung hinten im Saal sorgen, indem er den Leuten die Möglichkeit gäbe, während des Konzerts "einzukaufen". Nun, da wir die Platten verschenkten, wollte Keith noch sorgfältiger darauf achten, daß die Leute nicht nach hinten gelockt würden, bevor der Abend zu Ende wäre.

Ich stand draußen im Foyer einer großen Halle und stapelte Platten und Kassetten auf dem Tisch, so hoch ich konnte. Zwischen mir und den Leuten im Konzertsaal war nur eine Reihe von Schwingtüren. Nach dem Ruf nach vorn und dem letzten Anbetungslied hörte ich, wie Keith unsere neue "Preispolitik" von der Bühne aus bekanntgab:

"Meine Platten sind hinten. Wir fühlen uns nicht wohl dabei, sie zu verkaufen oder einen Preis festzusetzen. Ihr könnt dafür geben, was ihr wollt; auch gar nichts, wenn ihr kein Geld habt."

Plötzlich hörte ich das Trampeln von Füßen, als die Leute sich aus den Stuhlreihen herausschlängelten. Dann flogen die Schwingtüren auf, und eine Menschenmenge stürzte auf mich und die Plattentische zu.

"Was kosten die?"

"Menschenskind, sind die wirklich kostenlos?"

Ich versuchte, so gut ich konnte, auf die vielen Fragen zu antworten, die mir von dieser Wand aus unbekannten Gesichtern entgegenkamen.

"Sie kosten soviel, wie ihr dafür geben könnt. Ihr könnt euch auch eine so nehmen, wenn ihr kein Geld habt ..."

Während ich einem antwortete, der offensichtlich nicht wußte, was er tun sollte, fingen andere einfach an, sich Platten zu nehmen. Einige gaben mir Geld dafür, andere nicht - und zu meiner völligen Verblüffung rafften einige die Platten gleich stapelweise an sich und machten sich damit im Laufschritt davon. Es war ein lautes Durcheinander, und ich konnte nicht allen gleichzeitig antworten. Ich war umgeben von einem Meer von Leuten, die übereinander und aneinander vorbei nach den Platten griffen.

Unter dem Ansturm der Leute bewegte sich der Plattentisch Zentimeter um Zentimeter nach hinten. Alle paar Minuten schob ich ihn mit aller Kraft wieder nach vorne, aber ich verlor unaufhaltsam an Boden, weil der Druck der Körper zu stark war. Allmählich wurde ich gegen die Wand hinter mir gedrückt, bis das Unvermeidliche geschah.

Ich war regelrecht eingeklemmt zwischen der Wand und dem Plattentisch und fragte mich, wann Keith auftauchen und mich befreien würde - und ob uns bei unserer neuen Methode, diese Platte zu "vertreiben", noch ein Hemd am Leibe bleiben würde.

## Wenn Gott das Haus nicht selbst mitbaut ("Unless The Lord Builds The House")

*Wayne und Kathleen werden von Keith getraut*

Nach unseren ersten Konzerten, bei denen die Plattentische völlig leergeräumt wurden und ich von der rasenden Menge beinahe zertrampelt worden wäre, wurde Keith klar, daß er seine Preispolitik ein wenig deutlicher definieren mußte. Er war sich von Anfang an bewußt gewesen, daß einige Leute die Lage ausnutzen würden - aber er wollte dennoch denen eine Chance geben, die sich seine Platten wirklich nicht leisten konnten. Obwohl es einige entmutigende Reaktionen gab, wollte Keith nicht aufgeben.

Schließlich ging er dazu über, seine Ankündigungen am Ende der Konzerte etwas spezifischer zu formulieren. "Diejenigen, die nichts haben, können eine Platte für nichts bekommen. Und diejenigen, die wenig haben, können eine für wenig bekommen. Wir haben den Eindruck, daß das Evangelium in letzter Zeit ein wenig zu kommerziell geworden ist. Deshalb wollten wir unseren Anteil daran entkommerzialisieren. Wir möchten euch nur bitten, daß ihr euch nicht mehr als eine Platte pro Haushalt mitnehmt."

Auch in der *Last Days Newsletter* bot Keith das *Egypt*-Album für soviel Geld an, wie jeder sich leisten konnte. Die Buchhandlungen ließ er am Vertrieb der Platten teilhaben, ohne daß sie tatsächlich in den Läden verkauft wurden. Wenn ein Händler beim Vertrieb mithelfen wollte, schickten wir ihm einen Stapel Bestellformulare mit einem freien Platz, auf dem er den Namen seines Ladens einstempeln konnte. Dann überwiesen wir ihm für jede Bestellung mit dem betreffenden Stempel einen Dollar als Dankeschön - selbst wenn der Besteller das Album kostenlos bekommen wollte.

Keith dachte sich, daß die meisten Leute den üblichen Preis für eine Schallplatte kannten und wußten, daß die Produktion einer solchen Platte sehr teuer war. Im Grunde machte er die Bezahlung zur Ehrensache - im Vertrauen darauf, daß jemand, der es sich leisten konnte, die Platte zu kaufen, das auch tun würde.

In einem Interview über diese Angelegenheit mit der Zeitschrift *Contemporary Christian Music* sagte Keith: "Mein ganzer Grund, die Platte zu verschenken, ist, daß ich die Leute liebe! Natürlich wünsche ich mir nicht, daß 50.000 Leute die Platte bestellen und nichts dafür geben. Gleichzeitig möchte ich aber auch nicht, daß die Leute denken, ich mache das, um eine Spende zu bekommen, oder sich verpflichtet fühlen, etwas zu spenden."

In dem gleichen Interview wurde auf eine frühere Bemerkung in der Zeitschrift eingegangen, die ein wenig Skepsis in sich geborgen hatte - nämlich daß jemand, der zu arm sei, sich eine Platte zu kaufen, wahrscheinlich auch zu arm sei, um etwas zu besitzen, worauf er diese Platte abspielen könne. Die Frage dahinter war, wie weit Keith zu gehen bereit war, um es den Leuten zu ermöglichen, seine Verkündigung zu hören. Keith antwortete, er würde tatsächlich auf eine ehrlich Bitte von jemandem reagieren, der ein Gerät brauchte, auf dem er sich seine Verkündigung anhören könnte.

Das war nur der Anfang der Mißverständnisse über seine neue Preispolitik. Man beäugte Keith skeptisch als Anti-Traditionalisten. Doch Keith blieb weiterhin dabei, zu tun, was er als den Willen des Herrn erkannt hatte, und dabei ständig seinen Standpunkt zu erläutern.

Auch im Zusammenhang mit seinen Konzerten ergriff Keith in diesem Sommer einige ziemlich untraditionelle Maßnahmen. Normalerweise wurden Konzerte von einer in dem betreffenden Gebiet ansässigen Ortsgemeinde veranstaltet, doch dabei stieß Keith an gewisse Grenzen, die ihm Sorgen machten. Manchmal erhielt er von der Gemeinde, bei der er auftreten sollte, einen Anruf und wurde ausgefragt, wie er zu dieser oder jener Lehrfrage stehe. Und recht häufig kam vor einem Konzert einer der Verantwortlichen auf ihn zu und sagte etwas wie: "Wir haben dich eingeladen, damit du singst, aber wir möchten nicht, daß du predigst", oder "Bitte keinen Ruf nach vorn", oder "Sprich nicht über den Heiligen Geist oder die Zungenrede oder über Heilungen". Keith wollte die Wünsche der Gemeinden respektieren, doch es fiel ihm schwer, Grenzen zu setzen, was er für seinen Auftrag von Gott hielt.

Außerdem wollte Keith die Gemeinde Jesu als Ganzes erreichen, wenn er in eine Stadt kam. Doch wenn sein Konzert in einer Gemeinde stattfand, gaben die anderen Denominationen die Nachricht normalerweise nicht an ihre Mitglieder weiter. Es schien nicht sehr viel Zusammenarbeit zwischen den verschiedenen Gruppen von Gläubigen zu geben. Und wenn sich doch einmal verschiedene Gemeinden zusammen taten, entstand das Problem: Wenn Keith zur Entscheidung aufrief, wohin würden die Neubekehrten kommen? Keith wollte, daß alle kamen - aber es schien mehrere verschiedene "Lager" von Gläubigen zu geben, und sie pflegten offenbar nicht viel Gemeinschaft untereinander.

Es war wirklich nicht einfach, mit der Art umzugehen, wie die Gemeinden sich in Lehrfragen voneinander unterschieden, da Keith manchmal sieben verschiedene Gemeinden in ebenso vielen Tagen besuchte. Das konnte einem tatsächlich den Kopf zum Platzen bringen. Es ging nicht nur darum, eine bestimmte Folge von Konzerten abzuspulen, sondern hinauszugehen und sich einer ganzen Nation voller Christen zu stellen, die alle in ihren Lehren auf verschiedene Dinge Nachdruck legten. Manchmal wußte er gar nicht, in welches "Lager" er sich begab - in das Lager des Glaubens, der Evangelikalen oder der Charismatiker, um nur einige zu nennen. Jeder Christ sollte eigentlich voller Glauben und charismatisch evangelistisch sein - aber so einfach war es nicht. Man konnte bis zur Erschöpfung versuchen herauszufinden, wo die Leute standen, um ihnen nicht auf die Füße zu treten. Keith tat sein Bestes - aber Diplomatie war nicht immer seine stärkste Seite.

Allmählich kamen all diese Dinge zusammen - die Einschränkungen, was Keith sagen und tun durfte, die Atmosphäre der Versammlungen und die frustrierenden Versuche, mehrere Denominationen in einem Gemeindehaus zusammen zu bekommen. Keith erinnerte sich an seine völlig unbehinderte Verkündigung im Caravan Ballroom in Tulsa. Dort hatten wir einfach einen Saal gemietet und die Stadt eingeladen. Nun erwärmte sich Keith für den Gedanken, "neutrale Auditorien" zu benutzen, wie er es nannte - Orte, an die jede Gemeinde in einer Stadt ihre Leute bedenkenlos schicken konnte, ohne befürchten zu müssen, daß ihnen auf die Füße getreten würde.

Von da an bereisten wir auf eigene Kosten verschiedene Städte, wann immer es uns richtig erschien. Dort mieteten wir eine Halle und baten dann um eine Spende, um unsere Ausgaben zu decken. Dennoch gab es immer noch eine Sache, die Keith an seiner Verkündigung störte - sein zunehmender Status als Berühmtheit.

An den meisten Abenden warteten, nachdem er sein Herz ausgeschüttet, ja die Leute beinahe angebettelt hatte, ihre Beziehung zu Gott in Ordnung zu bringen, lange Schlangen von Leuten vor der Bühne auf ihn. Einige suchte Rat und Gebet. Doch die Mehrheit wollte einfach nur in seine Nähe kommen. Manche wollten sich mit ihm über die Soundanlage unterhalten oder darüber, wie sie in der christlichen Musikszene Fuß fassen oder einen Plattenvertrag ergattern könnten. Keith sah in ihren Augen das gleiche Glänzen, das er früher in seinen eigenen gehabt hatte - diesen Hunger danach, populär zu sein und vor einer Menge Leuten zu stehen.

Lange Zeit verschwand Keith einfach nach seinen Konzerten und redete mit niemandem, weil ihm die Heldenverehrung, die er in den Augen der Leute sah, so sehr an die Nieren ging. Da er nicht wollte, daß irgendjemand durch ihn zum Götzendienst verleitet würde oder er selbst ins Straucheln geriete, verzog sich Keith einfach hinter die Bühne. Dieses Problem beschäftigte Keith so sehr, daß er schon vor ein paar Jahren einen Artikel mit der Überschrift "Musik oder Mission" geschrieben hatte. Es ging darin um Gemeinden voller Christen, die ihre "Stars" anhimmelten - und wie das auf den Herrn und diese Verkündiger selbst wirken mußte:

*Seht Ihr nicht, daß Ihr diese Verkündiger verletzt? Sie versuchen verzweifelt, Euch zu sagen, daß sie es nicht verdienen, gerühmt zu werden, und weil sie das tun, quietscht ihr vor Vergnügen und rühmt sie erst recht.Wie kommt es, daß niemand die Missionare vergötzt oder rühmt, die alles aufgeben, in Armut leben und sich selbst und ihre Familie jeder erdenklichen Gefahr aussetzen, die der amerikanische Traum fast völlig eliminiert hat? Warum erhebt und verherrlicht niemand die Verkündiger und Prediger in den Ghettos und Gefängnissen? Weil wir von klein auf eingetrichtert bekommen, 1) daß Bequemlichkeit unser Ziel und unsere Sicherheit sei und 2) daß wir immer danach trachten sollten, daß viele Leute uns mögen ...*

Gerade hatte es ein furchtbares Massaker unter einigen Missionarinnen in Afrika gegeben, und Keith zog einen Vergleich zwischen ihrem Leben und dem eines durchschnittlichen musikalischen Verkündigers.

*Wer lebt denn schon bequemer und hat mehr "Fans" als der neueste helle und strahlende Gospel-Star? Wer lebte weniger bequem und hatte weniger Freunde und Unterstützer als die selbstlosen Missionarinnen, die sich kürzlich zur Ehre Gottes in Afrika vergewaltigen, verstümmeln und hinmetzeln ließen? Hört auf, zu versuchen, aus den christlichen Musikern Götter zu machen, und hört auf, so wie diese Götter werden zu wollen. Der Herr befiehlt Euch, Euch selbst zu verleugnen, täglich Euer Kreuz auf Euch zu nehmen und ihm nachzufolgen. Mein Piano ist nicht mein Kreuz. Es ist mein Werkzeug. Ich würde nie wieder auf dem Ding spielen, wenn Gott mir ein besseres Werkzeug zeigte, um den totalen Anspruch seines Evangeliums zu verkündigen ...*

Ein großer Bereich, um den Keith sich kümmern wollte, war die christliche Musikszene selbst. Da er nun in mancher Hinsicht neue Wege ging, fühlte er sich berechtigt, zu allen zu reden, die irgendwie mit christlicher Musik zu tun hatten.

Einige Zeit zuvor hatte Keith ein Treffen der "Fellowship of Contemporary Christian Ministries" (FCCM) besucht, die sich aus Künstlern, Förderern, Produzenten und Leuten von Plattenfirmen zusammensetzte. An einem bestimmten Punkt war Keith aufgestanden und hatte gesagt, daß sie alle zu viele Ansprüche aneinander und an das Konzertpublikum stellten - Ansprüche, die weder heilig noch unschuldig seien. Sie sähen alle zu sehr der Welt und zu wenig Jesus ähnlich - er selbst eingeschlossen. Am Ende ging Keith vor aller Augen auf die Knie und sagte unter Tränen: "Von jetzt an werde ich in keine Eurer Städte mehr kommen, es sei denn als ein Diener." Immer noch auf den Knien, verpflichtete er sich, ein Diener des Leibes Christi zu sein, und tat Buße für gewisse falsche Einstellungen, die er gehabt hatte. Es war ein kräftiges Wirken Gottes zu spüren, und das Treffen endete damit, daß alle zusammen das Abendmahl nahmen.

Als Keith das nächste Mal zu einem FCCM-Treffen ging, hatte er etwas anderes auf dem Herzen - den Verkauf von Eintrittskarten. Keith meinte, Eintrittskarten für einen Verkündigungsabend zu verkaufen sei gleichbedeutend mit einem Pastor, der nur dann zu Kranken kommt und für sie betet, wenn man ihm Vorauszahlung verspricht. Dieses Mal endete das Treffen nicht so harmonisch.

Keith war Buck Herring ziemlich hart auf die Pelle gerückt, weil "Second Chapter of Acts" für ihre Konzerte Eintritt verlangten. Buck glaubte, sie hätten eine klare Anweisung vom Herrn, die Leute um einen Beitrag von drei Dollar zu bitten, um die Kosten zu bestreiten. Doch Keith ließ nicht locker, und sie kamen immer wieder auf das Thema zurück. Schließlich legte Buck noch einmal Gott die Frage vor, ob es eine bessere Möglichkeit gebe, und nach einem langen Prozeß glaubte er, daß Gott ihm tatsächlich einen anderen Weg gezeigt habe.

Keith war der Meinung, der Herr wolle, daß er zur FCCM ginge und die ganze christliche Musikszene mit dem Gedanken konfrontierte, Spenden anzunehmen statt Eintrittskarten zu verkaufen; und er wollte, daß Buck allen erzählte, was der Herr ihm gezeigt hatte. So stellte Keith auf dem nächsten FCCM-Treffen alle Anwesenden vor eine klare Herausforderung und sagte ihnen, er sei der Meinung, daß es falsch sei, Eintritt zu verlangen.

"Die Eintrittspreise für Konzerte sind ein Nagel in der Hand Jesu. Kein Nichtchrist wird dafür bezahlen, von Jesus zu hören, denn tief in seinem Herzen weiß er, daß er das eigentlich nicht müßte. Das Evangelium ist umsonst!"

Keith wußte, daß man ihm die Frage stellen könnte: "Was ist der Unterschied zwischen einem christlichen Klempner, der sich für seine Arbeit bezahlen läßt, und einem christlichen Sänger oder Redner, der das tut? Hat der Apostel Paulus nichts für seine Zelte verlangt?" Keith sagte: "Es besteht ein Unterschied zwischen dem Beruf oder der Fertigkeit eines Menschen und seiner Dienstgabe. Wenn ich nur ein *Unterhalter* wäre, hätte ich keine Einwände dagegen, Eintritt zu verlangen - aber der Verkündigungsdienst ist etwas anderes.

Schließlich verdiente Paulus seinen Lebensunterhalt mit dem Zeltmachen, gerade *damit* er für das Evangelium nichts verlangen müßte. Zelte sind schließlich Zelte und Verkündigung ist Verkündigung!"

Dann zitierte Keith Paulus aus dem ersten Korintherbrief: "Was ist denn nun mein Lohn? Daß ich das Evangelium predige ohne Entgelt und von meinem Recht am Evangelium nicht Gebrauch mache."

An dieser Stelle stand Buck auf und berichtete, wie der Herr ihn geführt hatte. Am Ende, erzählte er, habe er eine Liste aller Gründe aufgestellt, bei einem Konzert Eintrittskarten zu verkaufen - und eine Liste aller Gründe, die dafür sprachen, um eine Spende zu bitten.

In der Gruppe war es schon ziemlich still geworden, als Buck weitererzählte: "Alle Gründe, die für Eintrittskarten sprachen, waren logistischer Natur. Es gab darunter nicht einen einzigen geistlichen Beweggrund. Doch die Gründe, die für Spenden sprachen, waren alle geistlicher Natur. Der Herr machte mir deutlich, daß wir dem Leib Christi auf tiefere Weise dienen könnten, wenn wir diesen Glaubensschritt täten, weil man uns dann vertrauen würde. Man wüßte, daß die Verkündigung unser einziges Motiv wäre, dort zu stehen."

Kaum hatte sich Buck wieder gesetzt, da erhitzte sich auch schon die Atmosphäre. Es entspann sich eine offene und ziemlich lebhafte Diskussion. Einige Leute schienen für Keith und Buck offen zu sein. Andere fragten, für wen sich Keith denn halte, daß er daherkam und sie vor eine so absolute Forderung stellte. Auch einige der Förderer machten sich Sorgen. "Second Chapter" und Keith gehörten zu dieser Zeit zu den christlichen Künstlern, die die größten Konzerte in Amerika gaben.

Ein Sponsor sagte: "Wenn die profiliertesten Künstler anfangen, kostenlose Konzerte zu geben, läßt das alle anderen schlecht aussehen."

Das Treffen endete mit scharf entgegengesetzten Positionen. Doch Keith ging mit dem Gefühl weg, gesagt zu haben, was ihm auf dem Herzen lag, und das war alles, was er tun konnte.

Abgesehen vom Verkauf christlicher Musik war Keith auch tief bekümmert über die allgegenwärtige Vermarktung des Christentums. Alltägliche Gegenstände wie Uhren, Untersetzer, Trinkbecher und Brieftaschen wurden zum doppelten Preis feilgeboten, nur weil irgendein geschäftstüchtiger Christ - oder Nichtchrist - eine Taube oder einen Fisch darauf gedruckt hatte. Wir hatten tatsächlich schon Werbung für christliche Hundepullover gesehen - ja sogar christliche Aschenbecher! Dann stolperten wir eines Tages über etwas, was uns endgültig als Schlag ins Gesicht Jesu erschien.

Beim Durchstöbern einer großen christlichen Buchhandlung stießen wir auf ein handgetöpfertes Sparschwein. Auf der Seite dieses dicken kleinen Schweinchens eingraviert waren die Worte "Jesus Saves" (*Save* kann sowohl "retten" als auch "sparen" bedeuten). Uns wurde schlecht.

Offenbar war der Verkauf christlicher Produkte ein Riesengeschäft - nicht nur in christlichen Buchhandlungen, sondern auch auf Festivals. Ich war mit Keith zusammen, als uns jemand erzählte, er habe auf einem Jesus-Festival innerhalb weniger Tage "Jesus-Plunder" für 98.000 Dollar verkauft! Keith fiel beinahe in Ohnmacht, als er diese beiden Worte so beiläufig zusammengestellt hörte.

"Jesus - und Plunder?" sagt er wütend. "Das müssen die beiden am schärfsten entgegengesetzten Wörter sein, die es gibt!"

Auf der einen Seite sah Keith christliche Aschenbecher, Hundepullover und Sparschweine; und auf der anderen Seite sah er Jesus - wie eine reine, weiße Rose -, wie er unter Tonnen von Abfall und Schund erdrückt wurde, während sein Opfer und der Schrei seines Herzens den Blicken entschwand.

Keith beschloß, für die *Last Days Newsletter* einen Artikel mit dem Titel "Der Verkauf Jesu" zu schreiben. Darin beschreibt er seine Empfindungen angesichts des "Jesus Saves"-Sparschweins und zitiert aus der Offenbarung:

*"Ich hörte die Echos ... derer, die umgebracht worden waren um des Wortes Gottes und um ihres Zeugnisses willen. Und sie schrien mit lauter Stimme: Herr du Heiliger und Wahrhaftiger, wie lange richtest du nicht und rächst nicht unser Blut an denen, die auf der Erde wohnen?"Wie, glaubst Du, fühlt sich der Herr, wenn er, nach dem er sein Leben für die Sünden der Welt hingegeben hat, zu einer Verkaufshilfe für Waren erniedrigt wird? Ich bin sicher, wenn er heute auf der Erde wäre, würde er sich eine Peitsche machen und die Gemeinde von solchem Abfall reinigen; aber er hat eine dauerhaftere Kur vor. Man nennt sie den Tag des Gerichts ...*

Offensichtlich trachtete Keith mit einer endlosen und für manche entnervenden Eifersucht danach, daß Gott geehrt würde. Vielleicht lag es an den vielen Jahren, die er verloren in einem geistlichen Labyrinth verbracht hatte, daß er es nicht ertragen konnte, wenn die Wahrheit für selbstverständlich genommen oder irgendwie kompromittiert wurde.

Je mehr Keith die Bibel studierte, desto mehr gewöhnte er sich an, jede Lehraussage, die er fand, im Lichte des Wortes Gottes zu überprüfen. Daneben las er begierig viele christliche Bücher über ein breites Spektrum an Themen - darunter viele Punkte, von denen er meinte, daß sie im Leib Christi zur Sprache gebracht werden müßten. Keiths Eifer ließ sowohl die evangelische als auch die katholische Kirche in seine Schußlinie geraten.

Eines Tages las Keith ein Buch über die katholische Kirche. Plötzlich kam er mit einem entsetzten Ausdruck im Gesicht in die Küche gestürmt. "Mel, kannst du dir das vorstellen? Katholiken hängen doch wirklich mit *Hingabe* an Jesus - oder nicht? Sie bauen große Kirchen mit schönen Statuen und allem drum und dran. Doch in diesem Buch wird behauptet, daß manchen von ihnen nicht klar ist, daß sie Jesus wirklich *kennen* können. Stell dir das vor - Jesus zu lieben, aber keine Gewißheit des Heils zu haben."

Keith las noch weitere Bücher über katholische Lehren, und allmählich wuchs in ihm der Eindruck, etwas darüber schreiben zu sollen. Er betete lange darüber und holte sich Rat bei anderen christlichen Leitern. Aber der Rat fiel unterschiedlich aus.

Einige der Leute, mit denen Keith darüber sprach, sagten: "Ja, der Herr führt dich, das zu tun." Aber andere rieten ihm, nichts zu schreiben, und sagten: "Das ist nicht vom Herrn. Was du in diesen Büchern liest, ist nicht ganz akkurat." Keith war hin- und hergerissen, aber schließlich kam er zu dem Schluß, der Herr wolle, daß er sich hinsetzte und etwas schrieb. Als Keith die Serie begann, die er "Die katholischen Chroniken" nannte, schickte er eine Einleitung voraus, um deutlich zu machen, worum es ihm dabei ging:

Ich *möchte, daß jedermann versteht, daß weder ich noch sonst jemand bei Last Days Ministries persönlich auch nur das Geringste gegen Katholiken hat. Wir kennen viele liebevolle, hingegebene und aufrichtige Gläubige in ihren Reihen. Es gibt sogar etliche, die unsere Newsletter bekommen, unter anderem ein Priester in New England, der regelmäßig mit mir korrespondiert (und wenn Du das jetzt liest - ich habe Dich lieb!).*

Während Keith sich Sorgen machte, daß die katholische Kirche Gott zu geheimnisvoll, entfernt und unerkennbar erscheinen ließ, schien ihm die evangelische Kirche genau das entgegengesetzte Problem zu haben. Viele Protestanten gaben sich zu vertraut mit Gott - sie nahmen ihn für selbstverständlich. Wenn es für Katholiken "zu schwer" zu sein schien, erlöst zu werden, war es für Protestanten offenbar "zu leicht". Also begann Keith in der gleichen Ausgabe der Newsletter, in der er die "katholischen Chroniken" beendete, eine neue Serie mit dem Titel "Was stimmt nicht mit dem Evangelium?". Zuhause nannte er diese Serie "Die protestantischen Chroniken".

Viele Dinge, die wir in unseren nun sechsjährigen Erfahrungen in wiedergeborenen Kreisen erlebt hatten, fanden nun ihren Platz in Keiths Denken. Auch einige Schriften von A. W. Tozer hatten einen starken Einfluß auf ihn. Bei einer unserer Bibelarbeiten nahm Keith ein Buch von Tozer und las uns eine Passage vor:

"Das Kreuz der römischen Zeit kannte keine Kompromisse, es machte keinerlei Zugeständnisse. Es gewann all seine Auseinandersetzungen, indem es seinen Gegner tötete und für immer zum Schweigen brachte. Es verschonte nicht einmal Christus, sondern brachte ihn um wie alle anderen. ... Im vollkommenen Bewußtsein all dessen sagte Christus: 'Wer mir nachfolgen will, der verleugne sich selbst und nehme sein Kreuz auf sich und folge mir nach.' Das Kreuz setzte also nicht nur dem Leben Christi ein Ende, es beendet auch das Leben jedes einzelnen seiner wahren Nachfolger ... das und nicht weniger ist echtes Christentum. Irgendetwas müssen wir mit dem Kreuz anfangen, und es gibt dafür nur zwei Möglichkeiten - wir können ihm entfliehen oder daran sterben!"

In seiner Einleitung zu der zweiteiligen Serie "Was stimmt nicht mit dem Evangelium?" schrieb Keith:

*Was stimmt nicht mit dem Evangelium? Absolut gar nichts! Das gilt freilich nur, wenn wir über das Evangelium der Bibel reden - über genau die Botschaft, die Jesus predigte. ... Aber was ist mit dem Zeug, das heutzutage gepredigt wird? Ist das wirklich "Verkündigung des Evangeliums"? ... Ich glaube von ganzem Herzen, daß sich Jesus der meisten Botschaften des "Evangeliums", die heute gepredigt werden, schämen würde, und zwar hauptsächlich deshalb, weil ihnen nahezu alle wichtigen Aussagen fehlen, über die er selbst gepredigt hat. Wie können wir es wagen, das Evangelium verändern zu wollen! Wir verschweigen die meisten seiner entscheidenden Teile und ersetzen sie durch selbst fabrizierte künstliche Gliedmaßen. Ist denn nicht Jesus der Meister-Evangelist? Sollten wir nicht unsere Evangelisation an seinem Beispiel beurteilen?*

Beide Teile von Keiths Artikel erschienen in der gleichen Ausgabe der Last Days Newsletter. Teil eins hieß "Die fehlenden Teile" und behandelte die Aussagen des Evangeliums, die "in den meisten heutigen Predigten operativ entfernt" worden seien. Das Erste, worüber Keith schrieb, war, daß Jesus sein Blut vergoß, damit wir befreit werden könnten:

*Es ist eine Tatsache, daß allein schon das Wort Blut den Leuten Angst einjagt. Es ist ebenso eine Tatsache, daß das Blut Christi dem Teufel Angst einjagt, weil es das einzige Heilungsmittel für eine sündenkranke Seele ist. Was wir heute haben, ist ein blutloses Evangelium! ... Wer das Blut aus der Predigt des Evangeliums entfernt, der entfernt aus ihr die Macht, dem Teufel die Seelen von Menschen abzuringen!*

Als nächstes wandte sich Keith der Entfernung des Kreuzes aus dem Evangelium zu:

*Paulus schreibt: "Ich hielt es für richtig, unter euch nichts zu wissen als allein Jesus Christus, den Gekreuzigten." Heutzutage geht es um "Jesus Christus und das, was er für dich tun kann"! Es läßt sich kein krasserer Gegensatz denken als der zwischen dem christozentrischen Evangelium der Bibel und unserem modernen, kreuz-losen, egozentrischen Evangelium. ... Heute wird der Herr als eine Mischung aus Eismann und Nikolaus dargestellt. Und die Kirche ist der Süßigkeitenladen, in dem Du alles bekommst, was Dein Herz begehrt.*

Diesen ersten Teil faßte Keith zusammen, indem er schrieb:

*Zuallererst spricht das heutige Evangelium die Selbstsüchtigen an. Wenn die Leute zu Jesus kommen, hauptsächlich um gesegnet zu werden oder nur um Vergebung zu erlangen, werden sie letzten Endes enttäuscht werden. Doch wenn sie zu ihm kommen, um ihm ihr Leben in Ehre und Anbetung hinzugeben, dann werden sie wirklich Vergebung und Freude empfangen - mehr, als sie sich je vorstellen konnten!*

Im zweiten Teil behandelte Keith das, was er "Die hinzugefügten Teile" nannte. Dabei ging es ihm um die Gefahren menschlicher Traditionen.

Keith listete einige der Hilfsmittel, Methoden und Konzepte auf, die so sehr mit der Darstellung des modernen Evangeliums verbunden sind, daß man sie kaum noch davon unterscheiden kann. Manchmal verzerren diese Praktiken sogar das Evangelium. Zu diesen Dingen gehörten nach Keiths Auffassung der "Ruf zur Entscheidung" und die allzu leichte Gewißheit der Erlösung, nur weil jemand "nach vorne gekommen" ist. Er befaßte sich auch mit dem Gedanken des "Gebetes der Sünder":

*Es gibt offensichtlich kein "festes" Gebet der Sünder. Die Worte sind nicht das Entscheidende, sondern der Zustand des Herzens desjenigen, der es spricht. Ich glaube, daß ein echtes "Gebet der Sünder" aus jedem heraussprudeln wird, der wahrhaftig Gott sucht und es leid ist, ein Sklave der Sünde zu sein.*

Ein paar Zeilen später unterzog Keith den Ausdruck und Gedanken, Jesus sei unser "persönlicher Erlöser", einer riskanten Untersuchung:

*Ich finde es sehr beunruhigend, wenn dem Evangelium etwas Überflüssiges hinzugefügt wird. Der Ausdruck "persönlicher Erlöser" ist an sich nicht besonders schädlich, aber er verrät eine Geisteshaltung, die gerne Ausdrücke "erfindet" und dann diese Ausdrücke predigen läßt, als fänden sie sich tatsächlich in der Bibel. Würdest Du je auf den Gedanken kommen, Deine Schwester vorzustellen mit den Worten: "Das ist Sheila, meine persönliche Schwester"? Lächerlich! Dennoch sprechen die Leute von Christus feierlich als ihrem persönlichen Erlöser, als ob er bei seiner Wiederkunft nicht zwei, sondern drei Titel auf seiner Hüfte geschrieben trüge: "König aller Könige! Herr aller Herren! und persönlicher Erlöser!"*

Eines der Dinge, die Keith sehr störten, waren Buttons mit "billigen Klischees und 'christlichen' Slogans", wie er es nannte. Er wollte die Leute darauf aufmerksam machen, was einige dieser Slogans eigentlich aussagten.

*"Hab Geduld mit mir, Gott ist noch nicht mit mir fertig." Das kann wirklich zu einem furchtbaren Ersatz für "Es tut mir leid" werden! ... Damit gibt man die Schuld der falschen Person - "Der Grund, warum ich so ein Mistkerl bin, ist, daß Gott noch nicht fertig mit mir ist!"Dann gibt es da noch eine famose Ausrede, die allen Bemühungen und Erwartungen auf Heiligkeit ein Ende setzt: "Christen sind nicht vollkommen - nur begnadigt!" Was wir mit diesem fabelhaften Stück Prosa eigentlich sagen, ist: "Madam, Sie können Ihre jugendliche Tochter meinem gläubigen Sohn nicht anvertrauen; behalten Sie ihn lieber im Auge ... er ist nicht zuverlässig ... er ist nur begnadigt!"*

In der Zusammenfassung forderte Keith die Christen auf, ihr Verhalten zu überprüfe:

*Seht Ihr nicht, was für Narren wir sind! Wir predigen ein selbst fabriziertes Plastik-Evangelium. Wir bringen Leute dazu, "nach vorn zu kommen", indem wir psychologischen Druck auf sie ausüben, der nicht das Geringste mit Gott zu tun hat. Wir "leiten sie" in einem Gebet, von dem sie noch nicht überzeugt sind, daß sie es sprechen müssen. Und als Krönung des ganzen verpassen wir ihnen noch ein "seelsorgerliches Gespräch" ... und erzählen ihnen, es sei eine Sünde, daran zu zweifeln, daß sie gerettet seien!Geliebte Familie, die Welt um uns her bewegt sich auf die Hölle zu. Schuld daran sind nicht der Kommunismus, das Fernsehen, die Drogen, der Sex, der Alkohol oder der Teufel selbst.* ***Es liegt an der Gemeinde Jesu! Wir tragen die Schuld!*** *Wir allein haben den Auftrag, die Macht und die Wahrheit Gottes zu unserer ständigen Verfügung, um einen Sünder nach dem anderen vor dem ewigen Tod zu bewahren. Und wenn auch manche von uns bereit sind hinzugehen ... nehmen sie doch eine verwässerte, verzerrte Version der Botschaft Gottes mit, auf die Gott keine Verheißung gelegt hat. Das ist der Grund, warum wir* ***versagen***.-

All diese Artikel schrieb Keith mit dem unbändigen Wunsch, die Gemeinde von Kompromissen und falschen Bekehrungen befreit zu sehen. Ihm war klar, daß manches davon starker Tobak war, doch er hoffte, daß dies den Leib Christi nur noch stärker machen würde. Als diese Artikel im Laufe einiger Monate in der Newsletter erschienen, hatte Keith keine Ahnung, was für einen Sturm der Auseinandersetzung seine Schriften auslösen würden.

Auf der Ranch hatten Keith und ich inzwischen einige große Veränderungen an unseren Wohnverhältnissen vorgenommen. Der gesamte verfügbare Raum war nach und nach von einer "Abteilung" nach der anderen erobert worden. Während wir im Ranch-Haus gewohnt hatten, war es eine meiner größten Sorgen gewesen, für Josiah einen ungefährlichen Platz zum Spielen zu finden. Mit seinen nun fast zwei Jahren war er neugierig und steckte seine Nase in alles. Eines Tages bemerkte ich, wie sein kleiner Mund irgendetwas "bearbeitete", und als ich ihn dazu gebracht hatte, es auszuspucken, blieb mir fast das Herz stehen. Er hatte auf einer Reißzwecke herumgelutscht, die von einem der Schwarzen Bretter heruntergefallen sein mußte! Ich wagte gar nicht daran zu denken, was hätte passieren können, wenn er sie verschluckt hätte.

Das Leben in einem "Fischglas" brachte auch sonst seine Herausforderungen mit sich. In einer Ehe muß man ganz bestimmte Überlebenstechniken entwickeln, wenn man ständig von anderen Menschen umgeben ist. Keith und ich gewöhnten uns an, "weiche Auseinandersetzungen" auszutragen, wenn wir unterschiedlicher Meinung waren. Wir hatten gelernt, einander Blicke zuzuwerfen, die sagten: "Laß uns im anderen Zimmer darüber reden", ohne daß jemand anders es bemerkte.

Das Leben mit so vielen Menschen forderte auch von mir seinen Tribut - besonders deshalb, weil sich die Dinge immer so schnell bewegten. Manchmal schien es mir, als sei ich die Letzte, die von wichtigen Entscheidungen erfuhr, und oft hatte ich das Gefühl, im allgemeinen Durcheinander unterzugehen. Am schwersten war es vielleicht, wenn ich mit Keith reden mußte, er aber so erschöpft von seelsorgerlichen Gesprächen oder langen Versammlungen war, daß er einfach nicht mehr genug Kraft hatte, um sich ganz auf mich einzustellen.

Bei solchen Gelegenheiten führte ich mir vor Augen, wie viele Segnungen ich genoß, und es waren wirklich viele. Dennoch hatte ich das Gefühl, daß mir dieses Leben nicht mehr so leichtfiel.

Kurz und gut, in uns wuchs das Gefühl, daß wir eine eigene Wohnung brauchten. Da wir draußen auf dem Land lebten, stand nicht viel Wohnraum zur Verfügung, es sei denn, man baute ihn sich selbst. Doch direkt gegenüber unserer Ranch auf der anderen Straßenseite gab es ein kleines weißes Haus. Keith hatte schon daran gedacht, den Besitzern ein Angebot zu machen, doch es stand nicht zum Verkauf.

Eines Tages dann, während wir in der Küche des Ranch-Hauses das Abendessen zubereiteten, sagte eines der Mädchen beiläufig: "Oh, weißt du was? Ich war heute drüben bei dem Haus gegenüber. Es ist zu verkaufen."

Ich traute meinen Ohren nicht. "Das weiße Haus?"

"Ja. Sie haben gerade das Schild aufgestellt."

Keith und ich verloren keine Zeit.

Wir gingen direkt über die Straße und fragten, ob wir uns das Haus anschauen könnten. Die Besitzer erzählten uns, das Haus sei über hundert Jahre alt, und, überflüssig zu erwähnen, man würde eine Menge Arbeit hineinstecken müssen! Es hatte drei Schlafzimmer und ein Bad, aber nicht einen einzigen ebenen Fußboden - wenn man an einer Wand der Küche eine Dose aufs Linoleum legte, rollte sie quer hindurch bis an die Wand gegenüber. Die Zimmer waren mit dunklen Holzpaneelen verkleidet, der Teppichboden war durchgelaufen und - nun ja, alles war alt. Aber es stand zur Verfügung, und man konnte etwas daraus machen, und für uns sah es aus wie ein Palast! Keith kaufte es an Ort und Stelle als "Pfarrhaus", und wir zogen sofort ein. Nach einigen Wochen stellte ich fest, daß ich unser drittes Kind erwartete. Das Timing war also perfekt.

So verbrachten wir den Winter damit, im Kamin unseres neuen kleinen Heimes Feuer zu entfachen, bis wir auf unseren Feldern wieder die Wildblumen hervorbrechen sahen, die den Beginn des Frühlings ankündigten. Im Sommer war Josiah fast drei Jahre alt, lief in kurzen Hosen im Garten herum, fing Heuschrekken und spielte mit seinen Spielzeugautos. Wir hatten ihn auf seine erste Verkündigungsreise nach Mexiko mitgenommen, und nach seiner Rückkehr betete er für die Kinder, die "kein Haus über ihrem Bett haben". Während Josiah wie ein blonder Blitz war, wirkte Bethany wie ein tiefer Brunnen stillen Wassers - friedlich und nachdenklich. Sie machte ihre ersten Gehversuche. Dawn war gerade sechzehn geworden und mauserte sich zu einer hübschen jungen Frau mit einem wirklich dienstbereiten Herzen - sie half uns im Haus und unterwegs mit den Kindern. Für uns als Familie schien das Leben nun in etwas ruhigeren Bahnen zu verlaufen

- es war die Ruhe vor dem Sturm.

Anfang 1981 drohte das Ranch-Haus immer noch aus den Nähten zu platzen, obwohl wir ausgezogen waren. Die Garage war zur Druckerei umfunktioniert worden, das Wohnzimmer war Büro und Literaturvertriebs-Abteilung, in der Waschküche drängten sich (neben der Waschmaschine und dem Trockner) Künstler mit ihren Zeichentischen, und Küche und Eßzimmer wurden außer zum Essen auch für die Verpackung und den Versand der Schallplatten benutzt. Auch das Missionswerk brauchte mehr Raum - und zwar schnell!

Keith erkannte, daß wir ein richtiges Bürogebäude brauchten, und unmittelbar, bevor der Boden gegossen wurde, machte er den Entwurf doppelt so groß wie ursprünglich vorgesehen. Zuerst fragten wir uns noch, was wir mit soviel Platz anfangen sollten. Doch noch bevor das Gebäude fertig war, wußten wir nicht nur, daß wir es ausfüllen konnten, sondern auch, daß es nicht unser letztes sein würde. Nun hatten wir richtige Büros, eine Druckerei und einen Schlafsaal für die Männer in einem großen, zweistöckigen Metallgebäude.

Große Freude empfanden wir auch über unsere neuen Nachbarn. Buck, Annie, Steve, Nelly und Matt hatten sich gleich neben uns ein Stück Land gekauft! Meine Mutter, die ein paar Jahre zuvor Christ geworden war, stellte ihr fahrbares Haus etwa hundert Meter von unserer Hintertür entfernt auf, um unserer wachsenden Familie jederzeit als Großmutter zur Verfügung zu stehen.

Der einzige Wermutstropfen war, daß Michelle, unsere langjährige Freundin und Sekretärin, uns inzwischen abrupt verlassen hatte. Seit einiger Zeit hatte es Spannungen zwischen Keith und Michelle gegeben. Sie waren sich nicht ganz einig, wie manche Dinge gehandhabt werden sollten. Michelle war durch die endlos langen Arbeitsstunden und die Intensität des alltäglichen Lebens bei Last Days ausgebrannt, und es war auch nicht immer leicht, Keith zu dienen. Außerdem hatte Michelle den Eindruck, daß ihre Erfahrungen als Christin sehr begrenzt waren - bei mir und Keith zu sein war alles, was sie kennengelernt hatte. Sie hatte das Gefühl, mehr Raum zum Wachsen zu brauchen, und deshalb hielt sie es für das Beste, uns zu verlassen.

Sowohl Keith als auch ich versuchten, Michelle davon abzubringen. Wir waren wirklich unglücklich darüber und ließen uns von unseren Gefühlen treiben. Gegen Ende wurde das Ganze sehr emotional, und Keith sagte in einem Raum voller Leute ein paar Dinge, die Michelle schmerzhaft trafen. Als sie ging, war sie sehr verletzt. Michelle war nicht die Letzte, die ging. Im Laufe der Zeit verließen uns etwa ein Dutzend Leute, weil sie meinten, daß sich einige unserer alten Regeln nicht schnell genug veränderten oder daß Keith sich ihre Auffassungen nicht so gut anhörte, wie er es sollte. Größtenteils hatten sie wahrscheinlich recht.

Im Sommer 1981, am 17. Juli, wurde unser wundervolles drittes Kind geboren, Rebekah Joy. Doch dieser Sommer brachte auch weniger Angenehmes.

Als Reaktion auf Keiths umstrittene Artikelserien wurde Last Days von einer Lawine von Briefen überrollt. Sie kamen aus allen Richtungen - von Buchhändlern, Schallplattenkünstlern und Plattenfirmen, Protestanten und Katholiken, Pastoren und Priestern. Manche waren positiv, manche negativ. Rein zahlenmäßig übertraf jedoch nichts die negativen Reaktionen, die Keith auf "Was stimmt nicht mit dem Evangelium?" erhielt. Manche davon waren richtig hitzig. Wir bekamen immer gerne Post - zustimmende und kritische - und taten unser Bestes, um jedem zu antworten, der eine Frage hatte. Und es gab eine Menge Fragen.

Ein scheinbar unbedeutendes Ereignis jenes Sommers sollte Auswirkungen haben, die wir nicht voraussehen konnten.

Da Keith sich anschickte, wesentlich mehr Zeit als bisher unterwegs zu verbringen, interessierte er sich sehr für eine Neuigkeit, die er aufgeschnappt hatte. Das JMEM-Zentrum in unserer Nähe plante, eine Flugzeug-Landebahn anzulegen. Nicht lange nach unserem Umzug hierher hatte JMEM die "Twin Oaks"-Ranch von David Wilkerson gekauft. Keith sprang sofort auf die Landebahn-Idee an und fuhr gleich hinüber zu Leland Paris, dem nationalen Leiter von JMEM.

Als Keith zurückkam, sagte er begeistert: "Junge, eine Landebahn würde uns eine Menge Zeit und Ärger ersparen. Vielleicht könnte ich sogar einen Pilotenschein machen!"

Zu seinem Ärger wurde diese Idee von niemandem gut aufgenommen. Am allerwenigsten von mir.

"Meiner Meinung nach solltest du nicht einmal daran *denken*, Pilot zu werden."

"Komm schon, Mel, du weißt, daß ich es schaffen könnte."

"Natürlich *könntest* du - aber ich glaube einfach nicht, daß du es tun solltest."

Wenig später sprach Keith mit Wayne darüber, und auch der reagierte sehr ablehnend.

"Keith, ich habe kein gutes Gefühl dabei", sagte Wayne.

Keith wurde ärgerlich. "Ach, komm schon. Was ist denn dabei?"

"Ich will damit nichts zu tun haben. Tu es nicht."

Jeder, der Keith kannte, schien rot zu sehen, wenn das Thema zur Sprache kam. Wir wußten alle, welchem Streß und Druck er jeden Tag ausgesetzt war. Ein Flugzeug zu fliegen war das Letzte, was er sich auch noch aufhalsen sollte.

Auf einer Tournee gegen Ende des Sommers sprach Keith das Thema bei einem Pastor an, der uns eingeladen hatte.

"Es ist zu gefährlich", antwortete der Pastor sofort. "Ein Pastor, mit dem ich befreundet war, ist ums Leben gekommen, weil er bei schlechtem Wetter gestartet ist. Er sagte, er würde 'Gott vertrauen', daß er ihn sicher an seinen Zielort bringen würde."

Er hatte noch andere starke Argumente.

"Keith, weißt du, warum Prediger bei der Pilotenversicherung die höchsten Beiträge zahlen?"

"Warum", fragte Keith ein wenig ungeduldig.

"Weil sie die meisten Risiken eingehen. Sie halten sich für unzerstörbar. Deshalb haben sie die meisten Unfälle."

Ich spürte, wie Keith langsam wütend wurde. Warum war denn niemand begeistert von seiner Idee, Pilot zu werden? Er stand einfach auf und zuckte die Achseln.

"Also, ich weiß nicht, worum sich alle solche Sorgen machen. Ich werde kein Risiko eingehen."

## Sechzehntes Kapitel

# Öffne mir die Augen
# ("Open Your Eyes")

*Mit Rebekah, Josiah und Bethany. 1982*

Eines Tages geriet ein Mann namens John Dawson versehentlich in Keiths Schußlinie. Er hatte Keith eingeladen, bei einem großen Konzert im Stadion von Anaheim aufzutreten, um Geld für Flüchtlinge aus Thailand und Kambodscha aufzutreiben. Zu diesem Zweck hatte sich eine Koalition der wichtigsten Denominationen zusammengefunden - Episkopalisten, Charismatiker, Katholiken, Evangelikale und Pfingstler. John, der die JMEM-Arbeit in Los Angeles leitete, hatte Keith bereits in einem Konzert erlebt und hielt ihn für eine geeignete Schlüsselfigur in dem Programm; deshalb schickte er ihm eine Einladung.

Zu dieser Zeit war Keith, ohne daß John das wußte, sehr besorgt darüber, daß Christen um der Einheit willen die biblische Wahrheit auf den kleinsten gemeinsamen Nenner reduzierten. Als Keith die Einladung erhielt, schrieb er daher einen scharfen, aber ernsten Brief zurück, in dem er die Einladung ablehnte. Er wollte gern den "Boat People" helfen, doch er hielt ökumenische Versammlungen für einen Kompromiß und meinte, es sei ein Fehler von John, daran teilzunehmen.

Als Keith einen zweiten Brief von John Dawson erhielt, war er beeindruckt. John hatte einen sehr nachdenklichen Brief geschrieben, in dem es hieß: "Bruder, die gemeinsame Anstrengung, für sechs verschiedene Hilfsorganisationen Geld zu beschaffen, um den Boat People zu helfen, ist ein Ausdruck von Anteilnahme und Barmherzigkeit - kein Kompromiß."

John versicherte Keith, die Versammlung sei keine Verschwörung gegen die Wahrheit. Er schrieb ihm sogar ein Wort des Tadels. "Keith, mit manchem von dem, was Du gesagt hast, hast Du Dich der Sünde des Richtens schuldig gemacht."

Zu seiner Überraschung bekam John postwendend einen Brief von Keith, in dem er einlenkte und um Verständnis bat. "Ich gehe gerade durch eine sehr dunkle Zeit meines Lebens", schrieb er. "Ich versuche, mir über Vieles klar zu werden. Es tut mir leid, daß ich so scharf geworden bin. Bitte vergib mir."

Keith trat nicht bei dem Benefiz-Konzert in Anaheim auf, aber zwischen Keith und John begann eine Freundschaft zu wachsen - was uns eine neue Verbindung zu JMEM verschaffte.

Die "dunkle Zeit", von der Keith gesprochen hatte, ergab sich aus dem Widerhall seiner Artikelserien und den ständigen Mißverständnissen über Keiths Kritik an der Vermarktung des Evangeliums. Nicht daß er meinte, seine Gedanken dazu seien falsch - doch seine "prophetische Berufung" warf für ihn viele Fragen auf, die sich wie Schrauben in seine Seele bohrten.

Während andere Glieder am Leib Christi "Hände" oder "Füße" waren, sah sich Keith immer als Ellenbogen.

"Wenn ich die Wahl hätte", klagte er mir eines Tages sein Leid, "würde ich viel lieber der Gnadenregen sein als die prophetische Stimme. Jeder sagt mir, ich sei ein Prophet. Und wenn ich nun keiner bin? Und wenn ich einer bin, woran erkennt man einen Propheten?"

Keith uns sein neuer Freund John Dawson, der uns inzwischen in Texas besucht hatte, führten ständig Diskussionen über Keiths Gaben und Berufung.

"Warum kann ich mich nicht entspannen und ein Typ sein, der immer etwas Nettes zu sagen hat?" fragte ihn Keith.

"Gott hat dir eine starke, prophetische Persönlichkeit gegeben", antwortete John. "Du siehst alles schwarzweiß. Das ist eine Stärke - und gleichzeitig eine

Schwäche. Aber du hast mit Sicherheit einen Platz in Gottes Führungsmannschaft für diese Generation."

"Was für einen Platz?"

"Du bist wie ein Johannes der Täufer. Deine Aufgabe ist es, dem Herrn den Weg zu bereiten. Doch wie jeder andere auch müssen Propheten einen bestimmten Test bestehen."

"Großartig, worin besteht der?"

"Der Test für jeden Propheten besteht darin, daß sie den weiten Einflußbereich, den Gott ihnen gegeben hat, nehmen und ihn, anstatt ihn sich selbst unter den Nagel zu reißen, an Einen weitergeben, der größer ist - um der größeren Ziele des Reiches Gottes willen."

"Junge, das stimmt", sagte Keith. "Als Johannes der Täufer der Menge Jesus verkündigte, wußte er, daß er damit seinen eigenen Dienst aufgab!"

John machte uns auch bewußt, daß, ebenso wie jeder Einzelne seine Bestimmung zu erfüllen hat, auch jede *Nation* ihre Bestimmung hat, die sie erfüllen muß. "Amerika hat eine führende Rolle unter den Nationen. Aber *wohin* führen wir die Leute? Amerika ist dazu da, ein Segen für andere Nationen zu sein, und deine Botschaft, wie auch immer sie aussieht, muß einen Ruf beinhalten, sich von der Sünde ab- und dieser Bestimmung zuzuwenden."

John, der ursprünglich aus Neuseeland stammte, erzählte uns davon, wie er als Jugendlicher 6.000 Meilen von den Vereinigten Staaten entfernt gelebt hatte und doch stark von dem beeinflußt worden war, was sich in unserer Jugendkultur tat. Unsere Bluejeans und unsere Musik waren bis zum Roten Platz vorgedrungen; aber wenn Gott Amerika einen so starken weltweiten Einfluß gegeben hatte, mußte er damit mehr im Sinn haben als nur Bluejeans und Musik. "In einem sehr weiten Sinn sind wir schon dabei, alle Völker zu "Jüngern" zu machen - aber zu *wessen* Jüngern?"

Allmählich begann Keith, die Dinge in einem größeren Zusammenhang zu sehen. Johns Herausforderung saß. "Amerika ist dazu da, ein Segen für alle Völker zu sein, Keith. Es ist eine Sache, die Leute dazu aufzurufen, sich von der Sünde abzuwenden - doch ich glaube, deine Botschaft muß irgendwie einen Ruf an die Christen beinhalten, zu einem Teil dieses Segens zu werden."

Keith war bewegt von dem, was John ihm gesagt hatte, doch gleichzeitig war er auch verwirrt. Er hatte bereits begonnen, mehr über seine Botschaft der Heiligung nachzudenken. Was bedeutete Heiligung? Er hatte die Leute stets ermutigt, auf den Herrn zu hören und dann gehorsam seinem Ruf zu folgen. Doch nun, während noch Johns Worte in seinen Ohren widerhallten, fragte er sich, ob es noch ein größeres Bild gab. Malte Gott auf einer größeren Leinwand, als wir es uns je vorgestellt hatten?

Keith war sehr beeindruckt von JMEM und den Tausenden von Freiwilligen, die in Missionszentren in aller Welt arbeiteten. Was JMEM aus der Zusammenarbeit mit Menschen aus verschiedenen Kulturen gelernt hatte, um das Evangelium hinaus zu den Verlorenen zu bringen - darunter manchen, die noch nie von Jesus gehört hatten - faszinierte ihn. Ich spürte, daß sich in dieser Zeit der vielen Fragen in seinem Herzen wieder etwas zu rühren begann.

In seinem Tagebuch hielt er die Gedanken fest, die ihn in diesem Sommer bewegten:

26.6.81

***... der Herr hat in unseren Herzen etwas bewirkt ... Wir werden in die Evangelisation geführt. Es ist erstaunlich. Was mich so sehr überrascht, ist die Freiheit und der Friede in meinem Herzen. ... Ich sehe mich vom Herrn geführt, ein evangelistisches Album aufzunehmen. ... Bitte, heiliger Herr, zeig mir das Geheimnis, wie man Seelen gewinnt. Ich möchte es in Musik umsetzen ...***

Keiths neue Fragen über die "prophetische Berufung" nahmen Formen an und eröffneten neue Möglichkeiten. Einige Monate später, im Oktober 1981, gab Keith ein Konzert beim Familienabend auf der Twin Oaks Ranch von JMEM. An diesem Abend sprach Keith mit einer merkwürdigen Dringlichkeit. Schon auf dem Weg dorthin hatte er eine Bemerkung darüber gemacht, wie schnell für ihn die Zeit vorüberflog.

Und bei dem Konzert redete er dauernd vom Himmel - und von der Hölle.

"Ich möchte meine Musik gebrauchen, um die Verlorenen anzuziehen", sagte er vor dem JMEM-Publikum. "Das ist eines der Dinge, die ich tun möchte, bevor Gott mich nach Hause holt. Das Leben ist kurz. Die Bibel nennt es einen Rauch ... William Booth von der Heilsarmee hat sich gewünscht, er könnte jeden Absolventen seiner Ausbildungsstätte für vierundzwanzig Stunden an einem Seil über die Hölle hängen! Dann könnten sie sehen, wovor sie die Menschen retten sollten. Wenn ich hingehe und das Evangelium predige, möchte ich eine Vision des Himmels in meinem Geist und den Gestank der Hölle in meiner Nase haben!"

Manches von dem, was er an diesem Abend sagte, erschreckte sogar mich. Es gingen gewaltige Veränderungen vor in diesem lieben, liebevollen, hitzigen Mann, mit dem ich nun beinahe acht Jahre verheiratet war.

"Soviel ich weiß", sagte Keith, "bin ich kein Prophet. Und ich will auch keiner sein. Seit ich Christ geworden bin, haben mir Hunderte von Leuten gesagt, ich sei ein Prophet. Nur Gott hat mir noch nie gesagt, ich sei ein Prophet. Und ich denke mir, er ist derjenige, der es wissen müßte. Also habe ich beschlossen, daß ich einfach ein schlichter alter Christ sein will. Wenn ich nur vor dem Herrn stehen und ihn sagen hören könnte: 'Gut gemacht. Du warst ein guter und treuer Christ', dann wäre ich wirklich glücklich."

Am 17. Januar 1982 zog Keith in seinem ersten Tagebucheintrag des Jahres die übliche "Bilanz" seines Lebens, seiner Familie und seines geistlichen Zustandes. In dem wachsenden Wunsch, noch enger mit Gott zu leben, schrieb er:

***Ich habe viel Anerkennung in den Augen der Menschen gefunden, aber wie steht es mit Gottes Augen? Es scheint, daß er mich annimmt und liebt! Ich weiß, daß meine Werke ihn genauso wenig beeindrucken wie die Salomos. Aber ich glaube, mein Herz gefällt ihm. Und wenn ich nach den Motiven und Absichten meines Herzens beurteilt werde, dann bin ich okay. ... Denn aus einem guten Herzen muß gute Frucht kommen. ... Oh Herr, hilf mir, mich so anzunehmen, wie ich bin. Oder hilf mir, mich zu ändern ...***

Weiter schrieb er:

29.1.82

***Gott war so freundlich und geduldig mit mir. ... Er hat mir gezeigt, daß meine Vision viel zu klein war und daß ich meinen Pioniergeist verloren hatte. ...***

Selbst in unseren Gesprächen kam dieser "jenseitige" Ton immer wieder hoch - wenn auch nur ein Schimmer davon.

Eines Tages, zu Anfang des Jahres, arbeiteten Keith und ich zusammen in unserem neuen gemeinsamen Büro und machten lange Auswahllisten für sein viertes Album. Er hatte daran gedacht, eine Platte für die Verlorenen zu machen - die Erfüllung eines Traumes, den er seit seiner Jugend geträumt hatte, als er seine Revelations-Sammlung über eine "Familie Gottes" aufnehmen wollte. Nun jedoch hatte er den Eindruck, Gott wolle, daß er stattdessen ein Album mit Anbetungsliedern machte; eine Platte, die die Leute zur Anbetung anreizen würde, anstatt sie mit "harten Botschaften" zu bepflastern! Keith war begeistert.

Doch während wir über die Songs sprachen, hörte ich ihn zu meiner Überraschung aus heiterem Himmel sagen: "Melody, zum ersten Mal in meinem Leben habe ich den Eindruck, daß ich wirklich bereit bin, zu gehen und beim Herrn zu sein."

"Wie meinst du das?" fragte ich leichthin. "Hat der Herr dir etwas gesagt, das ich wissen sollte?"

"Nein. Ich meine nur, daß ich einen echten Frieden in meinem Herzen habe. Ich bin endlich an einem Ort der Ruhe angekommen. Ich habe die völlige Gewißheit, daß ich zum Herrn in den Himmel ginge, wenn ich jetzt abgerufen würde."

So etwas hatte ich Keith noch nie zuvor sagen hören. Und er klang so zuversichtlich und friedvoll dabei. Ich empfand es als einen großen Segen, zu wissen, daß Keith diesen Ort der inneren Ruhe endlich gefunden hatte.

Es gab noch ein weiteres Anzeichen für Keiths neues Gefühl der Gelassenheit, und das hatte mit mir zu tun. In der Vergangenheit hatte Keith mir einige Male aufgetragen, Artikel für die Newsletter zu schreiben. Ein paar davon - wie etwa "Kinder - Sachen zum Wegwerfen?", ein Lebensrecht-Artikel - waren als Sonderdrucke erschienen und millionenfach verbreitet worden. Doch obwohl Keith und ich Schulter an Schulter gearbeitet haben, um die Grundlage für Last Days Ministries zu legen, hatte ich immer in seinem Schatten gestanden - besonders im Aufnahmestudio.

Doch auf seinem neuen Anbetungsalbum wollte Keith einen Song aufnehmen, den ich nach Psalm 95 geschrieben hatte. Und das Erstaunliche war, daß er mich die Hauptstimme singen lassen wollte, während er die Zweitstimme übernahm. Ich war begeistert! Ich hatte den Gedanken, jemals mit Keith zu singen, völlig aufgegeben. Die Frage war schon vor Jahren geklärt worden, mit Ausnahme einiger Background-Stimmen, die ich übernommen hatte. Nun sagte mir Keith, ich könne sogar Gesangsunterricht nehmen, wenn ich wollte. Obwohl der Song in der endgültigen Auswahl schließlich doch gestrichen wurde, fühlte ich mich so ermutigt, daß ich hätte platzen können.

Keith beschloß, das Album *Songs For The Shepherd* zu nennen, und wir trafen mit all unseren drei Kindern im Schlepptau und zwei Mädchen aus der Gemeinschaft, die mir bei der Betreuung halfen, in Los Angeles ein. Wieder einmal würden wir mit Bill Maxwell zusammenarbeiten.

Ein Song, den ich fünf Jahre zuvor geschrieben hatte, schaffte es tatsächlich bis auf die Platte - er hieß "There Is A Redeemer". Keith mochte ihn sehr, aber er fand ihn ein bißchen zu kurz:

*Es gibt einen Erlöser,*
*Jesus, Gottes eigenen Sohn!*
*Kostbares Lamm Gottes,*
*Messias,*
*Oh Heiliger!*

Der Refrain war ein schlichter Dank an den Vater dafür, daß er uns seinen Sohn gegeben hatte. Keith wollte einen weiteren Vers hinzufügen.

Es war erstaunlich, wie er in Minuten Gedanken zu Strophen verdichten konnte. Kurz darauf sang er mir die Strophe vor:

*"Wenn ich in Herrlichkeit stehe,*
*Werde ich sein Gesicht sehen.*
*Dort werde ich meinem König für immer dienen*
*An jenem heiligen Ort ..."*

Es gefiel mir - aber die Strophe schien nicht ganz zu dem Rest des Liedes zu passen. Es kam mir sogar ein wenig merkwürdig vor, daß Keith den Song in diese Richtung lenkte, vom Dank an Gott zur Begegnung mit ihm von Angesicht zu Angesicht.

Und im Studio schien die Gegenwart Gottes Keith ganz und gar zu überfluten, als er dieses Lied sang. Ich bekam eine Gänsehaut auf den Armen. An bestimmten Stellen weinte Keith so sehr, daß es ihm schwerfiel, überhaupt zu singen. Das war kein Vortrag. Es war wie eine sehr reale Begegnung, die er mit dem Herrn hatte.

Außerdem sollte das Album drei Songs enthalten, die der Herr uns während der Erweckung von 1979 gegeben hatte. Für zwei davon - "Draw Me" und "The Promise Song" - hatte Keith die Musik und wir beide gemeinsam den Text geschrieben. "Draw Me" ist ein Lied der Hingabe in dem Wissen, daß wir der Gnade Gottes bedürfen, um uns auch nur in seine Gegenwart gezogen zu fühlen.

"The Promise Song" war sehr fröhlich und flott und handelte von den vielen Verheißungen, die der Herr uns erfüllen will, wenn wir ihm gehorchen.

"Until That Final Day" war ein weiteres Lied, das Keith während der Erweckung schrieb. Wieder war eine gewisse Endgültigkeit in diesen Worten zu spüren - nicht so sehr in bezug auf das Ende des irdischen Lebens, sondern auf den Durchbruch zu einem Leben der Überwindung:

*Mein Leib ist es müde, nach Gott zu suchen,*
*Doch ich werde auf meinen Knien bleiben.*
*Ich möchte ein Kind sein, das ihm gefällt,*
*Bis zu jenem letzten Tag ...*

*Nach einer schlaflosen Nacht des schmerzlichen Gebets*
*Triumphiere ich über die Sünde.*
*Für eine Schlacht im Heiligen Krieg*
*Hat Gott mir den Sieg versprochen.*

Während unseres Aufenthaltes in Los Angeles veranstalteten wir in Hollywood die Foto-Session für das Plattencover. So viel Spaß hatten wir noch nie bei einer Foto-Session erlebt - was hauptsächlich dem Tierdompteur zu verdanken war, der mit einigen Lämmern ins Studio kam. Wir machten verschiedene Versuche für die Aufnahme - bei denen Keith zwei oder drei Lämmer und schließlich nur eines auf seinen Schultern trug.

Wie üblich gefiel es Keith nicht, sich fotografieren zu lassen. Es fiel ihm schwer, sich zu entspannen. Ich mußte mich hinter den Fotografen stellen und pausenlos mit Keith reden. Der beste Weg, ihn dazu zu bringen, daß er natürlich aussah, war, ihm eine lustige Geschichte oder einen Witz zu erzählen. Ich versuchte mich an jedes humorvolle Wort zu erinnern, das ich im letzten Jahr gehört hatte, während Keith lächelte und zwischen seinen Zähnen hervorpreßte: "Komm schon, Mel, denk dir was wirklich Lustiges aus!"

Irgendwann während der Session kam uns die Idee, Keith mit allen Kindern auf einmal im Arm zu fotografieren. Schließlich waren sie seine kleinen Lämmer! Es war eine beachtliche Leistung, unseren übermütigen kleinen Josiah auf seinen Schultern und Rebekah und Bethany in seinen Armen zu placieren. Dann mußten sie alle gleichzeitig in dem Moment gut aussehen, in dem das Foto geschossen wurde. Wir gurrten, schüttelten Baby-Rasseln und versuchten auf jede erdenkliche Weise, die Kinder zum Lachen zu bringen.

Mitten in den Versuchen, diese Aufnahme zu machen, durchfloß mich ein Gefühl tiefer Zufriedenheit. Gott war so gut zu uns. Offensichtlich empfand Keith das auch so - sein Gesicht hellte sich auf, sobald die Kinder in seinen Armen waren. Er war ein stolzer und glücklicher Papa. Was für eine schöne Familie wir hatten!

Am Ende der Session rückten wir alle zusammen, um ein großes Familienportrait mit Dawn aufzunehmen. Der Make-up-Spezialist vollbrachte eine Meisterleistung bei Dawn. Mit ihrem langen, glatten Haar und ihren hohen Wangenknochen sah sie aus wie ein Fotomodell - vollkommen erwachsen und schön mit ihren siebzehn Jahren. Bei Keiths Entschlossenheit, selbst zuhause Kameras aus dem Weg zu gehen, war es schwer, ihn auch nur in einem Schnappschuß zu erwischen. Deshalb war es ein Segen, daß wir dieses Familienportrait zustande brachten - mehr als ich damals ahnte.

Sofort nach der Beendigung des Albums hatte Keith für den Frühling einige "Konzert-Kreuzzüge" geplant. Diesmal würden wir von unserem eigenen Grundstück aus zu ihnen hinfliegen, denn die vieldiskutierte Landebahn war Wirklichkeit geworden - und da wir einen längeren Streifen geraden, flachen Geländes auf unserem Grundstück hatten als JMEM, hatten wir sie gebaut. Wir waren begeistert über diese neue, zeitsparende Art zu reisen.

Diese Kreuzzüge sollten sich von allen anderen Konzertserien, die Keith bisher unternommen hatte, stark unterscheiden. Keiths neue Methode war von Charles Finney inspiriert. Finney pflegte zu predigen und dann einzelne Versammlungen abzuhalten, zu denen diejenigen, die ihre Sünde erkannt hatten, kommen konnten, um mehr darüber zu erfahren, wie sie Christen werden könnten. Keith beschloß ebenfalls am Tag nach seinen Konzerten "Versammlungen für Fragende" einzurichten für diejenigen, die ihr Leben ernsthaft dem Herrn übergeben wollten. Er wollte sich für die frisch zum Glauben Gekommenen genug Zeit nehmen, um sie sorgfältig über das Leben mit dem Herrn zu unterrichten, und innerhalb eines Konzerts war dafür nicht genug Raum. Winkie Pratney und John Dawson sollten diese Versammlungen für Fragende in verschiedenen Städten leiten.

Bei der ersten Serie von Konzerten zeigten die meisten Leute jedoch kein Interesse daran, am nächsten Tag noch einmal zu einer weiteren Versammlung zu kommen. Keith war frustriert:

5.4.82

***Von den sogenannten Kreuzzügen bin ich meist enttäuscht gewesen. Hauptsächlich deshalb, weil ich den Eindruck habe, daß mir die Salbung dazu fehlt. Das Schlimmste ist, daß die Zuhörer das nicht einmal zu bemerken scheinen. Nichts ist widerlicher, als eine Kehrtwendung machen und die Methoden, die man jahrelang verabscheut hat, selbst anwenden zu müssen. Der alberne "Ruf zur Entscheidung" scheint das Einzige zu sein, womit sich "die Schafe vom Publikum" unterscheiden lassen. Die Versammlung für Fragende ist ein totaler Fehlschlag ...***

In der nächsten Tournee-Stadt erkannte Keith, daß sein Herz von den Monaten in Los Angeles verkrustet war, in denen er "zu beschäftigt war, um die Nähe Gottes ausreichend zu suchen", während wir das Album aufnahmen. Nachdem er sich am Tag des Konzertes eine lange Zeit zum Beten genommen hatte, änderte sich die Lage.

12.4.82

***Eines der Dinge, um die ich Gott in dieser Gebetszeit bat, war sein Herz. Das war das Einzige, was ich von ihm brauchte ... Das Konzert an diesem Abend war eines der besten, die ich je hatte. Das Wort Gottes floß mir aus dem Mund so glatt wie nie. Ich betete Gott an, und es spielte überhaupt keine Rolle, daß Leute da waren - es war Gott, den ich beeindrucken und erfreuen wollte, und das war alles!***

Zwei Tage später schrieb er weiter:

***Ich hoffe nur, der Herr erspart mir ein weiteres Konzert ohne seine Salbung. Ich würde sterben, wenn ich noch einmal ohne seine Liebe und Gegenwart vor eine Menge treten müßte.***

Offenbar rief Gott Keith während dieser Kreuzzüge zu einer tieferen Ebene des Verständnisses und einer größeren Vision dessen, was es geistlich erfordern würde, Gottes nächstes großes Handeln in der Welt zu verwirklichen. Und der erste Ahnungsschimmer kam während der zweiten Konzertserie, während John Dawson bei uns war.

Die Diskussionen zwischen Keith und John drehten sich immer wieder um das Thema "geistlicher Kampf". Keith war fasziniert von dem Gedanken, den John aus Epheser 6 und anderen Schriftstellen ableitete, daß jede Stadt von einem ganz bestimmten Dämonen beherrscht wurde, den ihr Satan zugewiesen hatte. Wenn ganze Städte vom Herrn aufgewühlt werden sollten, dann mußte dieser "Feldherr" in jeder Stadt gebunden werden, indem man in den geistlichen Kampf eintrat.

Beim Essen am Abend des Konzertes in Houston sagte Keith zu John: "Laß uns all das, wovon du gesprochen hast, für das Konzert heute abend tun!" Und so verließen wir das Restaurant, um Gebete des geistlichen Kampfes über Houston zu beten. Als wir zu dem Haus kamen, in dem wir übernachteten, hatte Keith ein anderes Anliegen. "Ich fühle mich heute abend richtig schwach und nervös", sagte er.

"Geht es dir immer so?" fragte John.

"Ja, immer. Ich habe nicht so ein gewaltiges Selbstvertrauen, aber irgendwie kommt Gott immer wieder durch. Wir müssen wirklich beten."

Als Keith und John sich zum Gebet neigten, schien der Geist Gottes sehr stark zu wirken - nicht für die Stadt Houston, aber für Keith. Keith kniete am Boden mit dem Kopf auf den Knien wie ein kleiner Junge. John legte ihm seine Hand auf den Rücken und begann über ihm zu beten. Doch als John sprach, war es, als ob Gott, der Vater, selbst zu seinem Kind sprach und von seiner bedingungslosen, annehmenden Liebe zu Keith erzählte. Er sprach auch von Keiths Bestimmung - daß er gebraucht werden würde, um Festungen einzureißen. Daß er, wenn er spräche, ein Sprachrohr Gottes sein würde und das Wort sich als scharf und zweischneidig in Vollmacht erweisen würde. Dann würde die Macht des Feindes gebrochen.

Als Keith und John dann gemeinsam beteten, hatten sie den Eindruck, ihnen werde gezeigt, daß es ein bestimmtes Fürstentum über der Stadt Houston gab.

Der Herr gab ihnen eine regelrechte Strategie, wie sie diesen "Feldherrn" binden und seine Vorräte plündern sollten.

Keith hatte an diesem Abend eine vollmächtige Verkündigung, und Gott gab jeden erdenklich Segen dazu. Zweihundert Interessierte kamen hinterher, um Fragen zu stellen, und die Kosten von 10.000 Dollar konnten gedeckt werden, obwohl die Halle nur zu einem Viertel gefüllt war!

Es gab noch andere Höhepunkte während unserer Frühjahrstournee.

In St. Louis (Missouri) war die "Market Square Arena" schon eine Stunde vor dem Konzert gerammelt voll mit 10.000 Leuten, die lauthals "Jesus, Jesus!" sangen. An diesem Abend waren sogar weit mehr Leute gekommen, um Keith zu hören, als den russischen Ballettänzer Rudolf Nurejew zu sehen, der in der kleineren Halle hinter uns auftrat. Ungefähr 650 Leute kamen zu der "Versammlung für Fragende" nach dem Konzert.

Bei seinem Konzert in Indianapolis sang und predigte Keith vor dem größten Publikum, das er je gehabt hatte - 12.000 Menschen.

Plötzlich kamen die Dinge ins Rollen. Keith und ich hatten gerade einen Rundfunk-Intendanten kennengelernt, und wir planten, im Herbst mit einem gemeinsamen Radioprogramm zu beginnen.

Doch die größte "Expansion" war wohl die Erweiterung unserer geistlichen Perspektive. Wir waren nicht mehr nur mit unseren persönlichen Kämpfen beschäftigt oder auch nur mit den Angriffen gegen Keiths Dienst. Wir hatten zu erkennen begonnen, daß wir mitten in der Frontlinie eines geistlichen Kampfes standen, der eine ganze Generation beeinflussen konnte.

Gleich, nachdem wir im Privatflugzeug zu unserer Ranch zurückgekehrt waren, schrieb Keith:

***Wir sind in ungefähr drei Stunden nach Hause zu unserer eigenen Landebahn geflogen. Oben im Cockpit bin ich für eine Weile geflogen, und das hat meinen Wunsch, fliegen zu lernen, noch mehr angefacht. Bitte, Jesus, laß mich nicht einmal anfangen, Flugstunden zu nehmen, wenn Du es nicht willst. Mir ist klar, daß meine eigene fleischliche Natur nicht besonders geeignet für einen Piloten ist und daß der Teufel mich sicher gerne umbringen würde, wenn er könnte ...***

Nach den Plattenaufnahmen und der Frühjahrstournee waren Keith und ich erschöpft. Wir waren bisher noch nie regelrecht in Urlaub gefahren, und als jetzt der Gedanke aufkam, klang es wie Musik in unseren Ohren. Da Keith immer noch Witze darüber machte, daß wir in unseren Flitterwochen Pizzas ausgefahren hatten, wollte er mir jetzt mit einer Reise nach Europa eine Freude machen. Wir beschlossen, für zwei Wochen zu reisen und die Kinder zuhause zu lassen, damit wir den allerersten echten Urlaub unseres gemeinsamen Lebens verbringen könnten.

Zumindest dachte ich das.

Eine Woche vor unserer geplanten Abreise nach Europa legte Gott Keith eine "zufällige" Begegnung in den Weg. Keith schaute bei JMEM im Büro von Leland Paris vorbei, und da saß Don Stephens, der JMEM-Leiter für Europa. Sofort stellte Don eine Reiseroute auf, die es Keith und mir ermöglichen würde, die JMEM-Zentren in Europa zu besuchen und sogar in einer oder zwei ihrer Schulen zu lehren.

Als wir Ende Mai abreisten, galt unser erster Besuch einem Zentrum namens Holmstead Manor in Südengland. Auf unserer Fahrt dorthin fanden wir heraus, warum so viele der alten Meister gern die englische Landschaft gemalt hatten. Sie war einfach wunderschön - blauer Himmel, weiße Wolken und wogende Hügel in verschiedenen Grün-Schattierungen. Ich lehnte mich zurück und genoß die ruhige Fahrt. Als wir beim Zentrum ankamen, blieb uns beiden der Mund offen stehen. Es war ein riesiges Schloß! Ein echtes Schloß, das auf einem sanften Hügel saß und aussah wie auf einer Ansichtskarte.

Man könnte meinen, es müßte ein Riesenspaß sein, ein Missionszentrum in einem Schloß zu betreiben - einschließlich eines Schulungszentrums und evangelistischer Einsätze in der Umgebung. Aber offensichtlich war es ein aufopferungsvoller Lebensstil. Schlösser verfügen nicht über sehr viel modernen Komfort. Wir hatten auf dem Grundstück zwar ein großes Schwimmbecken gesehen, aber es war beschädigt, leer und von Moos überwachsen. Selbst wenn man Geld übrig gehabt hätte - was nicht der Fall war - wußten wir, daß die JMEM-Leute eine Reparatur des Beckens als überflüssigen Luxus betrachtet hätten. Als wir das Zentrum an diesem Tag verließen, hinterließ Keith eine große Spende, die ausdrücklich für die Reparatur des Schwimmbeckens bestimmt war.

Schon genossen wir unseren Urlaub in vollen Zügen, sahen herrliche Gegenden und trafen wunderbare Menschen.

Doch als wir nach Amsterdam kamen, bemerkten wir zum ersten Mal, daß hinter dieser Reise noch ein anderer Zweck stehen könnte.

In den Straßen von Amsterdam war alles ganz anders als in der stillen englischen Landschaft. Die engen Straßen quollen über von Menschen, Fahrrädern und reisenden jungen Leuten, die aus aller Welt zu kommen schienen.

Amsterdam gilt als die Drogenhauptstadt Europas, und es gibt dort offene Prostitution. Das JMEM-Zentrum steht sogar direkt an einer Ecke eines weltberühmten "Rotlicht"-Bezirkes, von wo aus die JMEM-Leute einen hervorragenden Zugang zu den Menschen in der Stadt haben - einschließlich der Prostituierten, der Drogenabhängigen und der Ausreißer, die diese Stadt durch ihren wilden Ruf anzieht.

Das JMEM-Zentrum war nicht zu übersehen. Es befand sich in einem massiven, fünfstöckigen Gebäude gegenüber dem Bahnhof in der Nähe der Stadtmitte. Auf dem Dach war in Neonbuchstaben die Aufschrift "Jesus liebt Dich" auf englisch und holländisch angebracht.

Floyd McClung, der Leiter des Zentrums, war ein zwei Meter großer "freundlicher Riese". Und seine Frau Sally war eine hübsche blonde Frau, die sich sehr stark an der Arbeit beteiligte und darüber hinaus ihre zwei Kinder, Matthew und Misha, erzog. Ich war sehr beeindruckt von ihrem Vertrauen auf Gott, daß sie mit ihren Kindern in einer Gegend wohnten, durch die wenige Leute auch nur zu gehen wagten. Auch ihre Hingabe faszinierte mich. Sie arbeiteten mit einem langen Atem und beteten für die Menschen von Amsterdam mit einer Intensität, die mich sehr bewegte.

Irgendwie vermittelte Amsterdam den Eindruck, daß dort zwei Welten nebeneinander existierten. Floyd machte mit Keith und mir einen Spaziergang nach Einbruch der Dunkelheit, und ich muß gestehen, daß mir sehr mulmig zumute war, obwohl wir uns in einer modernen europäischen Stadt befanden, die von Straßenlampen erleuchtet war. Es war nicht die gleiche Stadt, die wir bei Tageslicht gesehen hatten.

Tagsüber hatte man den blauen Himmel und das Sonnenlicht gesehen, das auf den berühmten Kanälen funkelte. Nun spiegelten die dunklen Kanäle nur die Straßenlampen und das Glühen der Neonreklamen des "Rotlicht"-Bezirkes mit seinen endlosen Reihen von Nachtclubs und Bars wider. Jede dieser Reklamen verhieß nackte Frauen, Sexvorführungen auf der Bühne oder irgendeine andere Perversion. Die Türen standen offen, und dröhnende Musik drang auf die Straßen. Im Vorbeigehen riefen uns die Türsteher an und versuchten, uns zum Eintreten zu bewegen. Jeder schob irgendjemanden zur Tür hinein. Die Straßen waren voller merkwürdiger Männer mit Sonnenbrillen und Frauen, jede Menge Frauen.

"Prostitution ist in Amsterdam legal", erzählte uns Floyd. "Viele Frauen verdienen damit ihren Lebensunterhalt. Einige davon sind sogar verheiratet."

"Du meinst, ihre Männer scheren sich nicht darum?" sagte ich schockiert.

"Kein Stück. Manche der Frauen arbeiten in einer Acht-Stunden-Schicht wie bei einem normalen Job. Besonders die in den Fenstern."

Die Fenster. Das war vermutlich das Detail, das diesen "Rotlicht"-Bezirk von denen in den Staaten unterschied. Hier konnten sich viele Frauen in den Fenstern von normalen Häusern "ausstellen", während die Männer - von pickligen Jünglingen bis hin zu Großvätern - ihren "Schaufensterbummel" machten. Es konnte einem schlecht davon werden, und es konnte einem das Herz brechen.

Gerade als ich dachte, jetzt hätten wir das Schlimmste gesehen, fiel mein Blick in eine dunkle, enge Seitengasse. Mitten auf dieser Straße standen mehrere Frauen - fast völlig nackt. Selbst aus dieser Entfernung erregte eine der Frauen meine besondere Aufmerksamkeit, irgendetwas war an ihr. Vielleicht waren es ihre Schultern, die müde herabhingen, als sie da stand und auf ihren nächsten Kunden wartete. Sie wirkte so verloren und niedergeschlagen. Ich fragte mich, welche unglaublichen Verletzungen sie in ihrem Leben erlitten haben mochte, daß sie an diesen Punkt gekommen war. Jeden Augenblick konnte jemand auf sie zugehen, Geld für sie bezahlen und sie mitnehmen, um Gott weiß was mit ihr zu tun. Ich erkannte, daß all ihre Gefühle der Menschenwürde und Selbstachtung zerstört sein mußten, damit sie sich so auf der Straße wie ein Stück Fleisch verkaufte.

Später in dieser Nacht verfolgte mich ihr Bild. Ich konnte hier in einem schönen, warmen Bett liegen, neben meinem Mann, der mich liebte und zu mir hielt. Doch wer wußte, wo diese Frau jetzt war oder wie sie behandelt wurde. Ich wußte, daß Prostituierte oft mißhandelt oder gar ermordet wurden. Ich würde bald nach Amerika zurückkehren, zu meinen fröhlichen Kindern und einer schönen Gemeinschaft mit netten Menschen. Aber was würde die Zukunft dieser Frau bringen? Die Erinnerung an sie brannte in meinem Herzen.

"Keith, schläfst du?"

"Nein, ich bin wach."

"Meinst du, es liegt am Zeitunterschied?"

"Nein." Auch er war erschüttert über das, was wir gesehen hatten. "All dieses Zeug hat mich umgeblasen. Ich möchte helfen, aber ich weiß nicht, wie."

Am nächsten Tag nahmen uns Floyd und Sally mit in die Stadt, damit ich ein paar Dinge einkaufen konnte - Süßigkeiten und Spielsachen für die Kinder und ein paar Kleider für mich. Da Keith und ich noch ein viertes Kind ins Auge gefaßt hatten, suchte ich etwas Hübsches, aber mit Platz zum Wachsen. Bei Tageslicht sah ich wieder das Amsterdam der Postkarten - die Blumen, Kanäle, Straßenbahnen und schmalen Gebäude mit den eleganten Giebeln. Doch jene dunklere Welt der Nacht war irgendwie immer noch präsent, wie der Schatten einer Doppelbelichtung auf einem Foto. Ich konnte das Gefühl nicht abschütteln. Wenn man einmal die Finsternis gesehen hat, wie kann man dann so tun, als wäre sie nicht da?

Später kauften wir uns Eistüten und bummelten eine Weile. Ich ertappte mich bei dem Gedanken: *Menschenskind, ich esse mit Missionaren Eis*. Dann kam ich mir albern vor. Wie stellte ich mir Missionare überhaupt vor? Ich nehme an, daß ich nicht darauf vorbereitet war, so unglaubliche Leute kennenzulernen. Für mich beschwor das Wort "Missionar" manchmal das Bild eines Menschen herauf, der in der "wirklichen Welt" nicht zurechtkam und sich deshalb aufs Missionsfeld zurückzog. Doch dann sah ich Floyd an - den Keith inzwischen mit Fragen bombardierte - und Sally, und ich dachte: *Diese Leute könnten die Nase immer vorn haben, was immer sie sich vornähmen.* Und ich fragte mich, ob es nicht vielleicht die Greens waren, die vergessen hatten, wie es in der "wirklichen Welt" aussah.

Keith fragte Floyd: "Was sind eure größten Bedürfnisse?"

"Wir haben so viele ..."

"Wenn du eines auswählen müßtest, was wäre das?" Keith hatte ein JMEM-Zentrum mit Geld für die Reparatur des Schwimmbeckens gesegnet, und ich dachte, vielleicht wollte er auch für Floyd und Sally etwas tun.

"Leute", sagte Floyd. "Mehr Leute, die ein Herz dafür haben, die Verlorenen für Jesus zu erreichen."

Inzwischen hatten wir "The Cleft" erreicht, eine gemütliche kleine Pfannkuchenbude, die JMEM hier eröffnet hatte - mitten im "Rotlicht"-Bezirk und zwei Häuser von einer offiziellen Satanskirche entfernt! Und da redeten wir von geistlichem Kampf!

Wir setzten uns an einen Tisch in "The Cleft", und Floyd und Sally erzählten uns von der Strategie, die der Herr ihnen gezeigt hatte, wie sie diesen Kampf, eine Seele nach der anderen, gewinnen sollten.

Eine der vielen Geschichten packte mich am meisten. Es war die Geschichte von Magriet, die einundzwanzig Jahre lang eine Prostituierte und überdies heroinsüchtig gewesen war. Außer der Arbeit in "The Cleft" betrieb JMEM eine Menge "Freundschafts-Evangelisation". Magriet war eine "Straßenprostituierte" gewesen, was die Einheimischen als noch eine Stufe niedriger ansahen als die "Fensterarbeit". Die JMEM-Leute besuchten Magriet regelmäßig auf der Straße und luden sie immer wieder ein, für eine Mahlzeit ins Zentrum zu kommen. Durch diese Hartnäckigkeit und offensichtliche Liebe berührt, gab sie schließlich nach. Magriet blieb zu einer evangelistischen Versammlung dort und übergab ihr Leben dem Herrn. Später verließ sie Amsterdam und schloß sich einer Gemeinde in einer anderen Stadt an, wo sie weiterhin im Glauben wuchs.

Es gab also tatsächlich wirkliches Licht inmitten dieser wirklichen Finsternis, strahlendes Licht.

Als wir Amsterdam verließen und uns in Richtung Süden wandten, hatten Keith und ich ein langes Gespräch. Diese Menschen, die ihr Leben dem Dienst widmeten, hatten uns bewegt, aber wir waren auch überwältigt vom Anblick so vieler verlorener Menschen - bei so wenigen, die ihnen helfen wollten. Es war nicht wie in Amerika, wo es an jeder Straßenecke eine quicklebendige Gemeinde gibt. Als wir durch Deutschland, Österreich und Italien reisten, war es überall genauso. Wir stellten immer wieder die gleichen Fragen. Wie könnte je eine Bewegung entstehen, die groß genug war, um all den Nöten gerecht zu werden, die wir sahen? Und mit welchem System konnte man die Leute, die bereit waren zu gehen, an die Frontlinien und in Aktion bringen? Man kann den Leuten nicht einfach sagen: "Geht hin!", ohne ihnen zu helfen, hinzukommen. In Lausanne in der Schweiz trafen wir wieder mit Don Stephens zusammen. Er hatte etwas auf dem Herzen.

"Bitte betet darüber, ob ihr morgen mit mir nach Griechenland fliegen sollt. Ich möchte euch das Schiff zeigen." Don war im Begriff, die JMEM-"Mercy Ship"-Arbeit in Gang zu bringen, und das auserwählte Schiff lag in Griechenland auf dem Dock und wurde renoviert und seetüchtig gemacht. Es war ein Passagierschiff gewesen. Doch nun wollte Don es unter der Flagge Jesu um die Welt fahren lassen.

Don erzählte uns, er habe gleichzeitig vor Freude und Tränen schlucken müssen, als er zum ersten Mal Keiths Aufnahme des "Easter Song" gehört habe. Er hatte dem Schiff den Namen "MS Anastasis" gegeben, das griechische Wort für Auferstehung, und der Herr hatte das Lied gebraucht, um ihn zu ermutigen, damit er nicht aufgab, während er die Schiffsarbeit begründete.

Später an diesem Abend hatten Keith und ich den Eindruck, grünes Licht vom Herrn zu haben, um nach Griechenland zu reisen.

Kaum waren wir an Bord der MS Anastasis, blieb uns die Luft weg - dies war mehr als ein Schiff, es war eine schwimmende Stadt für den Herrn! Das Schiff war mit 120 Leuten aus dreißig Ländern besetzt. Es war so lang wie zwei Football-Felder, acht Stockwerke hoch, einundzwanzig Meter breit. Seine riesigen Laderäume sollten gespendete Lebensmittel, Medikamente und Kleidung zu Menschen bringen, die wenig oder gar nichts hatten - wobei in jedem Hafen evangelisiert werden sollte. Und *jeder* an Bord war ein Freiwilliger, der für seinen eigenen Unterhalt sorgte - einschließlich Dons und seiner Frau Deyon und des Kapitäns Ben Applegate, der dreißig Jahre lang für eine Seefrachtgesellschaft gearbeitet hatte.

Don sagte, es werde auch eine Krankenstation an Bord eingerichtet, in der direkt in den Häfen Operationen vorgenommen werden könnten. Außerdem würde es ein Schulungszentrum geben - nur daß es sich diesmal um ein bewegliches handelte!

Doch der starke Eindruck, den wir von diesem Teil unserer Reise mitnahmen, beruhte nicht so sehr auf dem Anblick eines erstklassigen Schiffes oder dem Umfang ihrer Mission als vielmehr auf dem Einblick in das Leben von Don und Deyon Stephens.

Äußerlich sahen sie aus wie eine typische südkalifornische Familie - sie sahen gut genug aus, um Werbeaufnahmen machen zu können! Don war groß und dunkelhaarig, und Deyon und die drei Kinder waren alle blond. Mit seinen Begabungen hätte Don irgendwo Vorsitzender eines Konzerns werden und ein saftiges Gehalt nach Hause bringen können. Stattdessen wohnten sie in einer kleinen Schiffskabine, neben der unser altes Schlafzimmer im Ranch-Haus wie ein Palast wirkte. Sie war nett eingerichtet - aber *winzig*.

Als typische Mutter hatte ich einen besonderen Blick für ihre Kinder - Heidi, Luke und John Paul. John Paul, der Jüngste, war behindert. Mit sechs Jahren konnte er noch nicht sprechen und nicht ohne Hilfe essen oder gehen. Doch er war ein hübsches Kind und bekam offensichtlich viel Liebe. Er war umgeben von einer großen, liebevollen Familie, einschließlich der Besatzungsfamilie an Bord. Ich erinnerte mich, wie oft ich (mit großer Erleichterung) gedacht hatte, daß Gott mich nie auffordern würde, in die Mission zu gehen, weil ich Kinder hatte - als ob mich das automatisch disqualifizierte. Nun, mein Denken wandelte sich grundlegend. Inzwischen hatte ich viele Kinder gesehen, die mit ihren Eltern auf dem Missionsfeld waren, und darunter waren einige der großartigsten Kinder, die ich je kennengelernt hatte.

Die Lebensbedingungen auf dem Schiff waren hart, und sie hatten nicht genug Geld, um alles zu reparieren oder die Tanks zu füllen, geschweige denn die beabsichtigte Reise in die Staaten anzutreten. Trotzdem steckten sie alle voller Freude. Nirgends hörten wir Murren oder Klagen, obwohl es offensichtlich ein Opfer war, hier zu sein. Sie waren auf einer Mission für Gott. Wir faßten sogleich Zuneigung zu ihnen und zu allem, was sie taten.

Als wir sahen, unter welchen Bedingungen sie lebten, sagte Keith zu Don: "Wir würden gerne dich und deine Familie und zwei oder drei andere Paare, die du dir aussuchst, für ein paar schöne Tage am Strand einladen."

So landeten wir am nächsten Tag in dem Badeort Kinetta, auf halber Strecke zwischen Athen und Korinth. Dieser Strand hatte für unsere JMEM-Gäste eine besondere Bedeutung, weil sie hier ihr "Fisch-Wunder" erlebt hatten.

Gerade vor ein paar Monaten hatte sich die ganze Mannschaft vierzig Tage lang mit Fasten und Beten abgewechselt. Sie wollten das öffentliche Wirken des Schiffes beginnen, und zu dieser Zeit wollte die Regierung der Mannschaft nicht erlauben, auf dem Schiff zu leben. Deshalb hatte einige von ihnen die kleinen Strandbungalows in Kinetta mieten müssen. Als eines Tages ein Mitglied der Mannschaft am Strand spazieren ging, kamen plötzlich zwölf Fische aus dem Wasser gesprungen und blieben am Strand liegen. Ein paar Tage später taten 210 Fische das gleiche, während ein anderes Mitglied der Mannschaft auf dem Sand saß. Und wieder ein paar Tage später, am achtunddreißigsten Tag des Fastens, mitten in einer Zeit der Fürbitte, fingen die Fische wieder an zu springen. Insgesamt sprangen in diesen wenigen Tagen 8.301 Fische an den Strand! Und das alles unter den Augen der Einheimischen, die so etwas noch nie gesehen hatten.

Don berichtete: "Sobald wir merkten, was da vor sich ging, zählten wir sehr genau nach, und die Summe ist nicht um einen einzigen Fisch übertrieben."

In Dons Augen war dies ein modernes Gleichnis, ein Zeichen vom Herrn, daß er ihre Gebete hörte und die nötigen Finanzen bereitstellen, eine Ernte von Seelen einbringen und eine frische Welle von Menschen in die Weltmission entsenden würde. Nachdem die Fische gezählt und gereinigt waren, aß die Mannschaft monatelang davon. Sogar wir bekamen noch etwas davon ab.

Eines Nachmittags saß ich mit Deyon auf dem weißen Sand am Rande der blauen Ägäis. Sie hielt John Paul und ließ ihn mit den Füßen im Wasser planschen. Wir unterhielten uns über den Herrn und seine Güte. Sie erzählte mir, einer der Wege, auf denen sich der Herr ihr offenbare, sei dieses Kind. Eines Tages, so berichtete sie, habe sie sich weinend vor Enttäuschung über die Unmöglichkeit, eine Beziehung zu ihrem kleinen Sohn aufzubauen, an den Herrn gewandt.

"Herr, er kennt mich nicht einmal. Wenn ich ihn nicht füttern, lieben und bekleiden würde, wäre er schon längst gestorben. Doch er bemerkt nicht einmal meine Gegenwart."

Sie fragte den Herrn, ob es nicht möglich wäre, daß John Paul wenigstens eine kleine Reaktion auf die überwältigende Liebe zeigte, die sie für ihn empfand. Ein Schimmer des Erkennens. Ein Drehen des Kopfes. Ein Lächeln.

"Doch im gleichen Augenblick offenbarte mir Gott statt dessen, wie sehr er sich nach einer Beziehung zu seinen Kindern sehnt. John Paul konnte nicht reagieren. Die Menschen wollen oft nicht auf Gott reagieren."

Deyon liebte ihren Sohn sehr - das war nicht zu übersehen. Sie hätte sich die Belastungen seiner Behinderung sicherlich nicht ausgesucht, aber sie begriff in hohem Maße, wie Gott "denen, die ihn lieben, alle Dinge zum Besten dienen" läßt.

"Unsere Familie hat Lektionen über Annahme, Dienen, Barmherzigkeit und Geduld gelernt, die uns bei weitem nicht nur bei John Paul dienlich sind. Wir haben gelernt, daß Gott uns aufgrund dessen liebt, wer wir sind, und nicht nur aufgrund dessen, was wir tun können."

"Gnade", antwortete ich schnell.

"Ja. Gnade."

Inzwischen war Keith begeistert von der praktischen Art, in der das Schiff den Bedürftigen das Christentum nahebrachte - durch Lebensmittel, Kleidung und medizinische Hilfe in der Krankenstation -, die mit der Verkündigung des Evangeliums Hand in Hand ging.

Keith sagte zu Don: "Ihr werdet in Zukunft noch weitere Schiffe brauchen. Wir werden diese Arbeit bekanntmachen helfen, damit neue Mitarbeiter dazu kommen und die Laderäume voll werden. Das ist einer der Zwecke unserer Freundschaft!"

Als wir Griechenland verließen, waren wir überwältigt von allem, was wir auf dem Schiff, in Amsterdam und in ganz Europa erlebt hatten. Es gab eine gewaltige Not. Aber wir waren auch begeistert über die Vision, die Hingabe und die Opferbereitschaft, die wir bei all den Leitern erlebten, die wir gerade kennengelernt hatten. Nun wußten wir, warum Loren Cunningham beinahe zwanzig Jahre seines Lebens dafür eingesetzt hatte, JMEM aufzubauen, um eine Grundlage zu legen, von der aus man die Welt erreichen konnte.

Ich merkte schon, was in Keiths Gedanken vor sich ging. John Dawsons Ratschlag kam ihm wieder ins Gedächtnis: "Was sagst du den Leuten, *wohin* sie sich von der Sünde abwenden sollen?" ... "Amerika hat eine Bestimmung ..." Keith erkannte, daß die Strukturen, um die Verlorenen zu erreichen, wie etwa JMEM, schon bereitstanden. Und es gab Christen, die dazu berufen waren hinauszugehen. Er wollte die Lücke zwischen beiden überbrücken.

Inzwischen bekamen 230.000 Menschen unsere *Newsletter*, und Keith machte sich bereits Gedanken, wie er sie alle erreichen könnte - und auch alle, die zu seinen Konzerten kamen.

Ich dachte an die Frau, die ich in jener kleinen Seitenstraße in Amsterdam gesehen hatte. Ein verlorener Mensch auf dem Weg in die ewige Trennung von Gott. Die Welt war voller Menschen wie sie.

Wir wollten nach Hause gehen und eine Fanfare erklingen lassen, solange diese Botschaft noch heiß in unseren Herzen brannte - eine Armee von Menschen zusammenrufen, um die zu retten, die auf dem Weg ins Verderben waren. Eine Armee, die in der Vollmacht Gottes gegen den Feind marschierte!

Während unseres letzten Zwischenaufenthaltes in England formten sich bereits Worte und Botschaften in unseren Köpfen.

Eines Abends beim Essen in einem englischen Steakhaus verspürte ich den Drang, diese neue Botschaft so schnell wie möglich in einen Song für Keith zu fassen. Vielleicht lag es an dem schmerzvollen Ausdruck in seinen Augen. Hier waren Felder von Seelen reif zur Ernte - aber es gab so wenige Arbeiter. Wir schrieben häufig Lieder über unser persönlichen Erlebnisse, aber diesmal hatte ich den Eindruck, ich müßte unsere Gefühle sofort festhalten. Ich nahm eine Papierserviette und fing an, Worte niederzuschreiben:

*Jesus befiehlt uns zu gehen!*
*Es sollte die Ausnahme sein, wenn wir bleiben ...*

Sofort nach unserer Rückkehr aus Europa wurde Keith aktiv! Er plante drei große Benefiz-Konzerte zur Unterstützung der MS Anastasis und eine Herbsttournee, um den Christen in Amerika einen Ruf in die Mission zu bringen. Einige Verpflichtungen hatte er schon vorher - zwei Festivals in Südkalifornien, die ideale Gelegenheit, um seine neue Botschaft auszuprobieren. Und dann stellte sich heraus, daß Keith zusammen mit Loren Cunningham auftreten würde! Er wollte mit ihm über alles reden, was uns der Herr in Europa gezeigt hatte.

Die Konzerte fanden in den Devonshire Downs statt, und es gab genügend Platz für mehrere Tausend Menschen auf den Bänken und auf dem Feld. Keith sang am Nachmittag unter der prallen Sonne, doch bei seinem Auftritt am Abend kam seine Botschaft mit voller Wucht herüber.

Keith strahlte eine neue Art von Begeisterung aus, als er an jenem Juniabend die Bühne betrat.

Er setzte sich ans Klavier und sagte ein paar Worte über unseren internationalen Gott. "Gott ist kein Amerikaner oder gar Republikaner, wie manche von uns gerne glauben möchten! Er liebt jeden gleichermaßen, und sein Herz ist den Massen zugewandt, ob sie bekannt oder vergessen sind."

Dann nahm er seine Bibel. "In der Bibel steht ein kleiner Befehl, und der lautet: 'Gehet hin in alle Welt und predigt das Evangelium allen Menschen, und machet zu Jüngern alle Völker.' Wir bilden uns gerne ein, das sei nur für die Jünger bestimmt gewesen. Das sei für alte Jungfern, die keinen Mann finden und ihren Kummer auf dem Missionsfeld begraben müssen, das sei für Menschlichkeitsfanatiker, oder das sei für *echte* Christen, die so geistlich sind, daß sie nicht in der Gesellschaft bleiben können, so daß sie nach Übersee gehen und sich bei irgendeinem Stamm irgendwo am Amazonas verkriechen müssen!"

Allmählich kam Keith in Fahrt, und alles hörte ihm gebannt zu.

"Ich sag euch was, Leute, der Grund, warum diese Welt heute nicht gewonnen wird, ist, daß wir es einfach nicht tun! Es ist *unser* Fehler! Diese Generation von Christen ist verantwortlich für diese Generation von Seelen auf der Erde. Nirgends auf der Welt ist das Evangelium so reichlich präsent wie in den Vereinigten Staaten. Nirgends! Und ich möchte uns nicht sehen, wie wir an jenem Tag vor Gott stehen und sagen: 'Aber Herr, ich habe nicht *gehört*, daß du mich berufen hättest!' Hier ist etwas zum Kauen für euch alle: Ihr braucht keine Berufung mehr zu hören. Ihr *seid* schon berufen!"

Abgesehen von unserer kürzlichen Reise wurde Keith auch von den erschreckenden Statistiken getrieben, die wir gehört hatten. Es war kaum zu glauben, aber die Zahlen stimmten. In der ganzen Welt waren nur 85.000 Leute auf dem Missionsfeld! und darunter waren nur 6.000, die versuchten, die 2.700.000.000 Menschen zu erreichen, die noch *niemals* das Evangelium gehört hatten. Damit kamen auf einen Missionar 450.000 unerreichte Menschen! Indessen gab es in Amerika über eine Million vollzeitliche Mitarbeiter, also einen für je 230 Einwohner! Und um alledem die Krone aufzusetzen, standen vierundneunzig Prozent aller ordinierten Prediger in der Welt im Dienst für nur neun Prozent der Weltbevölkerung - nämlich für diejenigen, die englisch sprachen.

"Entweder ist es Gottes Wille, daß die Welt zur Hölle geht, oder es ist der Fehler der Gemeinde, weil sie dem Befehl der Bibel, zu allen Völkern zu gehen und das Evangelium zu predigen, nicht gehorsam ist. Wenn du zuhause bleibst, statt zu allen Völkern zu gehen, dann hoffe ich für dich, daß du zu Gott sagen kannst: 'Du hast mich berufen, zuhause zu bleiben. Dessen bin ich mir sicher.'"

Wie bei allen Veranstaltungen unter freiem Himmel war es an den Rändern ein wenig unruhig, doch die Aufmerksamkeit der Menge war durch Keiths direkte Botschaft gefesselt. Keith bat alle, die wußten, daß Gott sie ausdrücklich berufen hatte, zuhause zu bleiben, ihre Hände zu heben. Dann zählte er!

"Eins ... zwei. Zwei. Vielleicht habe ich drei oder vier übersehen. Nun, der Rest von euch ist nach draußen gerufen, es sei denn, Gott macht euch etwas anderes klar. Geht aber jetzt bitte nicht hin, um alles zu verkaufen und morgen abzureisen! Verschafft euch eine Ausbildung.

In der Armee gibt es eine Regel: Befolge immer den letzten Befehl, den du bekommen hast, so lange, bis du einen neuen Befehl aus dem Hauptquartier bekommst. Der letzte Befehl, den ich in meiner Bibel bekommen habe, lautet: 'Gehet hin!'"

Dann spielte Keith zwei unserer neuen Lieder. "Jesus Commands Us To Go" hatten wir gemeinsam fertig geschrieben, und ich hatte gerade einen Song beendet, der noch so neu war, daß Keith ein Textblatt aus seiner Bibel ziehen mußte, um beim Singen abzulesen. Selbst vom seitlichen Bühnenrand aus konnte ich noch das Mitgefühl in seinen Augen sehen, als er "Open Your Eyes" sang:

*Öffne Deine Augen für die Welt um Dich her,*
*Öffne Deine Augen ... öffne Deine Augen.*
*Diese Welt ist viel mehr als die Dinge,*
*Die Dich umgeben.*
*Du mußt Dich erheben und Deine Augen öffnen.*
*Manchmal sind wir zu beschäftigt, um etwas weiterzugeben.*
*Doch Jesus möchte, daß wir Anteil nehmen.*

*Öffne Deine Arme für die Nackten und Zitternden.*
*Öffne Deine Arme ... öffne Deine Arme.*
*Wir brauchen etwas weniger Nehmen*

*Und viel mehr Geben.*
*Wir haben es so sicher und warm, wir können unsere Arme öffnen*
*Und ein wenig stärker lieben*
*Und ein wenig länger beten!*

*Jesus sagt,*
*Wenn wir jemanden in seinem Namen lieben,*
*Dann lieben wir ihn.*
*Und Jesus sagt,*
*Wenn wir jemanden in seinem Namen berühren,*
*Dann berühren wir ihn.*
*Und wir müssen ihnen das Licht zeigen,*
*Wir müssen unser Leben ausgießen!*

*Öffne Dein Herz für die Verzweifelten.*
*Öffne Dein Herz ... öffne Dein Herz.*
*Vielleicht können sie es Dir nie zurückzahlen,*
*Aber ihre Seelen sind es wert!*
*Neues Leben gibst Du weiter, wenn Du Dein Herz öffnest.*
*Jesus liebt alle Menschen gleichermaßen,*
*Darum müssen wir in seinem Namen hinausgehen ...*

Niemand wußte, daß die Firma Sparrow alle ihre Künstler an diesem Abend von einem Kameramann filmen ließ. Keith war zwar nicht mehr bei Sparrow, aber als er sich ans Piano setzte, hatte dieser Bursche den Eindruck, es sei ihm "aufgetragen", ihn dennoch aufzunehmen. Also schaltete er seine Videokamera ein.

Keith hätte Einwände dagegen erhoben. Er mochte es nicht, wenn während seiner Auftritte Kameras liefen. Dies wurde eine der ganz wenigen Videoaufnahmen von Keith auf der Bühne.

Nach dem Konzert gingen wir noch mit John Dawson, der auch auf dem Festival war, in einem Café eine Kleinigkeit essen. Keith dachte, John müßte von seinem nachdrücklichen Ruf zur Mission begeistert sein.

"Keith", sagte John, "Gott schickt sich an, dich ganz gewaltig zu gebrauchen, um eine Vielzahl junger Leute in die Mission zu rufen. Doch wenn du es zu sehr auf die Spitze treibst, wirst du die ganze Botschaft disqualifizieren."

"Nun, so stark empfinde ich es nun mal! Gottes Herz ist gebrochen, weil seine Leute sich weigern zu gehen, obwohl die Not so groß ist!"

"Das stimmt! Aber es ist Gottes Sache, jedem einzelnen zu sagen, wohin er gehen soll. Keith, ich weiß, daß du es richtig meinst, aber du kannst nicht sagen, daß 99,99 Prozent Amerika verlassen sollten und jeder in Sünde lebt, der es nicht tut."

Keith erkannte, daß er in seinem Eifer tatsächlich übertrieben hatte.

"Wie würdest du es denn dann ausdrücken?" fragte er John.

Damit begann eine ausgedehnte Diskussion darüber, wie man die Wahrheit der Mission so darstellen könnte, daß man denen, die wirklich berufen waren, in Amerika zu bleiben, kein schlechtes Gewissen einredete.

Keith verstand, was John ihm klarmachen wollte, und erkannte, daß er dennoch eine starke Herausforderung bringen konnte, wenn auch auf etwas andere Weise. Und als wir aufstanden, um das Café zu verlassen, sagte Keith: "Beim nächsten Mal werde ich es anders ausdrücken."

Wir hatten Loren und seine Frau Darlene eingeladen, uns in einem Strandhaus in Oxnard zu besuchen, das wir für eine Woche gemietet hatten. Am ersten Abend saßen wir lange zusammen und unterhielten uns über unser Visionen und Träume für den Herrn. Und am nächsten Morgen kristallisierten sich einige neue Ideen heraus.

Keith und Loren waren nun schon einige Male zusammen aufgetreten, und Keith meinte, sie wären ein großartiges Team.

"Loren, laß uns damit weitermachen!" sagte er. "Laß uns zusammen durchs Land ziehen, die Lage in der Mission bekanntmachen und die Leute zum Hinausgehen herausfordern! Ich werde große Konzerte geben, und du kannst kommen und über die Vision sprechen."

"Klingt wunderbar", stimmte Loren zu. "Und laß uns als Glaubensziel anstreben, daß 100.000 Menschen bereit werden, in die Weltmission zu gehen."

Einhunderttausend! Diese Zahl sprang mir geradezu ins Gesicht. In Griechenland hatten Keith und ich einmal mit Don und Deyon Stephens am Strand unter den Sternen gesessen und für die Verlorenen gebetet. Keith hatte hinaufgeschaut in den klaren Himmel voller unzähliger glitzernder Lichter und Gott um 100.000 Kurzzeit-Missionare gebeten. Wir alle hatten im Gebet damit übereingestimmt. Nun brachte Loren auf einem anderen Kontinent und an einem anderen Strand dieselbe Zahl ins Spiel, um dafür zu beten.

Ein wunderbares Gefühl der Gegenwart Gottes erfüllte den Raum. Wir alle spürten das Besondere des Augenblicks und wußten, daß wir zusammen beten und alles im Geist besiegeln mußten. Wie alte Freunde glitten wir beinahe mühelos in eine tiefe Gebetsgemeinschaft.

Loren betete über seine Vision.

"Herr, du siehst die ganze Welt und all die Nöte darin. Zeig uns, wie wir mehr Arbeiter auf das Feld bringen können. Wir bitten um 100.000 Menschen, Herr."

Keith lag auf dem Boden - er hatte sich vor dem Herrn auf sein Gesicht geworfen.

"Oh Gott", sagte Keith mit von Gefühlen erstickter Stimme, "hilf mir, ein Gefäß zu sein, um diese Botschaft zu deinem Volk zu tragen. Ich will meinen Teil beitragen. Gib den Leuten hörende Herzen."

"Und Gott", sagte Darlene, "wir bitten, daß du besonders zu den jugendlichen Christen sprichst. Zeig uns, wie wir sie mit einer Vision berühren können, die Verlorenen zu erreichen."

Auch ich fühlte, wie sich in meinem Herzen ein Gebet bildete, und stieg nach Darlene ein. "Herr, bitte laß deine Leute begreifen, daß es nicht 'sonderbar' ist, ein Missionar zu sein, sondern die aufregendste Art, auf der Erde zu leben!"

Als wir aufhörten zu beten, waren unser Herzen durch ein festes Band verbunden. Wir wußten, daß der Herr uns zusammengeschweißt hatte, um ihm zu dienen, aber auch um der Freude der Freundschaft willen. Doch für Keith ging es noch tiefer. In gewisser Hinsicht hatte sein Herz ein Zuhause gefunden. Loren steckte so voll von Freundlichkeit, daß Keiths Hitzkopf ihn nicht irritierte. Er liebte und akzeptierte Keith, und Keith wußte das. Als sie sich zum Abschied umarmten, war ihre gegenseitige Zuneigung zu spüren. Keith hatte Tränen in den Augen.

"Du bist wie ein Vater für mich", flüsterte er.

Beide hatten sie das Bewußtsein einer seltenen und besonderen Beziehung in sich. Einer Gabe des Herrn.

Als wir den Cunninghams hinterhersahen, wie sie abfuhren, packte uns die Erregung. Keith würde mit Loren durch ganz Amerika reisen und die Leute zur Mission anreizen!

Wie hätte einer von uns ahnen können, daß es nicht so kommen sollte?

*Unsere fröhliche Familie. 1981*

*Keith und Loren Cunningham richten den Blick in die Zukunft. 30. Juni 1982*

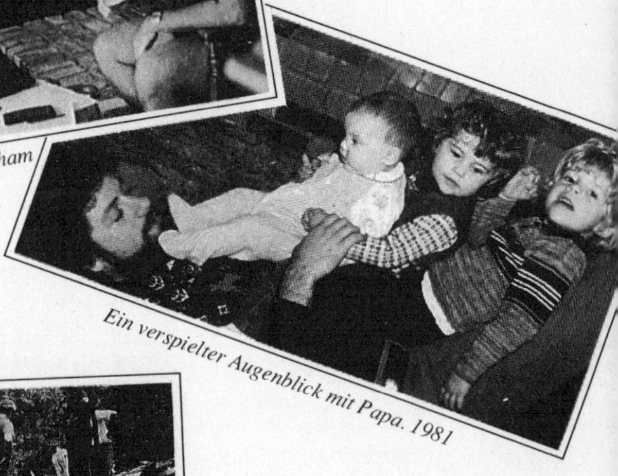

*Ein verspielter Augenblick mit Papa. 1981*

*Cessna 414*

## Siebzehntes Kapitel

## Das Weizenkorn
## ("Unless A Grain Of Wheat...")

Gary Null

Eine Kette merkwürdiger Ereignisse, die etwa zur gleichen Zeit eintraten, hinterließ bei uns ein unruhiges Gefühl, nachdem wir nach Texas zurückgekehrt waren.

Zuerst begann die Hündin, die wir seit den kalifornischen Tagen hatten, sich komisch zu verhalten. Als Keith sie zum Tierarzt brachte, wurde festgestellt, daß sie Krebs hatte. Ein langsamer, schmerzhafter Tod stand ihr bevor, und wir hatten die Wahl zwischen zwei Möglichkeiten: Wir konnten sie einschläfern lassen, oder Keith konnte sie nach Hause bringen und erschießen. Das ginge schneller und wäre humaner, meinte der Tierarzt.

"Sie erschießen? Ich besitze nicht einmal eine Waffe", wandte Keith ein.

Als er nach Hause kam und mir die Neuigkeit erzählte, war er sichtlich erregt.

Dennoch borgte er sich eine Schußwaffe und machte sich auf den Weg in die Felder, während unsere Hündin mühsam neben ihm herging, völlig arglos. Ich hatte einen Kloß im Hals, als ich ihnen hinterherblickte.

Als Keith zurückkehrte, erzählte er mir, er sei mit Cy bis zum Rand des Grabes gegangen, das er für sie ausgehoben hatte, und habe ihr gesagt, sie solle sich hinsetzen. Sie wedelte mit dem Schwanz und schaute ihn mit ihren großen, feucht-braunen Augen an. Keith schloß die Augen und drückte ab. Er kam mit ihrem Blut bespritzt und ziemlich außer Fassung über die ganze Sache nach Hause zurück.

Als nächstes brach im Kleiderschrank des neuen Familienzimmer, das wir an unser Haus angebaut hatten, ein Schwelbrand aus. Wir waren noch nach Mitternacht mit einigen Leitern des Missionswerkes zusammen, als wir plötzlich Rauch rochen. Zuerst konnten wir nicht lokalisieren, wo der Geruch herkam, aber dann schnüffelten wir uns bis zu dem Schrank durch. Irgendwie war ein Federschal, der auf der oberen Ablage lag, einer nackten Glühbirne zu nahe gekommen, die vielleicht tagelang gebrannt hatte. Als wir die Tür öffneten, schwelte und rauchte er und konnte sich jeden Moment entzünden. Nur die Tatsache, daß wir wach gewesen waren und uns in diesem Teil des Hauses aufhielten, hatte uns vor größerer Zerstörung bewahrt.

Dann hörten Keith und ich, als wir uns eines Tages im Familienzimmer unterhielten, plötzlich einen lauten Krach! Erschrocken sprangen wir auf und rannten in die Küche. Dort war ein Teil der Decke eingestürzt - ein riesiger Brocken, ungefähr 1,80 Meter mal 1,20 Meter groß, lag auf dem Boden vor der Spüle. Er war klatschnaß und fühlte sich an, als ob er ein Tonne wöge. Im Dach mußte sich eine undichte Stelle befinden. Mein erster Impuls war, festzustellen, ob nicht eines der Kinder darunter begraben wäre. Doch sie waren in einem anderen Zimmer - Josiah spielte mit seinen kleinen Männchen und Bethany mit ihren "Babys". Ich schickte ein Dankgebet zum Himmel, denn wenn eines der Kinder hier auf dem Boden gespielt hätte, wäre es durch das Gewicht des Deckenstückes schwer verletzt worden - oder Schlimmeres.

Und dann war da noch ein anderes, eher vages Gefühl. Keith war es, der es in Worte faßte: "Ich weiß nicht, was es ist. Alles läuft irgendwie zu glatt. Ich habe das Gefühl, das ist die Ruhe vor dem Sturm. Als ob etwas Schlimmes passieren würde."

Allein dadurch, daß ich das von ihm hörte, empfand auch ich eine innere Unruhe.

Die Wahrheit war, daß die Dinge wirklich gut liefen. Sehr gut. Selbst Keiths Tagebucheintragungen spiegeln diesen Eindruck wider:

Wir haben so vieles, für das wir dankbar sein können. Das Einzige, was wir brauchen, ist ein engerer Umgang mit Gott. Wir haben alles andere, was sich ein christliches Paar nur wünschen kann, und dafür bin ich Jesus ewig dankbar.

Schon früher in diesem Jahr hatten wir mit einer zehnwöchigen "Intensive Christian Training School" begonnen für Gläubige, die mehr über das Wesen Gottes und den christlichen Dienst erfahren wollten. Außerdem waren wir dabei, für eine halbe Million Dollar ein neues Anbetungszentrum mit Cafeteria, Unterrichtsräumen, Buchhandlung, Gästezimmern und reichlich Platz für Gemeinschaft zu errichten.

Bei einer dieser ersten ICT-Veranstaltungen, die immer noch im Ranch-Haus stattfanden, sagte Keith: "Ich habe unsere Traktate durchgesehen und ein wenig überarbeitet, ein paar von den rauhen Kanten und Stacheln herausgenommen. Ich habe stehenlassen, was von Jesus ist, und eine Menge von dem herausgenommen, was von Keith war. Es gibt sogar einige, die ich einfach auslaufen lassen werde. Ihr werdet sehen, daß es unsere Botschaft sein wird, die Gläubigen zu stärken, zu ermutigen und aufzuerbauen; nicht so sehr auf Dinge zu schießen, die falsch sind, als vielmehr solche Bereiche aufzubauen, die richtig sind. Ich sage nicht, daß das, was ich in der Vergangenheit geschrieben oder gepredigt habe, falsch war. Es ist nur, daß manches davon ein bißchen anders hätte gesagt werden können - und mit viel mehr Barmherzigkeit."

*Barmherzigkeit.* Das war das Schlüsselwort in Keiths Leben in diesen Tagen.

Er hatte bereits beschlossen, das Traktat "Der Verkauf Jesu" nicht mehr zu vertreiben, und er war dabei, "Die katholischen Chroniken" zu überprüfen. Er meinte, er sei an vielen Stellen zu hart gewesen, und sagte zu mir: "Es steckt zuviel von mir darin." Auch "Was stimmt nicht mit dem Evangelium?" hatte er überarbeitet.

Keith war sogar so weit gekommen, zu glauben, daß Gott vielleicht tatsächlich manche christliche Künstler dahin führen könnte, für ihre Konzerte Eintrittskarten zu verkaufen. Ich glaube, in seinem Herzen hoffte er, daß sie es denen, die sich den Eintrittspreis nicht leisten konnten, irgendwie möglich machen würden, dabei zu sein - aber er war nicht mehr bereit, zu sagen, daß jemand, der Eintritt nahm, automatisch sündigte. Keith wußte, daß der Herr ihn einen ganz anderen Weg geführt hatte, doch er begriff auch, daß Gott einem anderen andere Weisungen geben konnte.

Ich beobachtete, wie eine neue Art nachdenklicher Reife sich in Keiths Leben bemerkbar machte. Teilweise konnte ich das auf die Beziehungen zurückführen, die er mit Leuten wie Winkie, Leonard, John, Leland und nun mit Loren aufgebaut hatte. Die Barmherzigkeit, Weisheit und Geduld dieser Männer begann auf Keith abzufärben. Und Keith, den es nach mehr Zufriedenheit in seinem Leben hungerte, saugte diese Eigenschaften auf.

Eines Tages kam Leland wegen einiger starker Aussagen, die Keith gemacht hatte, zu ihm.

"Keith, Gott bereitet dich darauf vor, zu einer starken Stimme zu werden. Daran habe ich keinen Zweifel. Doch als dein Freund möchte ich dir sagen, daß du deine Fähigkeit, Menschen anzusprechen, aufs Spiel setzt, wenn du auf jeden einschlägst und alle abstößt. Wenn dann Gott bereit ist, dich zu führenden Leuten sprechen zu lassen, sind die Türen vielleicht nicht mehr offen."

Keith schaute ihn einen Moment lang an und sagte dann schlicht: "Danke. Ich brauche das. Ich brauche Leute, die in mein Leben hineinsprechen."

Keith war dabei, eine Menge neuer Erkenntnisse zu gewinnen. Und immer, wenn er wieder etwas Neues erkannt hatte, setzte er es sofort in die Tat um. Schon vor einigen Monaten war ihm klargeworden, daß seine eigene menschliche Natur sich in seinen Führungsstil bei Last Days eingeschlichen hatte, und er schrieb einen Brief an die, denen er vielleicht auf die Füße getreten war. Er bekannte, daß wir in der Vergangenheit mit manchen unserer Regeln und Verfahrensweisen falsch gelegen hatten, und schilderte, wie sich die Dinge verändert hatten. Denen, die verletzt worden waren, sagte Keith: "Es tut mir aus tiefster Seele leid."

Außerdem bat er eine Reihe von Personen brieflich oder telefonisch um Vergebung, wann immer der Herr ihm zeigte, daß irgendeine Sache in Ordnung gebracht werden mußte. Es war herrlich, das zu beobachten, weil Keith sich sehr darüber freute, wenn eine Beziehung wiederhergestellt wurde, die belastet gewesen war. Er machte sich mit aller Dringlichkeit an diese Arbeit.

Keith verschickte einen Brief an eine riesige Liste von Buchhändlern in ganz Amerika, in dem er sagte, er habe, als er beschloß, seine Platten aus den Buchläden herauszuziehen, einige Dinge zu hart ausgedrückt und eine Menge guter Menschen vor den Kopf gestoßen, die den Herrn wirklich liebten. Er habe nur dem gehorsam sein wollen, was Gott von *ihm* wollte, sagte er, aber die Buchhandlungen seien ebenfalls ein von Gott eingesetzter Vertriebsweg. "Mein Wunsch, niemanden auszuschließen, hat sich nicht im mindesten verringert", schrieb er. "Ich hoffe, Sie können verstehen, daß ich ein Mann von Grundsätzen bin und doch wie ein Pendel die Neigung habe, zu weit auszuschlagen, um meinen Standpunkt klarzumachen. Ich fürchte, daß ich genau das in der Vergangenheit getan habe."

Keith wollte, daß die Buchhandlungen seine Alben wieder verkaufen durften, doch er wollte auf jeder Platte einen Aufkleber anbringen mit der Aufschrift: "Wenn Sie sich den Verkaufspreis dieses Albums nicht leisten können, schreiben Sie an Last Days Ministries, und wir werden Sie informieren, wie Sie es für soviel

Geld bekommen, wie Sie aufwenden können."

An allen Fronten hatte Keith den Eindruck, er sei vielleicht in manchen Bereichen zu absolut gewesen. Manche Dinge hätte er anders ausdrücken können, auf eine Weise, die seine Überzeugungen nicht abgeschwächt, es aber gleichzeitig anderen leichter gemacht hätte, den *Geist* dessen wahrzunehmen, was er sagte.

Keith wußte auch, daß es noch viele andere Leute mit starken Persönlichkeiten gab, die vielleicht in ihren eigenen Gaben "gefangen" waren, wie es bei ihm der Fall gewesen war. Er schrieb einen Artikel für die *Newsletter* mit dem Titel "Nur für Propheten", in dem er sich selbst als Beispiel anführte. Keith wußte, daß es eine prophetische Begabung vom Herrn gab, doch dieser Artikel war ein ausgleichendes Wort an diejenigen, die sich selbst gern als "Propheten" betrachteten:

*... junge Leute (normalerweise Männer), die glauben, Gott habe sie dazu bestimmt, anderen Leuten zu sagen, was an ihrem Dienst oder ihrem Leben oder beidem nicht stimme. Solche Leute sind oft verletzt, unabhängig, gesprächig, stur, unbelehrbar und unnachgiebig. Ich muß es wissen, denn ich bin einer von ihnen gewesen!Sie reden nicht um den heißen Brei, sondern drücken genau aus, was ihnen auf dem Herzen liegt ... sind nicht sehr beliebt, kümmern sich aber nicht darum, da sie glauben, sie seien "Verfolgte um der Gerechtigkeit willen". Sie finden an beinahe allem etwas auszusetzen, und ... sagen, "freundlich" zu sein, würde ihnen als Heuchelei erscheinen. Sie wissen, daß zur Frucht des Heiligen Geistes Freundlichkeit, Sanftmut, Selbstbeherrschung und Geduld gehören, aber sie sagen, daß die meisten Leute diese Schriftstellen mißdeuten, und außerdem stehe in der Bibel viel mehr über Eifer und Gericht und den Zorn Gottes ... tief in ihrem Innern wollen die meisten von ihnen in Wirklichkeit Gott gefallen, aber sie sind so unempfänglich für Kritik (weil sie sich für einen abgelehnten "Propheten" halten), daß niemand zu ihnen durchdringen kann. Und es sei denn, daß Gott in ihr Leben eingreift, können sie wegen ihres unbelehrbaren, unkorrigierbaren Geistes auf lange Sicht nicht wirklich gebraucht werden. So viele Leute haben mir gesagt, ich sei ein "Prophet", daß ich im Laufe der Jahre zu der Auffassung kam, "sie müßten recht haben". ... Nicht, daß ich nicht mehr glaubte, ich sei dazu berufen, das zu tun, aber jetzt begreife ich, daß jeder Gläubige berufen ist, das zu tun.Ich bin nicht berufen, ein Prophet zu sein; ich bin berufen ein CHRIST zu sein - ein Diener des lebendigen Gottes! Das ist die höchste Berufung, die jemand für sich erkennen kann ...*

Als ich all diese Veränderungen beobachtete, die Keith durchmachte, dachte ich zuerst: Ich hoffe, *Keith verliert nicht seine Schlagkraft.*

Kein Gedanke. So bemerkenswert diese Veränderungen waren, Keith war doch unverwechselbar immer noch Keith. Er war intensiv in seinem Glauben, freimütig in seinen Auffassungen und stark in seinen Überzeugungen. Nur war er nicht mehr ganz so zwanghaft. Er wurde immer noch manchmal ungeduldig und nervös, doch er hatte mehr Frieden in sich als je zuvor. Und indem Keith die Gnade empfing, die Gott ihm gegeben hatte, konnte er mehr Gnade an andere weitergeben.

Anfang Juli lud uns John Dawson in das JMEM-Zentrum in Cimmaron (Colorado) ein. Keith, die Kinder und ich ließen uns von einem der Piloten von dem JMEM-Zentrum Twin Oaks in der Cessna 414 hinauffliegen. Keith ging es hauptsächlich darum, mehr Zeit mit John zu verbringen, aber schließlich entwickelte sich daraus der erholsame Urlaub, den wir eigentlich für Europa geplant hatten.

Keith war ausgeruht und liebte das Leben, als er schrieb:

22.7.82

***Wir waren in Colorado und haben uns ein paar wunderschöne Tage gemacht. Die Familie und ich fingen ungefähr 120 Forellen. Wir hatten eine tolle Gemeinschaft in der Familie, und ich kann mit Recht sagen, daß ich meinen Urlaub bekommen habe ...Wir haben festgestellt, daß Melody schwanger ist! Danke, Vater, ich bitte Dich wirklich, daß dieses Kind gesund ist ... Bitte, Vater, ich brauche Deine Hilfe. Ich brauche dringend Weisheit über meine Jahre und meine Fähigkeit hinaus. ... Heute habe ich angefangen, an meinem Artikel über Mission zu arbeiten. Bitte hilf mir, meine Zeit auszukaufen!***

Dies sollte Keiths letzter erhaltener Tagebucheintrag sein.

Auch andere bemerkten die innere Veränderung in Keith.

Einige Tage, nachdem ich festgestellt hatte, daß ich schwanger war, kamen alle "Second Chapter"-Leute zu uns ins Ranch-Haus zum Abendessen. Sie wollten am nächsten Tag nach New York, um mit David Wilkerson ein paar Konzerte auf den Straßen der Innenstadt zu geben.

Nach dem Essen ging Keith mit Josiah, Annie und Nelly nach draußen. In der Ferne braute sich ein Gewitter zusammen, und der donnernde, schwarze Himmel sah dramatisch aus. Sie standen am Kopf eines leicht abfallenden Feldes, und Josiah, dessen blonde Locken unter dem Cowboy-Hut hervorquollen, hüpfte aufgeregt auf und ab, als sie die Veränderungen der Farben und das Vorbeirollen der Wolken beobachteten. "Wow, Papa, schau!" rief er.

Annie spürte eine große Veränderung in Keith. Normalerweise mußte für ihn alles einen Zweck haben. Doch jetzt sagte er nicht: "Diese Wiese wäre noch schöner, wenn ein Waisenhaus für den Herrn darauf stünde." Er genoß die schlichte Schönheit der Schöpfung Gottes. Als sie sah, wie Keith in diesem entspannten Augenblick Josiah hielt, dachte Annie daran, wie anders er jetzt war, im Sommer 1982, als der Keith, den sie noch vor einem Jahr gekannt hatte.

Eines Abends waren Annie und Buck mit uns essen gegangen. Auf der Heimfahrt hatte sie gesagt: "Ich bin so dankbar, daß Gott mich liebt. Das ist das erste, was ich über Gott erfahren habe, und es hat mich durch jede Trauer und jede Freude hindurchgetragen."

Doch Keith hatte geantwortet: "Manchmal bin ich mir nicht sicher, ob Gott mich liebt. Ich weiß, daß er recht hat. Ich weiß, daß er Gott ist. Aber wenn es darum geht, daß ich seine Liebe zu mir wirklich fühle - nun, das kenne ich nicht so wie du."

Annie hatte es im Herzen wehgetan, als sie Keith das sagen hörte - doch an diesem Abend war sie sich aus vielen Gründen sicher, daß er diese Liebe entdeckt hatte. Sie hatte es ihm angesehen. An einem Nachmittag vor kurzem hatte Keith in einem flüchtigen Moment ihren Blick aufgefangen und einfach gesagt: "Ich liebe dich." Er hatte es leichthin und doch auf endgültige Art gesagt - ganz wie bei der Liebe des Vaters.

Nun war er so entspannt, ganz ein glücklicher Vater, und freute sich mit seinem kleinen Jungen über die Farben des sich verfinsternden Himmels. Sie waren gespannt, ob wir diesmal etwas von dem Regen abbekommen würden. Es ist typisch für das Wetter in Texas, daß es beim Nachbarn regnen kann und bei einem selber nicht.

Manchmal brauen sich Gewitter aus dem Nichts zusammen.

Am 28. Juli trat ich hinaus auf unsere hintere Veranda, und ein Schwall glühend heißer, feuchter Luft wehte mir ins Gesicht. Es war so stickig, daß ich kaum atmen konnte. Es mußte wohl der drückendste Tag sein, den wir in diesem Jahr bisher gehabt hatten.

Ich hoffte, daß die Klimaanlage im Ranch-Haus funktionierte, da ich zu unserem regelmäßigen Gebetstreffen dorthin wollte. Unsere ganze Gemeinschaft fastete jede Woche einen Tag lang, von Dienstag nach dem Abendessen bis zum Abendessen am Mittwoch. Heute, am Mittwoch, unterbrachen wir alle unsere Arbeit, um uns zu Anbetung und Fürbitte zu versammeln.

Keith saß mit der Gitarre auf seinen gekreuzten Beinen auf dem Fußboden im Wohnzimmer des Ranch-Hauses und leitete uns in der Anbetung. Ein besonderer Friede schien ihn zu erfüllen, als er jeden im Raum liebevoll anschaute. Außerdem war er sichtlich begeistert von unserer Sicht für die Mission - und von mir.

Keith überraschte mich völlig, als er verkündete: "Gott wird meine Frau in seinen Dienst nehmen! Sie wird ihre Stimme gegen die Abtreibung erheben - aber das ist noch nicht alles."

Woher kam das? Warum jetzt - wo ich gerade wieder schwanger war?

"Der Herr wird Melody auf mächtige Weise gebrauchen", sagte Keith, "und sie wird über viele verschiedene Dinge an vielen verschiedenen Orten sprechen!"

Das war eine Neuigkeit für mich. Aber ich war bereit, wenn es das war, was der Herr wollte.

Nachdem das Treffen vorbei war, kam ich nach einer Weile ins Büro. Keith war bereits dort gewesen und hatte etwas in sein Tagebuch getippt, das er jetzt auf dem Computer führte. Mir fiel in dem offenbar sehr langen Eintrag Michelles Name auf, und ich dachte mir, Keith müsse wohl über ihren für den nächsten Tag erwarteten Besuch geschrieben haben. Sie standen kurz vor einer Versöhnung.

Ich machte mich daran, seinen Eintrag zu speichern, damit ich das Terminal benutzen könnte, um an einem Artikel zu arbeiten. Doch mitten in dem normalen Vorgang wurde ich mir unsicher. Was war, wenn ich nun seinen Eintrag versehentlich löschte? Ich ging Keith holen, und er kam mit herein, um den Vorgang zu beenden. Doch wie üblich, hatte er es zu eilig. Er drückte auf den falschen Knopf und löschte seinen eigenen Eintrag. Keith wußte, daß es sein Fehler war, aber er war sauer auf mich, daß ich mich überhaupt an dem Computer zu schaffen gemacht hatte, während er ihn benutzte. Ich fühlte mich schrecklich. Doch glücklicherweise verlor er nur diesen einen Eintrag.

Einer der Höhepunkte dieses glühend heißen Tages war es, daß John und DeDe Smalley zu einem kurzen Besuch hereinschauen wollten. Wir hatten sie vor Jahren kennengelernt, als wir anfingen, in den Vineyard zu gehen. Sie hatten sechs Kinder, und alle zusammen waren sie unterwegs nach Connecticut, wo sie einen Hauskreis anfangen und schließlich eine Gemeinde gründen wollten.

Kurz vor dem Abendessen kamen die Smalleys an. Keith gab ihnen eine kurze Führung durch die Büros, und dann saßen wir zusammen am Tisch im Wohnzimmer des Ranch-Hauses, beendeten unser Fasten und redeten.

DeDe und ich tauschten unsere Erfahrungen als Mütter aus, während Keith und John sich aufgeregt über die neue Arbeit in Connecticut unterhielten. John war begeistert über den Umzug und die neuen Möglichkeiten zum Dienst. Keith wollte, daß er eine unserer "Versammlungen für neue Gläubige" bei unserer Herbsttournee an der Ostküste leitete. Wir hatten schon einige Hallen dafür gebucht.

In diesem Augenblick kamen Josiah und Bethany herein. Sie trugen beide die gleichen hellblauen Latzshorts und sahen zum Knuddeln aus. Sie waren gerade von ihrem Schwimmunterricht zurückgekommen, und ihr Haar hing in feuchten Locken um ihre sonnengebräunten Gesichter. Beide sahen aus wie kleine Engel. Um das Mindeste zu sagen, ich war stolz auf diese beiden süßen Kinder.

Nach dem Essen verlor Keith keine Zeit, denn es wurde schon spät. Obwohl wir alle müde waren, wollten sie sich noch den Rest der Ranch anschauen und auch einen kurzen Rundflug in unserer geleasten Cessna 414 machen. Unser Pilot Don Burmeister, der früher bei der Luftwaffe gewesen war, sollte sie mit nach oben nehmen. Offenbar hatte John einem seiner Kinder einen Flug versprochen, Keith freute sich, ihnen einen Ausblick über das Gebiet aus der Vogelperspektive zu verschaffen.

Ich nahm die ganzen kleineren Kinder zum Spielen mit in unser Haus, während der Rest sich im Kleinbus auf den Weg machten, um mehr von der Ranch zu sehen.

Nur eine kleine Weile später stürmte Keith ins Haus. Ich stand an der Spüle, und Keith fragte mich, ob ich den Flug mitmachen wollte. Da ich nicht mitwollte, spurtete er wieder zur Haustür hinaus.

Die plötzliche Stille erschreckte mich. Das Wohnzimmer war leer. Kamen etwa auch all die Kinder mit? Nein, Rebekah spielte immer noch in ihrem Zimmer.

Ich lief zur Haustür. Keith stand jenseits des Wagens. Er war gerade dabei, einzusteigen. John und DeDe saßen mit all ihren Kindern drinnen. Auch Josiah war schon eingestiegen. Ich konnte ihn zwischen all den anderen Köpfen nicht einmal sehen. Ich sah nur Bethany. Sie stand am Tor und rief in ihrer niedlichen kleinen Mädchenstimme: "Ich will auch mit!"

"Laßt sie in den Wagen", sagte Keith.

Die Schiebetür schwang auf, und Bethany machte ein paar Schritte auf den Wagen zu. Ich stand am Eingang und dachte: "Nein! Nicht sie auch noch. Ich will wenigstens Bethany behalten!" Es schien ein verrückter Gedanke zu sein. Doch Bethany wurde schon in den Wagen gehoben. Es passierte alles so schnell. Ich hatte nicht erwartet, daß *alle* Kinder mitkamen.

Irgendetwas schien mir nicht richtig. Ich wollte hinauslaufen und meine Kinder zurückrufen, aber ich wollte auch keine Spielverderberin sein. Ich wußte, daß sie weinen würden, wenn ich versuchte, sie von den anderen Kindern zu trennen, doch ich verstand nicht, woher diese furchtbaren Gefühle kamen. Ich kam mir albern vor als "besorgte Mutter" und sagte mir, sie würden in ein paar Minuten alle wieder heil und sicher zurück sein.

Gerade als Bethany in den Wagen gehoben wurde, hielt Keith inne. In beiläufigem Ton rief er mir etwas zu.

"Falls ich nicht zurückkommen sollte, dann erziehe Rebekah zu einer Frau Gottes!"

Bei Keiths vielen Reisen hatten wir schon zuvor über die Möglichkeit seines Todes gesprochen. Doch dies schien mir ein merkwürdiger Zeitpunkt zu sein, um das Thema anzusprechen. Natürlich machte er Spaß.

"Was ist mit diesem hier?" fragte ich mit einem leichten Lachen und klopfte mir auf meinen seit kurzem schwangeren Bauch.

"Wenn es ein Junge ist, nenn ihn Daniel!"

"Du meinst, ich soll ihn nicht nach dir nennen?"

Ich sagte es spielerisch, aber das Gespräch fing an, ernsthafte Obertöne anzunehmen.

"Okay. Wenn es ein Junge ist, kannst du ihn nach mir nennen."

Keith sprang hinein, und der Wagen fuhr los. Als ich zurück ins Haus ging, machte es einen eigenartig leeren Eindruck. Es gefiel mir ganz und gar nicht, wenn Keith die Kinder mehr als nötig mit ins Flugzeug nahm. In mir machte sich eine solche Unruhe breit, daß ich mir dachte, es wäre besser, die Zeit konstruktiv zu nutzen. Also setzte ich mich an den Computer und fing an zu schreiben. Ich wußte, daß ich mir wegen meiner Befürchtungen albern vorkommen würde, wenn sie alle zurückkämen ... in ein paar Minuten.

Doch nach ein paar Minuten klingelte das Telefon.

Es war eines der Mädchen aus dem Büro. "Unser Flugzeug ist gerade heruntergegangen! Ich rufe gleich einen Krankenwagen, aber ich wollte zuerst Keith Bescheid sagen. Sagst du es ihm?"

"Sicher ...", sagte ich benommen. Ich wollte mir auch nicht einen Moment Zeit nehmen, um ihr zu erklären, daß Keith es bereits wußte.

Ich griff mir die Autoschlüssel und rannte zur Tür hinaus. Rebekah ließ ich bei einem der Mädchen zurück, das bei uns wohnte, um mir mit den Kindern zu helfen.

In weniger als einer Minute war ich bei der eine Meile langen Landebahn angelangt, doch so sehr ich mich bemühte, unser Flugzeug am anderen Ende zu entdecken, ich konnte nichts sehen. Ich fuhr die Piste hinunter und sah rennende Leute. Im Vorbeifahren ließ ich schnell ein paar einsteigen. Am anderen Ende der Landebahn befand sich ein großes Feld, das jemand anderem gehörte, und dahinter war Wald. Vom Ende der Landebahn aus konnte ich jetzt aus diesem Wald eine dünne Rauchsäule aufsteigen sehen.

Ich dachte an die Nachricht am Telefon. "Unser Flugzeug ist gerade heruntergegangen ..." Was bedeutete das? Ich hatte gedacht, es wäre einfach am Ende der Landebahn "heruntergegangen". Eine Fehlfunktion, oder vielleicht ist es nach einem abgebrochenen Startversuch auf die Seite gekippt. Doch es hatte offensichtlich bedeutet, daß das Flugzeug in der Luft gewesen und von dort aus "heruntergegangen" war.

Jeder Atemzug wurde zu einem Gebet. *Jesus ... Jesus ... Jesus ... das kann nicht wahr sein.*

Ich konnte nicht durch das Feld unseres Nachbarn zum Wald hinfahren, da es eingezäunt war. Einige Leute sprangen über den Zaun und liefen zu Fuß weiter, aber es war ein großes Feld, und ich dachte, ich würde mit dem Auto schneller dort sein. Einer der Männer, die ich aufgepickt hatte, sagte, er wisse, wie man auf einem anderen Weg dorthin gelangen könne. Doch als wir auf die Straße kamen, die an der Südseite unseres Landes entlanglief, kamen wir nicht durch, wo wir entlang mußten. Dieser Weg war durch ein verschlossenes Tor versperrt.

Ich wartete im Auto, während er zum nächsten Haus rannte, um zu sehen, ob uns jemand durchlassen könnte. Hatte hier denn keiner eine Ahnung, wohin wir unterwegs waren? Immer wieder dachte ich, daß ich längst dort sein sollte. Ein taubes Gefühl überkam mich - nur mein Magen drehte sich. *Bitte, Gott, laß sie am Leben sein.*

Der Eigentümer des Landes kam herausgerannt, und wir sprangen in seinen Lieferwagen. Er schloß das Tor auf und fuhr uns über das Feld bis auf einen Weg, der sich durch den Wald schlängelte. Schließlich sah es so aus, als wären wir nahe daran. Es hatte so lange gedauert, daß an einem Stacheldrahtzaun am Waldrand schon ein Krankenwagen parkte.

Ich sprang aus dem Lieferwagen, und jemand hob mich über den Zaun. Dann setzte ich mich durch den dichten, unwegsamen Wald in Bewegung. Ständig blieb mein dünner Rock aus Baumwollgaze an dornigen Ästen und Unterholz hängen, und ich wußte nicht einmal genau, in welche Richtung ich laufen mußte. Auch andere Leute rannten durch den Wald, und ich war sehr frustriert, weil sie offenbar alle achtlos an mir vorüber eilten.

Völlig außer Atem hielt ich ein paar Male inne und dachte, ich würde ohnmächtig. Aber ich mußte weiter. Mein Mann und meine Kinder brauchten mich.

Ich rannte immer weiter und horchte, ob ich nicht ihr Schreien oder Weinen hören könnte. Aber es war völlig still; nur das Geräusch von Menschen, die durch den Wald rannten, war zu hören. Da ich keine Schmerzensschreie hören konnte, sagte ich mir, es seien wahrscheinlich alle unverletzt. Vielleicht ein bißchen durchgerüttelt - aber unverletzt. *Keith findet es vielleicht sogar lustig, wenn er sieht, wie ich außer Fassung bin.*

Es schien eine Ewigkeit zu dauern, bis ich schließlich eine Lichtung erreichte.

Ich war sofort überwältigt vor der ehrfurchtgebietenden Stille, die in der Luft hing. Alle standen nur still da. Niemand sagte ein Wort. Ich spürte etwas Warmes unter meinen Füßen. Der Boden, auf dem ich stand, war schwarz und schwelte. Hoffnungsvoll versuchte ich, die Rauchschwaden mit meinem Blick zu durchdringen - aber ich sah weder Keith noch die Kinder noch sonst jemanden, der in dem Flugzeug gesessen hatte. Ich sah nicht einmal das Flugzeug.

Ein Mädchen, das ich kannte, kam auf mich zu. Tränen liefen über ihr Gesicht. Sie sah mich an, als wollte sie etwas sagen, und ging dann schweigend an mir vorbei. Ich verstand nicht. Ich machte ein paar Schritte vorwärts in das Schweigen hinein, auf die Mitte des verkohlten Bereiches zu. Einige Bäume waren auf halber Höhe abgebrochen, und der Boden war übersät mit abgetrennten Ästen, als ob es eine große Explosion gegeben hätte. Alles war völlig ruhig und sprachlos.

Schließlich entdeckte ich eine geschwärzte, rauchende Metallschale. Wo waren meine Kinder? Wo war Keith? Einer der Männer kam auf mich zu und umarmte mich, er schlang seine Arme um meine Schultern und hängte sich beinahe an mich, wobei er laut aufschluchzte. Auch ich fing an zu weinen, aber ich wußte nicht genau, warum. Ich dachte: *Vielleicht ist das überhaupt nicht unser Flugzeug! Vielleicht ist ein anderes Flugzeug abgestürzt, und wir haben nur gedacht, es sei unseres.* Ich fragte jemanden, aber es *war* unsere Cessna. Vielleicht war jemand aus dem Flugzeug geschleudert worden? Nein, sie hatten schon alles abgesucht und niemanden gefunden.

Ich ging so nahe an das heran, was von dem Flugzeug übriggeblieben war, und konnte direkt hineinschauen, denn das Dach war völlig verschwunden. Ich konnte niemanden entdecken. Dann sagte ich mir: *Was suchst du, Melody? Was willst du sehen? Willst du deinen Mann und deine Kinder zu Kohle verbrannt sehen? Willst du sie so in Erinnerung behalten?*

Ich drehte mich schnell um, ging weg und schaute nicht wieder hin. Nach ein paar Minuten traf Janet, die Frau unseres Piloten, ein. Sie war erschüttert, aber ruhig, als wir miteinander redeten.

"Wo ist Keith?" fragte sie.

"Keith war mit Josiah und Bethany und den Smalleys im Flugzeug."

"Oh nein!" rief sie aus.

Dann fragte Janet: "Kannst du mit Sicherheit sagen, wer das Flugzeug geflogen hat?"

"Ich weiß nur, daß Keith sagte, Don würde sie mit nach oben nehmen", antwortete ich.

Ein paar Leute vom Rettungsdienst näherten sich. Sie wollten wissen, wie viele Leute in dem Flugzeug gesessen hatten, und die einzige, die genau wußte, wer an Bord gewesen war, war ich. Ich fing an zu zählen. "Da waren die Smalleys mit ihren sechs Kindern - das sind acht. Und Keith und unsere Kinder und Don. Das sind zwölf."

Die Leute vom Rettungsdienst schauten mich nur an, als ich ihnen die Zahl nannte. Dann fiel es auch mir wie Schuppen von den Augen. Warum in aller Welt hatten sich *zwölf* Leute in dieses Flugzeug gezwängt?

Jetzt fühlte ich mich so schwach, daß ich mich hinlegen wollte, aber es gab hier im Wald keinen Platz dafür. Plötzlich kam ich mir sehr verwundbar vor. Da es keinen Sinn hatte, hierzubleiben, drehte ich mich um und machte mich auf den Rückweg aus dem Wald. Janet kam mit mir.

Als wir schon fast aus dem Wald heraus waren, begegnete uns ein Feuerwehrmann auf dem Weg hinein. Er muß mich für eine Überlebende gehalten haben, denn ich sah bestimmt fürchterlich aus.

Er lächelte. "Sind alle in Ordnung?"

Ich sagte einfach: "Es gibt keine Überlebenden." Was das für ihn bedeutete und was für mich, waren zwei verschiedene Dinge.

Als Janet, ich und ein paar andere über das Feld zurückfuhren, passierte etwas sehr Merkwürdiges. Es war bisher ein vollkommen klarer Tag gewesen, aber jetzt schienen sich plötzlich aus dem Nichts dunkle Wolken zusammenzuballen. Das Merkwürdige war, daß sie sich ausschließlich über unserem Land befanden. Jetzt schossen starke Blitze aus den Wolken hervor - bis auf den Boden. Und es begann plötzlich zu regnen. Die Tropfen waren groß wie Fünfzig-Cent-Stücke, als sie gegen die Windschutzscheibe schlugen.

Als wir auf die Straße einbogen und an unserer Grundstücksgrenze entlangfuhren, war leicht zu erkennen, daß die Wolken und Blitze sich nur über unserm Land befanden! Die Regentropfen sahen aus wie große, himmlische Tränen. In diesen Momenten spürten wir deutlich die Gegenwart des Herrn. Er *wollte* uns wissen lassen, daß er da war. Was geschehen war, war nicht ohne sein Wissen oder seine Anteilnahme geschehen. Was wir hier sahen, war eindeutig eine Demonstration seiner Macht und seiner Gegenwart.

Als ich nach Hause kam, ging ich direkt zum Telefon und rief Leonard an, bevor ich irgendetwas anderes tat.

"Leonard, hier ist Melody. Keith und Josiah und Bethany sind zum Herrn gegangen."

"Ich bin gleich bei dir!"

Dann fiel ich neben meinem Bett auf die Knie und fing an zu weinen.

In den nächsten paar Tagen bis zur Trauerfeier durchlebte ich alle nur erdenklichen Emotionen. Ich fühlte mich, als wären mir die Eingeweide herausgerissen worden, aber durch irgendeinen Fehler wäre ich nicht gestorben. Immer wieder wurde ich von Wellen der Abstumpfung und der intensiven Trauer überspült. Manchmal weinte ich mir vor dem Herrn mein Herz aus dem Leib. Und manchmal konnte ich über den Absturz reden wie über etwas, das mich selbst gar nicht betroffen hatte.

Immer wieder kam mir mein letztes Gespräch mit Keith ins Gedächtnis. Was hatte ihn dazu veranlaßt, davon zu reden, daß er vielleicht nicht wiederkäme? Warum hatte ich nichts von meinen Bedenken gesagt? Warum hatte ich Bethany nicht festgehalten, als ich die Chance dazu hatte? Ich fühlte mich schuldig. Vielleicht wäre das Flugzeug gar nicht abgestürzt, wenn ein oder zwei Kinder weniger darin gewesen wären. Vielleicht war es mein Fehler gewesen.

Das Schwerste war, daß ich nicht mit Keith über alles reden konnte, besonders über die Kinder. Keith war der einzige Mensch, der meinen Schmerz über den Verlust von Josiah und Bethany hätte verstehen können, der einzige, der sie genauso geliebt hatte wie ich. Mir kamen Gedanken wie: *Keith, du glaubst nicht, was passiert ist*, oder *Keith, unsere Kinder sind tot* ... Ich wollte, daß er mich festhielt, während ich weinte. Daß er mir sagte, ich würde es schaffen - daß er mich verstand. Aber ich war zum ersten Mal allein auf Gott angewiesen. Ich wußte nicht, ob ich das schaffen würde.

Und abgesehen von meinem persönlichen Verlust dachte ich auch an die anderen im Flugzeug - auch sie waren nun fort. Sie waren so wunderbare Menschen gewesen, die sich mit ihrem ganzen Leben für andere eingesetzt und Gott von ganzem Herzen gedient hatten. Und all die Kinder! Nichts davon ergab irgendeinen Sinn.

Ich trauerte auch darüber, daß der Welt Keiths Dienst verloren ging. Was für ein furchtbarer Verlust! Wir haben Menschen wie Keith so sehr nötig; Menschen, die uns genug lieben, um uns die Wahrheit zu sagen. Ich wußte, bei all dem, was der Herr Keith in letzte Zeit gezeigt hatte, wäre seine Verkündigung nun noch vollmächtiger als je zuvor geworden.

Mir war klar, daß Gott letzten Endes alles in der Hand hatte. Er hatte nicht eingegriffen, als das Flugzeug abzustürzen begann. Er hätte es tun können, tat es aber nicht. Das konnte nur bedeuten, daß der Absturz sein Wille gewesen war. Oder nicht? Vielleicht war es ein Schachzug des Feindes, um Keith loszuwerden. Doch selbst wenn es so war, hatte Gott es *zugelassen*. Ich hatte eine Million Fragen, doch selbst wenn ich gewußt hätte, *warum*, hätte das nichts geändert.

Das einzige, was mich aufrecht hielt, war ein Gefühl der Gegenwart Gottes. Ich war eingehüllt in seine Gnade. Ich spürte seine Gegenwart wie nie zuvor.

Sie milderte die Stöße, hielt mich fest. Tröstete mich, sie löschte nicht den Schmerz aus. Doch ich spürte Gottes liebevolle Zuwendung. Der Schmerz war wirklich und ununterbrochen vorhanden. Wenn ich mich hinlegen und nicht wieder aufstehen wollte, dann half Gott mir auf die Füße. Wenn ich nicht essen wollte, dann erinnerte er mich an das neue Leben in mir, das er mir anvertraut hatte, damit ich für es sorgte, und auch meine kostbare kleine Rebekah brauchte mich.

Manche Dinge mußte ich einfach auf die lange Bank schieben. Inzwischen machte mir der Verlust meines Mannes, meiner zwei Kinder und neun anderer Menschen genug zu schaffen. Die Situation verlangte meine sofortige Aufmerksamkeit.

Leute mußte benachrichtigt werden. Vorbereitungen mußten getroffen werden. Die Nachricht über den Absturz hatte sich in unserem stillen kleinen Ort Garden City schnell herumgesprochen, und mein Haus war voller Aktivität be sonders durch das Kommen und Gehen unserer Freunde. Leonard und Martha Ravenhill, Leland Paris, Jimmy und Carol Owens, die von Hawaii hierher gezogen waren, und viele andere. Die Anwesenheit so vieler Menschen, die mich liebten und mir ihre Anteilnahme zeigten, tröstete mich. Sie brachten mir Lebensmittel, weinten mit mir und ließen in ihrem Leben alles stehen und liegen, um mir zu helfen, meines wieder vom Boden aufzusammeln und weiterzumachen.

Am Abend des Absturzes rief John Dawson an. Seine ersten Worte an mich waren: "Was wir gerade jetzt brauchen, ist Zuspruch von Jesus. Hol dir einen Stift."

Ich griff sofort nach einem und schrieb eilig mit, als John mir gegenüber das Herz des Herrn ausdrückte:

"Sie sind bei mir.
Meine Herrlichkeit ist ihnen offenbart.
Sie sind in meinen Armen,
In meiner Gegenwart,
Nicht weit von dir, denn ich bin auch bei dir.
Nichts war vergeblich,
Ich werde auf diesem Fundament aufbauen.
Ich werde dich in Freundlichkeit leiten,
Und eine Vielzahl wird in meine Gegenwart eingehen.
Nur eine kleine Weile, meine Tochter,
Und auch du wirst in meine Gegenwart eingehen -
Denn das Leben im Leib ist ein Schatten, der vorüberfliegt.
An jenem Tag werde ich alle Tränen abwischen,
Denn du wirst mit mir zu Tisch sitzen."

Dann sagte John: "Melody, deine eigene Heilung kommt dadurch, daß du in ihre Freude eintrittst." Das drang wirklich zu mir durch. Ich wußte, daß es stimmte.

Doch es war leichter gesagt als getan. Ich freute mich, daß sie beim Herrn waren. Ich wußte, ich würde sie im Himmel wiedersehen, was mir den Himmel umso köstlicher erscheinen ließ. Es war ein tiefer Trost, zu wissen, daß meine Geliebten jetzt in der Gegenwart des Herrn waren. Ihnen ging es gut, das wußte ich. Aber ich war unglücklich. Ich vermißte sie.

Am Morgen nach dem Absturz schlug ich die Augen auf und fühlte mich für den Bruchteil einer Sekunde wie an jedem anderen Morgen. Das war die einzige Erleichterung des Tages, denn die Realität stürzte schnell auf mich ein. An diesem Tag hatte ich einen Termin beim Arzt, um meine Schwangerschaft "offiziell" bestätigen zu lassen. Ich beschloß, ihn einzuhalten. Irgendetwas mußte ich ja tun.

Meine Schwangerschaft wurde bestätigt, aber es war schrecklich, in der Stadt zu sein. Der Flugzeugabsturz war die Schlagzeile des Tages, komplett mit Bildern. Ich sah Zeitungen in der Drogerie und vor dem Restaurant, wo ich etwas essen ging. Ich wollte stehenbleiben und allen Leuten zuschreien: "Das ist meine Familie, mein Mann, meine Kinder. Wie kommt ihr dazu, so zu tun, als wäre alles normal? Wie könnt ihr heute lächelnd herumlaufen?"

Ein paar Tage lang schlugen meine Freunde Chris und Carole Beatty im Familienzimmer am Vordereingang ihr Lager auf, um dem Haushalt ein Gefühl der Sicherheit zu verschaffen. Das war auch gut so, denn als die Nachricht über den Absturz bekannt wurde, stürzten sich die Medien mit aller Gewalt darauf. Es war verrückt. Über uns kreisten Hubschrauber von den Fernsehanstalten, und wir wurden überschwemmt von Reportern und Kamerateams, die Statements haben wollten. Schließlich mußte die Einfahrt zu Last Days versperrt werden, um eine gewisse Privatsphäre zu bewahren. Also schlugen die Nachrichten-Teams dort ihr Lager auf, nur ein paar Hundert Meter von meinem Haus entfernt. Auch an meine Tür klopften Reporter, und Chris war da, um mit ihnen zu reden.

Als die Nachricht sich verbreitete, begannen Freunde zur Trauerfeier einzutreffen, die am Samstag, dem 31. Juli, auf der Ranch der "Agape Force" stattfinden sollte. Darunter waren Bill Maxwell, Don Stephens, Billy Ray Hearn, Todd Fishkind und viele andere Freunde und Verwandte aus dem ganzen Land. Auch Michelle kam. Es war nicht das Wiedersehen, das wir erwartet hatten, aber allein das Zusammensein besiegelte die Heilung, die bereits begonnen hatte.

Die Nachricht ging nicht nur durch das ganze Land, sondern buchstäblich um die Welt. Loren Cunningham war gerade in Okinawa (Japan), als sie über die Radiostation der US-Armee durchgegeben wurde. Don Stephens war in Finnland, als er es hörte. Keiths Großmutter in Südkalifornien erfuhr es leider erst, als sie in den Morgennachrichten Keiths Bild auf ihrem Fernsehschirm sah. Anrufe, Briefe, Blumen und Telegramme von Leuten aus den unterschiedlichsten Hintergründen, die von Keith und seiner Musik angerührt worden waren, strömten herein. Doch die Mehrzahl der Botschaften kam von Christen, die irgendwo draußen an der Front standen und durch Keiths Dienst dazu ermutigt worden waren, Jesus auf tiefere Weise zu dienen.

Eines der wichtigen Details, um die ich mich kümmern wollte, war, einen Brief an alle zu schreiben, die unsere Newsletter bekamen. Am Freitag, dem 30. Juli, setzte ich mich an einen Computer oben im Gebäude. Ich wollte ihnen schreiben, was geschehen war, falls sie es nicht über die Nachrichten erfahren hatten, und sie wissen lassen, daß es mir gut ging und daß Gott treu war. Ich glaubte von ganzem Herzen daran, daß Gott souverän war, und an dieser Wahrheit hielt ich mich fest. Ich wollte, daß sich auch alle anderen daran klammerten.

Als ich da saß, nachdachte, betete und weinte, kam mir aus dem Nichts ein Ausdruck in den Sinn: Das Weizenkorn.

Ich dachte: Gibt es da nicht eine Bibelstelle über "das Weizenkorn"? Ich schaute nach. Es war Johannes 12,24: "Wenn das Weizenkorn nicht in die Erde fällt und erstirbt, bleibt es allein; wenn es aber erstirbt, bringt es viel Frucht."

Mir stockte der Atem, als ich das las. Es war das erste Mal, daß ich je eine Bibelstelle auf diese Weise empfangen hatte. Und sie war so spezifisch. Wollte mir der Herr dadurch mitteilen, wie er über Keiths Tod dachte? Eines der Dinge, die mir zu schaffen machten, war der Verlust von Keiths Dienst für die Welt. Gab mir Gott hier eine Verheißung? Konnte er selbst aus dieser Katastrophe noch etwas Gutes machen? Der Vers schien eine Verheißung zu sein. Aber wie in aller Welt sollte sie sich erfüllen?

Am Samstag hielten wir eine Trauerfeier für Keith, Don, Josiah und Bethany. Mehrere Leute wollten sprechen, und auch ich hatte beschlossen, etwas zu sagen, falls ich es fertigbrächte. Die Trauerfeier war offen für alle - doch ich erschrak, als ich auf der Hinfahrt all die Autos am Straßenrand parken sah. Tausende von Menschen waren aus allen Richtungen herbeigekommen. Drinnen gab es nur Stehplätze.

In seinem Eröffnungsgebet brachte Wayne Dillard sehr persönliche Erinnerungen ein.

"Herr, ich verstehe heute, daß nicht wir diejenigen sind, die den größten Verlust erlitten haben - sondern diejenigen, die Don und Keith und die Kinder niemals kennengelernt haben, die nie durch ihr Leben angerührt und nie durch ihre Liebe zu dir und ihre Hingabe an dich näher zu dir hingezogen wurden."

Bill Maxwell gab seine Gedanken über seine Begegnung mit Keith und darüber weiter, wie Menschen durch sein Leben beeinflußt worden waren.

"Ich lernte Keith kennen, bevor er sein erstes Album aufnahm. Billy Ray Hearn sagte zu mir: 'Ich habe da einen Künstler, der gerne mit dir darüber reden würde, ob du sein Album produzieren willst.' Meine erste Frage war: 'Liebt er Jesus?' Billy Ray sagte: 'Du wirst dein blaues Wunder erleben!'

Keith gehörte zu den Leuten, die einen anstacheln können! Er wühlte etwas in einem auf. Manchmal war es nicht angenehm, aber es wirkte sich alles zum Guten aus. Keith meinte, wir beide seien wie zwei rauhe Kanten, die sich aneinander reiben. Aber was dabei herauskam, war glatt."

John Dawson sagte ein Wort des Trostes und ermutigte uns, die Situation nicht aus unserer eigenen Perspektive zu betrachten. "Unsere Freunde, die von uns gegangen sind, befinden sich jetzt an einem Ort größerer Freude und Zufriedenheit, als sie bisher je kannten - oder als wir je begreifen könnten. Und das, was aus unserer Sicht wie eine Tragödie aussieht, hat sie früher als erwartet in die Lage versetzt, die Sehnsucht ihres Herzens zu erfüllen."

Ich hatte vor, nach John zu sprechen, aber mein Herz klopfte so stark, daß ich dachte, ich würde ohnmächtig. Ich beschloß, es zu versuchen, und als ich es tat, spürte ich, wie die Gnade des Herrn mich einhüllte.

"Ich weiß, daß Keith jetzt da ist, wo er am liebsten sein wollte. Sein Herz schlug nur für den Herrn; er hatte eine brennende Sehnsucht, Jesus nahe zu sein, und sein Leben war ihm wirklich nicht wichtig!

Das mit den Kindern kam unerwartet. Ich war nicht darauf vorbereitet, daß Jesus Josiah und Bethany zu sich nehmen würde. Aber ich denke, vielleicht brauchten sie die Nähe zu ihrem Papa, und Gott wußte das. Er nahm sie mit auf einen Rundflug, und sie flogen einfach weiter. Ich kann es nicht verstehen, aber ich vertraue dem Herrn und weiß, daß er für mich und für alle das Beste im Sinn hat.

Für die unter euch, die es noch nicht wissen: Ich bin schwanger, und die Geburt soll im März sein. Und ich bin so dankbar dafür. Ich glaube, diese Schwangerschaft ist Gottes Gnade für mich. Ich gehe nicht leer aus. Jesus hat Keith zwei Kinder gegeben, und er hat mir zwei gegeben. Wir werden sie uns teilen. Das ist wirklich eine Freude für mich."

Als nächstes sagte Tracey Hansen ein paar Worte über Don. Tracey hatte bei Last Days eng mit Don zusammengearbeitet. "Ich hatte Don wirklich gern ... Don hat zwei starke Söhne, die den Herrn und Erlöser Jesus Christus kennen, und sie wünschen sich, ihm von ganzem Herzen zu dienen. Das ist das Kennzeichen eines erfolgreichen Vaters ... Dons Sehnsucht in seinem Leben war es, Gott dem Herrn zu dienen mit allem, was er hatte."

Eine der Schlüsselaussagen in Leonard Ravenhills Botschaft war, daß diese Tragödie Menschen in aller Welt eine Predigt hielt, die keiner von uns vollmächtiger hätte halten können. Irgendwie stellte der Heilige Geist alle, die davon hörten, vor die Frage: "Lebst du zu sehr für die Zeit und nicht genug für die Ewigkeit?"

"Hunderte von Telefonanrufen haben mich erreicht. Keiner der Anrufer sagte, er habe Keiths Verkündigung geliebt. Alle sagten: 'Wir haben *Keith* geliebt.' David Wilkerson hat aus New York angerufen. Er ist kürzlich in eine Stadt gekommen, nachdem Keith dort gewesen war. Er sagte: 'Dieser Junge hat eine Botschaft! Manche der Gemeinden in dieser Stadt waren noch ganz erschüttert, und die Pastoren waren am Rotieren, weil sie einiges ändern wollten!'

Bei der Heilsarmee redet man nicht vom Sterben, dort spricht man nur davon, befördert zu werden. Peinlich ist es nur, wenn man in den Himmel kommt, ohne Blut an sich zu haben - ohne Kerben in der Klinge. Ich nehme an, dann wird man in die Anfängerklasse zurückversetzt ...

Angenommen, Keith hätte sich einfach entspannt und gesagt: 'Laßt jemanden anderes die Arbeit machen.' Nein, wir werden nicht durch Werke gerettet ... aber wir werden für sie belohnt werden!

Jemand sagte einmal: 'Jeder Weg ist gleich gut, wenn man nirgendwo hingeht.' Ich dachte: 'Moment mal! Es gibt doch nur zwei Wege.' Entweder bist du auf dem schmalen Weg, der zum ewigen Leben führt, oder du bist in der großen Masse, die auf eine Ewigkeit des Verlorenseins zugeht!

Es gibt an diesem Nachmittag drei Arten von Menschen auf der Welt - diejenigen, die Angst haben; diejenigen, die nicht genug wissen, um Angst zu haben; und diejenigen, die ihre Bibeln kennen.

Die einzigen Leute, die eintreten dürfen, sind die, deren Namen im Lebensbuch des Lammes geschrieben stehen - ist das nicht wunderbar? ... Niemandem ist es je gelungen, sich den Weg in die Ewigkeit, in die Gegenwart Gottes zu erschwindeln. Wir Prediger haben den ernstesten Job der Welt. Es geht nicht darum, beliebt zu sein oder nett - es geht darum, Menschen dazu zu bringen, aus der Finsternis ins Licht zu treten. Das Leben ist kurz, die Ewigkeit ist lang."

Am Sonntag war die Beerdigung, zu der nur persönliche Freunde eingeladen waren. Ich begrub die Kinder in demselben Sarg wie Keith, in den Armen ihres Vaters.

Das einzige, was mich an ihrem schrecklichen Tod tröstete, war die Vermutung, daß sie alle mit Sicherheit durch den Aufschlag bewußtlos geworden waren und das Feuer nicht gespürt hatten. Leonard sprach auf der Beerdigung noch einmal, und als er fertig war, nahm ich nach jüdischer Tradition die erste Handvoll Erde auf und warf sie ins Grab. Meine Mutter tat es mir nach und ebenso einige andere, als sich die kleine Versammlung zerstreute.

Gerade zehn Tage, nachdem Keith und die anderen zum Herrn gegangen waren, sollte die MS Anastasis nach ihrer Reise von Griechenland in Südkalifornien anlegen. Keith hatte die Vision des "Barmherzigkeits-Schiffes" so sehr am Herzen gelegen, daß er 28.000 Dollar hingeschickt hatte, um die Passage durch den Panama-Kanal zu bezahlen und für Lebensmittel für die sechswöchige Reise zu sorgen. Keith hatte geplant, das Schiff zu begrüßen. Statt seiner fuhr nun ich hin. Leland Paris saß "zufällig" im gleichen Flugzeug, so daß wir zusammen sitzen und über die Zukunft von Last Days reden konnten.

Bei der Anlegezeremonie sprach ich etwa zehn Minuten lang, neben einigen anderen. Und als die Anastasis einlief, erklang Keiths "Holy Holy Holy" über die Verstärkeranlage. Es war für alle ein sehr bewegender Moment.

In den folgenden Tagen und Wochen drehten sich die Gespräche um den Einfluß von Keiths Dienst und darum, wie er vielleicht noch weiter fortwirken könnte. Doch als der Strom der Besucher allmählich nachließ, blieben mir in meinen stillen Momenten noch viele Fragen. Ich wußte, daß der Herr mir alles mitteilen konnte, was er mich wissen lassen wollte. Ob er es auch tun würde, wußte ich nicht. Ich hatte nicht vor, irgendetwas von ihm zu verlangen - aber ich bat ihn doch darum, mir soviel Verstehen wie möglich zu schenken. Vertrauen ist für die Dunkelheit gemacht. Ich beschloß, auf Gottes Wesen zu vertrauen, ob ich nun irgendwelche Einsichten bekam oder nicht. Die letzten Antworten würde ich erst bekommen, wenn ich vor Gott stünde, das wußte ich. Dennoch war mir auch klar, daß viele Leute sich die Frage nach dem Warum stellten.

Eine der größten Fragen, die sich die Leute stellten, war vermutlich die, warum das Flugzeug überhaupt abgestürzt war. Monate später kam die Flugaufsichtsbehörde nach langen Ermittlungen zu dem Schluß, daß eher menschliches Versagen als irgendein Materialfehler die Ursache gewesen sei. Ich erinnerte mich, daß es in der Tat ein sehr heißer und hektischer Tag gewesen war. Letzten Endes weiß nur Gott *genau*, was geschehen ist. Für mich war die Frage nicht so sehr die nach dem Warum; denn ich wußte, daß ich auf dieser Seite der Himmelstüren darauf keine vollständige Antwort bekommen würde. Die Frage war vielmehr, was Gott jetzt aus Keiths Dienst machen würde. Würde der Herr die Verheißung aus der Schrift erfüllen, die er mir gegeben hatte?

Der Bibelvers über das Weizenkorn, auf den ich gestoßen war, stellte sich als sehr bedeutsam heraus. Zur gleichen Zeit, als ich diese Stelle an meinem Schreibtisch in Texas bekam, sprach Gott auch zu jemandem anderes auf der anderen Seite der Erdkugel. Als Loren Cunningham in Japan die Nachricht von Keiths Tod hörte, schoß ihm eine Bibelstelle durch den Kopf: "Wenn das Weizenkorn nicht in die Erde fällt und erstirbt ..."

Diese Aussage stellte sich als weit mehr als ein poetisches Wort des Trostes heraus. In den Monaten nach Keiths Tod erreichten mich bemerkenswerte Berichte aus dem ganzen Land und aus aller Welt. Ich begann beinahe unverzüglich zu begreifen, wie das Fallen dieses Weizenkorns tatsächlich Frucht bringen würde.

Der Herr hatte Millionen von Menschenleben durch Keith berührt, und man vermißte ihn. Eine Welle tiefer Trauer ging durch den Leib Christi, als er starb. Gleichzeitig gab es eine Ernüchterung. Gott hatte einen seiner hingegebensten Diener im Alter von achtundzwanzig Jahren fortgenommen, und das ließ uns alle der Realität ins Auge sehen. Es gab keine Zeitgarantien für uns. Ich fragte mich, ob ich bereit war, ohne Vorwarnung vor Gott zu treten. Viele Menschen stellten sich die gleiche Frage.

Winkie sprach in diesem Jahr auf mehreren Sommer-Festivals, und an jedem Abend geschah, nachdem er gesprochen hatte, das gleiche: Trauben von jungen Leuten scharten sich um ihn und öffneten ihm ihre Herzen. Die meisten von ihnen weinten, während sie ihm sagten: "Ich mache ernst mit Gott, seit Keith gestorben ist!" ... "Gott hat mir klargemacht, daß *ich* sein Licht in der Finsternis leuchten lassen soll!" Überall bekamen Menschenleben eine neue Richtung.

Und natürlich erzählten mir viele davon, wie sie reagiert hatten, als sie von dem Absturz hörten. Ein Mann, den ich noch nie zuvor gesehen hatte, erzählte mir, er sei im Auto unterwegs gewesen, als er die Nachricht im Radio hörte. Erschüttert fuhr er an den Straßenrand und weinte. Ein anderer, den ich bisher nicht gekannt hatte, berichtete, er habe sich drei Tage freigenommen und getrauert, als wäre jemand aus seiner Familie gestorben. Beide sagten, sie hätten zu Gott geschrien: "Herr, wer soll jetzt zu unserer Generation sprechen?" Beide erhielten dieselbe Antwort: "Du."

Gott gebrauchte den Schmerz, den die Leute über den Verlust von Keith empfanden, um sie herauszurufen. Nicht um Keith zu "ersetzen", denn niemand kann je ersetzt werden. Keiths einzigartige Darstellung Jesu war verloren, doch die Lücke wurde gebraucht, um die Gläubigen auf Jesus zu verweisen. Viele merkten, daß sie Keith zwar angefeuert hatten, daß aber das, was er tat oder sagte, kein Ersatz dafür war, was Gott von *ihnen* wollte. Wer sollte jetzt seine Stimme erheben? Die Antwort stand in Keiths Artikel "Nur für Propheten". *Jeder* Christ ist dazu berufen, zu seiner Generation zu sprechen.

Eines Tages saß ich mit unserem guten Freund John Dawson in einem Café in Dallas. John erzählte von seinem Gespräch mit Keith darüber, daß der Test für einen Propheten darin bestehe, daß er seinen weiten Einflußbereich für Gottes größere Zwecke gebrauche.

"John, meinst du, daß Keith den Test bestanden hat?"

Einen Augenblick lang blieb es still, während John auf seine Hände schaute. Dann hellte sich sein Gesicht auf.

"Oh, ja! Natürlich hat er das!"

"Wie?"

"Keith war wirklich bekannt, und viele Leute waren bereit, ihm zu folgen. Aber er legte es nicht darauf an, all diese Macht für sich selbst oder auch nur für Last Days Ministries zu mobilisieren! Er wollte 100.000 Leute zu missionarischen Kurzeinsätzen herausfordern und Millionen von Dollars für den Missionsdienst auftreiben. Und nicht nur für JMEM, sondern für alle möglichen Missionswerke!"

"Menschenskind, dann hat Keith wirklich den Test bestanden! Er ordnete seinen Dienst den größeren Zwecken Gottes zur Erreichung der Welt unter. Ich bin stolz auf ihn!"

"Das bin ich auch", sagte John. "Das bin ich auch."

Im Laufe der Jahre hörte ich immer wieder wunderbare Dinge über Keith von Leuten, die ihn gekannt und geliebt hatten. Die kostbarste unter all diesen Erfahrungen kreuzte eines Tages beinahe zufällig meinen Weg.

Es war im Sommer 1987. Ich befand mich an der Ostküste, um in einer christlichen Fernsehsendung aufzutreten. Gleich neben meinem Hotel an der Küste war ein kleines Einkaufszentrum mit zahlreichen Fachgeschäften. Als ich einmal etwas Zeit übrig hatte, beschloß ich, hinüberzugehen und mich ein wenig umzuschauen. Schließlich landete ich in einem winzigen Importladen.

Dort arbeitete ein junges Mädchen, das mir geduldig einiges an importiertem Schmuck zeigte. Sie war sehr schmal und zerbrechlich, und vielleicht wirkte deshalb das Kreuz um ihre Hals so riesig. Ich fragte mich, ob sie eine Christin sei. Dann bemerkte ich ihre verwaschene Jeans-Tasche und Jacke hinter dem Tresen, an denen mehrere Buttons steckten. Auf einem davon stand: "Ich liebe Jesus."

"Mir ist das Kreuz aufgefallen, daß Sie tragen", sagte ich. "Sind Sie eine Christin?"

Ihre Augen leuchteten auf. "Ja. Sie auch?"

"Ja. Ich gehöre zu einem Missionswerk draußen in Texas."

"Wirklich? Zu welchem?"

"Sagt ihnen der Name Last Days Ministries etwas?"

"Last Days? ... Klingt irgendwie vertraut, aber ich weiß wirklich nicht, wo ich es hintun soll."

"Na schön, aber vielleicht haben Sie von Keith Green gehört?"

"Keith Green? Oh ja! Ich liebe seine Musik. Ich höre sie mir ständig an."

"Nun, ich bin Melody. Ich war mit Keith verheiratet."

Sie schaute mich überrascht an. Dann traten ihr Tränen in die Augen. "*Sie* sind Melody Green? Was machen Sie hier draußen?"

Ich erzählte es ihr und fragte sie dann, wie lange sie den Herrn schon kenne.

"Ich bin sein anderthalb Jahren Christ. Keiths Musik ist beinahe das einzige, was ich mir anhöre. Ich *liebe* seine Musik. Sie hat mein Leben verändert und mich näher zum Herrn gezogen. Meine Freunde, die den Herrn nicht kennen, setze ich immer auf einen Stuhl und sage ihnen: 'Du *mußt* dir dieses Lied anhören!' Ich verschenke seine Kassetten immer, deshalb muß ich mir dauernd neue kaufen."

Als wir uns unterhielten, merkte ich, daß sie harte Zeiten hinter sich hatte. Ich spürte auch, daß sie mit Haut und Haaren für Jesus brannte. Sie war noch jung im Glauben, doch sie hatte schon vielen Freunden und Fremden geholfen, in eine Beziehung zum Herrn zu kommen. In ihrer Seele brannte ein Feuer für Gott - und offenbar hatte Keith das Seine dazu getan und tat es immer noch, diese Flamme zu entfachen. Als ich erlebte, wie ihr Leben durch Keiths Leben berührt worden war, begriff ich, wie Keiths Dienst weiterging. Nicht vor Tausenden, aber in einem Leben, einem kostbaren Leben. Und war das nicht alles, was zählte? Sie hielt mich für jemanden Besonderes, doch sie ahnte nicht, wie besonders sie für mich war.

Bevor ich ging, hielten wir uns an den Händen und beteten zusammen, während ein paar Kunden im Laden herumstöberten. Als ich wieder hinaus in den Sonnenschein trat und später mein Flugzeug nach Hause bestieg, war mir das Herz zum Überfließen voll mit Gedanken über die Güte und Barmherzigkeit Gottes. Er hatte mir gerade wieder einmal gezeigt, was es eigentlich bedeutete, ihn zu lieben.

*Jesus West Coast. 1982*

Robert Angelo

*Rebekah Joy und Rachel Hope. 1988*

Während ich dies schreibe, ist es fast auf den Tag genau neun Jahre her, daß Keith und die Kinder zum Herrn gegangen sind. Im Lauf diese Jahre habe ich mehrmals angefangen, dieses Buch zu schreiben, aber etwas - oder vielleicht Jemand - kam immer dazwischen.

Vielleicht brauchte ich Zeit zur Heilung, bevor ich absichtlich die Wunden von neuem öffnen konnte. Es gab keinen Weg herum; meine Zeit der Trauer war lang und schmerzhaft. Doch die Gnade Gottes hat mich hindurchgetragen. Die Dankbarkeit half mir, die Bitterkeit von meiner Tür fernzuhalten. Die Zeit gemeinsam mit Keith, Josiah und Bethany war ein kostbares Geschenk von Gott, und dafür bin ich dankbar. Ich bin auch dankbar, daß ich den Herrn kennen darf. Ich könnte mir nicht vorstellen, ein solches Tal ohne ihn durchwandern zu müssen.

Gott betrachtet den Tod anders als wir, besonders den Tod eines Gerechten. Der Herr sieht das von der anderen Seite des Schleiers her. Diejenigen, die zurückbleiben, erleben es auf die eine Weise, aber für die, die in die Gegenwart des Herrn eintreten, ist es ein neuer Anfang. Es dauerte eine Weile, bis ich das erkannte, aber der Herr hatte auch für mich einen neuen Anfang.

Heute ist Rachel acht und Rebekah fast zehn. Sie sind fröhlich, aufgeweckt und voller Freude. Und sie halten mich ganz schön auf Trab! Dawn ist erwachsen und verheiratet. Eine Familie zu haben und zu einem betriebsamen Missionswerk zu gehören half mir, in die Zukunft zu blicken. Sobald ich mich auf das konzentrierte, was "hätte sein können", blieb ich stecken; doch der Herr führte mir immer wieder vor Augen, daß er *immer noch* eine Berufung für mein Leben hatte, auch wenn Keith nicht mehr da war. Und so sind meine Kinder teilweise "unterwegs" aufgewachsen. Rachel hat ihren ersten Geburtstag in Kanada gefeiert, auf dem Weg zu einem der "Keith Green Memorial Concerts", die wir zwei Jahre lang veranstalteten. Und Rebekah verlor ihren ersten Zahn in New Jersey, während wir auf einer Konferenz waren. Doch in letzter Zeit haben wir uns meistens in Texas aufgehalten, wo wir immer noch in demselben hundert Jahre alten Haus wohnen und demselben wunderbaren Herrn dienen.

Dieses Buch war einfach nicht umfangreich genug, um alle Geschichten zu erzählen, die ich erzählen wollte, oder all die großartigen Menschen zu erwähnen, die ich erwähnen wollte. "Melody", sagte man mir, "niemand würde ein *so* dickes Buch lesen wollen!" So mußte ich oft eine schwere Wahl treffen.

Es war auch nicht leicht, Eintragungen aus Keiths zahlreichen Tagebüchern auszuwählen. Keith hatte mir gesagt, ich könne "irgendetwas" damit machen, falls ihm etwas zustoßen sollte. "*Bearbeitet* natürlich", sagte Keith. An manchen Stellen war Bearbeitung notwendig, entweder wegen der Länge der Einträge, der Verständlichkeit, oder um die Privatsphäre zu wahren. Es wurden jedoch keine Bedeutungen oder Absichten geändert. Ich glaube, daß Keith mit den gedruckten Auszügen einverstanden gewesen wäre, da er mit seinem Zeugnis freigiebig umging. Keiths Familie wollte aus Gründen der Privatsphäre ungenannt bleiben, und ich habe einige Namen geändert, um die Privatsphäre anderer Menschen zu schützen, deren Geschichte sich mit unserer gekreuzt hat.

Keiths Geschichte ist eigentlich eine Widerspiegelung der fortgesetzten Botschaft und Verkündigung von Last Days. Eine Menge hat sich bei LDM getan, und ich bin gespannt, wohin uns der Herr noch führt. Doch ich greife voraus. Laßt mich zuerst die Lücke zwischen Juli 1982 und Juli 1989 füllen.

Während der "Memorial Concerts" besuchten wir 110 Städte und sprachen zu über 300.000 Menschen. Loren Cunningham sagte: "Ich wüßte nicht, wann in der Geschichte schon einmal mehr Jugendliche mit einer Herausforderung zur Mission konfrontiert worden sind." Das Missionswerk "Operation Mobilisation" ließ verlauten, daß in der Folge die Leute scharenweise als Mitarbeiter zu dieser Arbeit gestoßen seien. Die JMEM-Schulungszentren waren infolge der Konzerte zwischen 1982 und 1984 gerammelt voll mit Studenten (bis zu fünfzig Prozent pro Klasse) - und sie kommen immer noch.Don Stephens erzählte mir kürzlich von einem Mädchen, das dreizehn Jahre alt war, als es Keiths Herausforderung zur Mission hörte. Heute, mit zwanzig, ist sie Mitarbeiterin auf der MS Anastasis. Nur die Ewigkeit wird erweisen, welche Früchte immer noch für das Reich Gottes eingebracht werden.

An der Heimatfront haben wir heute mehr Leute, die nach Texas gekommen sind, um bei Last Days mitzuarbeiten (zur Zeit etwa 180), mehr Gebäude, in denen sie arbeiten können, und eine größere und buntere Druckmaschine. "Americans Against Abortion", eine Zweigarbeit, die wir im Juni 1985 gegründet haben, bemüht sich weiterhin darum, die Öffentlichkeit aufzuklären, das Leben von Ungeborenen zu retten und Frauen das Trauma einer Abtreibung zu ersparen. Doch unser Wachstum war nicht nur äußerlich. Wichtiger ist, daß wir auch geistlich weiter gewachsen sind.

1987 erzählte ich Rebekah, daß wir bei LDM ein großes Fest feiern wollten, um unseren zehnten Geburtstag zu begehen. Ich machte eine große Sache daraus, wie es Mütter tun, um ihre Kinder für etwas zu begeistern. Sie sagte nur: "Mama ... zehn Jahre sind noch nicht *so* alt." Sie war erst sechs. Natürlich hatte sie recht. Heute sind wir zwölf, aber ausgewachsen sind wir deshalb noch lange nicht. Ich bin dankbar dafür, wie weit wir gekommen sind - und gespannt auf die neuen Anfänge, auf die wir uns zubewegen!

Damit es einen "neuen" Anfang geben kann, muß zuerst etwas vollendet werden. Daß ich dieses Buch im siebenten Jahr nach Keiths Tod vollende, ist für mich und für Last Days bedeutsam. In der Bibel symbolisiert die Zahl sieben die Vollendung. Es gibt sieben Töne in einer Tonleiter, sieben Tage in einer Woche und sieben Farben im Spektrum. Tatsächlich war mein Termin für die Fertigstellung dieses Buches der 7. Juli - also der siebente Tag des siebenten Monats des siebenten Jahres. Das war nicht meine Planung. Es "ergab sich" einfach so, und ich sehe darin eine Bestätigung für Gottes vollkommene Zeitplanung. Meine Vermutung ist, daß der Herr dieser Generation gerade zu dieser Zeit durch Keiths Geschichte etwas mitteilen will. Ich hoffe, es wird viele ermutigen, nicht auf Keith zu sehen, sondern den Ruf Gottes in *ihrem* Leben zu hören.

Eine der wichtigsten Botschaften dieses Buches ist folgende: Was Gott in Keiths Leben getan hat, das kann er auch in Deinem Leben tun! Keith war seit sieben Jahren Christ gewesen, als er nach Hause ging. Wegen der hohen Bekanntheit, die er schon als junger Christ besaß, absolvierte er einen großen Teil seines Wachstums unter den Augen der Öffentlichkeit. Er hatte nicht den Luxus, jahrelang im Verborgenen dienen zu können, um dann auf eine "geordnetere" Weise an die Öffentlichkeit zu treten. Keith schlug ein wie eine Bombe. Dann war er genauso plötzlich wieder fort. Vielleicht läßt sich aus der genauen Beobachtung eines Mitkämpfers im Glauben etwas Kostbares lernen. Vielleicht ist es nur die schlichte Tatsache, daß wir alle Bereiche der Schwäche haben, daß aber Gott in seiner Treue uns dennoch voll gebrauchen kann, wenn wir ihm alles geben. Gott nimmt uns so, wie wir sind, und arbeitet weiter an uns!

Der Herr hat Dir bereits Gaben gegeben, um sie für ihn einzusetzen. Welche Gaben Keith hatte, war schon leicht zu erkennen, als er noch ein kleines Kind war. Das liegt daran, daß einige seiner Gaben öffentlich waren. Deine Gaben sind vielleicht andere, doch sie sind genauso wichtig. Ob es Gaben für das Rampenlicht oder für die Arbeit hinter den Kulissen sind, Gott will Dich für sein Reich gebrauchen! Dir kommt in dieser Generation eine wichtige Rolle zu. Das ist der Grund, warum Du in dieser Zeit der Weltgeschichte lebst.

Du hast einen Ruf in deinem Leben und eine Bestimmung zu erfüllen! Aber um Dein Lebensziel zu finden, mußt Du erst sicher sein, daß Du auch mit der Quelle allen Lebens verbunden bist. Das ist das Wichtigste. Wenn Du nicht bereits eine Beziehung zu Jesus hast, dann möchte ich Dich ermutigen, Dein Herz so zu öffnen, wie es Keith getan hat. Du kannst Gott kennenlernen. Er ist real. Gott hat versprochen, sich allen zu offenbaren, die ihn aufrichtig suchen. Es gibt kein Leben, das nicht verändert werden könnte, kein Herz, das nicht zurechtgebracht werden könnte, keine Wunde, die nicht geheilt werden könnte. Ich weiß das aus persönlicher Erfahrung. Wenn wir uns in die Hände des Herrn geben, dann ist er treu in allen Dingen. Und wenn Du den Herrn bereits kennst, dann tu aus ganzem Herzen das, wozu er Dich beruft!

Mein Gebet ist es, daß dieses Buch für Dich in irgendeiner Weise zu einem Neubeginn beiträgt. Für mich trifft das in mehrfacher Hinsicht zu. Sieben ist die Zahl der Vollendung, doch Acht symbolisiert in der Bibel das erste Element einer Serie oder einen Neubeginn. Wenn ich in Kürze ins achte Jahr nach Keiths Tod eintrete, werde ich auf eine zweimonatige Reise gehen, um eine frische Perspektive auf die Welt um uns her zu gewinnen. Ich werde Asien, Afrika, Europa und die UdSSR besuchen. Bei meiner Rückkehr werde ich, so hoffe ich, eine neue Vision für die Mission und neue Möglichkeiten für LDM mitbringen, um mit anderen gemeinsam die Botschaft von der Liebe Gottes in die Welt hinauszutragen. Bitte bete, daß wir bei LDM unsere Aufgabe erfüllen, während wir auf das Jahr 2000 und die Zeit danach zugehen. Ich bete auch, daß Du Deine Berufung verwirklichen wirst!

Möge der Herr Dich segnen in Deinem Bestreben, ihn besser kennenzulernen. Meine Adresse findest Du in dem Abschnitt unter der Überschrift "Wir freuen uns über Post!" Ich würde mich wirklich darüber freuen, zu hören, was Du anzumerken hast oder wie der Herr Dich durch dieses Buch angerührt hat. Ich habe Dich lieb!

Melody Green

# *Erinnerungen an Keith*

von Leonard Ravenhill

William Booth, der Gründer der Heilsarmee, und Keith Green hatten eines gemeinsam. Sie sahen beide die Tore der Hölle. Booth sah sie von außen. Keith sah sie von innen. Er war am Grunde des Schachtes gewesen. Er hatte das Entsetzen und das Unglück empfunden. Er war ein Gefangener gewesen, und niemand hatte seine Ketten zerreißen können. Doch Gott befreite ihn! Die "Religion" vermochte das nicht. Auch Schwüre vermochten das nicht. Die Psychologie vermochte das nicht. Aber Jesus hat es getan!

Keith erlebte eine radikale Neugeburt und eine Taufe mit Feuer und wurde zu einem geistlichen Revolutionär. Gott nahm ihn, reinigte ihn, ergriff Besitz von ihm und salbte ihn.

Keith wollte alles über jene Helden wissen, die ihren Generationen den Stempel Gottes aufdrückten, und er folgte ihren Spuren. Er war von einem heiligen Eifer ergriffen, wie ich ihn nur bei sehr wenigen Menschen beobachtet habe. Ich glaube, Keith war nicht so sehr vom Evangelium Christi gepackt als von der *Person* Christi. *Das*, glaube ich, war seine verzehrende Leidenschaft. Er war nicht einfach ein Prediger; er war ein Kreuzritter, und er ließ der inneren Leidenschaft seiner Seele durch die erregenden Texte seiner Lieder freien Lauf.

An jenem letzten großen Tag werden viele aufstehen und Keith gesegnet nennen. Er beugte sein ganzes Wesen vor dem Einen, der gesagt hat: "Ich bin gekommen, ein Feuer anzuzünden auf Erden", und für ihn entbrannte er - sein Herz war der Altar und Gottes Liebe die Flamme.

Ich stehe in meinem dreiundachtzigsten Lebensjahr, aber das heißt nicht unbedingt, daß ich weiser oder stärker bin. Es heißt nicht, daß ich mehr getan habe. Nicht die Länge des Lebens zählt, sondern die Tiefe. Nicht, wie lange wir leben, sondern *wie* wir leben. Keith war ein Mann, der an der Schwelle zur Ewigkeit zu leben schien, und er war bereit, den Schritt über die Schwelle zu tun.

Von Keith kann man wahrheitsgemäß sagen, daß er, obwohl er tot ist, doch redet. Und er wird weiter reden zu den Generationen, die nach uns kommen. Ich wünschte, wir hätten zehntausend Menschen wie ihn. Ich bete, daß sich für viele an seinem Leben eine Vision entzündet und daß sie vertrauen und gehorchen.

Die Worte meines Lieblingschorals zeichnen ein Portrait meines lieben Freundes Keith. Ich danke Gott, daß ich Keith begegnen durfte.

***Die Schafe, für die ihr Hirte starb***

*Ich möchte die kostbare Zeit auskaufen*
*Und länger leben zu dem einen Zweck:*
*sie zu geben, und mich hinzugeben für die,*
*Die meinen Retter noch nicht kennen;*
*Diesen ganz meine Mission zu widmen*
*Und nur zu atmen, um Deine Liebe zu atmen.*

*Meine Talente und Gabe, Herr,*
*Nimm in Deine gesegneten Hände;*
*Und laß mich leben, um Dein Wort zu verkünden,*
*Und laß mich zu Deiner Ehre leben;*
*Jeden meiner geheiligten Augenblicke verwende,*
*Den Freund der Sünder bekanntzumachen.*

*Erweitere, entzünde und fülle mein Herz*
*Mit grenzenloser göttlicher Liebe,*
*Dann werde ich alle Kraft aufwenden*
*Und sie lieben mit Deinem Eifer*
*Und sie zu Deinem offenen Herzen führen,*
*Die Schafe, für die ihr Hirte starb.*

*Charles Wesley, 1707 - 1788*

## *Danksagungen*

Als ich daranging, dieses Buch zu schreiben, hatte ich keine Ahnung, daß ich beinahe tausend Stunden tippend an meinem Computer zubringen würde. Doch ich habe es nicht allein geschrieben. Viele andere haben entscheidend dazu beigetragen, daß es Wirklichkeit wurde. Ohne sie hätte etwas Wichtiges gefehlt oder wäre unerledigt geblieben. Ich möchte meinen Dank ausdrücken für das größte Geschenk, das man neben einer Beziehung zu Jesus Christus auf Erden bekommen kann - die Freude, dem Herrn mit einer Familie und mit Freunden gemeinsam zu dienen.

### *In tiefer Dankbarkeit an*

David Hazard - Du bist mit mir durch mein erstes Buch "hindurchgegangen". Es war ein Segen, mit einem so erfahrenen Schriftsteller und Lektor zusammenzuarbeiten. Ohne Dich hätte ich es nicht geschafft!

Meine Mutter - für Deine jahrelangen Gebete und dafür, daß Du mich durch dick und dünn geliebt hast, wie es nur eine Mutter tun kann.

Keiths Eltern - für Eure unverminderte Liebe zu mir und den Kindern. Danke auch für die vielen Einzelheiten über Keiths Kindheit, die Ihr beigesteuert habt.

Rebekah und Rachel - für Eure Umarmungen, Küsse und Gebete und dafür, daß Ihr auf soviel Zeit zum Spielen mit Eurer Mama verzichtet habt, während ich geschrieben habe.

Meine treue Familie bei Last Days Ministries - dafür, daß Ihr mit Liebe, Ermutigung und Unterstützung hinter mir gestanden habt. Und für die langen Tage und Nächte, in denen Ihr für mich und dieses Buchprojekt "den Thron bestürmt" habt. Ich danke auch all meinen Freunden im ganzen Land, die für mich gebetet haben, einschließlich derer, die ich auf dieser Seite der Ewigkeit nicht kennenlernen werde. Ich glaube, daß Gott Eure Gebete beantwortet hat.

Debbie Schneider - dafür, daß Du ein so dienendes Herz hast und mir geholfen hast, mich und den Haushalt "in Schuß" zu halten; und an Pat Strumsky, Jill Bryant, Lori Andrews und Kim Basinger - dafür, daß Ihr mich und die Kinder während mancher Phase des Schreibens "satt, warm und lebendig" erhalten habt.

Bob Ayala, Wayne Dillard und Del Tucker - für Eure Freundschaft, Liebe und Unterstützung. Ich bin froh über Eure Bereitschaft, so viele zusätzliche Verantwortungen zu übernehmen, während ich mich "zum Schreiben zurückzog".

Leonard und Martha Ravenhill und Winkie und Fae Pratney - dafür, daß Ihr Euer Leben, Eure Gebete und Eure Herzen in Keith und mich und Last Days Ministries habt hineinströmen lassen. Ihr habt mein Leben verändert! Danke auch Euch, Leonard und Winkie, für Eure eindrucksvollen und bewegenden Gedanken über Keith.

Loren und Darlene Cunningham, Leland und Fran Paris, Don und Deyon Stephens, Floyd und Sally McClung, John und Julie Dawson und den Rest der Familie von Jugend mit einer Mission - für Euren Anteil an diesem Buch und für die Jahre der beharrlichen Unterstützung und Ermutigung
.

Kathleen Dillard - für stapelweise ermutigende Bemerkungen.

Bill Maxwell - für Deine Freundschaft und Deine unverminderte Sorgfalt bei der Betreuung der Sounds in Keiths Musik.

Kim Basinger, Cynthia Brown, Brian Byrd, Carol DeGraff, Margaret Farmer, Brenda Gadd, Kim Geiger, Chloe Lovejoy, Mark Handel, Janine Newman, Steve Quinn, Rose Tucker, Francine Weisberg und Randy Welch - für die endlosen Stunden, in denen Ihr getippt, abgeschrieben, recherchiert, Fotos sortiert, mich computerfachlich beraten und mir praktisch geholfen habt.

Bill Hearn, Barbara Hearn, Billy Ray Hearn und die anderen beim Sparrow-Verlag - dafür, daß Ihr eine große Sicht für dieses Buch hattet und für Eure Hingabe an die Qualität. Danke auch, daß Ihr die Ungewißheit mit mir ausgehalten habt, während ich auf den Termin zuraste.

Michelle Brandes, Todd Fishkind, Peter und Cag Granet, Steve und Nelly Greisen, Kenn Gulliksen, Buck und Annie Herring, Janet Stabler, Randy Stonehill und viele andere - für die freundliche Erlaubnis, einen winzigen Teil Eurer Geschichten mit Keiths Geschichte zu vermischen.

Rich Boyer und Mark Lanier - dafür, daß ihr Euch so freigiebig eingesetzt habt, um Einzelheiten und Vertragsangelegenheiten durchzuarbeiten. Ich bin froh über Eure Hilfsbereitschaft.

Ed und Cathi Basler - für die "Blumen vom Mond" und andere ausgewählte kleine Freuden. Ihr habt mich immer wieder zum Lachen gebracht!

Erik Burmeister, Carol Campbell, Betty Daffin, Matthew Porter, Pam Warren und Randy Welch - dafür, daß Ihr ohne Vorwarnung bereit wart, das ganze Manuskript durchzulesen und mir Eure Anmerkungen aus der Sicht eines Lesers zukommen zu lassen.

Larry DeGraff - für Dein eindrucksvolles Portrait von Keith.

Und besonderen Dank an Fred Markert - für Deine ständige Ermutigung, Unterstützung und Opferbereitschaft - über jede Pflicht hinaus! Dein Beitrag umfaßt so viele Bereiche, daß es unmöglich wäre, sie alle aufzulisten - aber ich bin außerordentlich dankbar für Deine Dienstbereitschaft und alles, was Du getan hast, um dieses Buch Wirklichkeit werden zu lassen.

Und vor allem möchte ich dem Herrn Jesus Christus danken für seine Güte und Barmherzigkeit mir gegenüber. Ohne die Gnade Gottes, seine Auferstehungskraft und seine Treue wäre dieses Buch nicht möglich gewesen.

Ebenso, wie Keiths Musik dieser Generation als Erbteil bleibt, bleibt auch Last Days Ministries mit seinen vielen Arbeitsbereichen erhalten. Heute ist Melody Green Vorsitzende von Last Days Ministries und Leiterin der Lebensrechtsgruppe "Americans Against Abortion".

Wir von LDM wollen unser Leben dem Herrn Jesus, einander und der Aufgabe widmen, die Welt mit Gottes Liebe zu erreichen. Dazu versuchen wir die effektivsten Mittel zu gebrauchen, die uns zur Verfügung stehen, um einer leidenden Welt die Barmherzigkeit des Herrn sichtbar zu machen.

Das "Last Days Magazine" erscheint vierteljährlich und wird an Hunderttausende in aller Welt versandt. Es enthält farbig gestaltete Artikel, die Christen in ihrem Glauben stärken sollen. Wir haben oft von Menschen gehört, deren Leben verändert wurde durch das, was sie aus diesen Artikeln empfangen haben, die geschrieben wurden von Leuten wie: Keith Green, Leonard Ravenhill, Loren Cunningham, David Wilkerson, Bruder Andrew, Winkie Pratney, John Dawson, George Verwer, Melody Green und anderen. Der Herr hat unsere Literaturarbeit wirklich gesegnet - bis heute haben wir über 59 Millionen Traktate gedruckt und verschickt!

1985 produzierten wir das *Keith Green Memorial Concert Video.* Es enthält einen 25minütigen Auszug aus einem der letzten Konzerte von Keith und Melodys Bericht über den Flugzeugabsturz und Gottes Barmherzigkeit seither. Über 5.000 dieser Kassetten sind in aller Welt vertrieben worden (Achtung: US-Farbnorm).

Last Days Ministries spielt auch eine entscheidende Rolle in der Lebensrechts-Bewegung. 1978 bat Keith seine Frau Melody, etwas über Abtreibung zu schreiben. Der Artikel trug den Titel: *Kinder - Sachen zum Wegwerfen*? Über vierzehn Millionen Exemplare sind davon weltweit vertrieben worden, und durch den Artikel wurde die Grundlage für den 1985 gegründeten Lebensrechts-Zweig von LDM geschaffen - "Americans Against Abortion". 1987 überreichte Melody Green Präsident Reagan die AAA-Petition für das Leben, die von fast drei Millionen Menschen unterzeichnet wurde! Und 1989 legte sie dem Obersten Gerichtshof die Petition vor. Wir stellen weiterhin all denen, denen das Lebensrecht ein Anliegen ist, Traktate, Videos und andere Werkzeuge zur Aufklärung zur Verfügung.

Ein weiterer wichtiger Arbeitszweig von LDM ist die "Intensive Christian Training School" (ICT). Seit 1982 wurden dort über 1.000 Christen für ihren künftigen Dienst zuhause oder im Ausland zugerüstet. Die ICT soll eine Zeit intensiven Lernens über das Wesen Gottes sein und Christen helfen, eine engere Beziehung zum Herrn zu entwickeln.

Nun, das war eine Blitz-Tour durch Last Days. Wir hoffen, sie gibt Dir einen Anhaltspunkt, worum es bei uns geht! In alledem sind wir dankbar für Gottes Treue. Er hat uns bei jedem einzelnen Schritt auf unserem Weg geholfen, und wir schauen auf ihn, wenn wir der Zukunft entgegensehen. Wenn Du weitere Informationen möchtest oder wir Dir irgendwie behilflich sein können, zögere nicht, uns an die Adresse am Ende des nächsten Abschnitts zu schreiben. Wir lieben Dich im Herrn!

Deine Brüder und Schwestern bei Last Days

**Wir freuen uns über Post!!**

Wir alle bei Last Days möchten Dir gern behilflich sein, wo immer wir können. Wenn Keiths Geschichte Dich zu einem konsequenteren Leben als Christ herausgefordert oder auf das Christsein überhaupt neugierig gemacht hat, bitte schreib uns und laß es uns wissen. Wir freuen uns über Post von Dir!

**Hol Dir vier kostenlose Exemplare des Last Days Magazines!**

Wir senden Dir gerne vier Freiexemplare, damit Du die Zeitschrift kennenlernen kannst. Wenn sie Dir gefällt, kannst Du sie hinterher als Abonnement weiter beziehen. Wenn Du Dir den niedrigen Abonnement-Preis nicht leisten kannst, schicken wir sie Dir für "soviel, wie Du ausgeben kannst".

**Möchtest Du mehr über das Christsein wissen?**

Wir haben einige Informationen, die wir Dir gerne schicken würden. Damit ist keinerlei Preis oder Verpflichtung verbunden - und wir stehen auch nicht hinterher bei Dir auf der Matte! Frag einfach nach dem kostenlosen Paket "Walking With Jesus".

**Das Keith Green Memorial Concert**

Wenn Du Keiths Musik noch nicht gehört hast, dann wird es Zeit! Sein musikalisches Talent und seine Liebe zu Gott werden Dich sehr bewegen. Unser Katalog enthält Dutzende packender Vorträge auf Audio- und Video-Kassetten (bitte beachten: im US-Farbformat) von vielen der Leute, von denen Du in diesem Buch gelesen hast - und von anderen! Außerdem haben wir Vortragskassetten und T-Shirts zum Thema Lebensrecht, Dutzende von herausfordernden Traktaten und Musik von einer Reihe verschiedener Künstler. All unsere Materialien kosten "soviel Du ausgeben kannst", so daß diejenigen, die den vorgeschlagenen Preis nicht aufbringen können, dennoch an unserer Arbeit teilhaben können.

**Kostenlose Traktat-Sammlungen**

Wenn Du eine kostenlose Zusammenstellung unserer meistbestellten Traktate haben möchtest, bestell einfach ein "Free Sample Pack" oder ein "Free Pro-Life Pack" oder beides!

**Intensive Christian Training School**

Diese zehn Wochen können Dein Leben verändern, indem Du mehr über persönliche Heiligung und Nähe zum Herrn lernst. Schreib uns, wenn Du teilnehmen oder mehr wissen möchtest!

Alle Anfragen und Bestellungen an:

Last Days MinistriesP.O. Box 40Lindale, Texas 75771
USA

**FOR HIM WHO HAS EARS TO HEAR**
Produziert von Bill Maxwell und Keith Green
Erschienen am 20. Mai 1977
Erhältlich als LP, MC und CD (Sparrow Records, für D,A: Pila music)

**NO COMPROMISE**
Produziert von Bill Maxwell und Keith Green
Erschienen am 9. November 1978
Erhältlich als LP, MC und CD (Sparrow Records, für D,A: Pila music)

**SO YOU WANNA GO BACK TO EGYPT**
Produziert von Bill Maxwell und Keith Green
Erschienen am 7. Mai 1980
Erhältlich als LP, MC und CD (Pretty Good Records, für D,A: Pila music)

**THE KEITH GREEN COLLECTION**
Produziert von Bill Maxwell
Erschienen am 11. August 1981
Erhältlich als LP und MC (Sparrow Records, für D,A: Pila music)

**SONGS FOR THE SHEPHERD**
Produziert von Bill Maxwell und Keith Green
Erschienen am 12. April 1982
Erhältlich als LP, MC und CD (Pretty Good Records, für D,A: Pila music)

**I ONLY WANT TO SEE YOU THERE**
Produziert von Bill Maxwell
Erschienen am 21. März 1983
Erhältlich als LP und MC (Sparrow Records, für D,A: Pila music)

**THE PRODIGAL SON**
Produziert von Bill Maxwell
Erschienen am 15. August 1983
Erhältlich als LP, MC und CD (Sparrow Records, für D,A: Pila music)

**JESUS COMMANDS US TO GO!**
Produziert von Bill Maxwell
Erschienen am 20. Juli 1984
Erhältlich als LP, MC und CD (Sparrow Record, für D,A: Pila music)

**THE MINISTRY YEARS1977-1979**

Volume 1
Produziert von Bill Maxwell
Erschienen am 23. Oktober 1987
Erhältlich als 2 doppelange MC und 2 CD
mit einer Broschüre zur Erinnerung an Keith
(Sparrow Records, Pila music)

**THE MINISTRY YEARS1980-1982**

Volume 2
Produziert von Bill Maxwell
Erschienen im Oktober 1988
Erhältlich als 2 Doppel-MC und 2 CD
mit einer Broschüre zur Erinnerung an Keith
(Sparrow Records, Pila music)

Ebenfalls erhältlich

**THE MINISTRY YEARS 1977-1979**

Liederbuch (Songbook) Volume 1

**THE MINISTRY YEARS 1980-1982**

Liederbuch (Songbook) Volumc 2

**Alle Musikproduktionen** können Sie beziehen über:

**PILA MUSIC, Postf. 143, D-7405 Dettenhausen, T.07157/61034**
Fordern Sie einen Gratis-Katalog bei uns an.